História da Máfia

Salvatore Lupo

História da Máfia:
das origens aos nossos dias

Tradução
Álvaro Lorencini

Editora UNESP

Título original em italiano: *Storia della mafia. Dalle origini ai giorni nostri*

Fundação Editora da Unesp (FEU)
Praça da Sé, 108
01001-900 – São Paulo – SP
www.editoraunesp.com.br
www.livrariaunesp.com.br
feu@editora.unesp.br

Dados Internacionais de Catalogação na Publicação (CIP)
(Câmara Brasileira do Livro, SP, Brasil)

Lupo, Salvatore, 1951-
História da Máfia: das origens aos nossos dias / Salvatore Lupo; tradução Álvaro Lorencini. – São Paulo: Editora Unesp, 2002.

Título original: Storia della mafia.
Bibliografia.
ISBN 85-7139-400-8

1. Máfia – Estados Unidos – História 2. Máfia – Itália – História I. Título.

02-2935 CDD-364.10609

Índice para catálogo sistemático:
1. Máfia: Crime organizado: História 364.10609

Editora afiliada:

Asociación de Editoriales Universitarias de América Latina y el Caribe

Associação Brasileira de Editoras Universitárias

Nota da 3ª edição italiana

Esta nova edição é publicada com relevantes diferenças em relação à anterior. Reescrevi a Introdução. No primeiro capítulo, reescrevi os parágrafos 1, 2 e 4, para dar relevo autônomo à questão das origens e para levar em consideração a recente publicação dos documentos inéditos do inquérito Franchetti. Para utilizar os materiais que instruíram o processo contra Andreotti, sobre o qual me referi no meu livro *Andreotti, la mafia, la storia d'Italia*, publicado em 1996 pela editora Donzelli, transformei o parágrafo final da antiga edição em três parágrafos novos. Em todos esses pontos o leitor encontrará partes inéditas junto a observações já presentes em outros capítulos da edição anterior. Por fim, atualizei as notas e a bibliografia. Espero que o discurso resulte assim mais rico e a apresentação, mais eficaz.

Nesta minha pesquisa fui auxiliado pela liberalidade de várias pessoas. Lembro só algumas: Claudio Torrisi, do Arquivo de Estado de Caltanissetta; Marina Giannetto, do Arquivo Central do Estado; Ada Becchi; os membros do *staff* da Comissão Antimáfia. Várias oportunidades de esclarecer minhas ideias me foram fornecidas pelo Istituto Meridionale di Storia e Scienze

Sociali (Imes) e dentro da redação de *Meridiana*. Quanto a estímulos e incentivos, sou ainda devedor a Giuseppe Barone, Pinella Di Gregorio, Giovanna Fiume e Rosario Mangiameli; com este último, em particular, elaborei algumas das linhas interpretativas posteriormente concretizadas neste trabalho.

Catânia, dezembro de 1996
S. L.

Sumário

Siglas e Abreviaturas 9

Introdução 11

A propósito do nome e do conceito 11
Máfia como espelho da sociedade tradicional 21
Máfia como empresa 29
Máfia como organização 38
Máfia como ordenamento jurídico 50

A revelação 59

Protomáfia 59
Network e organização 76
Ordem e desordem pública? 92
Sob a lente de Franchetti 107
Mafiosos e bandidos 117
Facínoras da classe média 130
O julgamento público 140

Guardiães e negociantes 155

Máfia e política 155
O honorável Palizzolo 168

O tenebroso sodalício 178
A escalada dos intermediários 191
Revolta moral 202
Culturas: dentro e fora da organização 212

Democratização, totalitarismo, democracia 227
Da Sicília para a América 227
Terras e países 238
Velha/nova máfia 253
Um primeiro pós-guerra 265
A máfia sob fogo cruzado 279
Um outro pós-guerra 296

A coisa deles 313
A antimáfia 313
O poder territorial 327
Militares e traficantes 341
Metástases 358
Poder e dinheiro em guerra 368
Terroristas e arrependidos 383
A política vista pela máfia... 398
...e a máfia vista pela política 406
O problema de Falcone 411

Índice de nomes e de lugares 425

Siglas e abreviaturas

ACE	Arquivo Central do Estado	
	AC	Ministério do Interior, Administração Civil
	APC	Arquivo Político Central
	Justiça	Ministério da Justiça, Assuntos gerais penais MAP Miscelânea Assuntos Penais
	PG	Ministério do Interior, Polícia Judiciária
	SP	Ministério do Interior, Segurança Pública
	AAGGRR	Assuntos Gerais Reservados
	Secretaria CR	Secretaria Particular do Chefe, Correspondência Reservada
Antimáfia	Comissão parlamentar de inquérito sobre o fenômeno da Máfia na Sicília, Atas, Roma, 1972	
	Doc.	Documentação incluída no relatório conclusivo
	Rel. Bernardinetti	Relatório sobre as relações entre máfia e banditismo na Sicília
	Rel. Carraro	Relatório conclusivo
	Rel. La Torre	Relatório da minoria (da esquerda)
	Rel. Zuccalà	Relatório sobre o tráfico mafioso de tabaco e de estupefacientes, bem como sobre as relações entre máfia e gangsterismo ítalo-americano
	Pessoas mafiosas	Relatório sobre a investigação de casos de pessoas mafiosas

APCD	Atas Parlamentares da Câmara dos Deputados	
AEAG	Arquivo do Estado de Agrigento	
AECL	Arquivo do Estado de Caltanissetta	
AEPA	Arquivo do Estado de Palermo	
	GP	Gabinete Prefeitura
	GS	Gabinete Segurança
	SAG	Arquivo Geral Segurança
BMI	Biblioteca Municipal de Ímola	
CS	*Corriere della Sera*	
GDS	*Giornale di Sicilia*	
Inquérito Bonfadini	*L'inchiesta sulle condizioni sociali ed economiche della Sicilia (1875-1876)*, organizado por S. Carbone e R. Crispo, Bologna, 1968, 2v.	
Inquérito Fabrizi	*I moti di Palermo del 1866. Verbali della Commissione parlamentare d'inchesta*, Roma, 1981	
Instrução maxiprocesso	*Mafia. L'atto d'accusa dei giudici di Palermo*, de C. Stajano, Roma, 1986, sumário da sentença de instrução do Tribunal de Palermo contra G. Abbate + 706	
Processo Amoroso	*Processo dei fratelli Amoroso & C.*, Palermo, 1883	
Processo Andreotti	*La vera storia d'Italia*, apresentação de S. Montanari e S. Ruotolo (sumário do Memorial depositado pelo Ministério Público), Nápoles, 1995	
Relatório Sangiorgi	ACE, SP, Atas especiais 1898-1940, b.l, f.l.	
Testemunho Buscetta	Interrogatório de T. Buscetta na discussão do maxiprocesso, texto conservado junto à Comissão Antimáfia, 3v.	
Testemunho Calderone	Tribunal Penal de Marselha. Processo verbal de interrogatório de A. Calderone perante os juízes M. Debacq e G. Falcone, 9 de abril de 1987 seg.	
Testemunho Calderone--Arlacchi	P. Arlacchi, *Gli uomini del disonore. La mafia siciliana nella vita del grande pentito Antonino Calderone*, Milano, 1992	

Introdução

A propósito do nome e do conceito

Em meio à massa crescente de papel impresso sobre a Máfia não é facil encontrar livros de história.[1] Cabe à historiografia, porém, dar resposta a uma série de questões essenciais, não apenas quanto às origens, que frequentemente se reduz à busca de um mítico *incipit* para opor a um *hoje* desprovido de profundidade. Quando, como e por que o conjunto de fatos definíveis

1 Devem ser lembradas as obras de S. F. Romano, *Storia della mafia*, Milano, 1966; F. Brancato, La mafia nell'opinione pubblica e nelle inchieste dall'Unità al fascismo, in *Antimafia. Relazione sui lavori svolti ... al termine della V legislatura*, p.163 ss., G. Barone, G. Fiume, R. Mangiameli, P. Pezzino, G. Raffaele, N. Recupero, representantes da "nova" e mais aguerrida historiografia sobre o tema serão oportunamente citados. Cito, porém, agora, meus trabalhos que serão aqui reutilizados: Nei giardini della Conca d'oro, in *Italia contemporanea*, 1984,156, p.43-53; Il tenebroso sodalizio, in *Studi storici*, 1988, p.463-89; Tra banca e política: il delitto Notarbartolo, in *Meridiana*, 1990, 7-8, p.119-55; lembro ainda o ensaio que escrevi com R. Mangiameli, Mafia di ieri, mafia di oggi, ibidem, p.17-44.

como Máfia emerge do complexo da história siciliana? Nessa fenomenologia, o que varia com a mudança do contexto histórico e o que permanece (relativamente) estável? Mediante quais linhas o passado se projeta sobre o presente?

Máfia é palavra que desde a metade do século XIX até hoje retorna continuamente na polêmica política ou jornalística cotidiana, nos inquéritos judiciais, na publicidade, na ficção, nos estudos de antropólogos, sociólogos, juristas, economistas e historiadores. Trata-se, porém, de um termo polissêmico, que se refere a fatos diferentes segundo os contextos, as circunstâncias, as intenções e o interesse de quem o usa. É difícil caracterizar um assunto, uma tipologia ou uma sucessão de fenômenos homogêneos para concentrar sob o termo máfia; e é igualmente difícil evitar a impressão de que é justamente essa amplitude e indeterminação de campos de aplicação que é responsável pela sua fortuna.

Escreveu Giovanni Falcone:

> Enquanto antes se tinha reserva em pronunciar a palavra "máfia" ... agora se tem até abusado desse termo ... Não me parece bem que se continue a falar de Máfia em termos descritivos e polissêmicos porque se misturam fenômenos que são de criminalidade organizada mas que tem pouco ou nada a ver com a Máfia.[2]

A polêmica de Falcone é voltada contra quem promiscuamente associa uma superelite criminosa originária da Sicília ocidental, agora comumente chamada *La Cosa nostra,* e a sua igualmente célebre correspondente nos Estados Unidos da América, com a delinquência organizada em geral e talvez até com a delinquência comum. Segundo a acepção hoje predominante,

2 Una nuova fase della lotta alla mafia. Intervista con Giovanni Falcone. *Segno,* v.116, p.10, 1990.

máfia corresponderia à criminalidade regional siciliana, *camorra* à criminalidade regional napolitana; por simetria, a mídia introduziu recentemente um termo análogo para a Calábria, ou seja: *'ndrangheta*. Podemos depois acrescentar uma máfia chinesa, turca, colombiana, russa, e assim por diante. Porém, estamos só no início da confusão de linguagens, visto que o termo assume acepções bem mais amplas, distantes até do campo da criminalidade organizada. Ele pode referir-se à influência de *lobbies*, associações secretas, aparelhos estatais desviados;[3] serve para indicar uma estreita relação entre política, negócios e criminalidade, uma difusa ilegalidade ou corrupção, um mau hábito feito de favoritismos, clientelismo, fraudes eleitorais, incapacidade de aplicar as leis de maneira imparcial. Discutiu-se por exemplo se o grupo político-comercial que alguns anos atrás acompanhava o líder socialista lígure Alberto Teardo poderia ser considerado uma quadrilha mafiosa, embora não costumasse usar de violência; dilema longe de ser neutramente científico, visto que na Itália de 1982 são possíveis condenações por "associação mafiosa".

Nesse ponto deve ser lembrado um elemento contrário àquele geralmente presente aos observadores. Não é verdade que a sociedade siciliana, durante todo o tempo, tenha estendido sobre o fenômeno uma cortina de silêncio: com exceção talvez dos anos 50 do século XX, na Sicília fala-se sempre de máfia *ad abundantiam*, e mafioso ou protetor de mafioso é a qualificação que todos (mafiosos inclusive) atribuem aos concorrentes, aos adversários políticos, aos vários expoentes da autoridade pública. Em Palermo em particular, mas também em outras cidades da ilha em que historicamente está ausente um verdadeiro problema desse tipo (penso na Catânia do fim do século XIX), toda operação de renovação ou simplesmente de oposição, desde há mais de cem anos até agora, foi conduzida sob o pretexto de combate

---

3 Nesse sentido, N. Tranfaglia, *La mafia come metodo*, Roma-Bari, 1991.

à Máfia. Imagine-se então quantas vezes a Máfia constituiu metáfora ou pretexto para batalhas em torno do sistema político nacional: em 1875, com as providências extraordinárias de segurança pública e a passagem da direita para a esquerda; em 1926, com a operação Mori e a instauração de um regime totalitário na Itália; no segundo pós-guerra, quando Portella della Ginestra anuncia a hegemonia democrata-cristã sobre as forças de direita e sobre todo o país; com a primeira Comissão parlamentar antimáfia e o advento da centro-esquerda; hoje que a máfia coincide com a imagem de uma região sul parasitária, ou de um sistema de governo frágil e corrupto. Não há de que espantar-se. De um lado, a luta política desvia para seus próprios objetivos um instrumento conceitual já por si impreciso, por outro, todos os elementos acima apontados têm entre si pontos de contato capazes de fornecer legitimidade a um uso *lato sensu* do termo. Nem sempre, porém, essa mescla de fatores mais ou menos homogêneos, mais ou menos heterogêneos conceitualmente, torna mais simples o combate à Máfia, ou o conhecimento que ocorre sempre por distinção. Por vezes "a superestrutura das palavras se autoalimenta, envolve como metástase a estrutura dos fatos, destruindo-a";[4] o conceito perde qualquer ancoragem sólida, até mesmo espacial e cronológica, sendo as categorias de corrupção e clientelismo diversamente aplicáveis a fenomenologias, tempos e lugares muito variados. Se tudo é máfia, nada é máfia.

O retorno ao uso *originário* do termo pode parecer um bom antídoto para as ambiguidades do conceito. Porém, no caldo primordial da Sicília pós-*risorgimento,* quando a palavra máfia entra no uso, tais ambiguidades eram de alcance ainda mais amplo. Fala-se pela primeira vez de mafiosos em 1862-1863, numa comédia popular de grande sucesso intitulada justamente *I*

4 L. Galluzzo, F. Nicastro, V. Vasile, *Obiettivo Falcone. Magistrati e mafia nel palazzo dei veleni,* Napoli, 1989, p.167-8.

mafiusi di la Vicaria,[5] ambientada em 1854 entre os *camorristas* detidos na cadeia de Palermo. Em abril de 1865, é feita uma menção a "*máfia*, ou associação delinquente" num documento reservado assinado pelo prefeito de Palermo, Filippo Gualterio,[6] e já em 1871 a lei de segurança pública refere-se a "ociosos, vagabundos, mafiosos e suspeitos em geral". Nos quinze anos seguintes, o termo convive com outro – camorra – sem referência a caracterizações regionais, sicilianas ou napolitanas, e sem diferenciações conceituais unívocas. A palavra camorra indica mormente sistemas de controle ilegítimo dos mercados, dos leilões públicos, dos contratos, do voto, e, às vezes, as fontes referem-se aos ambientes urbanos, deixando os rurais para a "máfia". Entretanto, também temos usos opostos: os protagonistas de *I mafiusi di la Vicaria*, por exemplo, são artesãos urbanos, enquanto o prefeito de Palermo em 1874, Gioacchino Rasponi, define a máfia como "malandragem de cidade".[7]

Os funcionários da direita histórica chamam de "mafiosos" os bandidos e os insubmissos ao serviço militar, os chefes de partidos municipais e os pequenos delinquentes, os adversários da ordem política e da ordem social, os dirigentes das minas de enxofre e seus operários, os proprietários e os camponeses. Entre esses indivíduos, tão diferentes entre si, o único traço de união é o contexto em que se movem, na sua acepção mais ampla, o de uma sociedade violenta, bárbara e primitiva tanto na parte inferior como na parte superior da hierarquia social, na

---

5 A comédia, como se pode ver em G. G. Lo Schiavo, *100 anni di mafia*, Roma, 1962, foi encenada pelo diretor Giuseppe Rizzotto, mas, ao que parece, foi escrita por um certo Gaspare Mosca.

6 Citado por P. Alatri, *Lotte politiche in Sicilia sotto il governo della Destra (1866-1874)*, Torino, 1954, p.92-3. A variante *maffia* permanece bem presente durante todo o século XIX para depois desaparecer gradativamente.

7 Num relatório de 31 de julho de 1874 ao Ministério do Interior, publicado entre a documentação relativa à lei de SP de 1875, in APCD, 1874-1875, Documentos, anexos A1, p.13.

qual prefeitos, chefes de polícia, comandantes militares, delegados da Segurança Pública julgam não poder encontrar um interlocutor social para o Estado liberal, aquilo que a linguagem da época chama de classe média, mas que melhor se chamaria uma casta superior de dignatários e de notáveis: os sicilianos parecem demasiado briguentos, facciosos, tendentes a administrar de maneira privatista a coisa pública. Governar "povos como estes ... com leis e ordenamentos à maneira inglesa ou belga, que supõem um povo culto e moral como lá ou pelo menos como na parte superior da península", significa arriscar-se a "um perigoso e terrível experimento" inevitavelmente destinado a desembocar no caos e na violência.

É essa a opinião do prefeito de Caltanisetta, Guido Fortuzzi, que podemos definir como o último homem da direita;[8] mas em substância é essa também a ideia que guia a primeira grande reflexão sobre o nosso assunto, a de Leopoldo Franchetti (1876).[9] Essa descoberta da diversidade *sociocultural* da ilha, essa primeira versão da máfia como metáfora do atraso, conjuga-se de resto com as dificuldades do moderantismo pós-*risorgimento* para encontrar um interlocutor também *político* numa Sicília ocidental, numa Palermo onde a opinião pública se dirige para republicanos, "regionalistas" e expoentes da Esquerda moderada e não para o partido governante. A intenção política que está na base do relatório Gualterio caracteriza a *Máfia* pelo vínculo com os partidos extremistas – republicanos e borbônicos – e indica como seus personagens principais, o general Giovanni Corrao, chefe do grupo radical garibaldino, e, depois que este é assassinado

8 Relatório de 4 de abril de 1875, in APCD, 1874-1875, Documentos, n.24, p.20.

9 L. Franchetti, Condizioni politiche e amministrative della Sicilia. In: L. Franchetti-S. Sonnino, *Inchiesta in Sicilia*, Firenze, 1974 (1.ed. 1876). Do volume de Franchetti existe uma edição recente, Roma 1991, com introdução de P. Pezzino.

(1863), o seu sucessor, Giuseppe Badia: os prefeitos fazem sua "descoberta" *per incidens*, o que serve para explicar sua impotência para criar um consenso e satanizar a oposição.[10]

Passam só duas décadas e a palavra máfia aparece também no lado americano, definindo uma misteriosa organização, remontando a períodos antiquíssimos, que conservaria sua cabeça pensante na ilha e espalharia por toda parte seus gregários; para estigmatizar uma *alien conspiracy*, um complô alienígena levado avante por "socialistas, nacionalistas ou outros".[11] Não falta a suspeita de uma cumplicidade do governo italiano, como naquela vinheta satírica de fins do século XIX, na qual um flautista mágico atrai para além do oceano os imundos ratos do velho mundo, inclusive o mafioso, em meio ao júbilo dos reinantes europeus e o desespero do tio Sam. Trata-se de uma das formas pela qual a América WASP *(White, Anglo-Saxon, Protestant)* exprime o temor pelo diferente, um endurecimento etnocêntrico diante da "segunda onda" de emigração, e na prática de um argumento que leva a exigir a limitação dos vistos de entrada nos Estados Unidos para os italianos (em particular para os do sul) que são acusados de reproduzir no Novo Mundo o pior da sociedade de origem: doença, ignorância, superstição e, naturalmente, criminalidade, tanto mais temida quanto mais exótica e misteriosa.

Entre o primeiro uso italiano e o primeiro uso americano do termo existem, portanto, pontos em comum: a máfia é metáfora

---

10 N. Recupero, Ceti medi e "homines novi". Alle origini della mafia, in *Polis*, 1987, 2, p.316. Do mesmo autor, cf. La Sicilia all'opposizione (1848-74), in *La Sicilia*, org. de M. Aymard e G. Giarrizzo, Torino, 1987, p.41-85. A etimologia, fantasiosa e até surrealista, que lê "máfia" como uma sigla composta das iniciais do slogan "Mazzini Autoriza Ferimentos, Incêndios, Assassinatos", relatado em H. Hess, *Mafia*, prefácio de L. Sciascia, Roma-Bari, 1991 (1.ed. 1970), p.6, remete de certo modo para esse contexto.

11 Relatório do Grand Jury constituído em Nova Orleans em 1892, cit. em H. S. Nelli, *The Business of Crime. Italians and Syndicate Crime in the United States*, Chicago, 1981, p.65.

de algo incompatível com os valores afirmados pelo Estado oitocentista, e como tal aparece obscuramente entrelaçada com a subversão política, refletindo sobretudo o temor da permanência de um obscuro passado, de um código cultural hostil à modernidade. O esquema é destinado a repropor-se sob várias formas ao longo de todo o século seguinte, assim como será reproposta uma singular contradição na atitude das autoridades públicas, que denunciam a incapacidade da cultura tradicional siciliana em entender a soberania da lei, mas ao mesmo tempo fazem largo uso como *instrumentum regni* da patologia denunciada. Isso justifica o fato de que os opositores revertem a acusação contra eles e inaugura outra temática: a da relação entre máfia e poder político. Depois de 1860, a Itália liberal recorre na distante província siciliana a uma prática de governo fortemente autoritária e baseada em métodos "excepcionais", mas sobretudo – como se verá – também na mais cotidiana gestão da ordem pública serve-se de delinquentes; para não falar do uso de mafiosos como cabos eleitorais já em época de eleição minoritária. Aqui também se propõe um paralelismo com o que ocorre nos Estados Unidos, onde o *establishment*, a polícia, as máquinas políticas e as empresas utilizam os mafiosos (como expoentes de outras formas étnicas de *organized crime)* na qualidade de mediadores do universo *estranho* à imigração.

Já nessa primeira fase, como farão depois, os indivíduos, os grupos mercantil-clientelistas, a comunidade siciliana ou a ítalo-americana nos Estados Unidos, todos os que foram objetos da acusação de "mafiosidade", respondem no tribunal, na imprensa ou nas tribunas parlamentares com dois argumentos. De um lado, declara-se que a criminalidade "normal" existe em toda parte, ao passo que a máfia, pelo contrário, não existe em parte alguma. O outro raciocínio mais sofisticado, porém, subverte a tese da contraparte, aceita a referência ao arcaismo da Sicília, a denúncia do desnível de comunicação entre esta e o Estado, mas invertendo polemicamente o seu significado. Afirma-se que só uma mal disfarçada intenção persecutória pode transferir para a esfera das classes superiores esse conceito típico do universo cultural da plebe, visto com paternalística condescendência (ou com ideológica participação) como o resíduo cavalheiresco de um mundo tradicional, como *robusta barbárie* em via de desaparecimento por natural evolução histórica; só a incapacidade de compreender a Sicília pode traduzi-lo pela ideia de uma associação secreta e criminosa. É natural que a formulação originária de tal argumento seja devida a um etnólogo, por sinal um dos maiores etnólogos europeus do século XIX, o palermitano Giuseppe Pitrè, e é natural que isso ocorra em seguida à descoberta da palavra e do conceito, nos anos 80 do século XIX. Para Pitrè, portanto, a máfia "não é seita nem associação, não tem regulamentos nem estatutos ... o mafioso não é um ladrão, não é um malandro ... a máfia é a consciência do próprio ser, o exacerbado conceito da própria força individual ... daí a intolerância pela superioridade e, pior ainda, pela prepotência alheia". A outra palavra-chave, *omertà*, derivaria da raiz *uomo*, significaria por excelência homem, que virilmente responde por si mesmo às ofensas sem recorrer à justiça estatal.[12]

Pitrè afirma que o termo máfia era habitualmente utilizado mesmo antes de 1860, nos bairros populares de Palermo, como sinônimo de "beleza" e de "excelência", de tal sorte que *mafiusu* teria sido um homem de coragem, *mafiusedda* uma moça bela e orgulhosa. Tratar-se-ia de um termo da "velha" Sicília, que depois de 1860 perde o seu "significado original" e positivo para assumir outro, pouco claro mas sem dúvida negativo, próximo de banditismo, camorra, malandragem; por esse caminho – comenta com malícia Pitrè – chega-se a um *quid* "quase impossível [de] definir". Na sua intenção apologética e regionalista, essa tese

12 G. Pitrè, *Usi, costumi, usanze e pregiudizi del popolo siciliano*, Palermo, 1978, II, respectivamente p.292 e 294.

vem convergir com aquela outra aparentemente oposta dos linguistas Traina e Mortillaro, segundo os quais o termo era desconhecido na ilha antes de 1860, e teria sido então introduzido pela má intenção ou mau governo dos "continentais".[13]

É como se os protagonistas, diante da rápida fortuna da palavra, julgassem poder desvendar pela etimologia o mistério do conceito, encontrando nele um significado *originário* e mais verdadeiro. Na realidade, as opções filológicas já prefiguram as interpretativas e existe uma sobreposição entre estas últimas e as escolhas de campo, das quais não escapa naturalmente a vertente americana. Quem não compreendeu tais finalidades práticas das interpretações da máfia é porque sobrepôs promiscuamente os diferentes pontos de vista dos acusadores, dos apologistas, dos conluiados, dos democratas, dos totalitários, dos sicilianistas e dos antissicilianistas: resultou daí o característico andamento repetitivo da mafiologia, no qual, como no jogo dos espelhos deformantes, o estereótipo torna-se tanto mais indiscutível quanto mais remoto e misterioso for o lugar em que foi formulado pela primeira vez. Opondo-se a tal círculo vicioso, este meu trabalho recorrerá aos instrumentos mais clássicos da historiografia, que são as fontes arquivísticas e judiciárias, assim como aos materiais dos inquéritos parlamentares, contando sempre, rigorosamente, histórias de seres humanos que realmente existiram e não de personagens de romance disfarçados de modelo sociológico ideal. A dialética das interpretações do passado e do presente, de Pitrè, de Franchetti, de Mosca, de Sciascia, expressas nos jornais ou nas sessões judiciárias, será considerada como *um* dos instrumentos possíveis de conhecimento, do qual se pode partir com a cons-

---

13 Ibidem, p.288-93; o *Dizionario siciliano* de G. Traina (1868), por ele citado, supõe a origem toscana do termo; o *Nuovo dizionario siciliano-italiano* de V. Mortillaro, Palermo, 1875, considera-o "palavra piemontesa [*sic!*] introduzida no resto da Itália".

ciência de que o predomínio de uma ou de outra opção passa a fazer parte integrante do evento histórico e, definindo no sentido mais amplo o campo da acusação e o da defesa, contribui para determinar os resultados da luta pró e contra a Máfia.

Esquematizando ao máximo linhas interpretativas que na realidade se apresentam frequentemente ligadas entre si, podemos distinguir alguns filões fundamentais: a Máfia foi vista como espelho da sociedade tradicional, com atenção aos fatores políticos, econômicos ou – com maior frequência – socioculturais; como empresa ou tipo de indústria criminosa; como organização secreta mais ou menos centralizada; como ordenamento jurídico paralelo ao do Estado, ou como *anti-Estado*.

Máfia como espelho da sociedade tradicional

Tanto as contribuições jornalísticas quanto as da escola socioantropológica e até mesmo os relatórios das Comissões antimáfia procuram enquadrar fenômenos e comportamentos que são atualíssimos, recorrendo à história de cem e mais anos atrás. Infelizmente, porém, na maioria das vezes, esses textos fazem referência a uma velha historiografia que descreve a região sul dos séculos XIX e XX como uma sociedade semifeudal, totalmente agrária e latifundiária, econômica e socialmente imóvel, percorrida por um único frêmito de renovação: o movimento campesino. Nesse esquema, parece lógico pensar que a Máfia serve essencialmente para assegurar a subordinação dos camponeses às classes dirigentes, mesmo que essa função só apareça claramente no primeiro e no segundo pós-guerra, ou seja, em alguns momentos específicos da longa existência mafiosa. Nos outros casos de latifúndio italiano e estrangeiro, deve ser considerada também a falta de uma fenomenologia desse gênero, que não seja redutível evidentemente ao tema dos exércitos particulares com que feudatários e fazendeiros mantêm seu poder em toda parte do mundo. Por outro lado, os mafiosos que são considerados mais representativos do modelo tradicional, Calogero Vizzini e Giuseppe Genco Russo, já não são instrumentos cegos do poder agrário, mas organizadores de cooperativas que conquistam boa parte de seu poder mediando transferências de terras dos grandes proprietários para os camponeses, ou seja, pondo-se à frente de movimentos coletivos justamente nos dois pós-guerras: não são os guardiães, mas sim os coveiros do feudo, desenvolvendo um papel inimaginável fora dos grandes processos de modernização política e social do século XX.

Cumpre perguntar por que o contexto quase universalmente lembrado é o do latifúndio, quando pode ser facilmente observada, *ab origine,* a compatibilidade entre máfia e fragmentação da posse fundiária, entre máfia e grau elevado de integração com ricos mercados internacionais e até mesmo ultramarinos, na Sicília do enxofre e nas áreas costeiras de Palermo, de Trapani e – para além do estreito de Messina – de Reggio Calabria:[14] setores e momentos de dinamismo econômico-social que o Sul, por mais atrasado que seja, oferece em abundância. Fascinados pelos contextos rurais e "primitivos", os estudiosos frequentemente esqueceram a "capital" da ilha e o seu campo urbanizado, que muitas fontes oitocentistas consideravam o centro da corrupção. Segundo Antonino Cutrera (1900), é aqui que "reside a verdadeira máfia, a máfia legendária, a máfia dos grandes processos criminais, que com seus grandes delitos despertou o terror ... dando a primazia à história da criminalidade siciliana".[15] Não podemos

---

14 Aspecto posto em destaque para a zona de Gioia Tauro por P. Arlacchi, *Mafia, contadini e latifondo nella Calabria tradizionale,* Bologna, 1980; F. Piselli-G. Arrighi, Parentela, clientela e communità, in *La Calabria,* org. por P. Bevilacqua e A. Placanica, Torino, 1985, p.367-494.

15 A. Cutrera, *La mafia e i mafiosi. Saggio di sociologia criminale,* Palermo, 1900, p.57.

concordar com o conceito de uma máfia palermitana "verdadeira" de preferência a uma máfia trapanesa ou agrigentina, mas certamente grande parte dos mais clamorosos fatos de máfia coloca-se numa área que coincide, *grosso modo*, com a província de Palermo: do *hinterland* urbano, da zona de agricultura "rica" da *Conca d'oro*, ao resto da faixa costeira que avança para o Trapanês até a área interna da província, a do latifúndio, que no século XIX e em parte também no XX liga-se à cidade pelo grilhão do aluguel, pela deslocação de renda do interior para a cidade e frequentemente pela deslocação de quadros executivos (administradores, inspetores, guardiães) em sentido contrário. Encontraremos nesta *História da Máfia*, numa vasta área palermocêntrica, uma desconcertante continuidade *de grupos, de lugares, de experiências e de setores de intervenção*. O poder dos Grecos na aldeia de Ciaculli e no Gotha mafioso urbano dura por mais de um século, um século em que tudo mudou na economia, na sociedade, na política; tudo, pode-se dizer, exceto a continuidade dessa senhoria territorial. Particularmente, naquilo que no século XIX se chamava o agropalermitano, a meio caminho entre cidade e campo, nas aldeias e nas regiões do *hinterland*, os grupos mafiosos dão lugar a um sistema de controle do território, partindo da espessa rede de segurança e chegando a filtrar os tráficos legais ou ilegais, roubo de gado, contrabando e a primeira intermediação comercial de cítricos e outros produtos da agricultura. A mesma área revelou-se em período recente como a dirigente mais ou menos natural da expansão e da especulação imobiliária – antigos espaços e antigos poderes para novas oportunidades de lucro. A inserção numa cadeia migratória transoceânica e o hábito de um comércio de longa distância, como o dos produtos cítricos, predispuseram depois mentalidades e capacidades adequadas para passar ao contrabando de cigarros e de narcóticos.

A equação *máfia = latifúndio*, ao lado daquela outra *pequena propriedade = progresso social*, representa na realidade um modo de ler o fenômeno como um resíduo mais ou menos feudal, projetando-o para um obscuro passado e livrando o futuro da sua turva hipoteca. Na história das interpretações da Máfia, da luta contra ela, retorna ciclicamente a ideia segundo a qual o "moderno" (a reforma agrária, a industrialização, a escolaridade, o desenvolvimento de hábitos sexuais mais livres) deveria *ipso facto* destruir o fenômeno juntamente com seu caldo de cultura, esquema que de boa-fé foi propalado pela esquerda a partir do pós-guerra e, depois, com algum instrumentalismo, parcialmente retomado por todos com o objetivo de obter mais verbas públicas, mais recursos para administrar... Analogamente, na sua vertente americana, a Máfia foi descrita como o resíduo de uma civilização "campesina" destinado a esgotar-se com a inserção da comunidade italiana nas camadas superiores da sociedade americana. Mas pode-se remontar ainda mais para trás, quando já pelos liberais o "feudalismo" e o desgoverno borbônico eram indicados como as causas de todos os males do Sul. Muitos pensavam que a Máfia desapareceria quando nas regiões do desolado interior siciliano fosse ouvido o apito da locomotiva, não imaginando que depois do apito da locomotiva se falaria ainda do *boom* do jato e do *bip* do computador.

Hoje, à distância de cento e trinta anos da unificação da Itália, o contexto já simplistamente considerado arcaico acha-se mudado em todos os seus elementos; entretanto, estamos ainda diante de algo que chamamos máfia procurando compreender de que modo esse fenômeno aparentemente típico de um universo "tradicional" sobreviveu à modernização. Portanto, o moderno não entra em contradição com uma fenomenologia de tipo mafioso, como demonstram o caso americano e o caso meridional do período recente; nem a categoria de imobilismo é adequada para compreender seja o fenômeno seja o seu contexto. A Máfia siciliana permanece por mais de cem anos sob os refletores, embora se tenha mostrado que os fenômenos indicados com este nome na verdade revelam, todos e sempre, um grau significativo de homogeneidade. A camorra apresenta-se em momentos determinados e como numa série de *flashes*: o período pós-unitário, o do governo de Giolitti, o segundo pós-guerra.[16] Na Calábria, o fenômeno da *picciotteria*, espécie de gangue juvenil, surgida de improviso e duramente reprimida no início do século XX, vem iluminar por um instante uma história obscura até porque raramente presente no debate atual, e que não por acaso só recentemente se tornou objeto de análise historiográfica.[17] De qualquer modo, tradicionalmente, tratava-se de um fenômeno regional, característico de Palermo e de quase toda a sua província, de Nápoles e de algumas realidades do *hinterland*, da província de Reggio Calabria, de uma parte de Trapani, da área siciliana do enxofre e do latifúndio, com exclusão da parte oriental da ilha. É, porém, nos últimos trinta anos que a epidemia se estendeu até cobrir com certa homogeneidade três regiões: Sicília, Campânia e Calábria, para não falar da quarta, a Puglia.

Essa evolução, ou involução que seja, põe em dúvida não apenas a explicação baseada no arcaísmo que faz do comportamento mafioso uma consequência direta da antropologia dos sicilianos ou dos meridionais em geral: cultura que seria caracterizada pela desconfiança em relação ao Estado e, portanto, pelo hábito de fazer justiça por si mesmo, pelo senso da honra, pelo clientelismo, pelo familismo que subtrai do indivíduo a percepção

---

16 Sobre a camorra oitocentista, cf. os estudos fundamentais de M. Marmo, Economia e politica della camorra napoletana nel sec. XIX, in *Quaderni dell'Istituto universitario orientale. Dipartimento di scienze sociali*, Napoli, 1989, p.103-30; Ordine e disordine: la camorra napoletana nell'ottocento, in *Meridiana*, 1990, 7-8, p.157-90; Tra le carceri e i mercati. Spazi e modelli storici del fenomeno camorrista, in *La Campania*, org. por P. Macry e P. Villani, Torino, 1990, p.691-730. Um esboço em escala bissecular é o de I. Sales, *La camorra le camorre*, Roma, 1988.

17 E. Ciconte, *'Ndrangheta. Dall'Unità a oggi*, Roma-Bari, 1992, e Id., *Processo alla 'ndranghetta*, Roma-Bari, 1996. Mas sobre a dificuldade de uma história da máfia calabresa, cf. F. Bevilacqua, La mafia e la Spagna, in *Meridiana*, 1992, 13, p.110-6.

das próprias responsabilidades diante de uma coletividade mais ampla que a primária.[18] Essas características deveriam ser relativamente homogêneas em todo o Sul, portanto, não se explica a distribuição do fenômeno por manchas no passado, nem se entende como este, trazido da cultura tradicional, tenha podido hoje generalizar-se para além dos âmbitos de origem, coincidindo justamente com a modernização do país, embora efetivamente a "hibridação" sociocultural seja parte constitutiva da mudança histórica.[19]

Não me parece que se queira suprimir o elemento cultural da explicação desse (como de resto de qualquer outro) fenômeno social. Admitindo-se que a representação já referida seja realmente uma representação aceitável da antropologia meridional, seria preciso tentar separar o fenômeno do seu contexto, indagando sobre o modo pelo qual a organização mafiosa se apropria dos códigos culturais, instrumentaliza-os, modifica-os, tornando-os um adesivo para sua estrutura. Pense-se na recusa do conceito de impessoalidade da lei, no desprezo pela polícia e por quem colabora com ela, traços certamente muito difundidos entre o povo, entre burgueses e aristocratas da Sicília dos séculos XIX e XX, mas que são reutilizados pela Máfia segundo finalidades próprias. Ou reflita-se sobre a imagem da Máfia moderada e protetora, sempre projetada pelos mafiosos, seja por meio de seus representantes ou em primeira pessoa. Veremos o grande

---

18 H. Hess, *Mafia*, op. cit.; A. Blok, *La mafia di un villaggio siciliano, 1860-1960*, Torino, 1986 (1.ed. 1974); J. e P. Schneider, *Classi sociali, economia e politica in Sicilia*, Soveria Mannelli, 1989 (1.ed. 1976); Arlacchi, *Mafia, contadini e latifondo*, op. cit., e Id., *La mafia imprenditrice. L'etica mafiosa e lo spirito del capitalismo*, Bologna, 1983. Os Schneider voltaram recentemente à questão com argumentos novos e convincentes: cf. seu Mafia, antimafia e la questione della cultura, in *La mafia, le mafie*, org. por G. Fiandaca e S. Costantino, Roma-Bari, 1994, p.299-324.

19 Segundo a interessante teorização de R. Catanzaro, La mafia come fenomeno di ibridazione sociale, in *Italia contemporanea*, 1984, 156, p.7-41.

chefe mafioso do período pós-unitário, Antonino Giammona, descrito pelo seu advogado como homem da ordem, não disposto a sofrer prepotências; veremos os defensores dos irmãos Amoroso (1883) insistirem sobre a origem popular de seus clientes, ignorantes mas condicionados por uma antropologia feita de ferrenhos códigos de honra, de espasmódico apego à solidariedade e aos ódios familiares.[20] O advogado de Vito Cascio-Ferro afirma (1930) que na pessoa do seu cliente a Máfia representa "uma atitude de extremado e ousado individualismo, despido de maldade, de baixeza e de criminalidade".[21] Em contextos muito diferentes entre si, a Máfia se autodefine sempre da mesma maneira: "A sua Máfia não foi delinquência, mas respeito pela lei da honra, defesa de todo direito, grandeza de alma", lemos no epitáfio escrito no túmulo de Ciccio Di Cristina, chefe mafioso de Riesi no pós-guerra. "Querem definir aquilo que os juízes e os governadores chamam máfia? Não se chama máfia, chama-se *omertà*, isto é, homens honrados, que ajudam e não se aproveitam dos fracos, que fazem sempre o bem e nunca o mal" está escrito num texto subtraído de Rosario Spatola,[22] empresário da máfia e principal encarregado da lavagem dos lucros do narcotráfico no fim dos anos 70.

Portanto, é sobretudo a Máfia que descreve a si mesma como costume e comportamento, como expressão da sociedade tradicional. Todo mafioso eminente insiste em apresentar-se sob as vestes do mediador e do pacificador de controvérsias, de tutor da virtude das meninas; pelo menos uma vez na sua carreira, ele ostenta uma "justiça" rápida e exemplar contra ladrões violentos, estupradores, raptores de crianças. Estamos, por outro lado, diante de um grupo de poder, o qual exprime uma ideologia que

---

20 Ver neste volume, respectivamente, p.79 e 215 s.

21 Alocução do advogado G. Russo Perez in GDS, 8 de junho de 1930.

22 Tribunal de Palermo, Sentença contra Spatola + 119 (g.i. Falcone) p.485.

pretende criar consenso externo e solidez interna: existe nela um certo autoconvencimento, muito de veleidade e mais ainda de propaganda destinada a chocar-se, na grande maioria dos casos, com a bastante diferente realidade dos fatos. O esquema ideológico vê-se então salvo com referência a uma *nova* máfia, reduzida *agora* à delinquência, que não tem mais o senso *do respeito* e da honra da *velha*. Mas o argumento resulta suspeito se tivermos em mente apenas o fato de que ele já aparece em 1875 nos relatórios do delegado de polícia de Monreale[23] e, de forma diversa, também em Pitrè (*a palavra indica um conceito outrora bom e agora degradado*), para depois repropor-se ciclicamente por toda nossa existência: nos anos da Primeira Guerra Mundial, quando os velhos mafiosos teriam sido substituídos por ferozes delinquentes; nos dias que se seguiram à repressão fascista dos anos 20, quando – segundo as memórias do chefe mafioso síiculo-americano Nick Gentile – "morreu na Sicília a honrada sociedade, a Máfia que tinha as suas leis, os seus princípios, que protegia os fracos e ... o campo foi deixado a ... gente sem honra habituada a roubar sem freio e a matar por dinheiro";[24] nos Estados Unidos do início dos anos 30, quando, segundo o chefe mafioso nova-iorquino Joe Bonanno, a velha *Tradição* siciliana teria começado a ceder aos venenos do novo mundo;[25] no curso dos anos 50, fase em que a honorífica máfia agrária teria deixado o campo a um feroz gangsterismo urbano; e enfim, *last but not least*, pelo advento dos corleoneses, com o qual – explica Buscetta – a *Cosa nostra* perdeu suas antigas virtudes e encontrou-se desfigurada pela violência e pela avidez de riquezas. Avidez e ferocidade, como as páginas deste livro documentarão, são, porém, características tanto da máfia de ontem como de hoje, capazes ambas de

23 Cf. neste volume p.141-2.

24 N. Gentile, *Vita de capomafia*, memórias coligidas por F. Chilanti, Roma, 1993 (1.ed. 1963), p.201.

25 J. Bonanno, *Uomo d'onore. L'autobiografia di J.B.*, Milano, 1985, passim.

massacrar inocentes, mulheres e crianças, a despeito dos códigos honoríficos. As diferentes quantidades e qualidades da violência estão mais ligadas às conjunturas políticas (por exemplo, nos dois pós-guerras), ou aos vários saltos de gerações que renovam as lideranças e os quadros executivos, dando lugar a conflitos internos de tipo cíclico e não de época.

Máfia como empresa

A contraposição velha/nova máfia, embora tenha apenas um conteúdo manifestamente ideológico ou mesmo retórico, retorna continuamente, porque representa um atalho conceitual demasiado fácil diante do complexo hibridismo entre velho e novo revelado pelo nosso tema. Assim Pino Arlacchi, no seu famoso livro sobre *La mafia imprenditrice* (1983), tentou manter a figura do velho mafioso transposta de Anton Blok, de Jane e Peter Schneider e sobretudo de Henner Hess, reduzindo-a ainda mais ao notável paisano desejoso apenas de obter consideração social, pobre porém desdenhoso de riqueza: contrapondo-lhe uma *moderna* máfia empresária, criação dos anos 70, interessada na acumulação capitalista e em particular no narcotráfico, tão feroz quanto era moderada a anterior. Essa oposição conceitual demasiado nítida não convence. No que se refere ao passado, é preciso dizer que os arrendatários também eram empresários, não muito inovadores certamente, porém sempre definíveis como "especuladores, que como meio de especulação usam pólvora e chumbo" – dizia um proprietário oitocentista[26] – ou ainda – afirmava Franchetti – como "industriais da violência". É sintomático como a descrição distorcida que Arlacchi faz de Calogero Vizzini deriva mais uma vez do quadro decididamente minimalista *que o mafioso faz de si mesmo* como pobre camponês ignorante ("Falo pouco

26 Entrevista Pagano, in *Inquérito Bonfadini*, p.483.

porque sei pouco. Moro num vilarejo, venho a Palermo só raramente, conheço pouca gente"),[27] ao passo que as fontes o pintam ao contrário como "um cavalheiro, muitas vezes milionário", que na Londres de 1922 estava comprometido com outros "industriais" do enxofre, com os dirigentes da Montecatini, com o Gotha da indústria química mundial, nas negociações para a constituição do cartel internacional do ácido sulfúrico.[28] Sobre a outra vertente, a hodierna, Arlacchi pôs ênfase excessiva sobre um suposto caráter "schumpeteriano", isto é, criativo e inovativo, do empresariado mafioso. No campo da economia legal, é muito duvidoso que o mafioso possa mostrar capacidade empresarial mais complexa do que a necessária para o exercício de uma empresa agrária *tradicional,* a qual (ressalvada a grande diferença de contextos) encontra seu correspondente atual na atividade imobiliária e no comércio: ao passo que a inserção em atividades financeiras também de grande escala, como a lavagem de dinheiro "sujo", não faz do mafioso um empresário mas antes um *rentier*. De maneira mais geral, a estrutura clientelista da quadrilha mafiosa, que é forçada a uma contínua redistribuição entre seus famintos associados, a uma infinita fragmentação das estruturas societárias tendente a ocultar as próprias atividades, não parece assemelhar-se tanto assim à estrutura racional e vertical da empresa.[29]

---

27 Na entrevista a I. Montanelli, *Pantheon minore,* Milano, 1958, relatada justamente por Arlacchi, *La mafia imprenditrice,* op. cit., p.43.

28 Cf. respectivamente a carta do bispo nisseno G. Jacono, 12 de junho de 1935, cit. em C. Naro, *La Chiesa di Caltanissetta tra le due guerre,* Caltanissetta-Roma, 1991, II, p.167; e C. Sarauw, *Note e richieste al R. Governo per l'assetto dell'industria zolfifera siciliana,* Catânia, 1922, p.5-6.

29 Cf., por exemplo, as considerações críticas de R. Catanzaro, Mafia come impresa?, in *L'Italia estrema,* Roma, 1992, IV, p.37-43 e Id., *Il delitto come impresa. Storia sociale della mafia,* Padova, 1988; U. Santino, *La mafia interpretata,* Soveria Mannelli, 1995, e U. Santino-G. La Fiura, *L'impresa mafiosa,* Milano, 1990.

É evidente que no fenômeno existe uma continuidade muito mais forte. As doutas citações de Luciano Leggio feitas por Pitrè, o texto de Spatola, as declarações dos arrependidos da mais recente geração demonstram que não existe nenhuma mudança atual que incite a chamada máfia empresarial a renunciar à sua própria imagem, à sua própria ideologia protetora e tradicionalista, o que não impede, porém, como jamais impediu, a busca da acumulação e a violência. Os mafiosos sicilianos e ítalo-americanos continuam a declarar sua hostilidade à droga, destruidora dos vínculos socioculturais da comunidade, mesmo quando são apanhados com a "mão na massa".[30] Da prisão em que esteve encarcerado, depois de estar foragido por tempo interminável, Nitto Santapaola – chefe da Máfia catanense – descreve uma cidade agora privada de segurança e, portanto, de prosperidade, já que desprovida da garantia oferecida nos anos 70 por ele próprio e por seus amigos: "Onde está aquela Catânia florescente, onde estão os empresários, os comerciantes que podiam viver e trabalhar sem medo?" – pergunta ele esquecendo-se de quanto de lágrimas, de sangue e corrupção custou e custaria aquele tipo de regulamentação.[31]

Levando em conta elementos dessa natureza, Diego Gambetta repropôs recentemente de maneira diversa, e bem mais rigorosa, o tema da máfia-empresa, afirmando que o mafioso vende um "bem" específico, a proteção, num contexto histórico, siciliano ou meridional, em que falta segurança.[32] Como se verá

---

30 Ver, neste volume, cap.V, par. 5, as posições apologéticas de Buscetta e, para a vertente americana, P. Jenkins, Narcotic trafficking and the American mafia: the myth of the internal prohibition, in *Crime, law and social change*, november 1992, p.303-18.

31 Carta publicada no *Diario della settimana*, supl. de "l'Unità", 30 de outubro-5 de novembro de 1996, p.58.

32 D. Gambetta, *La mafia siciliana. Un'industria della protezione privada*, Torino, 1992. Mas a propósito também Catanzaro, *Il delitto come impresa*, op. cit., p.27-30 e 76-9.

também pela leitura desta *História da Máfia*, esse conceito aparece desde as origens, em cada fase da sua existência: assim o tomam magistrados, policiais, estudiosos, romancistas[33] e – mais uma vez – os próprios mafiosos que sempre se oferecem como protetores contra a criminalidade. Nesse sentido, o núcleo do problema, a função de base, é identificável no *racket*, que protege uma instituição legal, a empresa, usando, para garantir o monopólio, a violência, isto é, a intimidação verbal e física dos ladrões, dos traidores, das testemunhas, dos concorrentes. As guerras de máfia são travadas, na maioria das vezes, entre aspirantes a protetores. Parece discutível, porém, a avaliação de Gambetta que subestima o fator extorsão em relação ao fator proteção.[34] A máfia da ordem pressupõe sempre uma desordem para organizar e para ter sob controle, tanto na Sicília posterior ao *risorgimento* como durante as mais recentes escaladas de delinquência; portanto, em larga medida é justamente a Máfia que cria a insegurança da qual se aproveita, podendo-se dizer que a sua única função é aquela que ela própria determina, visto também que a criminalidade comum constitui a base de recrutamento das quadrilhas. Com muita frequência, a ameaça é ampliada ou até mesmo criada *ex novo* para que a apólice seja estipulada, e muitas vezes entre aquele que ostenta a ameaça e aquele que mostra querer defender o ameaçado, entre o extorsionário e o protetor, existe apenas um jogo de funções, uma divisão de trabalho dentro da mesma organização para convencer os empresários de ontem e de hoje a subscrever um "seguro". A Máfia, como se dizia, é um poder, e o fato de ela conseguir credibilidade misturando violência e ideologia não demonstra nada sobre a sua pretensão de

---

33 Linha que emerge com clareza no trabalho de M. Onofri, *Tutti a cena da don Mariano. Letteratura e mafia nella Sicilia della nuova Italia*, Milano, 1996.

34 Cf. em particular M. Marmo, Le ragioni della mafia: due recenti letture, in *Quaderni storici*, abril 1995, 88, p.195-211; R. Catanzaro, Recenti studi sulla mafia, in *Polis*, 1993, 2; Santino, *La mafia interpretata*, op. cit.

prestar um serviço. "Age-se portanto – já notava Gaetano Mosca em 1901 – de maneira que a própria vítima, que *na realidade* paga um tributo à quadrilha, tenha a *ilusão* de que isso é um presente gratuito ou o equivalente a um serviço prestado em vez de uma extorsão arrancada com violência".[35] O mesmo raciocínio vale para aquela espécie de proteção *post factum* que é a mediação para recuperar objetos roubados, intervenção "em aparente benefício da pessoa roubada", mas na verdade posto em execução por organizações em que existe apenas "uma divisão de papéis *teatrais*" entre ladrões e mediadores.[36] Existe ainda o jogo da proteção e da mediação alimentado artificialmente para modificar as relações de força entre as facções internas da Máfia. Pense-se, por exemplo, no caso de Vito Ciancimino, o político conluiado com o qual muitos aspiravam entrar em relação estreita, mas que se achava "nas mãos" de Totò Riina: impossível conseguir a não ser por intermédio dele. Pippo Calò, um dos chefes de quadrilha palermitano, propôs então a Leonardo Vitale sequestrar o filho do próprio Ciancimino, não só para conseguir algum dinheiro, mas sobretudo para outra finalidade: "Estava previsto que, dadas as suas relações, Ciancimino se dirigiria a Riina e (Calò) por sua vez poderia fazer o papel de mediador, mas na realidade cuidando de nossos interesses".[37]

Não se deve pensar que, como ocorre no mercado perfeito dos economistas clássicos, a demanda e a oferta de proteção sejam equivalentes, que os envolvidos estejam de igual para igual. A assimetria entre os contraentes é máxima numa sociedade

---

35 G. Mosca, *Che cosa è la mafia*, agora em Id., *Uomini e cose di Sicilia*, Palermo, 1980, p. 12, grifo meu. Lembremos aqui G. Fiandaca-S. Costantino, La mafia degli anni '80 tra vecchi e nuovi paradigmi, in *Sociologia del diritto*, 1990, 3, p.76.

36 De uma sentença do Tribunal de Locri de 1950, cit. por Ciconte, *'Ndrangheta*, op. cit., p. 242, grifo meu.

37 Testemunho Vitale em Maxiprocesso, p.13.

classista como a do século XIX, tendendo a diminuir com o passar do tempo. Em todo caso, ontem como hoje, fica difícil imaginar uma liberdade de escolha e, portanto, uma real vantagem para os camponeses, para os pequenos negociantes, para os empresários não coligados, que são forçados a sair do mercado ou a limitar artificialmente o raio de sua atividade: se tivermos que falar em pacto, no caso presente se trataria de um pacto leonino e portanto, diriam os juristas, nulo. No que diz respeito aos grandes empresários de ontem e de hoje, porém, o contrato de proteção pode ser efetivamente considerado um contrato vantajoso. Particularmente respeitosas das suas cláusulas mostraram-se as empresas "continentais" instaladas nas regiões infestadas: é o caso, por exemplo, do grupo Standa-Berlusconi, que recentemente a autoridade inquisidora catanense julgou particularmente resistente para revelar à justiça os termos do seu acordo com os extorsionários/protetores locais.[38] A lógica do conluio é, portanto, comum a nortistas e *sujistas*; pode-se até dizer que os elementos externos, não estando inseridos nas redes de clientes locais, tendem a conceder um espaço maior aos seus associados, um pouco como já faziam alguns daqueles velhos latifundiários que, morando em Nápoles, Roma ou até Madri, jamais tinham visto suas terras e as deixavam por conta de seus administradores. Era essa a opinião do economista Carlo Rodanò num depoimento "de dentro" da penetração mafiosa na fábrica da Chimica Arenella, cartão de visita da indústria palermitana de 1911, de propriedade de um grupo alemão e dirigida por um alemão:

> O seu comportamento foi o de um homem que conhecia mal a região. Os sicilianos puro-sangue, mesmo quando eram obrigados a lidar com mafiosos, se não eram tolos, agiam de modo a não deixá-los

38 Tribunal de Catânia, ordem de custódia cautelar em relação a V. Aiello e outros (dezembro de 1993), passim.

> se aproximarem demais, porque se aquela brava gente distinguia-se pelo modo simpático com o qual concedia aos possíveis clientes uma proteção aparentemente desinteressada, era porém verdade que, com o tempo e com a amizade, sempre encontrava meio de levar 100 por cento daquilo que o protegido tinha evitado perder graças à proteção; geralmente ainda uma bela porcentagem do restante.[39]

É certo que essa capacidade que têm os grupos dirigentes locais de "manter distância" remete a situações ainda típicas de uma sociedade elitista. Com o tempo, a associação nascida para fornecer serviços à classe dominante tornou-se autônoma, e os casos dos grandes empresários sicilianos de períodos mais recentes que recorreram à proteção (Salvo, Cassina, Costanzo) configuram uma inserção bem mais estreita na rede mafiosa propriamente dita. Existe enfim um elemento-base que distingue o tipo de proteção que liga a Máfia ao *establishment*: o da reciprocidade. Como entre os séculos XIX e XX, já afirmava o chefe de polícia palermitano Ermanno Sangiorgi, "os chefões da máfia estão sob a tutela de senadores, deputados e outros personagens influentes que os protegem e os defendem para depois, por sua vez, serem por eles protegidos e defendidos";[40] e ainda hoje – como ontem – é "a indústria da proteção" que deve solicitar à política e aos aparelhos estatais proteção contra os rigores da lei.[41] A verdade é que o vínculo com a política não é redutível a determinada lógica "econômica", e é igualmente fútil a tentativa de enquadrá-lo dentro dela. No fisiológico, uma variegada relação de "dever e haver" com a máquina política, mas sobretudo em grandes conjunturas históricas, como a unificação nacional ou o segundo pós-guerra, tal vínculo determina profundamente a própria estrutura da

39 Cit. por O. Cancila, *Storia dell'industria in Sicilia*, Roma-Bari, 1995, p.306.
40 *Relatório Sangiorgi*, p.6.
41 Fiandaca-Costantino, Introduzione, in *La mafia, le mafie*, op. cit., p.X-XI; Santino, *La mafia interpretata*, op. cit., p.37. ss.

Máfia; pode ocorrer que esta tente até condicionar os governos, como aconteceu em tempos recentes no nosso país. A história da Máfia não se reduz a um único esquema, válido para todas as situações e todos os tempos. Por outro lado, a proteção não é a única "indústria" exercida pelos mafiosos; na verdade, ela representa sempre uma ponte para outras atividades. Quem tem a chave da segurança, o amigo dos mafiosos ou o próprio mafioso, é o mais apto a entrar num mercado da taxa do latifúndio como o do século XIX, ou o da mediação comercial na região cítrica do Palermitano, ou ainda o das subconcessões imobiliárias do século XX. Do mesmo modo que ontem a ameaça dos bandidos era utilizada para induzir os proprietários fundiários a confiar aos mafiosos o exercício da empresa agrária, assim também hoje, pela ameaça da rapina, da extorsão, da usura, os negociantes são estimulados a aceitá-los como sócios. Temos assim a passagem da empresa-proteção para o controle da empresa *tout court* que, por sua vez, tem a mesma essência do fenômeno: por um lado, uma contínua transformação de mafiosos em negociantes, por outro, uma contínua transformação de empresas limpas em empresas – genericamente – corruptas ou "contíguas" à Máfia. Esse processo biunívoco não é determinado pelas características intrínsecas das atividades em questão, mas pelo grau de radicação dos grupos mafiosos em seus contextos, do nível de controle do território que eles podem exercer. Dessa base de força os mafiosos passam então a administrar negócios ilegais (o grande contrabando, o narcotráfico) que pouco têm a ver com a proteção e o controle territorial em si mesmos.

O caráter duplo das atividades da Máfia remete a um duplo modelo de organização. De um lado – no caso palermitano –, temos uma série de organizações que recebem o nome do território em que operam, que por meio da proteção/extorsão financiam suas atividades, distribuem eventualmente verbas aos sócios e financiamentos para as despesas legais e a manutenção das famílias dos presos. De outro, como nos explicou Buscetta, existe a rede de negócios que corta transversalmente as organizações e da qual os filiados podem participar, em certas condições de favor, mas arriscando capitais e ganhando dinheiro como indivíduos.[42] Para distinguir o primeiro modelo de organização, baseado na extorsão, do segundo, fluido e empresarial, podemos fazer referência à distinção formulada pelo historiador americano Alan Block entre *power syndicate* e *enterprise syndicate*, embora, num contexto interpretativo, muito diferente daquele do presente trabalho.[43] As duas funções, como se verá, reagem, chocam-se e, no entanto, entram sempre em conexão entre si, de tal modo que é de fato impossível distinguir o mafioso do traficante, considerando o primeiro um protetor (mediador, fiador) e o segundo um protegido,[44] em presença de um processo oposto de inserção de empresários, contrabandistas e comerciantes de droga nas organizações mafiosas, dentro das quais os papéis irão sobrepor-se. Pode acontecer que um camorrista como Cutolo imponha o pagamento da "taxa" aos Nuvoletta, filiados napolitanos da *Cosa nostra*, e que estes paguem porque não estão em condições de entrar em guerra com ele; mas isso diz respeito a mutáveis relações de força entre duas linhas, mas não certamente uma diversidade ontológica entre elas.

---

42 Cf. mais adiante cap. 5, par. 3, as revelações de Buscetta, que correspondem ao que sabemos sobre uma quadrilha muito diferente das palermitanas, a catanense Santapaola-Pulvirenti: Tribunal de Catânia, Ordem cit., p.71 ss.

43 A. Block, *East Side-West Side. Organizing Crime in New York*, Cardiff, 1980. Concordo com Catanzaro, *Recenti studi*, op. cit., e Id., La struttura organizzativa della criminalità mafiosa in Sicilia, in VV.AA, *La criminalità organizzata*, Milano, 1993, p.147 ss.; as críticas de Santino, *La mafia interpretata*, op. cit., sobre a incompatibilidade entre o meu esquema e o de Block não são tais que me induzam a renunciar a essa terminologia.

44 A distinção entre protetores e protegidos em Gambetta, *La mafia*, op. cit., p.319 ss. é criticada por Santino, *La mafia interpretata*, op. cit., que lembra entre outros o caso de Angelo Siino, considerado por Gambetta cliente da empresa mafiosa, mas na realidade personagem orgânico da *Cosa nostra* (p.64-5); e por Marmo, *Le ragioni della mafia*, op. cit.

Máfia como organização

A fonte policial e judiciária é quase tão intencional quanto as outras. Quem a utiliza entra logo num jogo de espelhos, o das verdades contrárias da acusação e da defesa, da *fama* e da *infâmia,* sobre as quais se baseia a qualificação de mafioso. Durante muitos anos foi sobre a *opinião pública,* interpretada por policiais e por magistrados, que se basearam as medidas administrativas (advertência, liberdade vigiada) e judiciárias com as quais o liberalismo, o fascismo e a República enfrentaram a fenomenologia mafiosa. Em tal *opinião* não há nada de espontâneo. Ela é instrumentalmente criada por algumas facções mafiosas para combater as facções contrárias; e depois é instrumentalmente acolhida pelos órgãos do Estado, ou só por alguns deles, quando razões de política criminal ou de política *tout court* aconselham uma severa repressão. É mérito dos juízes palermitanos (Chinnici, Falcone, Borsellino) se esse antigo mecanismo foi transportado para dentro do esquema de garantias do processo penal, se hoje, pelo testemunho dos colaboradores da justiça, dispomos de uma fonte de informação de dentro, não mais filtrada – como na época liberal ou no período fascista – pelos relatórios da polícia, pelo arbítrio do executivo. Evidentemente aqui também estamos diante de um ponto de vista, o da Máfia disposta a render-se e a "arrepender-se", que não pode eximir-se da necessidade de análises sofisticadas, de reconstruções abrangentes, de referências a uma problemática mais ampla que aquela que os próprios protagonistas – mafiosos ou inquiridores – possam ter presente ou queiram apresentar-nos. No conjunto, porém, as confissões de Joe Valachi (1962), as memórias de Nick Gentile (1963), as revelações de Leonardo Vitale (1974), as de Tommaso Buscetta e de tantos outros mafiosos depois dele, nos revelaram uma máfia que é organização secreta, que como tal seria depois levada ao tribunal e condenada.

Como se vê, o primeiro dentre esses testemunhos traz à ribalta a homóloga correspondente da máfia siciliana, colocada no outro lado do oceano, no coração do desenvolvimento capitalista mundial. A liderança das "cinco famílias" da máfia nova-iorquina, delineada no início dos anos 30 com a criação da assim chamada Comissão, compreende personagens que chegam à América quase todos muito jovens. Uma exceção é Salvatore Maranzano, desembarcado em 1927 com a idade de 43 anos e que rapidamente se tornou um *boss*, em consequência certamente de um poder já construído em Castellammare del Golfo, sua terra natal. Fontes americanas indicam nos anos 20 um momento importante de uma imigração *já mafiosa*, com a chegada de uns quinhentos criminosos em fuga do prefeito Mori.[45] Podemos então falar de uma espécie de transferência? Parece depor nesse sentido o fato de que os líderes de origem siciliana das cinco famílias (Bonanno, Luciano, Gambino, Reina, Lucchese, Profaci) provinham de regiões corrompidas da área ocidental da ilha: três de Palermo, os outros de Lercara, Corleone e Castellammare. Ou será que a Máfia dos Estados Unidos é substancialmente nova, visto que assume um caráter inter-regional sem correspondente na Itália, e que entre os chefes das famílias encontramos dois napolitanos (Genovese e Gotti) e dois calabreses (Costello e Anastasia)?[46] Grandes chefes como Joe Bonanno propuseram-se como epígonos diretos de uma *Tradição* siciliana, mas isso pode ser o

---

45 O desembarque de outros chefes mafiosos (Masseria, Bonanno, Gambino, Profaci) remonta, porém, a antes do meado da década, quando a repressão ainda não havia iniciado e os mafiosos encontravam-se em boas relações com os partidos governamentais.

46 Em Chicago, encontramos entre os chefes três campanenses (Torrio, Al Capone, Ricca), dois calabreses (Colosimo e Nitti), só dois sicilianos (Accardo e Giancana). Entretanto, o fato de que os não sicilianos, tanto em Nova York como em Chicago, proviessem todos da Campania e da Calábria pode ser indicativo do vínculo com precedentes tradições criminais. Tiro os dados de H. Abadinsky, *Organized crime*, Chicago, 1994, passim.

resultado da autorrepresentação ideológica que conhecemos.[47] O próprio Bonanno julga derrotada a linha "purista" já com a "guerra castellamarense" de 1930-1931, ante a evidência do processo de hibridação ítalo-americana da qual ele mesmo participou em função dirigente; para não falar do papel decisivo que tiveram nestes eventos criminosos judeus como Meyer Lanski e Benjamin Siegel.

A unidade elementar da organização, chamada na Sicília do século XIX por nomes do tipo *quadrilha, rede, partido, sociedade, irmandade,* nos Estados Unidos é chamada então *família.* Nos fatos, tanto no caso palermitano como no nova-iorquino, a família de máfia corresponde pouco à família de sangue, e tanto na América como na Sicília, ontem como hoje, pode ocorrer que, apesar das ideologias familiares nos conflitos inframafiosos, pais e filhos, irmãos e irmãos, encontrem-se em correntes opostas e se matem entre si.[48] A ênfase sobre o elemento familiar aparece como uma homenagem ao tradicionalismo típico dos ítalo-americanos também em outros campos totalmente diferentes. Parece proceder também da América um nome para designar a organização no seu conjunto, *La Cosa nostra,* pelo que se sabe desconhecido antes na Sicília, fazendo pensar num imigrado à procura de uma coisa "nossa" límpida e clara, para contrapor às incompreensíveis coisas "deles". Encontraremos essa terminologia aplicada

47 A tentativa de distinguir uma máfia siciliana "de origem controlada" na América legitimou lendas como aquela da eliminação simultânea em todos os Estados Unidos de quarenta-sessenta "velhos" mafiosos sicilianos junto com Maranzano: cf. a crítica de A. Block, *Space, time & organized crime,* London, 1994, p.3 ss.

48 Escreveu R. Scarpinato, membro do *pool* dos inquisidores palermitanos: "as relações de sangue devem ser postas de lado se necessário. Se a organização decide o assassinato de um parente de um homem de honra, ele deve aceitar esse evento como uma necessidade superior" (Caratteristiche e dinamiche degli omicidi eseguiti e ordinati da Cosa nostra, in *Segno,* 1996, 176, p.78.

à componente siciliana apenas entre os arrependidos atuais, o que pode induzir-nos a inverter o esquema habitual segundo o qual a Sicília exporta arcaísmo, perguntando-nos quanto de arcaizante se gera na América para ser depois reexportado para o Velho Mundo. Estamos diante de uma interação de modelos que seguem os deslocamentos das pessoas não só da Sicília para a América mas também da América para a Sicília. O episódio mais conhecido leva as autoridades americanas depois da Segunda Guerra Mundial a despachar para o nosso país 65 "indesejáveis" de nacionalidade italiana, com a ideia de mandar para casa delinquentes estrangeiros por sua vez infiltrados nos Estados Unidos; ao passo que os italianos os veem como embaixadores e propagandistas de um costume ou de uma organização criminosa tipicamente americanos, considerados bem mais perigosos que a máfia local. Existe, porém, uma série bem mais compacta e continuada de movimentos ao longo dos circuitos da emigração de retorno. Só um caso, por enquanto: Nick Gentile constrói a sua carreira na América onde chega da Sicília natal em 1903, aos 18 anos, mas volta à Sicília em 1909, 1913, 1919, 1925, 1927-1930, e – definitivamente – em 1937, encontrando meios de participar, na pátria de origem, de competições eleitorais e comércios vários de importação-exportação, organizar homicídios, ser preso e libertado graças aos seus conhecimentos até entre os expoentes do regime fascista.[49] Isso introduz o tema – sobre o qual voltaremos – das atividades mercantis internacionais, inclusive do narcotráfico, "administradas por essa associação [a Máfia] nos Estados Unidos e na Europa", à qual parece que se refere um documento que, antes das revelações de Valachi, de Gentile e de Bonanno, faz menção à existência da Comissão nova-iorquina: um relatório da Polícia Fazendária Italiana datado de 1940, endereçado ao U. S. Customs Supervisor de Nova York e ao Federal

49 Gentile, *Vita di capomafia*, op. cit., passim.

Bureau of Narcotics,[50] que, partindo da Itália para relatar aos americanos uma ocorrência americana, indica a intensidade da relação entre os dois continentes, se bem que ao termo de uma fase histórica, o período entre as duas guerras, que vê o colapso dos fluxos migratórios. Isso não significa naturalmente que a Máfia norte-americana não se distinga da siciliana, sobretudo por moldar-se profundamente sobre a sociedade americana, como afirma uma corrente de estudos (predominantemente democrática e ítalo-americana) tendente a privilegiar os elementos criminogênicos da sociedade de chegada, em polêmica com a tradicional tese WASP do complô estrangeiro. Essa louvável tentativa de destruir a ideia racista de uma predisposição dos ítalo-americanos para o crime acaba, entretanto, por projetar um modelo de máfia que na sociedade de partida seria apenas uma forma de clientelismo, "um sistema de padrinhos e clientes que trocam favores, serviços e outras vantagens", reproposto pelos emigrados na sua chegada ao Novo Mundo, e destinado a esgotar-se no momento da plena inserção da comunidade ítalo-americana nas camadas superiores da sociedade norte-americana.[51] Para o antropólogo Francis J. Ianni, os mafiosos Lupollo eram "gente modesta, taciturna ... homens de honra", dignos de "simpatia e admiração", ligados entre si num *family business* no qual as atividades legais foram pouco a pouco substituindo as ilegais antes necessárias para a promoção de quem vinha de um mundo onde não havia lei nem justiça.[52] Tratar-se-ia em suma de "um modo de vida em vias de desaparecimento";[53] enésima variação

50 Extraio essa notícia de Block, *Space, time*, op. cit., p.27; a expressão "Polícia Fazendária" é usada para traduzir *Treausury Police*.

51 J. L. Albini, L'America deve la mafia alla Sicilia?, in VV.AA. *Mafia e potere*, org. de S. Di Bella, Soveria Mannelli, 1983, I, p.189.

52 F. J. Ianni, *Affari di famiglia*, Milano, 1984.

53 Como reza a apresentação de capa do célebre *Honor thy father*, biografia do filho de Bonanno, Bill, escrita por G. Talese, New York, 1981 (1.ed. 1971).

sobre aquele tema, sempre desmentido pelos fatos, da modernidade destinada a dissolver automaticamente o arcaísmo mafioso. A organização vertical e estruturada descrita por Valachi seria em substância uma invenção paranoica da autoridade e do poder WASP. A Máfia é como Deus, assevera Hawkins: crer nela equivale a uma profissão de fé que não pode ser sustentada por provas empíricas.[54] Cumpre dizer, porém, que o estudo de Ianni é efetuado sobre documentos fornecidos pelos próprios Lupollo e reflete certamente a perspectiva deles; enquanto Hawkins, sem saber, formula o mesmo raciocínio, a idêntica equação máfia = Deus já proposta por Pasquale Sciortino, lugar-temente e "intelectual" da quadrilha Giuliano, em polêmica com Girolamo Li Causi.[55]

Tais resistências americanas a ler a máfia como organização criminosa, sobretudo (mas não só) nos anos subsequentes às revelações de Valachi, tiveram profunda influência sobre o debate socioantropológico a respeito da Máfia siciliana entre os anos 60 e 70. Em ambos os casos era considerado digno de estudo só o "comportamento mafioso", identificado com o do siciliano tradicional, ao passo que "a máfia" como estrutura independente dele não teria existência nenhuma, visto que os sicilianos eram capazes de identificar-se apenas na família e na clientela, agregações "naturais" e pessoais que não teriam necessidade de ulteriores vínculos associativos, como um juramento ou um ritual específico. Característica na sua obstinação nesse sentido é a obra do sociólogo alemão Hess (1970),[56] segundo o qual a quadrilha coincidiria com "uma série de relações em

---

54 G. Hawkins, God and the mafia (1969), cit. in Santino-La Fiura, *L'impresa mafiosa*, op. cit., p.257.

55 Sobre Hawkins, cf. as críticas de P. Reuter, *Disorganized crime*, Cambridge, Mass., London, 1983, p.7 e nota; as declarações de Sciortino em *Antimafia, Relazione Bernardinetti*, p.593.

56 Hess, *Mafia*, op. cit., p.XII e passim.

duplas que o mafioso mantém com pessoas *independentes entre si*"; seria instável e às vezes constituída para finalidades específicas; agregando-se em torno do carisma e da rede de relações do chefe, morreria com eles. "Não estamos diante de uma estática associação de conspiradores – escreveria Arlacchi alguns anos depois, parafraseando uma formulação mais equilibrada dos Schneider – mas de um grupo de amigos e parentes que, a exemplo de qualquer outra entidade semelhante, estão frequentemente juntos para jogar baralho, ir à caça, festejar um nascimento ou um casamento, fazer um *schiticchio* (banquete entre homens)".[57]

Mais uma vez, não pode deixar de ser observado como o esforço em reduzir toda a temática à da antropologia mediterrânea vem coincidir com a interpretação que tendem a dar de si próprios os mafiosos, muito felizes em descrever-se como inócuos senhores do campo e não como membros de perigosas associações criminosas. O velho chefe de Ribera, Paolo Campo, não tem dificuldade em reivindicar determinado comportamento declarando-se mafioso, porém – *mais frequentemente* – critica os mafiosos de hoje (1985), reduzidos a "simples delinquentes", e sobretudo está bem atento para negar ter-se "associado" com filiação formal (o juramento): "jamais delinqui, nem com tal objetivo me associei com outros. Devo dizer que nasci e morrerei mafioso, se por máfia se entende, como eu entendo, fazer bem ao próximo, dar algo a quem tem necessidade, encontrar trabalho para quem está desempregado".[58] É uma estratégia típica da defesa nos processos da máfia, e que, como já se disse, coincide

57 Arlacchi, *La mafia imprenditrice*, op. cit., p.66-7; Schneider, *Classi sociali*, op. cit., em particular p.250; numa linha análoga Block, *La mafia di un villaggio siciliano*, op. cit. Em recentes intervenções político-jornalísticas, Arlacchi mostrou haver mudado de opinião: uma autocrítica sua em *Gli uomini del disonore*, Milano, 1992, p.VIII.

58 Ordem do juiz instrutor de Agrigento (2 de abril de 1986), publicada sob o título *La mafia di Agrigento*, org. de G. Arnone, Cosenza, 1988, p.279-80.

com a ênfase nos fatores tradicionalistas: já durante o citado processo oitocentista contra os irmãos Amoroso, os defensores definiram a acusação de associação como "uma quimera", "um rabo postiço", "um *quid* misterioso"; assim, da figura de Cascio-Ferro, foi sublinhado o "individualismo". Os esquemas interpretativos à maneira de Hess, incluindo-se aí a referência a Pitrè, "verdadeiro e insubstituível conhecedor da alma siciliana", encontram seu precedente na teorização da cultura advocatícia dos séculos XIX e XX, segundo a qual o siciliano tradicional, homem do povo, "homem do campo", não estaria em condições de dar vida a nenhuma associação complexa como a proposta pela polícia, sendo individualista e no máximo familista.[59]

Em 1965, em sequência à confissão de Valachi, Robert T. Anderson tentou salvar a tese tradicional interpretando o percurso que leva *da Máfia* à *Cosa nostra*: a máfia das origens teria sido um amontoado de grupos familiares, mas na América, em contato com a modernidade, ela teria adotado modelos "impessoais" de organização, instituições centralizadas de governo para evitar uma violência interna primitiva e sobretudo danosa aos negócios. A coirmã siciliana – segundo Anderson – teria também seguido esse caminho, diante do efeito de demonstração do modelo americano e os próprios processos de desenvolvimento econômico.[60] Estamos aqui diante da habitual contraposição velha/nova máfia, no quadro de um modelo ingênuo e altamente redutor de modernização que relega ao mundo tradicional a cultura, a clientela, a família de sangue, colocando no mundo presente a organização "impessoal", enquanto o problema está em compreender as complexas interações que ocorrem, ontem e hoje, entre a primeira e a segunda.

59 G. M. Puglia, Il mafioso non è un associato per delinquere, in *La scuola positiva*, 1, 1930, p.156.

60 R. T. Anderson, From Mafia to Cosa nostra, in *The Americam Journal of Sociology*, novembro, 1965, 3, p.302-10.

Hoje quase todos estão dispostos a reconhecer, na esteira das pesquisas dos últimos trinta anos na Itália e na América, que as organizações mafiosas são caracterizadas pela *continuidade* que vai além da vida dos membros individuais, pela *estrutura* hierárquica, pela *militância* com respectivo filtro de ingresso, segundo a definição proposta pelos organismos oficiais dos Estados Unidos.[61] Frequentemente, porém, ouve-se repetir – na linha de Anderson – que essas características foram adquiridas recentemente, ao passo que seria mais exato dizer que foram recentemente incorporadas, mais que pela máfia, pela mafiologia, ou pelo menos pela sua corrente majoritária, visto que sempre houve, desde as origens, quem descrevesse "associações de máfia" desse tipo: assim faziam por exemplo os dois policiais-criminologistas, Giuseppe Alongi e Antonino Cutrera, a meio caminho entre os séculos XIX e XX, utilizando os resultados investigativos da polícia palermitana no período 1860-1890 – análises que Hess julga sumariamente "errôneas".[62] As modalidades da divisão do território e da coordenação entre as quadrilhas reveladas por essa documentação eram muito semelhantes àquelas sobre as quais insiste Buscetta; em particular entre os séculos XIX e XX existia uma estrutura de comando – composta pelos representantes desses grupos, cujas ações e regras serão narradas aqui, na esteira do já citado chefe de polícia Sangiorgi – semelhante em muitos aspectos à Comissão nova-iorquina e àquela que ainda em Palermo, a partir dos anos 60, coordenou as atividades da *Cosa nostra* até a ulterior centralização cerrada dos corleoneses. Isso não quer dizer que os grupos mafiosos de Palermo,

61 President's Commission in Organized Crime, *Report to the President, 1, The impact,* Washington, 1986, p.26-7.

62 Hess, *Mafia,* op. cit., p.109; G. Alongi, *La maffia nei suoi fattori e nelle sue manifestazioni. Saggio sulle classi periculose di Sicilia,* Torino, 1886, cf. uma 2. ed. revista com o título *La mafia,* Palermo, 1904; Cutrera, *La mafia e i mafiosi,* op. cit.

desde a unidade da Itália até hoje, permaneceram sob o controle de organismos diretivos que, por serem instáveis, sujeitos a fragmentar-se sob o peso de contrastes internos, provavelmente tenham tido existências alternadas; por outro lado, também na história recente, o mesmo raio territorial de sua autoridade (urbana? provincial? regional?) definiu-se conforme as circunstâncias. É verossímil, porém, que o relativo sucesso das tentativas de centralização em Palermo (como em Nova York) seja o resultado dessa antiga tendência à coordenação, visto que tendências desse tipo no crime organizado existem em toda parte, mas nem sempre levam a bons resultados: em Nápoles, a tentativa nessa direção da "Nova Camorra Organizada" de Raffaele Cutolo naufragou em sangue, e aqui, como em Reggio Calabria, predomina hoje um modelo horizontal ou "pulverulento";[63] na região de Nissa e da Catânia, os grupos ligados à *Cosa nostra* não conseguiram impor-se pelo contínuo surgimento de novas quadrilhas. A própria afiliação às famílias palermitanas de eminentes personagens da *‹ndrangheta* calabresa ou da camorra napolitana, tendente a reforçar os vínculos de negócios tramados sobre o filão do contrabando de cigarros e de narcóticos, não levou aos esperados efeitos centralizadores.

Em suma, é preciso livrar-se da ideia do Grande e Único Complô, da imagem popular de um "polvo" com uma cabeça e milhares de tentáculos, com uma direção onisciente e onipotente, que às vezes foi simplesmente proposta pelas autoridades tanto na América como na Sicília, em particular no curso dos primeiros inquéritos oitocentistas. Os mafiosos estão inseridos em negócios que os ligam a assuntos que não pertencem nem podem pertencer à Máfia: intermediários, criminosos de todo tipo e nacionalidades, narcotraficantes turcos ou chineses, banqueiros. Na

63 L. Violante, *Non è la piovra. Dodici tesi sulle mafie italiane*. Torino, 1994, p.58-9 e 81 ss.

sua – vimos quão ambígua – função de protetores, entrecruzam-se proprietários agrícolas, empresários e comerciantes. Na sua necessária relação com a polícia e as instituições, conciliam-se com pessoas importantes, políticos profissionais, policiais e juízes. Como veremos, os mafiosos individualmente, separados da

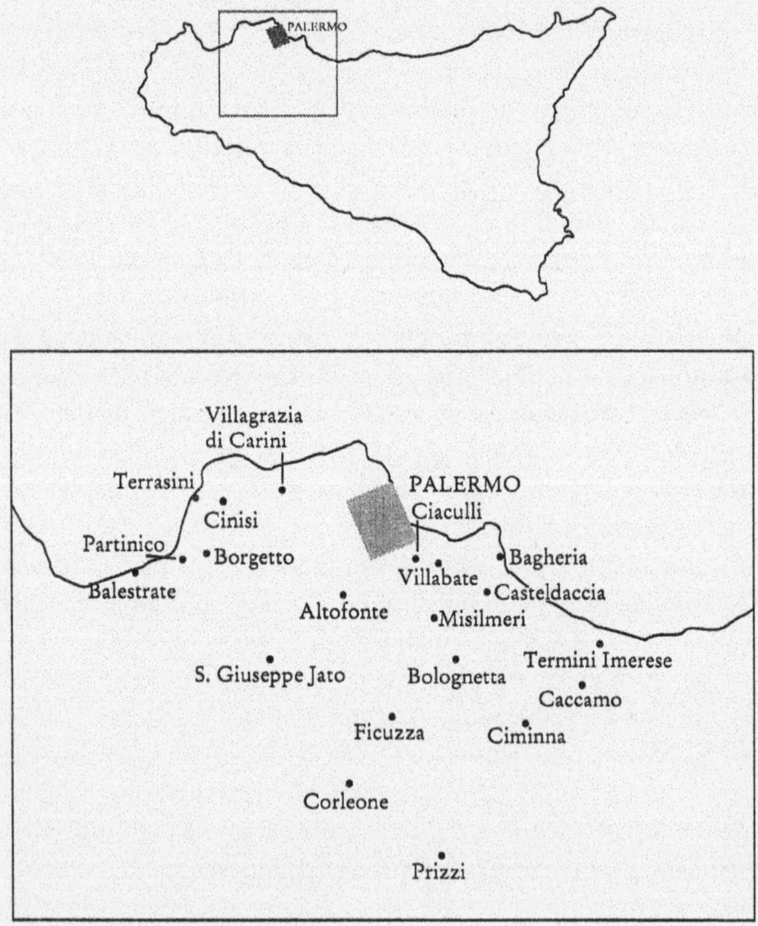

FIGURA 1 – A geografia da máfia palermitana segundo Buscetta.
Fonte: E. Biagi, *Il boss è solo*, Milano, 1986.

máfia-organização, dialogam com o exterior: isso serve, entre outras coisas, para redimensionar quanto de excessivo e exagerado existe no conceito de anti-Estado, e repropõe o tema das relações

Continuação da Figura 1.

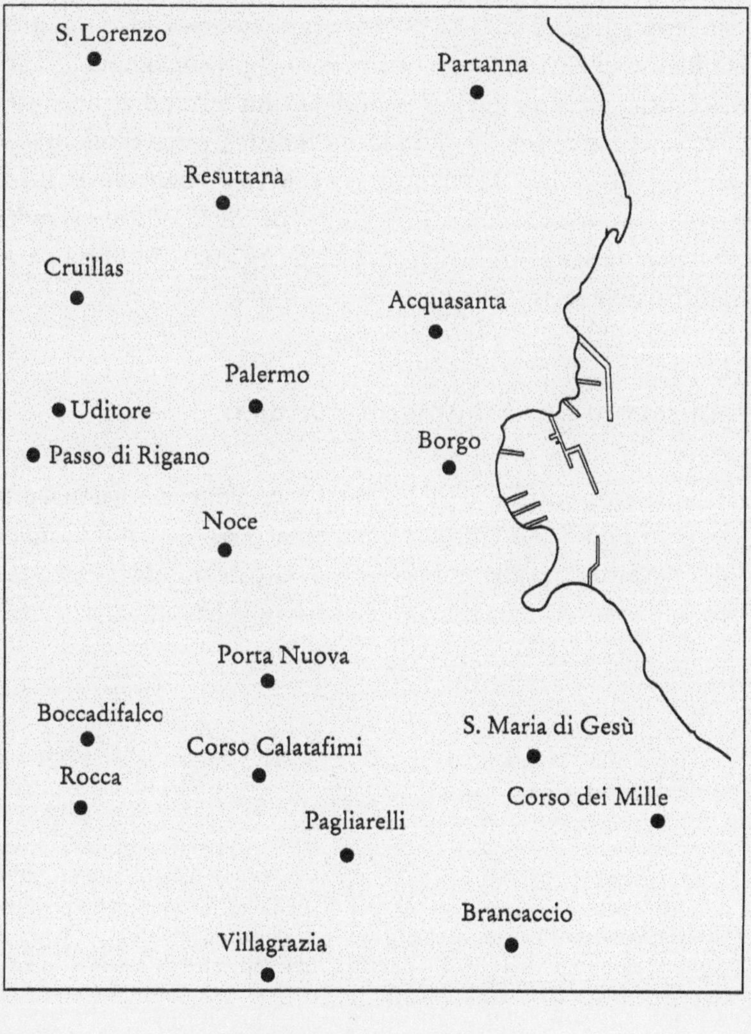

que ligam a máfia ao poder oficial.[64] Esta é uma problemática que deve ser considerada atentamente e que, de fato, mostra atuais reviravoltas judiciárias – refiro-me à questão penal, recentemente introduzida na legislação italiana, de *concurso externo* na associação mafiosa – e políticas – considere-se a tentativa de distinguir uma *responsabilidade política* da *responsabilidade penal* dos personagens públicos envolvidos de várias formas em relações com a criminalidade organizada. Stefano Bontate, os Greco e outros eminentes chefes da *Cosa nostra* julgaram útil considerar as lojas maçônicas mais ou menos escondidas um terreno de encontro com seus parceiros do mundo da política e da economia: e também do ponto de vista cognoscitivo – além do político e judiciário – é conveniente perguntar de que modo essas redes fluidas e variadas irão sobrepor-se à organização que liga os mafiosos entre si.

Máfia como ordenamento jurídico

A relação entre máfia e maçonaria vai além da ocasional presença de algum *boss* entre os franco-maçons. A atual difusão de lojas "atípicas" na ilha, e mais ainda o fato de que durante toda a época liberal a Sicília permaneceu como a região italiana de mais

64 Compartilho as instâncias de A. Baratta, Mafia e Stato. Alcune riflessione metodologiche, in *La mafia, le mafie*, op. cit., p.95-117. Parte daqui a exigência de ligar o conceito de máfia ao de "burguesia mafiosa" sobre o qual insistiram Santino, por exemplo em La mafia come soggetto politico, in *La mafia, le mafie*, op. cit., p.122-4 e G. Di Lello, *Giudici*, Palermo, 1994, p.10 e passim; observo apenas que de nenhum modo a máfia pode ser considerada uma classe social (e vice-versa), e que, portanto, tal sugestão não é ajuda em nada para a necessária distinção entre os vários elementos constitutivos do *network* mafioso.

elevada presença maçônica,[65] representa um elemento contextual bem presente em termos de modelos de organização e de propensão à opacidade do poder. Para explicar aos profanos a lógica que incita os mafiosos a reunir-se em sociedades, parece natural a Nick Gentile justamente a comparação com a maçonaria,[66] e de fato a função da solidariedade maçônica entre profissionais e homens de negócios é análoga à solidariedade mafiosa entre personagens ligados a grupos diferentes ou até adversários, situados em continentes diferentes, criando um campo de comunicação, de conhecimentos e de influências que representa uma vantagem para esse tipo de criminalidade em relação às outras; e sobretudo manterá sólido através do tempo o vínculo entre a Sicília e os Estados Unidos. Buscetta, durante o maxiprocesso, respondeu sarcasticamente a um advogado que mostrava incredulidade em relação à sua descrição do juramento da Máfia: "Li nos jornais que um advogado, presente aqui na sala, por uma tolice juvenil inscreveu-se certa vez na maçonaria e riu durante o juramento. É um fac-símile do nosso juramento".[67] É natural que os mafiosos tenham querido relacionar essa lembrança de uma lógica sectária com os temas "protetivos" típicos da sua ideologia: daí a referência à tradição dos "Beati Paoli", isto é, uma mitologia feita de sociedades secretas que defendem os fracos, de rituais tenebrosos, várias vezes proposta no curso do século XX entre o mais amplo público de Palermo por meio de um famoso romance-folhetim de Walter Natoli.[68]

Entre máfia e maçonaria existe, porém, um vínculo histórico, além de funcional. Rituais e juramentos de máfia – totalmente

---

65 Dado constante do relatório de F. Conti no seminário do Imes sobre o associacionismo na época liberal, transcorrido em Roma na primavera de 1996.

66 Gentile, *Vita di capomafia*, op. cit., p.55.

67 Testemunho Buscetta, *Debate*, I, p.37.

68 W. Natoli, *I Beati Paoli*, agora na ed. Palermo, 1971. Ver também F. Renda, *I Beati Paoli. Storia, letteratura e leggenda*, Palermo, 1988.

idênticos nas descrições que constam nos arquivos policiais oitocentistas, nos velhos trabalhos de Cutrera, Colacino e Lestingi, assim como nas confissões de Valachi e Buscetta e nas interceptações "diretas" do FBI – exprimem não só a genérica simbologia do sangue presente em diversas experiências de crime organizado, mas o impressionante testemunho da continuidade mais que secular de um tipo de organização secreta extraído do modelo fornecido pela maçonaria e pelo carbonarismo que, como se verá, estava totalmente disponível na Sicília do meado do século XIX. Hess, por sua vez, recusou-se a admitir até mesmo a "possibilidade" de tais rituais,[69] talvez porque estes lembrem justamente mecanismos de mobilização político-delinquencial bem mais complexos que os imaginados por ele, já que a própria ideia de juramento iniciático contradiz a suposta identidade entre máfia e cultura generalizada: atravessando o *limen*, o iniciando torna-se justamente um indivíduo culturalmente novo.

> O neófito no limiar deve ser uma *tabula rasa*, uma folha em branco, sobre a qual se deve imprimir o conhecimento e a sapiência do grupo no que se refere à nova condição ... Eles devem compreender que em si mesmos estão terra e pó, simples matéria que receberá forma da sociedade.[70]

A palingenesia faz de um delinquente o membro honrado de uma sociedade. "No ocaso da aristocracia de nascimento emergiu a aristocracia do crime reconhecido, apreciado, honrado."[71] O conceito de honra transportado da linguagem aristocrática presta-se muito bem para exprimir o orgulho de pertencer a uma elite embora criminal, sublinhando a distância da gente comum: um homem é honrado justamente enquanto tantos outros não

69 Hess, *Mafia*, op. cit., p.134 ss.
70 V. W. Turner, *Il processo rituale*, Brescia, 1972, p.103.
71 G. Ciotti, *I casi di Palermo*, Palermo, 1866, p.7.

são e não podem ser. Fica assim ampliado o efeito de identificação num sistema de normas que exprime "a linguagem interna à organização e não o da legitimação externa";[72] embora seja preferível que tal linguagem lembre pelo menos formalmente a linguagem comum. Nas organizações maçônicas oitocentistas, mesmo fora da Sicília, o delator é chamado de infame.[73] Do conceito maçônico de *humanidade* deriva o conceito camorrístico de *humildade*, vale dizer, subordinação à vontade da organização; desta *umiltà*, pela conversão do *l* em *r*, típica do dialeto siciliano, viria a palavra *omertà*, numa interpretação[74] bem mais plausível que a de Pitrè (*omertà* = virilidade), se quisermos distinguir uma genérica subcultura de uma infraestrutura criminal pronta a matar ou indiferentemente denunciar os seus inimigos "por cartas anônimas ou por vias secretíssimas à polícia. *Essa é a humildade da Máfia*" – segundo a autorizada definição fornecida pelo bandido Salvatore Giuliano.[75]

Para atingir seus fins, a organização mafiosa regulamenta as relações dentro de cada grupo em particular, evita a concorrência entre os grupos com o princípio da competência territorial e com uma série de cláusulas e códigos para o caso de que tal princípio não seja aplicável às situações concretas, prevê acordos *ad hoc* ou estruturas federativas menos instáveis caso o conjunto das

---

72 Marmo, *Tra carceri e mercati*, op. cit., p.724. Mas cf. também as intervenções da mesma Marmo e de P. Pezzino em VV.AA., *Onore e storia nelle società mediterranee*, org. de G. Fiume, Palermo, 1989.

73 G. Giarrizzo, Mafia, in *Enciclopedia italiana*, Roma, 1993, ap.V, p.278.

74 Alongi, *La mafia*, op. cit. p.75. Mas o já citado relatório do prefeito de Trapani (16 de maio de 1874) destacava a conexão entre o conceito de humildade e o de humanidade; e E. Onufrio, La mafia in Sicilia, in *Nuova Antologia*, 1877, p.365-7, referia-se à terminologia da camorra carcerária dos rufiões. Entre a historiografia, Pezzino, *Una certa reciprocità*, op. cit., p.118 passim.

75 Cit. em R. Mangiameli, Gabellotti e notabili nella Sicilia dell'interno, in *Italia contemporanea*, 1984, 156, p.67.

normas não seja ainda suficiente para a manutenção da paz. Na descrição dos agora numerosos arrependidos, os mafiosos parecem simplesmente obcecados por "regulamentos e estatutos", contrariamente ao que afirmavam os epígonos do mil vezes citado Pitrè. A estes pode ser oposta a interpretação formulada já no primeiro pós-guerra por outro palermitano, o grande jurista Santi Romano:

> É notório como, sob a ameaça das leis estaduais, vivem muitas vezes na sombra associações, cuja organização se diria quase análoga, em ponto pequeno, à do Estado: têm autoridades legislativas e executivas, tribunais que dirimem controvérsias e que punem, agentes que executam inexoravelmente as punições, estatutos elaborados e precisos como as leis estaduais. Elas realizam, portanto, uma ordem própria, como o Estado e as instituições estaduais legais.[76]

Segundo Romano, a Máfia seria então um "ordenamento jurídico", um dos muitos ordenamentos de fato que os grupos organizados formam nas dobras do tecido social. Em alguns casos, esses ordenamentos serão declarados ilegais – "Uma sociedade revolucionária ou uma associação para delinquir não constituirão direito para o Estado que elas querem derrubar ou cujas leis elas violam, do mesmo modo que uma seita cismática é declarada antijurídica pela Igreja"[77] –, sem que isso mude a substância do fato, e sem que possa mudá-la o juízo ético, positivo ou negativo, sobre a finalidade e sobre os métodos dos grupos em questão. Em outros casos, sempre segundo Romano, o Estado será indiferente aos outros ordenamentos, por não considerá-los prejudiciais ou concorrentes ao seu próprio. Isso explica por que

76 S. Romano, *L'ordinamento giurídico*, Firenze, 1945, (1.ed. 1918), p.101; Romano, entretanto, não usa neste texto a palavra máfia.

77 Romano, *L'ordinamento*, op. cit., p.36-7.

a atenção aos rituais e aos atos internos da Máfia (não confundir com os crimes cometidos pelos mafiosos), muito forte por parte das autoridades policiais no período pós-unitário do século XIX, foi diminuindo na fase seguinte para retornar clamorosamente em época mais recente, até configurar – a partir de um momento dramático da emergência mafiosa (1982) – a adesão às quadrilhas como um crime em si mesma.

Giuseppe Guido Lo Schiavo, alto magistrado na Sicília do segundo pós-guerra, tirava de Romano argumentos teóricos para a sua exaltação da máfia da ordem, auxiliar das instituições na luta contra o banditismo, clamorosamente manifestada no seu elogio fúnebre a Calogero Vizzini, na esperança de que seu "respeitável sucessor", Genco Russo, conduzisse "a confraria oculta ... no caminho do respeito às leis do Estado e do melhoramento social":[78] um ordenamento jurídico menor deveria convergir com o maior na lógica da coexistência pacífica, ou da cumplicidade baseada no mútuo interesse, típica do regime democrata-cristão. Isso não significa, porém, que o reconhecimento *realista* da existência do ordenamento mafioso leve necessariamente ao acordo com ele, como foi afirmado recentemente não sem uma dose visível de unilateralidade.[79] O próprio Lo Schiavo tinha sido um dos homens de ponta do grupo de magistrados que no período fascista tinha combatido duramente a Máfia, considerando-a uma associação para a delinquência, também com referência às teorias de Romano: o procurador-geral palermitano Luigi Giampietro,

78 G. G. Lo Schiavo, Nel regno della mafia, in *Processi*, 1955, cit. por Galluzzo e outros, *Obiettivo Falcone*, op. cit. p.75. Igualmente hagiográfica a representação no romance de Lo Schiavo, *Piccola pretura*, Milano, 1948, do qual Pietro Germi extraiu o filme *Em nome da lei* (1949). Cf. também Lo Schiavo, *100 anni di mafia*, op. cit.

79 Gambetta, *La mafia*, op. cit., p.XII-XIII, sobre este cf. as considerações críticas de G. Fiandaca, La mafia come ordinamento giuridico: utilità e limiti di un paradigma, in *Segno*, 1994, 155, p.23-35.

grande acusador nos processos dos anos 20 e 30, utilizava ao mesmo tempo o paradigma econômico (a máfia é "um seguro" subscrito por "proprietários e homens de negócios" para proteger "seus bens e suas pessoas") e o paradigma do *outro* Estado ou do anti-Estado.[80] Pretendo dizer que a teoria, tão fecunda do ponto de vista cognoscitivo, era realmente neutra em relação às suas aplicações práticas, que realmente o Estado, conforme as circunstâncias políticas, pode reconhecer até mesmo como adversário o ordenamento mafioso. Colocando-se nessa tradição, Cesare Terranova, o magistrado e deputado comunista destinado a cair sob o chumbo mafioso, adversário inflexível tanto dos corleoneses como dos palermitanos, reafirmou nas suas sentenças dos anos 60 a existência de "uma só máfia, nem velha nem nova, nem boa nem má ... eficiente e perigosa, agregada em agregados, grupos ou famílias, ou, melhor ainda, em quadrilhas": a organização estruturada cuja existência teria sido enfim demonstrada no início dos anos 80 pelos inquéritos do *pool* de magistrados palermitanos. No seu território, *Cosa nostra* regulamenta negócios, suspende impostos ou arrecada taxas, produz legitimidade e define o ilegal estabelecendo regras e exceções, julga, absolve e pune. Ela "é uma sociedade, uma organização, a seu modo, jurídica", afirma Falcone retomando mais uma vez Romano.[81]

O fato de que a Máfia queira ser um sistema jurídico não significa, porém, que ela consiga realmente regulamentar as relações internas e externas a ela. Os próprios processos de centralização provocam choques duríssimos, a violência entra como elemento de resolução, dobrando a suposta regra geral conforme o interesse de indivíduos e de grupos. Isso não é de espantar, visto que a violação ou o uso instrumental da norma pertencem à

80 Cit. por C. Mori, *Con la mafia ai ferri corti,* Milano, 1932, p.15 ss.

81 G. Falcone, *Cose di Cosa Nostra,* em colaboração com M. Padovani, Milano, 1991, p.37. Os apelos de Terranova a Giampietro *infra*, p.213.

realidade histórica de sistemas políticos bem mais complexos que o mafioso; e não creio que seja possível afirmar que os chefes mafiosos tenham realmente uma ética "pública" mais alta que seus homólogos no mundo de cima. Valachi, Gentile, Bonanno, Buscetta, Calderone descrevem a si mesmos e aos próprios amigos como homens sábios que aplicam as regras, que procuram a mediação, que fogem dos choques ilegais, que usam a violência só como *ultima ratio*, para aplicar as deliberações racionais e ponderadas da organização. Ao mesmo tempo, pintam seus inimigos como indivíduos infiéis, desrespeitosos das leis da (sua própria) sociedade, sempre prontos a trair, que matam por nada, que tendem à loucura e ao sadismo. Pode-se considerar sincera a descrição dos arrependidos, porém, se seus adversários falassem, contariam talvez a mesma história com papéis invertidos: de fato, o falso arrependido catanense Ferone e o seu inimigo irredutível, o citado Santapaola, recentemente acusaram um ao outro do mesmo delito, ou seja, de não respeitar as regras da vendeta, de atingir mulheres e inocentes, em suma, de uma violência bestial e incontrolada.[82] Na realidade, essa polêmica interna – como a contraposição velha/nova máfia – faz parte integrante da ideologia mafiosa, é expressão de uma visão medíocre e mistificadora do mundo, fora da qual seria preciso reconhecer que aquele sistema de regulamentação é por si só ineficiente porque injusto, e sempre precursor das piores perversões. A *guerra de todos contra todos* que se queria evitar paira sempre, tragicamente, muito mais sobre cada deliberação das comissões mafiosas do que sobre as sentenças dos tribunais do poder oficial, as resoluções dos parlamentos ou até dos organismos internacionais.

Nessa mesma contradição, deve ser enquadrada a descontinuidade maior na história mais que secular da Máfia siciliana,

82 Cf. também as cartas de Santapaola, juntamente com a de Ferone, in *Diario della settimana*, supl. de *l'Unità*, 30 de outubro-5 de novembro 1996, p.58-62

que a partir de 1979 tornou-se protagonista de uma feroz escalada terrorista em detrimento de magistrados, policiais, políticos honestos, políticos corruptos, rompendo com o próprio passado de prudente mimetismo à sombra de poderes sociais e institucionais em relação aos quais era oportuna e usual uma atitude de colaboração, já que eram sentidos como indiscutivelmente superiores. Essa linha agressiva distinguiu nos últimos anos a *Cosa nostra* de qualquer outro tipo de criminalidade, pelo menos dentro da Itália. Será que se trata de um efeito da fragmentação do Estado, que se tornou, ele sim, um frágil *network* de relações informais que deixa o campo aberto à compacta estrutura clandestina? Ou estaremos diante de uma escolha míope e arrogante, diante do efeito extremo na própria ideologia mafiosa, pelo qual o ordenamento mafioso finalmente se revela como antagônico ao estatal, e pelo qual este submundo acaba finalmente por tornar-se distinguível do supramundo e, portanto, atacável por ele?

A revelação

Protomáfia

Por si só não é muito interessante saber de onde deriva o termo máfia,[1] se e em que acepção foi usado por alguém antes de 1860; essencial, porém, é o fato de ele ser utilizado por todos depois daquela data para definir, embora confusamente, uma relação patológica entre política, sociedade e criminalidade, e que o momento genético da história nacional e estadual italiana destaque, portanto, a primeira, genérica e bastante ambígua percepção da existência de *um* problema desse tipo. *Esse est percipi*, é justo então partir daqui. A própria ideia de máfia remete por contraste à existência de um Estado que promete liberdade de opinião e de comércio, igualdade jurídica entre os cidadãos, governo do povo (ou, nesta primeira fase, dos notáveis) e da lei, transparência

---

1 A derivação mais acreditada seria do árabe *marfud*, de onde o siciliano *marpiuni* (embrulhão, espertalhão), *marpiusu-mafiusu:* Lo Monaco, in *Lingua nostra*, 1990, cit. por Giarrizzo, *Mafia*, op. cit., p.277-8.

e formalização de procedimentos. A palavra e a coisa derivam do hiato entre a promessa e a realidade, que abrange também a própria direita histórica que com palavras reprova nos sicilianos a falta de senso de majestade da lei. A ausência na Sicília de uma "grande" ladroeira legitimista não impede o governo de aplicar também à ilha a Lei Pica de 1863, que confia a defesa da ordem aos tribunais militares. As operações do general Giuseppe Govone e do prefeito-general Giacomo Medici, destinadas a capturar os numerosos insubmissos ao recrutamento militar, provocam o rastreamento de províncias inteiras da Sicília ocidental, o assédio e a ocupação *manu militari* de cidades e regiões, a perseguição de parentes dos insubmissos com a aplicação de um conceito de responsabilidade coletiva das comunidades diante da autoridade militar; a qual, usando e teorizando esses sistemas, acaba por conseguir o resultado oposto ao desejado, acrescentando ao número já enorme de insubmissos e desertores (26 mil em 1863) uma vasta faixa de pessoas que se tornam foragidas justamente por ocasião e em consequência das ações (que não é exagerado chamar terroristas) do exército. "Foi-me informado – escreve um anônimo palermitano em 1867 – que numa região do distrito para um único insubmisso ao recrutamento houve 34 foragidos".[2]

O isolamento político, nota já no fim de 1861 um moderado como Diomede Pantaleoni, leva os representantes do governo a apoiar-se em "borbônicos e filoborbônicos" e até mesmo em "assassinos", chegando a usar o crime político;[3] e com efeito tudo indica que ainda nos anos seguintes o partido governamental irá recorrer a tal instrumento – é o caso do assassinato do já citado

2 *Poucas palavras à Comissão parlamentar*, Palermo, 1867, em apêndice a *Inquérito Fabrizi*, p.515. Mais em geral, cf. os velhos Alatri, *Lotte politiche*, op. cit. e F. Brancato, *La Sicilia nel primo ventennio del Regno d'Italia*, Bologna, 1956.

3 Carta de Pantaleoni a Ricasoli, setembro-outubro de 1861, cit. por Brancato, *La mafia*, op. cit., p.193-5.

"general" garibaldino Corrao – e também a uma espécie de estratégia da tensão – considere-se o obscuro episódio dos assassinos de Palermo de 1863[4] – com a finalidade de favorecer a divisão da esquerda incriminando sua ala extremada e conquistando o grupo mais "moderado" para uma colaboração subalterna.

Em suma, o próprio tema propõe a sua periodização, e não é conveniente andar para trás, ao longo de uma interminável cadeia de supostos nexos causais baseados no conceito de uma meta-histórica diversidade siciliana. Sem considerar os muitos que chegaram aos *Vespri*, ao pretor romano Verre, à suposta dialética étnica entre a zona ocidental da ilha, cartaginesa, e a zona oriental, grega, a referência mais usual dos estudiosos é ao vice-reinado espanhol, aplicação específica da grande polêmica nacionalista contra a corruptível influência ibérica e a "preponderância estrangeira".[5] Na esteira da continuidade entre a história siciliana oitocentista e a história anterior,[6] podem certamente ser encontradas, durante o período seis-setecentista da ilha, conexões

4 Trata-se das "apunhalações" que a polícia atribui a um complô das oposições de direita e de esquerda, incluindo até o moderado príncipe de Sant'Elia: cf. o tão brilhante quanto pouco convincente tratado de L. Sciascia, *I pugnalatori*, Torino, 1976 e, agora, o documentado ensaio de P. Pezzino, *La congiura dei pugnalatori*, Venezia, 1992. O terrorismo tem grande espaço na Palermo desses anos ao definir as relações entre os democratas, entre estes e a autoridade, como demonstram o assassinato de C. Trasseli e o ferimento de F. Perroni Paladini, garibaldinos moderados: Alatri, *Lottes politiche*, op. cit., p. 109 e 137.

5 A última versão desse raciocínio historiográfico é a de Tranfaglia, *La mafia*, op. cit., porém criticado por Bevilacqua, *La mafia e la Spagna*, op. cit. Mais típica da tradição cultural insular é a variante de V. Titone, *La società siciliana sotto gli spagnoli e le origini della questione meridionale*, Palermo, 1978.

6 Gambetta, em *La mafia*, op. cit., e também em La protezione mafiosa, in *Polis*, agosto de 1994, p.302-3, afirma, porém, que a Espanha *introduziu* no Sul a "desconfiança" da qual deriva a máfia, considerando significativo o fato de que uma endêmica violência – que, por outro lado, não é a mesma coisa que a máfia – ocorra hoje em outras ex-colônias espanholas como as Filipinas.

entre poder político, poder social e criminalidade, assimiláveis a situações do período seguinte.[7] Isso, porém, não pode fazer esquecer a grande diversidade de contextos. Numa sociedade de *ancien régime* (não apenas na Sicília) na linha de direito e não só de fato, prevaleciam os vínculos pessoais; os indivíduos eram desiguais e faziam referência a jurisdições diversificadas conforme a qualidade das pessoas e dos grupos; alguns tinham o direito de usar a força, outros não. Naquele contexto histórico, o conceito de máfia é inaplicável justamente porque nele eram fisiológicas aquelas mesmas relações que na época contemporânea mostram-se patológicas, escandalosas a ponto de requerer uma palavra específica que defina seu caráter ilícito. A qual de fato emerge justamente nesse momento.

O contexto que importa lembrar, para quem quer procurar o caldo de cultura da máfia, ou uma "protomáfia", é, porém, aquele período do século XIX que precede à unidade política italiana, quando nasce também o conceito de camorra. A abolição do sistema feudal, decretada na ilha em 1812 com modalidades diferentes da lei de 1806 para o Sul continental, completada depois nos anos 30, destrói alguns dos quadros fundamentais do *ancien*

O raciocínio é debilmente alusivo. Por que aplicar a comparação às Filipinas e não à China ou ao Japão onde existem formas importantes de criminalidade organizada? Por que o domínio espanhol teria tido tão nefastos efeitos na Itália do Sul e não nos Países Baixos, na Lombardia e na própria Espanha? Cumpre lembrar que a Sicília *não* era uma colônia, mas um dos reinos da coroa aragonesa, que passou para a castelhana no fim do século XV, conservando o seu *status*, os seus ordenamentos, a sua influência até sobre as políticas imperiais. Ela deve ser assimilada não às Américas ou às Filipinas, mas antes a Aragão e outras possessões ibéricas dos Habsburgo, excluindo-se Castela. H. G. Koenigsberger, *The practice of Empire*, Ithaca-New York, 1969; G. Giarrizzo, La Sicilia dal Cinquecento all'Unità d'Italia, in G. Giar-rizzo-V. D'Alessandro, *La Sicilia dal Vespro all'Unità d'Italia*, Torino, 1989.

7 Como em O. Cancila, *Così andavano le cose nel secolo sedicesimo*, Palermo, 1984; parece, porém, excessivo que o Santo Ofício seja aqui definido como "uma grande organização mafiosa" (p.29).

régime. É esse o ponto indicado como decisivo já em 1875 por Leopoldo Franchetti para iniciar o processo de "democratização da violência", pelo qual o direito ao uso da força, antes nas mãos da aristocracia, se transfere *legalmente* para o Estado, mas *materialmente* permanece nas mãos dos particulares, envolvendo sempre novos grupos sociais, para além de qualquer hierarquia rígida de ordem ou de classe.[8] Não falarei, porém, de uma *introdução* da propriedade privada, que na Sicília da primeira metade do século XIX como na Rússia de hoje levaria à máfia como estrutura paralegal de proteção da nova instituição.[9] Como todas as explicações monocausais, esta se choca com simples objeções. Como é que as leis subversivas da feudalidade produzem a máfia na Sicília ocidental e não na oriental? Por que não se registra uma fenomenologia semelhante nas outras tantas partes da Europa, onde durante a ocupação napoleônica e a primeira metade do século XIX ocorrem medidas antifeudais?

Por outro lado, na Sicília do século XVIII, a propriedade privada já existia em larga escala, seja no sentido próprio (alódio), seja no sentido de que os "feudos" eram substancialmente administrados como propriedades privadas; depois da reforma, a maior parte das terras feudais, atribuída aos barões, permanece nas mãos dos antigos proprietários ou entra num circuito de compra e venda. O efeito desse conjunto de medidas anteriores e posteriores à unidade italiana é o de favorecer a mercantilização de uma quantidade relevante de terras, feudais e eclesiásticas, dando livre expansão ao impulso oitocentista à intensificação cultural com a abolição de direitos promíscuos e de outros encargos causados pelo endividamento da nobreza. Num caso que

---

8 Franchetti, *Condizioni politiche e amministrative*, op. cit., tese a seguir amplamente retomada, por exemplo por P. Pezzino, *Una certa reciprocità di favori. Mafia e modernizzazione violenta nella Sicilia post-unitaria*, Milano, 1990.

9 Cf., por exemplo, a intervenção de Gambetta no debate com Lupo, Pezzino e Tranfaglia em *Passato e presente*, 1994, 31, p.24-5.

conhecemos, do Ducado de Nelson (próximo a Bronte), o processo é levado avante pela administração ducal mediante uma série de detalhadas reivindicações judiciárias e políticas; a reação da população contra o que são consideradas "usurpações" ducais opera-se no mesmo nível e também, dramaticamente, em forma de insurreição em 1848 e 1860.[10] Em geral, as mais violentas controvérsias sobre o estatuto da propriedade, ou seja, os conflitos sobre terras públicas, verificam-se na Sicília oriental, onde não se fala de máfia, ao passo que a parte ocidental, lugar de eleição do fenômeno mafioso, conserva uma estrutura influenciada mais diretamente pelo passado "feudal".

As providências da primeira metade do século XIX adquirem todo o seu significado se relacionadas com a reforma administrativa borbônica, que incorpora também na Sicília – se bem que com atraso em relação ao Sul continental em virtude das diversas ocorrências políticas – as instâncias do período napoleônico, propondo pela primeira vez uma ideia moderna de Estado,[11] e inaugurando, portanto, o contexto histórico em que podemos colocar o tema da máfia. A mudança leva entre outras coisas à introdução de uma magistratura profissional e de uma polícia. Os magistrados, saídos das fileiras das elites camponesas, agruparam-se por conseguinte, sem grande respeito pelo conceito de impessoalidade da lei que são chamados a interpretar. A força pública pôde identificar-se ou na nova milícia, centralizada, mas raramente capaz de circular entre os grupos e as facções, entre os bandidos e os notáveis que os protegiam; ou então nas companhias de armas, cujos membros eram escolhidos pelos senhores

10 S. Lupo, Tra centro e periferia. Sui modi dell'aggregazione politica nel Mezzogiorno contemporaneo, in *Meridiana*, 1988, 2, p.18-22.

11 Pezzino, *Una certa reciprocità*, op. cit.; e Id., *Il paradiso abitato dai diavoli*, Milano, 1992. Ver também as contribuições de E. Iachello e A. De Francesco, in VV.AA. *Elites e potere in Sicilia*, org. de F. Benigno e C. Torrisi, Roma, 1995.

camponeses entre os rapazes "de mão rápida" da região, com a tarefa não tanto de perseguir os criminosos, mas de recuperar os bens roubados em seu distrito por meio de uma negociação com os ladrões. Muitos consideram que entre uns e outros existia um acordo *ex ante*:

> Instaura-se assim, entre a companhia, os notáveis e a criminalidade da região, uma dialética perversa que garante aos proprietários a incolumidade dos bens e a tranquilidade sobre as próprias terras, mediante um controle de tipo muito particular exercido pelos capitães de armas sobre a criminalidade; a práxis da transação entre a vítima e o ladrão permite, à primeira, a recuperação parcial do bem, ao segundo, a impunidade e parte do roubo; ao capitão, um "prêmio" pela obra de mediação desenvolvida, quase uma honesta corretagem ajustada entre vendedor e adquirente de um negócio público.[12]

A polêmica do período borbônico é semelhante à do período pós-unitário: de um lado, há os que propõem uma gestão da ordem pública substancialmente extralegal mediante, primeiro, companhias armadas, depois, milicianos a cavalo; de outro, temos os fautores de um corpo estatal (respectivamente carabineiros e policiais) que consideram o primeiro sistema desastroso como veículo de convergência entre proprietários e delinquência, e que depois de 1860 usarão para ele a palavra máfia. Devem ser lembradas ainda as discussões da primeira metade do século XIX sobre o estímulo ao assassinato legal e remunerado dos foragidos por parte de seus companheiros, presente nos decretos de *fuorbando,* destinado também a criar uma ponte entre delinquentes, notáveis e autoridades, cujo eco se fará sentir depois da unidade

12 G. Fiume, *Le bande armate in Sicilia (1819-1849). Violenza e organizzazione del potere,* Palermo, 1984, p.117; entre os contemporâneos, já desta opinião L. Bianchini, cit. por Brancato, *La mafia,* op. cit. p.172.

política nas contínuas negociações entre bandidos, mafiosos e autoridades policiais, frequentemente destinadas a terminar com o assassinato (dessa vez, ilegal) de algum chefe de quadrilha. Como afirmou Giovanna Fiume, nas pegadas de Franchetti, há dois aspectos nessa questão: o banditismo representa um instrumento das lutas de facções das novas elites camponesas, uma ramificação das suas redes de clientes; mas, por outro lado, é a afirmação progressiva de uma nova ideia de legalidade que legitima comportamentos tradicionais das elites locais e do próprio Estado, pondo em discussão uma "justiça" que se coloca a meio caminho entre a esfera pública e a privada.[13]

Entre os membros das elites camponesas são recrutados os rendeiros (ou arrendatários) e os administradores das minas de enxofre, dos latifúndios, dos hortos arborizados, os quais, no curso do século XIX pré e pós-unitário, procuram assumir a sucessão da aristocracia ex-feudal, que lenta mas seguramente afrouxa seu domínio sobre o campo insular fraccionando e redistribuindo, juntamente com seus bens, o próprio poder social. Porém, parece ser condição desse poder a disponibilidade de uma força militar: ela é necessária não só à gestão da força de trabalho, mas mais geralmente à proteção das minas de enxofre e das fazendas, bem como à própria segurança pessoal dos notáveis expostos a sequestros pessoais. A mesma força pode também servir no curso das numerosas vendetas entre os grupos clientes-familiares que constituem os "partidos" municipais na Sicília oitocentista. Refiro-me aos vigias, milícia privada que de maneira não diferente das pseudopúblicas das companhias de armas, dos milicianos a cavalo e dos guardas municipais, deveria manter a ordem nos campos, e que como as outras é geralmente recrutada entre ex-bandidos capazes de intimidar os mal-intencionados com seus próprios argumentos, ou então fazer acordo com eles

13 Fiume, *Le bande armate*, op. cit., passim.

na lógica da boa vizinhança: gente que possa fazer para os patrões o trabalho sujo ou encarregar dele algum fugitivo com o qual já tenha havido no passado relações de patronato.

O arrendatário desempenha uma função de ordem e de controle social que vai além dos âmbitos da grande propriedade de cultura extensiva: o seu aparato de campeiros e supervisores substitui as milícias feudais setecentistas, acompanha as milícias comunais oitocentistas, cobre os espaços deixados vazios pelo controle primeiro do Estado borbônico e depois liberal. Já Emilio Sereni, há muitos anos, via a Máfia não tanto como resíduo feudal quanto como instrumento de uma burguesia "abortada", justamente a dos rendeiros, que no curso da longa desagregação da economia e dos poderes feudais desenvolve uma capacidade de intimidação que é exercida tanto para cima como para baixo na hierarquia social.[14] Enquanto se desagregam os patrimônios da velha aristocracia, as frações da comunidade local tentam interceptar os fluxos dessa riqueza, definindo até com violência, voltada para dentro ou para fora, a concorrência para o aluguel ou a aquisição dos terrenos. Das comunas, por meio de impostos, os novos grupos dirigentes voltam a influenciar âmbitos geográficos mais amplos. Trata-se de um elemento que encontra suas características típicas na Sicília centro-ocidental.

Aqui, ainda no período pós-unitário, a "indústria agrícola" deve necessariamente ser exercida em vasta escala, para que se possa garantir aos terrenos o descanso, e, portanto, o revezamento entre plantação de grãos e pastagem, sendo a plantação geralmente confiada aos camponeses (*borgesi*) em pequenos lotes, ao passo que a criação é administrada diretamente pelos arrendatários; ademais, na falta de uma zootecnia de estábulo, os pastos devem ser colocados em altitudes variadas, o que determina a notável extensão dos movimentos dos rebanhos. Assim,

14 F. Sereni, *Il capitalismo nelle campagne*, Torino, 1980 (1.ed. 1946), p.145 ss.

embora os patrimônios nobiliários se vão fragmentando, a unidade econômica em geral é mantida íntegra com os sistemas dos chamados "condomínios" sob o controle de grandes operadores.[15]

> A falta de segurança – afirma em 1866 Antonio di Rudinì, jovem aristocrata destinado a grande carreira política – produziu este fenômeno, que quem vai e quer permanecer no campo deve tornar-se bandido. Não pode fazer outra coisa: para defender a si e a sua propriedade, é necessário procurar o patrocínio dos bandidos.[16]

Mais que a propriedade em si mesma, porém, parece-me que o problema da tutela diz respeito à fazenda, sobretudo pastoril. Como já se disse, excetuando-se os concorrentes desprovidos do requisito, a capacidade de controle sobre a criminalidade representa uma condição necessária de acesso ao exercício do arrendamento. É significativo que durante todo o século XIX permaneça no centro do debate a questão do roubo de gado, sendo a função de criador a mais propriamente empresarial do arrendatário, enquanto o rebanho é a parte principal do seu capital e também a mais fácil de roubar. Em torno desse centro, desenvolve-se no período borbônico a praxe das *componende*, negociações entre vítimas e autores de roubos para a restituição dos bens, conduzidas sob a égide de influentes representantes da delinquência, profissionais ou notáveis. No início dos anos 40, o subintendente Puoti, de Termini, descreve um sistema articulado em três níveis, o dos executores dos roubos, o dos mediadores, o dos organizadores que "permanecem nas próprias terras, corres-

---

15 Cf. G. Cammareri Scurti, *Il latifondo in Sicilia e l'inferiorità meridionale*, Milano, 1909, p.80 ss; *l'Inchiesta parlamentare sulle condizioni dei contadini nelle province meridionali e nella Sicilia*, Roma, 1908, VI, e o meu *I proprietari terrieri del Mezzogiorno*, in *Storia dell'agricoltura italiana in età contemporanea*, Venezia, 1990, II, p.105-50.

16 In *Inquérito Fabrizi*, p.117.

pondem-se entre si, regulam as operações ... abrigam nas suas terras os animais ... e estabelecem quem deve merecer a morte e quem deve praticar a execução".[17] Em 1838 o magistrado Pietro Calà Ulloa denuncia que "o povo veio em tácita convenção com os réus" através de "Uniões ou irmandades, espécie de seitas que chamam de *partidos*", os quais, chefiados por "proprietários" e "arciprestes", realizam "pequenos Governos dentro do Governo" por meio das *componende*, com as quais se retira da ordem legal o poder de perseguir os crimes, por outras tramoias contra os funcionários públicos.[18]

Calà Ulloa não atribui às irmandades "cor ou objetivo político", mas o termo "partidos" indica que é o problema para ele, que estará em seguida entre os maiores expoentes da reação legitimista. Puoti é mais claro quando afirma que "Os ladrões na Sicília, sem saber, são os meios de uma revolução e serão o instrumento da revolta que beneficiará quem agora os protege".[19] Como no período pós-unitário, aqui também a descoberta da espessura protomafiosa do fato criminal é suscitada pelo temor que a "nova" autoridade estatal sente em relação à insubordinação política e social, tanto da plebe quanto dos grupos dirigentes. Porém, os funcionários borbônicos sabem que devem colocar em contraste um processo bem mais amplo de mobilização política, que é e permanece sendo seu principal problema à luz do programa enunciado por Ferdinando II apenas um ano antes do relatório de Calà Ulloa: "A primeira coisa a que é preciso acostumar a Sicília é a obedecer".[20] Nesse caso, bem mais que no da Itália liberal, o mal-estar social, a emergência criminal e a oposição política

17 Fiume, *Le bande armate*, op. cit., p.74.

18 Relatório de 3 de agosto, in E. Pontieri, *Il riformismo borbonico nella Sicilia del Sette e dell'Ottocento*, Roma, 1945, p.222-5.

19 Cit. por Fiume, *Le bande armate*, op. cit., p.75.

20 Cit. por Id., *La crisi sociale del 1848 in Sicilia*, Messina, 1982, p.64.

se apresentam como um *mix* inextricável na interpretação dos contemporâneos mas também na realidade dos fatos.

De 1815 a 1860, os períodos de ordem representam apenas breves parênteses, escandidos pelas insurreições de 1821 e de 1848, pela alternância das revoluções e das restaurações. Naturalmente não se trata de um choque frontal entre *a* Sicília e os "napolitanos", mas da opção antiborbônica de uma parte consistente da classe dirigente, sobretudo palermitana, que nas centenas de âmbitos locais assume o caráter de guerra civil dissimulada. Nesta, como em tantas situações análogas dos séculos XIX e XX, os indivíduos fazem uso da grande história enquanto esta pode servir para enfrentar a pequena história das regiões, das famílias, das pessoas; a violência funciona como parteira, se não de uma nova civilização, de novos equilíbrios; o processo revolucionário define conflitos políticos, conflitos sociais, realiza vinganças particulares, lutas de facções, escaladas à riqueza e ao poder. Em Marineo, os anos 1821 e 1848 são marcados por massacres executados por um "partido" em confronto com o adversário; em Castellammare del Golfo a revolta popular de 1862 é dirigida contra o grupo neoburguês dos *cutrara*; em Bronte, em Biancavilla e outros lugares, tanto em 1848 como em 1860, a questão das terras públicas exacerba as sangrentas insurreições e as ferozes repressões.[21] Os indivíduos e os grupos habituam-se a resolver com a violência os próprios conflitos, a relacioná-los com contextos mais amplos sugeridos pelos andamentos da "grande" política, a armar, utilizar e manter sob controle aquilo que as fontes contemporâneas indicam genericamente como o grupo dos "facínoras".

---

21 Id., Il disordine borghese nella Sicilia dei Borbone: il caso Marineo (1819-1859), in VV.AA. *Contributi per un bilancio del regno borbonico,* Palermo, 1990; S. Costanza, *La patria armata. Un episodio della rivolta antileva in Sicilia,* Trapani, 1989; o meu *Tra centro e periferia,* op. cit.

Como se vê, é impossível distinguir a desordem social e institucional, criada pelas reformas da primeira metade do século XIX, da desordem política. A característica sincrônica das duas reviravoltas dá a ambas um caráter radical e incontrolável, de tal modo que a cada abalo parece que se misturam ora pela revolução ora pela reação os segmentos despedaçados do *ancien régime*. "Ocorre na Sicília aquilo que ocorre em toda parte depois de uma revolução – afirma um dos entrevistados pela Comissão parlamentar de 1875. Nas revoluções as riquezas se deslocam, há os que enriquecem, há os que empobrecem. O nosso país ainda não encontrou o seu centro; daí toda essa perturbação social."[22] Caso típico de sobreposição entre elementos políticos, sociais e criminais é o das organizações militares que promovem as insurreições palermitanas, ou seja, as corporações, as *guerrilhas*, as milícias urbanas (1821),[23] os esquadrões, os contraesquadrões e a guarda nacional (1848 e 1860). Ao contrário do que ocorre no Sul continental, as forças populares não tendem para o absolutismo; pelo contrário, seguem a burguesia e a aristocracia antes independentista e depois liberal, sem que isso assegure porém a ordem social, como demonstram os dramáticos choques dentro da frente revolucionária em 1821 e sobretudo 1848, quando diante das ações das "guerrilhas" e dos esquadrões populares desencadeia-se o terror branco dos contraesquadrões e da guarda nacional.[24] Todas as vezes, segundo a historiografia do *risorgimento*, a revolução teria cedido lugar à reação (ou pelo menos à estabilização moderada, como em 1860) pela explosão de uma "luta de classe" entre seus componentes; mas na realidade nem sempre aparece muito claro quem seriam os sujeitos

22 In *Inquérito Bonfadini*, p.277.

23 Cf. agora A. De Francesco, *La guerra di Sicilia*, Catânia, 1992.

24 Fiume, *La crisi sociale del 1848*, op. cit.; R. Romeo, *Il Risorgimento in Sicilia*, Bari, 1950; e Giarrizzo, *La Sicilia dal Cinquecento all'Unità*, op. cit.

desta luta, e com frequência a representação dos esquadrões anárquicos sedentos de saque opõe-se à dos esquadrões ligados à aristocracia por vínculos tradicionais de fidelidade e vassalagem, ou por um salário quantificável em 6 *tari* por dia.

É natural pensar que a violência política do *risorgimento*, e em particular o fenômeno dos esquadrões, representa o caldo de cultura do fenômeno mafioso.[25] Muitos contemporâneos, filoborbônicos ou liberal-moderados, sugerem uma tese semelhante, e entre eles o prefeito Filippo Gualterio que indica como cúmplices da Máfia os liberais nas fases de revolução, os borbônicos nas de restauração, e sobretudo os republicanos do seu tempo. Com um jogo de aprendiz de feiticeiro, que lembra os da polícia borbônica, o chefe de polícia Felice Pinna, em setembro de 1866, permanece intencionalmente inerte ante os preâmbulos de uma revolta que iria abalar Palermo, com o objetivo de provocar a insurreição e poder intervir com plena repressão,[26] acreditando ainda no fantasioso complô entre clérigos, borbônicos, mazzinianos e "máfia". A revolta se desenvolve segundo a tática bem-experimentada das sublevações urbanas anteriores, com o centro que, no momento preestabelecido, é invadido pelos esquadrões dos bairros e das regiões periféricas (Monreale,[27] Bagheria, Misilmeri),

25 Entre a literatura recente, cf. ainda Giarrizzo, *La Sicilia dal Cinquecento all'Unità*, op. cit.; e P. Pezzino, La tradizione rivoluzionaria siciliana e l'invenzione della mafia, in *Meridiana*, 1990, 7-8. Também na Colômbia contemporânea os cartéis do narcotráfico instalaram-se em zonas que viveram uma endêmica guerra civil: P. Burin des Rozies, *Cultures mafieuses. L'exemple colombien*, Paris, 1995; e algo semelhante pode ser dito dos "senhores da guerra" nas áreas limítrofes da China.

26 Enunciado em dezembro de 1860 pelo lugar-tenente M. Cordero di Montezemolo na carta a Cavour, in G. Scichilone, *Documenti sulle condizioni della Sicilia dal 1860 al 1970*, Roma, 1952, p.62-3.

27 Onde "de todas as casas" saem armados, exibindo bandeiras vermelhas com a inscrição "República" – mas usufruindo do apoio de monges reacionários – para depois dirigir-se a Palermo: *Inquériro Fabrizi*, p.347.

enquanto também se move a "plebe" urbana. No momento culminante, em 19 de setembro, estão na cidade doze mil rebeldes em armas entre os quais 1.200 que provêm do campo e "dois mil dentre hortelões, camponeses e carroceiros, e os mais ferozes de todos, que habitam os subúrbios e os barracos" que circundam Palermo.[28] "Alguns membros do esquadrão Ciaccio me diziam, e depois ouvi isso repetido por muitos do povo, que os esquadrões de 1866 eram os mesmos de 1860, e que muitos de 1848 também faziam parte dele."[29]

"Viva a república italiana", gritam os insurrectos de 1866. O grito lembra uma experiência, um conjunto de símbolos transferidos da esquerda "acionista" e mantidos neste âmbito, como demonstra a insistência sobre uma república "italiana" de preferência a uma talvez mais provável referência regionalista. "O republicanismo revolucionário executava a sua obra. O bandido armado do agropalermitano tornou-se seu apóstolo armado e a plebe quer segui-lo entoando seu grito de vingança";[30] essa é a situação das forças em campo, só que nenhum partido está em condições e na verdade nem sequer tenta assumir sua direção, como se a seção inferior de uma rede de relações políticas tivesse ficado privada de seu apoio superior representado pela aristocracia liberal e pela sua tradição conspirativa. Essa é a tese defendida pelo duque Gabriele Colonna di Cesarò: "A primeira coisa que os revoltosos fizeram foi ir à procura daqueles que em 1860 tinham estado à testa da rebelião: Pignatelli Monteleone, Riso,

---

28 V. Maggiorani, *Il sollevamento della plebe di Palermo e del circondario nel settembre 1866*, Palermo, 1866, p.82-3; e Ciotti, *I casi di Palermo*, op. cit.; A. Maurici, *La genesi storica della rivolta del 1866 in Palermo*, Palermo, 1916, p. 469 ss. No nível historiográfico, cf. F. Brancato, Origine e caratteri della rivolta palermitana del settembre 1866, in *Archivio storico siciliano*, 1955, e o número monográfico de *Nuovi quaderni del Meridione*, 1966, 16.

29 Maggiorani, *Il sollevamento*, op. cit., p.6.

30 Maurici. *La genesi*, op. cit., p.471.

Turrisi, Torremuzza ... Estes naturalmente não quiseram saber deles e então as fileiras dos facínoras ficaram desnorteadas".[31] Não posso, porém, dar crédito total a fontes habituadas a definir os grupos superiores como "inteligentes" e a negar, portanto, o dom do intelecto aos outros, reduzindo tudo ao desejo de rapina e de saque. Os problemas da Palermo pós-unitária eram enormes e, estando ligados à perda do *status* de capital pós-feudal, em grande parte diferentes daqueles do resto da Sicília, em particular da oriental.[32] Daqui derivam as paixões *essencialmente políticas* que levam às ruas vinte ou trinta mil pessoas entre combatentes e outras, das quais ainda hoje sabemos bem pouco; nem sabemos muito mais da organização militar que, nesse momento, realiza a sua última prova.

O problema dos "facínoras" coloca-se, entretanto, em 1866 como anteriormente. Um exemplo bem conhecido é o do *fruteiro* (rendeiro de cítricos) monrealense Salvatore (Turi) Miceli, chefe de esquadrão em 1848, cooptado na polícia borbônica por Maniscalco, de novo insurrecto em 1860, preso como cúmplice de bandidos mas libertado misteriosamente por intervenção do chefe de polícia Pinna. Miceli evidentemente não consegue levar a cabo no regime liberal o jogo já esboçado no regime borbônico, que era utilizar como homem da ordem o profissionalismo violento adquirido na escola da política: com efeito, ele morre em 1866 chefiando o assalto às prisões onde está detido Giuseppe Badia, ex-comandante garibaldino sucedido por Corrao à testa do grupo

31 *Inquérito Bonfadini*, p.522.

32 Considere-se a alienação dos bens das instituições religiosas, que interrompe o fluxo financeiro proveniente de toda a Sicília permitindo à sociedade local empregar *in loco* esses recursos, ou na maneira como o novo Estado completa a ação do Estado borbônico no campo das obras públicas e da distribuição dos cartórios (por exemplo, judiciários), valorizando outras cidades em detrimento da capital. As entrevistas no *Inquérito Fabrizi* indicam quase todas a especificidade de Palermo; *contra* Alatri, *Lotte politiche*, op. cit., p.10 ss.

radical, futuro internacionalista, "rico industrial" relacionado com importantes mafiosos da *Conca d'oro*, com a família Amoroso, por exemplo, cujos membros participam do movimento "anárquico"[33] e reencontraremos à testa da quadrilha "di Piazza Montalto". Nem todos os facínoras, porém, aderem à revolta. Os que assaltam o palácio do príncipe de Sant'Elia são rechaçados por um "contraesquadrão":

> Eis um exemplo da utilidade prática que os proprietários da Sicília auferem ao proteger seus colonos. O S. Elia tirou muitos homens da insurreição e dirigiu suas armas, não digo contra os bandidos, porque eles próprios eram bandidos, mas para a própria salvação ... Com esse sistema salvou-se também algum outro tiranete de Palermo.[34]

Agrupam-se em defesa da ordem também alguns dos principais homens da revolução. É o caso, que veremos, de Antonino Giammona, e de Salvatore Licata, que, com tom indulgente, o chefe de polícia Rastelli define como velho chefe mafioso: nascido por volta de 1805, "em 1848 praticou atos de bom patriota; igualmente em 1860 e 1866. A ele se debitam até homicídios; mas a justiça jamais chegou a culpá-lo". Desistindo talvez de culpá-lo, em 1861-1862 a autoridade o incluiu na milícia

33 Cf. o testemunho do inspetor Felzani, in *Processo Amoroso*, p.53. Badia é preso em casa de Amoroso, onde se realizam as reuniões do comitê insurrecional: Maurici, *La genesi*, op. cit., p.337; Alatri, *Lotte politiche*, op. cit., p.138. Sobre Miceli, cf. entre outros Fiume, *Le bande armate*, op. cit., p.102 ss.

34 Maggiorani, *Il sollevamento*, op. cit., p.69. Isso torna ainda mais inverossímil a tese pela qual em 1863 Sant'Elia teria sido o mandante dos "apunhaladores": semelhante personagem, em relação entre outros com os Guccione di Alia (Guccione, *Storia di Alia*, Caltanissetta-Roma, 1991, p.345) – que veremos entre os maiores arrendatários mafiosos – para encontrar assassinos teria necessidade de expor-se, interpelando candidatos quase ao acaso por Palermo.

a cavalo, enquanto o filho Andrea foi nomeado comandante dos guardas campestres da Piana dei Colli, centro da *Conca d'oro*, chegando a tal grau de autoridade a ponto de ser definido como "um segundo chefe de polícia"; outros dois filhos, entretanto, conhecem a liberdade vigiada e a prisão como delinquentes perigosos.[35]

Em suma, alinhando-se de um lado ou de outro em 1866, os mafiosos palermitanos vêm da revolução. Como afirma ainda o duque de Cesarò, "indo ver quais são os mafiosos mais reputados nome por nome só se encontram Licata, Cusumano, Di Cristina ... em suma, precisamente aqueles que eram o braço mais eficaz em 1860, aqueles que eram mais fiéis e mais devotados à parte inteligente",[36] isto é, à aristocracia liberal; só que, contrariamente ao que ele diz, a (recíproca) fidelidade, a rede do *patronage*, não se rompe em 1860.

Network e organização

Província de Caltanissetta, 1861. Dom Giuseppe Lumia, ex-síndico de Montedoro, possui e administra "com economia" uma mina de enxofre na qual emprega também operários provenientes da vizinha Sutera. Num dia em que viajava por aquela região para contratar alguém, ele é avistado por dois ex-empregados com os quais discutiu uma vez por questões salariais, um deles conhecido pelo significativo apelido de *lu ringhiu* (o rosnento). À saída do povoado, eles lhe armam uma emboscada, matam-no e jogam sobre seu corpo uma carta de baralho: o cinco de *aremi* (de

35 *Inquérito Bonfadini*, p.406. Entre os atos beneméritos de Licata está também a denúncia do fantástico complô borbônico-republicano de Corrao: Pezzino, *La congiura*, op. cit., p.178.

36 Intervenção do duque de Cesarò, in *Inquérito Bonfadini*.

ouros). Alguns meses depois, os dois são por sua vez encontrados assassinados no campo, segundo a voz corrente pelo tenaz rancor da viúva Lumia.[37]

A família Lumia, juntamente com a dos Caico com a qual é estreitamente aparentada, faz parte da "burguesia" emergente nas regiões da Sicília interior, elevada durante o século XIX à categoria de classe dirigente na onda do grande negócio do enxofre, a partir do arrendamento ou da compra e venda de bens imobiliários. Falamos de um poder baseado numa dosada exposição de prestígio e riqueza, que num bom ano de comércio de enxofre leva os Caico a pagar "em ouro" seus empregados por ocasião da festa de Nossa Senhora do Rosário. Falamos de um poder cujo exercício requer o aparato de guarda-costas, dos quais nos deixará uma romântica descrição Louise Hamilton, a moça inglesa casada com um descendente da família e necessitada mais que nunca de uma escolta pelo seu estranho hábito de querer passear a cavalo pelos bosques de Nisseno; guarda-costas que como sabemos servem a dom Giuseppe, à sua esposa, à família Lumia-Caico, para reafirmar sua própria lei entre mineiros de enxofre, bandidos e ladrões de gado, sem precisar recorrer à lei do Estado.[38] Encontramos aqui muitos dos elementos e dos atores que consideramos típicos da máfia, embora todo o conjunto pudesse ser reduzido ao tema mais geral do exercício do poder de classe num ambiente de latifúndio. Se observarmos o episódio narrado da ótica dos mineiros de enxofre, poderemos

---

37 G. Petix, *Memorie e tradizioni di Montedoro*, Montedoro, 1984, p. 241-2.

38 Em outros episódios de violência, houve envolvimento da família: um Caico foi raptado por volta de 1874, com o pagamento de um resgate "seguido da imediata captura de três dos malfeitores e da execução de um quarto"; um Caico, síndico de Montedoro, será preso em 1897 (e depois absolvido) pelo assassinato do chefe da facção adversária: L. Hamilton Caico, *Vicende e costumi siciliani*, Palermo, 1983, p.161-2; testemunho do senador F. Morillo di Trabonella, in *Inquérito Bonfadini*, p.1028; Petix, *Memorie*, op. cit., p.291-4.

analogamente referir-nos a uma forma primitiva de luta de classes, a um episódio de banditismo social. Difícil distinguir aqui uma fenomenologia específica, chamada máfia, e em particular um percurso que leve até a máfia de nossos dias.

Se voltarmos, porém, a Palermo, veremos emergir com maior clareza algo que nos permite encontrar ligações mais evidentes entre passado e presente. Partamos de um *network*, de uma rede de relações que da capital se estende para a sua vasta província, uma cadeia que liga alguns personagens. O primeiro anel corresponde a Antonino Giammona, que parece o maior expoente da Máfia palermitana oitocentista, e que encontraremos em várias ocasiões nesta nossa história, como chefe da quadrilha do Uditore desde os anos 70 até o fim do século. Giammona nasce na aldeia de Passo di Rigano por volta de 1819 e se forma na tempérie revolucionária, é "paupérrimo" até 1848, mas, "roubando sob a bandeira da revolução", torna-se depois arrendatário de plantações, proprietário de terrenos e imóveis adquiridos nos leilões públicos do período pós-unitário, além de titular de uma fazenda pastoril, para um patrimônio estimado em torno de 150.000 liras em 1875. Em época de eleição minoritária, ele controla uns cinquenta votos. Sua carreira vive uma reviravolta decisiva em 1860 quando, como capitão da guarda nacional, destaca-se entre os protagonistas do "retorno da ordem" no *hinterland*; em 1866 também se alinha em favor da ordem. A partir desse momento, afirma satisfeito o seu advogado, Francesco Gestivo, "na falta absoluta de segurança pública oficial", Giammona utiliza a sua "autoridade moral" para colocar-se como chefe de uma "liga dos proprietários contra os não proprietários".

> Então nos arredores de Palermo foi formada uma espécie de guarda nacional, e Giammona como demais proprietários de plantações, rendeiros e outros que estão na mesma condição associaram-se e impuseram-se com a sua união a ponto de não deixar acontecer crimes, nem roubos, nem fraudes. E o que aconteceu?

> Aconteceu que despertaram o ódio daqueles que não puderam fazer o que eles fizeram; daí as denúncias contra eles, pintando-os como pessoas criminosas, mafiosas, suspeitas.[39]

A partir de Giammona saem três fios: o primeiro para baixo – a criminalidade; o segundo para os seus pares – os outros líderes da Máfia; o terceiro para o alto – os homens eminentes que ele protege e que o protegem. Ele pode justamente dar "refúgio e proteção" na sua zona a diversos foragidos, mas, diante de uma tentativa de extorsão levada a cabo por eles contra Francesco Paolo Morana (irmão de um deputado) e o barão Dionisio Maggio, não hesita em perpetrar uma verdadeira chacina entre os seus indisciplinados hóspedes.[40]

Mas o fio que sai para o alto a partir de Giammona leva sobretudo ao barão Nicolò Turrisi Colonna, grande proprietário de *status* não antiquíssimo, moderno e iluminado na gestão das suas fazendas, cultor de estudos agronômicos, patriota primeiro da Unidade e depois expoente de ponta da esquerda moderada, senador e síndico de Palermo;[41] ele representa o segundo anel da nossa cadeia. Como já foi visto, Turrisi é indicado pelo duque de Cesarò como referente dos mafiosos-patriotas. Em 1860, nós o encontramos como chefe da guarda nacional urbana na qual Giammona é oficial: uma relação que permaneceu sólida também no período seguinte, até os atestados de benemerência expedidos em 1875 pelo senador ao chefe mafioso pela primeira vez nos problemas com a justiça. De resto, também em Castelbuono, região do interior onde o pai tinha sido arrendatário, Turrisi serve-se de bandidos: pelo menos três de seus guarda-costas

39 *Inquérito Bonfadini*, p.462-3.

40 ASPA, GP, 1876, b.35, f.6, o chefe de polícia ao procurador do rei, 21 de setembro de 1875, respectivamente p.14-5 e 15-6.

41 Cf. o meu *Il giardino degli aranci*, op. cit., e O. Cancila, *Palermo*, Roma-Bari, 1988, passim.

são arrolados numa lista de mafiosos compilada pela subprefeitura de Cefalù. Em 1874, as forças da ordem irrompem num feudo seu à procura de um bando de foragidos, suscitando, porém, seus protestos pela perseguição política de que se sente objeto; depois desse episódio, o prefeito Rastelli confessa a Franchetti saber que "deverá deixar Palermo ... por ter cometido o erro de tocar nos guarda-costas" do senador.[42] Alguns anos mais tarde, Domenico Farini, presidente do Senado, recordará como em 1876 os deputados Morana e La Porta lhe confessaram que Turrisi é o "chefe da Máfia".[43]

Andrea Guarneri, em 1875, admite que talvez tenha sido um erro em 1860 "modelar a polícia sobre a Máfia" como se fez em Palermo; notando, porém, que teria sido difícil fazer de maneira diferente numa capital de 200.000 habitantes, abalada por fortíssimas tensões políticas e sociais. Em contextos como o do Agrigentino, onde ele foi prefeito em 1860, foi, porém, possível instituir diretamente uma "polícia de proprietários".[44] Por outras fontes sabemos ainda que no distrito palermitano de Termini e na zona limítrofe agrigentina a normalização pós-revolucionária foi obra de grupos armados sob o controle de poucos notáveis, entre os quais se destacam os Nicolosi di Lercara e os Guccione di Alia, síndicos, proprietários e (os segundos) arrendatários de enormes latifúndios em diversas zonas da província de Palermo.[45] Mas aqui também os processos de mobilização revolucionária, e em particular as insurreições de 1860 e de 1866, figuram como

42 L. Franchetti, *Politica e mafia in Sicilia. Gli inediti del 1876,* org. de A. Jannazzo, Napoli, 1995, p 190. A carta de protesto de Turrisi está em "L'Amico del popolo", 24 de agosto de 1874. A lista dos mafiosos de Cefalù in ASPA, GP, 1877, b, 39.

43 D. Farini, *Diario di fine secolo, 1896-1899*, Roma, 1961, II, p.909.

44 Entrevista em *Inquérito Bonfadini*, p.473

45 L. Tirrito, *Sulla città e comarca di Castronovo di Sicilia*, Palermo, 1873, II, p.69-70; por outro lado, os Nicolosi eram borbônicos. Sobre os Guccione cf. Guccione, *Storia di Alia,* op. cit.

momentos importantes nas biografias de eminentes bandidos como Leone e Valvo, bem como de vários mafiosos: o nome de Giuseppe Brancato, médico e chefe mafioso de Ventimiglia, remete a um passado de conjuras antiborbônicas, em particular a de 1859 em que o barão Bentivegna perdeu a vida porque foi abandonado pelos esquadrões, entre os quais justamente aquele que era comandado por Brancato.[46]

Também Angelo Pugliese, vulgo dom Peppino, o lombardo, o maior bandido do período pós-unitário, encontra a insurreição palermitana de 1860 que o liberta do calabouço perpétuo, onde diz ter conhecido muitos eminentes patriotas, entre os quais Spaventa e Settembrini, que tentaram convertê-lo ao amor da pátria; talvez por isso durante o período de foragido, ele gostará de apresentar-se como "garibaldino". Depois da fuga, esconde-se na aldeia do Uditore e entra em contato com um plantador Giammona, que parece ser o mesmo chefe mafioso, e que o recomenda a um notável, Angelo Palazzolo, o qual lhe arranja um cargo pouco acima de guarda-costas junto a Guccione. Começa aqui a carreira de bandido do ex-condenado.[47] Os Nicolosi e os Guccione são indicados como interessados nas empresas de dom Peppino, para o qual arranjam sócios e protetores tirados da sua rede de clientes, que ajudam na lavagem dos lucros da economia criminosa.[48] Em troca, o bandido compromete-se a respeitar a propriedade deles, e a tornar difícil a vida de seus concorrentes. Dois proprietários de Prizzi, Giuseppe Valenza e Luciano D'Angelo, participam diretamente das ações do bando para incrementar os próprios lucros, executar vinganças e ganhar a fama de violentos,

46 Lista dos mafiosos de Termini, I cat., n.20, in ASPA, GP, 1877, b.39. Para Leone cf. Alongi, *La maffia*, op. cit., p.85; para Valvo Di Menza, *Le cronache delle assise di Palermo*, Palermo, 1878, p.74.

47 R. Mangiameli, Banditi e mafiosi dopo l'Unità, in *Meridiana*, 1990, 7-8, p.73-117.

48 Ibidem.

que lhes permitirá nos anos seguintes permanecer à testa dos dois partidos contrários da região natal, e também administrar um confronto, ora amigável ora feroz, com a pequena criminalidade.[49] Os Guccione, os Nicolosi, Valenza e D'Angelo são postos em causa pela "propalação" (confissão) feita na instrutoria pelo próprio dom Peppino, mas depois retirada em juízo; saíram, porém, ilesos do processo que em 1868 prevê pesadas condenações para o núcleo de foragidos, "uns poucos esfarrapados mandados para purgar na prisão a culpa comum aos ricos impunes", segundo o procurador do rei Giuseppe Borsani, futuro presidente da Comissão parlamentar de inquérito de 1875.[50] Estamos num importantíssimo ponto de virada: até os anos 20 do século XX encontraremos de fato o nome dos Guccione no centro de todas as polêmicas sobre a cumplicidade entre proprietários e banditismo, e veremos como as redes criminosas de dom Peppino estão destinadas a renovar-se já nos anos seguintes, dando lugar às quadrilhas de Leone, de De Pasquale e de outros até o fim do século XIX.

A cadeia tem, portanto, quatro anéis principais: o chefe mafioso Giammona, o chefe bandido Angelo Pugliese, os grandes arrendatários Guccione, o grande notável e proprietário Turrisi. Ao redor deles, uma miríade de guardiães, ladrões, extorsionários, bandidos, policiais. Não falta o advogado, que no caso de Gestivo é também um político ao qual compete a justificação ideológica da Máfia, tarefa que Turrisi, porém, não assume, olhando as coisas do ponto de vista mais elevado. Os chefes de polícia fecham ou, neste caso, reabrem os olhos. Eles podem localizar qualquer bandido foragido ou solicitar a composição de quadrilhas mafiosas: é o caso, como veremos, do chefe Albanese, que remete por

49 Cf. a ampla documentação in ASPA, GP, b.85.

50 Cit. in Mangiameli, *Banditi e mafiosi*, op. cit., p.104. No mesmo ano Borsani foi transferido.

sua vez ao modelo pós-1848 do famigerado Maniscalco, chefe da polícia borbônica, que dizia ter administrado "com felizes resultados ... interessando os chefes da *Máfia* a garantir a segurança".[51] Esse *network*, de dimensão provinciana, tem pouco a ver com a rede das solidariedades de parentesco, de clientelismo e de amizade, que segundo muitos cientistas sociais[52] corresponderia à quadrilha camponesa, a única forma possível de organização mafiosa.

A própria autoridade de polícia, naturalmente inclinada a ver complôs por toda parte, oscila e oscilará longamente entre as duas ideias da solidariedade delituosa mas informal e da estrutura única piramidal, que – assim contrapostas – são ambas forçadas e distantes. O prefeito Rasponi, que em 1874 fala da *Máfia* como "uma espécie de acordo tácito [que] não tem normas definidas, mas se exercita *também* sob a forma, por assim dizer, instintiva e habitual", refere-se ao mesmo tempo a um "elo permanente de conjunção" entre campo e cidade, e sobretudo descreve os graus de iniciação e as hierarquias[53] de uma organização que ele e o seu colega de Trapani definem como *camorra*, ainda numa frágil tentativa de exprimir com a palavra diferente um matiz diferente de significado. À medida que se distanciam os acontecimentos de 1848, 1860 e 1866, a Máfia em seguida se afasta cada vez mais do tipo de associação que quase todos têm em mente, político-subversiva, "classe de ilícito considerada com suspeita e aversão por toda a cultura jurídica liberal".[54] Como se pode enquadrar politicamente o conjunto dos adeptos e dos protetores em torno de dom Peppino, o lombardo, já que inclui um Valenza, seguidor de Crispi, ao lado de um Nicolosi, borbônico? Mas as grandes re-

51 Audição, in *Inquérito Fabrizi*, p.29.

52 Em particular, cf. Hess, *Mafia*, op. cit.; e Blok, *La mafia di un villaggio siciliano*, op. cit.

53 Relatório de 31 de julho de 1974, op. cit., p.13-4; grifo meu.

54 Fiore, *Il controllo della criminalità*, op. cit., p.132.

viravoltas do *risorgimento* estão destinadas a influir também sobre o plano dos modelos de organização, embora por vias tortuosas.

Indicações importantes nos são oferecidas pelo próprio Turrisi Colonna, num escrito dado a lume em 1864 – dois anos depois da comédia de Mosca e Rizzotto, um ano antes do relatório Gualterio – onde temos uma lúcida análise do problema a partir do período do *risorgimento*, que no caso dele, liberal e siciliano, não diverge muito da dos funcionários borbônicos e napolitanos. Turrisi de fato relata sem perturbar-se a convicção borbônica de uma ligação dos facínoras com os liberais, e por sua parte esclarece que desde 1848 a revolução tinha necessidade de qualquer um que soubesse portar armas, que em 1860 "em armas estava toda a seita dos velhos ladrões ... em armas toda a juventude que vivia do ofício de guardas rurais, e a numerosa classe dos contrabandistas do campo palermitano".[55] Quanto ao contrabando, é um elemento importante na Máfia palermitana, assim como na camorra napolitana, que remete ao regime passado, o qual "tolerava em paz tais contrabandos, desde que não se cometessem nas estradas furtos, extorsões ou outros; e os chefetes da Máfia tiraram de si tal responsabilidade".[56] Sobre este espaço tolerado também no período liberal se realizará uma série de transações entre criminosos, homens de negócios e administração municipal; o contrabando se mesclará com a guardiania, visto que os guardas podiam deixar passar ou não as mercadorias através de seus campos, e com outro corpo público de polícia, o da guarda fazendária, frequentemente acusada de benevolência com mafiosos e contrabandistas.

55 N. Turrisi Colonna, *Cenni sullo stato attuale della sicurezza pubblica in Sicilia*, Palermo, 1988 (1.ed. 1864), p.29-39.

56 Resumo dos relatórios (18 de janeiro de 1875) in APCD, 1874-1875, Documentos, all.2, p.57. Lembre-se da função análoga desenvolvida pela camorra napolitana, mas só por um breve período, até a repressão promovida por S. Spaventa: Marmo, *Economia e politica della camorra napoletana*, op. cit., p.114 ss.

No escrito de Turrisi não aparece ainda a palavra máfia, mas tem um destaque central o conceito de "seita". Na seita, na origem composta por ladrões de gado, "por necessidade devem afiliar-se" os contrabandistas e os guardiães palermitanos, os guarda-costas e os arrendatários de latifúndio, os traficantes de todo tipo: a seita controla a ilha, não teme a justiça, oferece proteção e recebe socorro.[57] Ao lado desta, o barão recorda outras palavras-chave: camorra, infâmia, humildade.

> Humildade implica respeito e devoção à seita e obrigação de evitar qualquer ato que possa prejudicar direta ou indiretamente os afiliados.
>
> ... Quem viveu algum tempo nos campos de Palermo, sabe como sempre se fazem grandes reuniões da seita para discutir sobre a conduta de tal afiliado ... A assembleia, ouvidos todos os componentes, decide.[58]

Na verdade, não creio que alguém soubesse do funcionamento desses tribunais-assembleias, que reencontraremos no curso da nossa história, e fico ainda mais convencido da ideia de que Turrisi devia ter sobre eles informações de primeira mão. Ele se apresenta como o opositor do governo incapaz de desenvolver a sua função em defesa da ordem; como o liberal que lembra com alguma simpatia as companhias de armas borbônicas; como o estudioso que observa quase de fora eventos dos quais participou e participa pessoalmente; como o proprietário moderno que deve fazer transações com a delinquência no superior interesse da produção agrícola, o primeiro da longa série de teóricos do estado de necessidade da classe dominante siciliana.[59] Creio que

---

57 Turrisi Colonna, *Cenni*, op. cit., p.43.

58 Ibidem, p.48.

59 Em particular, declara a Franchetti que os seus guarda-costas "devem" abastecer os bandidos: "por força, porque uma vendeta pode arruinar-me um imenso olival": Franchetti, *Politica e mafia*, op. cit., p.58.

não seja o chefe da Máfia, mas o protetor de alguns dentre os mais importantes mafiosos, o representante de um grupo social e político que conquistou uma relação com os criminosos e decidiu que precisa servir-se deles mesmo depois da revolução.

Durante a conspiração do *risorgimento* existia uma rede clandestina inspirada na maçonaria através da sua filiação, a carbonária. Segundo Giuseppe Giarrizzo, já no período seguinte a 1824, a rede das seitas carbonárias começou a "perder motivações culturais ou políticas", a esclerosar-se em "estruturas locais ou paralelas de poder".[60] Na realidade, por todo o período que vai da Restauração a 1866, a ampla difusão da violência comum e política torna árduo efetuar uma distinção entre a mobilização revolucionária, tendente à gestão do poder local, e a mobilização delinquencial. Todo o processo pode resumir-se na fórmula franchettiana da "democratização da violência", se acentuarmos o elemento político-revolucionário que não está em Franchetti, e tendo bem presente o fato de que pela sua complexidade, riqueza e significado libertário a revolução não pode certamente ser lida como mera antecipação da Máfia. A Máfia, pelo contrário, representa os *fragmentos* desse processo, evidenciado como tal justamente no momento em que a revolução se esgota, entre 1861 e 1866, e analogamente se pode dizer que o ritual mafioso representa um subproduto do maçônico ou carbonário. Segundo um documento datado de 1818,[61] a distinção entre maçonaria e carbonária consiste no espaço concedido por esta última aos grupos inferiores, ao "bom artesão, [a]o honesto agricultor" talvez até à "gentalha". A organização militar revolucionária na Sicília, como sabemos, não se baseia apenas na guarda nacional mobilizada por consenso, porque entre as várias facções burguesas e aristocráticas, frequentemente em luta entre si, nas aldeias e no

60 Giarrizzo, *La Sicilia*, op. cit., p.700.

61 Cit. por Recupero, *La Sicilia all'opposizione*, op. cit., p.48-9.

grande caldeirão de Palermo, o povo também se mobiliza em armas, e não só o povo "honesto" e "operoso". Os pactos firmados por juramento de que nos falam as fontes, pelos quais o povo se compromete a seguir o grupo "civil" sem praticar saques nem furtos, parecem estudados expressamente para mobilizar os criminosos, tendo-os ao mesmo tempo sob controle. Depois de 1861, a classe dirigente voltará a organizar-se por conta própria na maçonaria; os criminosos, porém, reproduzirão à sua maneira os módulos sectários.

A primeira descrição do juramento mafioso que conheço (o qual, como já foi dito, coincide com o juramento atual da *Cosa nostra* siciliana e americana) encontra-se num relatório da polícia palermitana sobre a quadrilha do Uditore chefiada por Giammona: o padrinho pratica uma picada no dedo indicador do aspirante, mancha com o sangue escorrido uma imagem sagrada, queima a imagem "para simbolizar a eliminação" do afiliado que pretendesse trair.[62] Como escreveu Nino Recupero, as truculentas ameaças contra os traidores, "penetrar de olhos vendados num ambiente secreto (simbologia de renascimento), jurar com o próprio sangue e sobre o fogo ... são uma repetição grosseira de certos aspectos dos rituais maçônicos, de que se apossaram os carbonários".[63] Existem ainda os ritos de reconhecimento. Um afiliado, ao encontrar outro de um grupo desconhecido, queixa-se de dor num *scagghiune* (dente); segue-se uma troca de frases que identifica a quadrilha de origem não sem estranhas referências teológicas: "– A quem disseram para adorar? – O sol e a lua. – E quem era o seu Deus? – Um Ariu. – E a que reino pertence? – Ao do indicador".[64] O "Grande Oriente de Monreale", ou a quadrilha local dos *stoppagghieri*, à qual a polícia atribui rituais idênticos aos

62 Relatório do chefe de polícia, 28 de fevereiro de 1876, in ASPA, GP, b.35.
63 Recupero, *Ceti medi*, op. cit. p.313.
64 Cito ainda pelo relatório sobre o grupo Giammona.

do Uditore, aparecerá até nos jornais como uma pseudoloja que decreta vida ou morte para os afiliados e seus inimigos.[65]

Estamos, portanto, diante de uma seita, diria Turrisi, ou de um conjunto de seitas ligadas pelos mesmos rituais. Essa verdadeira homogeneização de diversas organizações que se apresentam como locais explica-se não só pela experiência política mas também pelas regiões de prisão domiciliar como Ustica e Favignana, pelo presídio palermitano de Ucciardone que representa "a Universidade do crime", ou – como declara o marquês de Rudinì em 1866 – "uma espécie de Governo"[66] das quadrilhas. É aqui que Salvatore D'Amico, futuro arrependido dos *stoppagghieri*, presta juramento – como se dirá – e é iniciado nos segredos da organização. Por outro lado, o presídio tinha representado já no período borbônico um lugar de encontro entre presos políticos e presos comuns, o que nos remete ao cruzamento entre criminalidade e *risorgimento*, à própria entrada em cena do conceito de máfia na comédia de Rizzotto e Mosca, na qual um grande patriota (Crispi, talvez – um pouco como acontecia com Spaventa na confissão de dom Peppino), aconselha os criminosos a desviar para o bem o seu desejo de organização; em particular, a constituir uma sociedade de socorro mútuo.

---

65 *Corriere giudiziario*, apêndice do GDS, 15 de maio de 1878, descrição dos rituais em ASPA, GQ, b.7 (1880).

66 Respectivamente, Di Menza, *Cronache*, op. cit. e testemunho Rudini in *Inquérito Fabrizi*, p.118. Prisão e confinamento põem em comunicação criminalidade napolitana e siciliana: cf. ainda Di Menza, *Cronache*, op. cit., bem como o relatório do prefeito de Trapani in APCD, 1874-1875, 16 de maio de 1874, p.15. Pode ser significativa a lenda dos três nobres catalães que em Favignana dão origem à criminalidade regional do Sul: Ciconte, *'Ndrangheta*, op. cit., p.6-8. Sobre a camorra carcerária, cf. Marmo, *Tra carceri e mercati*, op. cit. Segundo um documento de 1861 (in G. Machetti, Camorra e criminalità popolare a Napoli, in *Società e storia*, 1991, 51, p.80), o exército borbônico foi o veículo da importação da Sicília (onde o recrutamento era feito entre os condenados) de uma camorra "mais ampla, mais feroz e ainda mais baixa" que a autóctone de Nápoles.

Com efeito, a Máfia assemelha-se ao fenômeno bem mais amplo do associacionismo popular, geralmente ao seu início sectário e conspiratório. E diante de associações secretas como a da "pausa", que com métodos terroristas induz os trabalhadores nos moinhos palermitanos a coligar-se para o controle monopolista de preços e salários, a polícia de Palermo, na realidade dos fatos e não na ficção teatral, convida à constituição de sociedades de socorro mútuo. Por outro lado, veremos depois muitas vezes as quadrilhas mesclarem-se com instituições formalizadas, típicas de um associacionismo popular em expansão: os grupos sicilianos, as cooperativas agrícolas (e não esquecer, na vertente americana, os sindicatos); em alguns casos, até organismos mais tradicionais, como as confrarias, desempenharam um papel. Mas onde parece possível vislumbrar uma máfia "popular" é na região do Agrigentino e do Nisseno, onde ao ambiente latifundiário se sobrepõe o do enxofre, dos dirigentes e, como já foi dito, dos próprios trabalhadores das minas de enxofre.

O escavador oitocentista, por outro lado, não é tão somente um proletário, submetido a uma disciplina e uma hierarquia empresarial, mas também um chefe de turma que pega de empreitada (associando-se às vezes com outros) a exploração de uma galeria, tendo sob suas ordens ajudantes e aprendizes. Para este miniempresário a capacidade de usar violência é uma qualidade profissional, "o crime do ofício ... é também um acidente de trabalho": serve de fato para regulamentar a concorrência entre os "partidos" que disputam o exercício dos veios minerais.[67] Trabalhadores das minas de enxofre são a maioria dos afiliados à "Irmandade" de Favara, processada como quadrilha mafiosa em 1885, caracterizada ela também pelos mesmos rituais do Uditore

---

67 G. Baglio, *Ricerche sul lavoro e sui lavoratori in Sicilia: il solfaraio,* Napoli, 1905, cit. por Barone, Formazione e declino di un monopolio naturale, in S. Addamo e outros, *Zolfare di Sicilia,* Palermo, 1989, p.94.

e de Monreale, definidos por um magistrado como uma "estranha mistura de misticismo e de cabala, de conceitos sagrados e de insípidas vulgaridades".[68] Nessa vertente agrigentina, Luigi Pirandello ambientará significativamente (1910) uma novela sobre uma liga camponesa que usa o roubo de gado – com a usual *componenda* para a restituição do produto roubado – como instrumento do contrato salarial com os proprietários fundiários. Parece uma aplicação da teoria de Eric J. Hobsbawm sobre a Máfia como forma primitiva de luta de classes. Só que o escritor siciliano mostra um realismo um pouco maior que o historiador inglês: para ele, não existe nenhum socialismo salvador destinado ao advento da modernidade que resgate esses arcaísmos, mas ao contrário – com o afastamento da motivação política e a autodissolução da Liga –, o mecanismo mafioso se consolida e acaba girando sozinho, segundo a própria lógica de proteção-extorsão.[69]

O caso da "Irmandade" indica que os modelos de organização mafiosa circulam em escala interprovinciana já entre os anos 70 e 80. Favara e outras regiões do Agrigentino representarão também no futuro núcleos de irradiação do fenômeno, embora – a meu ver – menos importantes que as regiões do Palermitano e da própria Palermo. Na região do enxofre, temos também uma caracterização social dos mafiosos mais "baixa" que as encontradas em outros lugares. É certamente significativo que Franchetti

---

68 T. V. Colacino, *La Fratellanza*, in *Rivista di discipline carcerarie*, 1885, cit. por Pezzino, *Una certa reciprocità*, op. cit., p.212 ss.; outro estudo contemporâneo é o de F. Lestingi, La fratellanza nella provincia di Girgenti, in *Archivio di psichiatria*, 1884; ambos lembrados por Cutrera, *La mafia*, op. cit., p.125. Sobre toda a questão e sobre a problemática social acima referida, ver Pezzino, *Una certa reciprocità*, op. cit. p 202 ss.

69 L. Pirandello, *La lega disciolta*, in CS, 6 de junho de 1910, agora in Id., *Novelle per un anno*, v.III, t.1, p.70-80, Milano, 1990; texto e problemática já lembrados por Giarrizzo, *Mafia*, op. cit. Di E. J. Hobsbawm, cf. *I ribelli*, Torino, 1966, e *I banditi*, Torino, 1971.

tenha cogitado a definição de "facínoras da classe média" pensando na condição social dos chefes mafiosos do Palermitano, e também na sua maior capacidade de servir como intermediários entre a criminalidade comum e os grupos superiores. No Palermitano, graças à "extraordinária aglomeração" das quadrilhas, isto é, a sua capacidade de guarnecer o território e manter-se em amistosas relações, podemos distinguir os contornos de uma organização de tipo horizontal, definida pelo sistema das afiliações mafiosas; o que não exclui, mas até pressupõe, uma série de retículos que ligam os mafiosos aos proprietários, o submundo ao supramundo, de tipo vertical, envolvendo indivíduos de qualidade social diferente, inelutavelmente marcados pelo princípio da autoridade e do poder de classe.

Concluindo. De Palermo, a aristocracia oitocentista relativamente nova domina a propriedade fundiária da Sicília ocidental e controla o mercado dos arrendamentos; porém, nas aldeias e nos arredores da capital, ela precisa entrar em confronto com o vasto mundo dos bandidos. Logo em seguida à Unidade e radicando-se depois no senso comum, afirma-se a contraposição entre zona oriental e zona ocidental da ilha, uma "tranquila" e a outra "criminosa": nesta última *magna pars* situa-se justamente a província de Palermo, que em 1871 produz 1.265 dos 1.877 foragidos sicilianos.[70] Palermo é a "cidade da revolução", mas é também uma cidade onde – segundo a malévola interpretação dos funcionários borbônicos – "vivem 40.000 proletários, cuja subsistência depende do acaso ou do capricho dos grandes".[71] Esses "grandes" tentam administrar o processo revolucionário e negociar seu próprio papel no novo Estado, sem e muitas vezes contra Catânia

70 As cifras excluem insubmissos e desertores: Relatório da Comissão Depretis in APCD, 1874-1875, Documentos, Projetos de Lei, 24 A. p.21.

71 Ainda um relatório de Calà Ulloa, 25 de abril de 1838, in Pontieri, *Il riformismo*, op. cit., p.217.

ou Messina, sem e contra a parte oriental: como se vê nas revoltas de 1820-1821, mas também na de 1866, Palermo identifica em si própria os interesses da nação siciliana. A relação entre bandidos e grande propriedade palermitana é o elemento decisivo para caracterizar historicamente as origens da Máfia, para localizar esta última na seção ocidental da ilha.

Ordem e desordem pública?

No arco de cento e trinta anos, a Máfia apresentou-se frequentemente como problema "excepcional". Trata-se de um erro de perspectiva. Vistas em seu conjunto, as supostas exceções colocam-se num esquema cíclico, feito de emergências político-criminais no curso das quais o fenômeno mafioso sai da sua dimensão subterrânea e se apresenta aos olhos de todos.

A primeira dessas emergências é a de 1875, quando o governo pede ao parlamento que aprove um projeto de lei permitindo ao executivo tomar, sempre que julgar necessário, "providências extraordinárias de segurança pública"[72] nos períodos e nas zonas particularmente caracterizadas por delitos "ou onde existam associações de bandidos, malfeitores, assassinos, camorristas, mafiosos". Na prática só se discute a Sicília. O projeto autoriza o governo a realizar, sem a aprovação da autoridade judiciária, prisões de suspeitos, perquirições domiciliares, dissolução de associações mesmo não enquadráveis nas alíneas do código penal; dentro de certo limite de tempo, os presos poderão ser denunciados à justiça ordinária ou submetidos à prisão domiciliar, a juízo de uma comissão especial.

72 Sobre as quais, cf. L. Mascilli Migliorini, Il mondo politico merdionale di fronte alla legge di PS del 1875, in *Nuova rivista storica*, 1979; F. Renda, *Storia della Sicilia*, II, Palermo, 1985, p.32 ss.

O presidente do Conselho, Minghetti, apresenta-se na reunião em condições de particular fraqueza. O projeto já fora rejeitado em comissão, com parecer do líder da oposição de esquerda Agostino Depretis, mas é reapresentado quase sem modificações. A documentação, que é publicada, mostra com efeito como é grave a situação da ordem pública; mas, enquanto os militares se declaram a favor da solução proposta, os prefeitos exprimem perplexidade, entre eles Rasponi, que é o *primus inter pares* prestando serviço em Palermo e que acaba simplesmente por demitir-se em protesto. Único a mostrar entusiasmo é o prefeito de Caltanissetta Fortuzzi, que, como já foi dito, atribui à própria liberdade política o resultado dos 550 mortos assassinados na província de Palermo, "o número que resulta justamente de um conflito sangrento, que lá, ainda por cima, se repete a cada ano". Fortuzzi depois discorre sobre "a perversão moral dessa população para a qual a ideia do justo, do honesto e da honra é letra morta, e que por conseguinte é larápia, sanguinária e supersticiosa";[73] clamoroso exemplo de prefeito (segundo os deputados da oposição) habituado a "caluniar em massa a população administrada".[74] Para muitos ilhéus esse é apenas o último dos funcionários "continentais" que, desde 1861, sentenciam sobre a indignidade da Sicília (ou do Sul) por fazer parte da civilização moderna. Temendo justamente ferir a sensibilidade insular, o ministro do Interior, Cantelli, hesita longamente entre uma medida geral ou específica para a Sicília, acabando por adotar uma solução que não convencia ninguém. A mesma prudência, porém, não usa o governo quando assume como modelo as medidas inglesas em relação à Irlanda, mostrando uma curiosa concepção da unidade nacional, entre os protestos da assembleia.

---

73 Os relatórios de Fortuzzi, de 4 de abril e de 4 de janeiro de 1875, in APCD, 1874-1975, Documentos, Projetos de lei, n.24 ter., p.20 e 58.

74 Julgamento da comissão Depretis, IVI, n.24 A, p.23.

Inutilmente o conde de Ímola, Giovanni Codronchi, homem de Minghetti, convida a distinguir entre "a questão política e a da segurança pública",[75] tendo ele pouca credibilidade como principal expoente da linha repressiva que apenas alguns meses antes tinha levado à prisão de republicanos em Vila Ruffi. Dado o declínio do número de delitos em 1874-1875 (após o pico de 1871-1872), está com a razão quem afirma que o verdadeiro caráter excepcional da situação siciliana está nos 40 eleitos da oposição de esquerda (sobre um total de 48); a contraposição frontal entre governo e deputados insulares faz pensar no ajuste de contas de um conflito iniciado em 1861 com a brutal liquidação da experiência garibaldina e a marginalização das forças democráticas. E é Francesco Crispi, o mais respeitável expoente daquela empresa, quem exclama: "Estejam convencidos: nós ainda sentimos as consequências de uma revolução que não foi aplacada, não foi apaziguada nos ânimos"; e Ferrari: "eu gostaria de saber de que modo Palermo se lembra do general Govone que lhe cortava a água, e daquela legislatura que apoiava o general Govone. A questão é política, a política penetra em toda parte".[76]

A experiência de quinze anos de governo militar, de negação das liberdades estatutárias, de "piemontesismo" da administração autoriza então a oposição a pensar que a proposta de lei de 1875 representa uma tentativa extrema como instrumento para conseguir "obediência" por parte de uma Sicília totalmente antigovernista. A esquerda observa que, desde 1860, com breves interrupções, a ilha sempre se encontrou sob regime de exceção; que, para a luta contra a criminalidade, a lei de Segurança Pública de 1871, requerida justamente por Medici, já fornece ao governo amplos poderes, porque facilita a advertência que deveria

75 APCD, Discussões, Sessão de 4 de junho, p.3883.
76 Ibidem, p.3890 e 3886-7.

corrigir a suposta parcialidade dos tribunais e, sobretudo, dos jurados insulares.

Desse modo, observa a comissão Depretis, esse instrumento muitas vezes representa um substitutivo do judiciário: "o veredito ... da opinião pública pronunciado e às vezes adivinhado a portas fechadas pelos agentes do governo, não pode ser a base de um julgamento ou o fundamento de uma condenação".[77] A advertência segue uma lógica totalmente policialesca, por isso já desde 1865 a sua derrogação foi pedida aos pretores.[78] Ela pode implicar uma condenação, ao passo que a contravenção leva à prisão ou à liberdade vigiada; veja-se, por exemplo, como no seu tempo as instruções fornecidas por Medici a seus subordinados acentuam o caráter antijurídico de um círculo vicioso todo baseado na fama do suspeito e no arbítrio do funcionário:

> Da contravenção para a advertência consiste na persistência da pessoa advertida em provocar suspeita, na má fama, e naquele conjunto de circunstâncias que serviram para dar lugar à denúncia; bastará, para apanhá-la em contravenção, surpreendê-la num fato ou ato que seja de tal natureza a fazer reviver as suspeitas contra ela.[79]

Por outro lado, os numerosos atritos entre os dois poderes do Estado são devidos a uma justificada prudência da magistratura nos processos políticos, o que lança uma luz diferente sobre as acusações de fraqueza dirigidas a ela por chefes de polícia, prefeitos e comandantes militares sobre a questão do banditismo; já em 1865, o patriota catanense Gabriele Carnazza abandonou a

77 Relatório, op. cit., p.12.

78 Cf. as polêmicas in *Inquérito Bonfadini*; a normativa sobre advertência in C. Fiore, Il controllo della criminalità organizzata nello Stato liberale, in *"Quaderni dell'Istituto universitario orientale. Dipartimento di scienze sociali"*, Napoli, 1989, 2, p.141 ss.

79 Circular de 6 de julho de 1871, cit. por Alatri, *Lotte politique*, op. cit., p.363.

toga para defender de uma clamorosa montagem alguns expoentes locais do partido borbônico,[80] demonstrando assim que a convergência entre "vermelhos" e "negros" podia realizar-se mais no plano da defesa das liberdades ameaçadas do que na perspectiva insurrecional temida (ou desejada) à direita. Essa temática é evocada na discussão de 1875 pelo deputado napolitano de esquerda Diego Tajani, que com riqueza de detalhes expõe os contrastes que entre 1868 e 1872, como procurador-geral do rei em Palermo, o tinham oposto ao prefeito Medici e ao chefe de polícia Albanese: "Um dia, os padres, os reacionários, os autônomos, conspiram e estão prontos para o atentado; transcorrida uma semana, de conspiradores, de reacionários, de padres, ninguém mais ouviu falar; um dia, os bandidos fervilham pelos campos e ameaçam quase as portas da cidade; no dia seguinte, não se fala mais de bandidos".[81] E ainda, abuso da advertência para intimidar os opositores, proteção de delinquentes e seu ocultamento da autoridade judiciária, ou prisões e detenções arbitrárias mesmo depois da absolvição em tribunal. Só quem "não soubesse nada de toda essa coisa" poderia votar a favor do projeto governamental.[82]

Em vista desses precedentes, pergunta-se a que título o governo pede a concessão de poderes excepcionais, qual a garantia de que não o usará para finalidades políticas. Fortuzzi, chefe de fila do extremismo prefeitoral, representa um exemplo do possível uso instrumental das temáticas criminais, como demonstra o caso do barão Angelo Varisano, velho mazziniano acusado de protetor de bandidos e absolvido depois da revolta da opinião pública da província, da qual participa, entre outros, o

---

80 Cf. G. Giarrizzo, *Catania*, Roma-Bari, 1986, em particular p.25-6. Contrastes também entre polícia e Borsani, predecessor de Tajani e futuro presidente da Comissão parlamentar, em Alatri, *Lotte politique*, op. cit., p.180 ss.

81 APCD, 1874-1875, Discussões, 11 de junho de 1875, p.4124. Este e outros textos de Tajani estão agora em *Mafia e potere*, org. de P. Pezzino, Pisa, 1993.

82 APCD, Discurso, op. cit., p.4132.

jovem Napoleone Colajanni.[83] As medidas são aprovadas com uma margem extremamente reduzida, num crescendo de indignação que só se aplacará na Sicília com a queda do governo Minghetti (março de 1876).

Para responder às inúmeras questões suscitadas pelo grande choque entre direita e esquerda, que é também uma feroz controvérsia regionalista, foi então constituída uma Comissão Parlamentar de Inquérito sobre as "condições sociais e econômicas da Sicília", sob a presidência de Giuseppe Borsani.[84] Assim, embora os aspectos políticos da questão pareçam mais uma vez prevalecer sobre os aspectos criminais, torna-se disponível um material cognoscitivo de extraordinário valor, que lança uma primeira luz sobre o fenômeno mafioso. Às atas da discussão parlamentar, à rica documentação citada na apresentação da lei de segurança pública, vêm juntar-se as numerosas entrevistas e o relatório final da Comissão de Inquérito, assinado por Romualdo Bonfadini; e, em contraposição a este, são também publicados os volumes resultantes do inquérito "particular" de Franchetti e Sonnino, além de outras intervenções, entre as quais se destacam as duas *Cartas meridionais* de Pasquale Villari sobre a camorra e sobre a Máfia.[85] No breve arco de dois anos, 1875-1876, temos finalmente conhecimento do que seja a Máfia, de como ela se coloca na política, na economia, na sociedade da nova Sicília e da nova Itália.

Vale a pena partir das contribuições do relatório Bonfadini: não tanto pela medíocre definição de máfia como "solidariedade

---

83 Cf. R. Mangiameli, Dalle bande alle cosche. La rappresentazione della criminalità in provincia di Caltanissetta, in VV.AA., *Economia e società nell'area dello zolfo*, org. de G. Barone e C. Torrisi, Caltanissetta-Roma, 1989, p.210-1.

84 O material do inquérito, consultável no ACE, foi parcialmente publicado em 1968 *(Inquérito Bonfadini)* e outra parte por E. Iachello, *Stato unitario e disarmonie regionali*, Napoli, 1987. Sobre o inquérito, cf. a introdução ao texto de Iachello, bem como P. Pezzino, *Una certa reciprocità di favori*, Milano, 1990, p.31-80.

85 Ver agora na edição org. por F. Barbagallo, Napoli, 1979 (1.ed. 1875).

instintiva, brutal, interessada, que une, em prejuízo do Estado, da lei e dos organismos regulares, todos aqueles indivíduos e aqueles estratos sociais que preferem tirar a subsistência e os ócios, não do trabalho, mas da violência"; quanto pela distinção entre "três espécies" de ameaças, uma predisposição para os "crimes de sangue" que congrega toda a ilha, "o banditismo nos campos" praticado sobretudo nas províncias de Agrigento, Caltanisetta, Palermo, e "as associações de malfeitores" espalhadas "com grande predominância" nesta última província.[86]

Alguns intelectuais sicilianos tentam contrabandear o banditismo como mercadoria de importação, usando como pretexto as origens calabresas do primeiro e mais famoso bandido pós-unitário, aquele Angelo Pugliese, vulgo dom Peppino o lombardo, preso e levado a julgamento em 1868, de cujo bando derivam por cisão muitos dos bandos subsequentes.[87] Entretanto, o fenômeno é historicamente bem radicado na Sicília como em outras partes do Sul, e entre o período borbônico e o período pós-unitário mostra uma notável continuidade nos métodos, nas características, nas áreas de influência que da parte ocidental atingem a oriental só nos distritos de fronteira. Muito ativos são os grupos Rocca-Rinaldi, entre Cefalù, Mistretta e Nicosia; Leone, entre Termini e Cefalù; Capraro-De Pasquale, entre Sciacca Corleone e Termini; Vaiana, entre Agrigento e Bivona; caracterizados também pelo nome de origem municipal os *vallelunghesi* de Vallelunga e os *valledolmesi* de Valledolmo.[88] Os bandos, portanto,

---

86 Cito pelo esboço de Bonfadini, sessão de 25 de março de 1876, in *Inquérito*, p.156; temas obviamente retomados no relatório final, p.1135 ss.

87 S. Salomone-Marino, *Leggende popolari siciliane in poesia*, Palermo, 1880, p.XXII, mas cf. a bela reconstrução de Mangiameli, *Banditi e mafiosi dopo l'Unità*, op. cit.

88 Relatório do general A. Casanova, p.48-53. Cf. também Fiume, *Le bande armate in Sicilia*, op. cit., entre outros os mapas das p.159-69 de onde resulta que o raio de ação dos bandos na época pré-unitária e pós-unitária é o mesmo, e coincide, ademais, com a zona tradicional de infestação mafiosa.

não são muitos e aparentemente são pequenos (de três a dez pessoas), mas crescem "pelo concurso eventual de camponeses que a eles se juntam para participar de um saque maior e, depois, penduram o fuzil na parede e voltam ao trabalho dos campos", enquanto algum outro, "não participando diretamente da consumação dos roubos, prepara na sombra os meios, faz chegar os avisos, protege e torna seguros os esconderijos, cuida das defesas".[89] Os bandidos agem em espaços mais ou menos protegidos pelas forças do Estado, pelos guardas a cavalo, pelas milícias privadas. Dedicam-se à rapina, ao roubo de gado ou ao sequestro de pessoas, necessitam de interlocutores para conservar ou colocar no mercado tudo o que conseguem. Em algumas regiões, percorrem armados os campos; em outras, limitam-se a traficar e permanecer escondidos: é o caso, entre outros, dos foragidos chefiados por um operário de Favara, um certo Sajeva, que segundo as autoridades militares "têm um compromisso tácito ou expresso com os favarenses ... os seus roubos são consumidos nas comunas de Grotte, Racalmuto e Canicattì, chegando a Licata e Girgenti, mas ... se atingem alguém de Favara é só por vingança na conta de Tizio ou de Sempronio.[90]

Portanto, "ao contrário do napolitano", isto é, continental, o banditismo insular "não *vive* por si",[91] mas vive necessariamente numa espessa rede de relações entre foragidos e população, interpretável como cumplicidade aberta, como relações clientelistas ou de boa vizinhança, como sintoma de prudência ou de

89 APCD, 1874 Documentos, relatório do ministro Cantelli sobre as medidas de Segurança pública, p.2 e 4. Quanto à mistura entre foragidos e criminosos eventuais, cf. também o testemunho de dom Peppino, o lombardo, em Mangiameli, *Dalle bande alle cosche*, op. cit., p.197.

90 Entrevista ao coronel comandante de Agrigento, in *Inquérito Bonfadini*, p.576. A importância das alianças municipais é sublinhada por Fiume, *Le bande armate*, op. cit., e Mangiameli, *Banditi e mafiosi*, op. cit.

91 G. Pagano, *La Sicilia nel 1876-77*, Palermo, 1877, p.41.

terror; entrelaçamento que no seu conjunto as autoridades classificam como *colaboracionismo*. Colaboradores são tanto os elementos que garantem o aparato logístico às quadrilhas e que disso tiram vantagens, quanto os pobres camponeses forçados a dar refúgio aos bandidos ou obrigados a fornecer informações à "força". São colaboradores os eminentes cidadãos, os proprietários que mantêm relações com os bandidos por um justificado temor pela vida e pelos bens, por covardia, para mostrar como a própria *auctoritas* se coloca acima da lei comum. Os termos da troca são universalmente conhecidos: o proprietário abrigará na sua fazenda o bandido, fornecendo-lhe informações e provisões ou consentindo tacitamente que isso lhe seja fornecido por seus empregados e rendeiros; em troca, o bandido evitará atos hostis para com os familiares, os clientes, os interesses do protetor-protegido, e quando se volta contra seus adversários (direta ou indiretamente) estará fazendo algo de seu agrado. Como em Favara, pode ocorrer que os bandidos intervenham nos conflitos municipais como braço armado de uma das facções: por exemplo, na rivalidade entre duas eminentes famílias de Partinico, os Scalia servem-se do bandido Nobile para matar um filho do notário Cannizzo, o qual para vingar-se contrata alguns assassinos de Monreale.[92]

Na sua indeterminação, a palavra colaboracionismo reflete o caráter de fatos e relações, as mil ambiguidades determinadas por um ambiente que torna difícil a distinção entre estado de necessidade e livre escolha. Prefeitos, chefes de polícia, delegados de segurança pública, militares, funcionários de modesto ou de alto escalão da direita, acusam os ricos de covardia quando não de cumplicidade; a esquerda e uma grande parte da opinião pública dirigem a acusação para as autoridades que não são capazes

---

92 Cf. Hess, *Mafia*, op. cit., passim; e Pezzino, *Una certa reciprocità*, op. cit., p.129-31.

de garantir os direitos elementares e até incriminam as vítimas de extorsão e intimidação. Como antídoto contra máfia e banditismo, é lembrado por muitos o conceito de autodefesa armada dos ricos, elemento ideologicamente importante para um Estado de classe, de constituição recente e de futuro ainda incerto. São conferidos encômios e medalhas a quantos, "armados até os dentes", se põem à caça de bandidos, como num episódio de 1873 que tem como protagonistas os irmãos Matrona de Racalmuto;[93] sobre o aparato militar exibido pelos latifundiários são colocadas esperanças excessivas, como as de um oficial continental para quem "se a Sicília tivesse necessidade de defender-se contra o estrangeiro, ela poderia pôr em ação um exército de gente já perfeitamente armada para uma guerra de montanha, com fuzis de retrocarga, de cano duplo, e valente no tiro".[94]

Mas é evidente que a práxis da autodefesa particular implica, entre bandidos e ricaços, aqueles mesmos tratados de potência para potência que representam um dos nós da questão.

> A opção anticriminosa por parte dos chefões locais – escreve Mangiameli – torna-se um importante requisito de fidelidade ao Estado ... Todavia, o reconhecimento do monopólio da violência é apenas teórico tanto por parte das elites quanto por parte dos próprios funcionários governamentais: o Estado pede e aprecia um envolvimento nas ações anticriminosas e convida com isso a uma vigilância armada que, nos fatos, reproduz o problema de uma pluralidade de fontes do poder cuja legitimidade depende também do uso da violência.[95]

93 Entrevista citada ao coronel comandante de Agrigento, p.580. O episódio também se encontra em Pezzino, *Una certa reciprocità*, op. cit., p.60-1.

94 E. Fincati, *Un anno in Sicilia, 1877-1878*, Roma, 1881, p.76. O julgamento é influenciado pelas boas relações entre Estado e classes dirigentes após 1876.

95 Mangiameli, *Banditi e mafiosi*, op. cit., p.98.

A ideia da soberania da lei demora, portanto, a afirmar-se, combatida pela difusão da força privada e pela proposição cíclica da teoria ou pela prática dos governos de exceção. Por outro lado, os mesmos funcionários, prontos a requerer providências liberticidas contra a criminalidade, são também aqueles que utilizam com desenvoltura a própria criminalidade, ou então a Máfia, como instrumento de "governo local".

É a tese expressa no Parlamento por Tajani e lançada no rosto da opinião pública nacional suscitando um eco enorme, superior ao das intervenções dos líderes da Esquerda, Crispi e Depretis. Os membros da oposição, não sem retórica e mostras de indignação pelas calúnias em relação à Sicília, tinham insistido sobre as ilegalidades governamentais, passando mais ou menos por cima da Máfia. Tajani, porém, admitia com tranquilidade que particularmente em Palermo, mas também em Agrigento e Trapani, negar a existência da Máfia significava "negar o sol"; que ela tinha a consistência da coisa "que se vê, que se ouve, que se toca":

> Lá o delito não passa de uma transação contínua, escreve-se o bilhete de extorsão e se diz: posso queimar a sua colheita, a sua vinha, não queimo, mas você me dará um tanto que corresponda aos seus bens. Sequestra-se e se faz o mesmo: não o mato, mas dê-me um tanto e você ficará incólume. Vemos chefões da Máfia que se colocam no centro de uma propriedade e que dizem: garanto-lhes que aqui não haverá roubos, mas me deem um tanto por cento das suas colheitas.[96]

Transações, portanto, entre proprietários e mafiosos, mas também entre mafiosos, foragidos e autoridade; entre elas, fornecer salvo-conduto aos bandidos, para que eliminem por qualquer meio outros bandidos: sistema muitas vezes adotado no período de Medici, sempre com resultados desastrosos como no

96 APCD, Discurso, op. cit., p.4126.

caso do já citado bandido Di Pasquale "que para o *bem* a polícia *lançou* no meio da sociedade civil",[97] e que nos anos 70 representou um dos maiores problemas para a ordem pública. Segundo Tajani e muitos outros com ele, as autoridades tinham entrado nesse túnel logo depois de 1866, quando a insipiência do chefe de polícia Pinna, devida à "habitual ignorância da situação local", tinha levado à revolta. Como chefe de polícia, Medici tinha apostado então em Albanese, admirador como sabemos de Salvatore Maniscalco, famigerado chefe da polícia borbônica pós-1848. Nessa mesma linha, Albanese tinha cooptado entre outros um certo Salvatore Marino de Monreale, "péssimo sujeito, que ... tinha suas relações com quatro ou cinco falsos republicanos de um lado, e com o partido clerical, de outro, e ao mesmo tempo era um dos principais agentes secretos da polícia", a ponto de fornecer, em 1869, informação correta para a prisão de Mazzini, tão logo este desembarcou em Palermo.[98] Mas a ligação entre revolucionários e homens da ordem, entre guardas e ladrões, ia muito além. No ano seguinte, por obra do procurador-geral com seu grupo particular de investigadores e talvez de soldados, foi descoberta uma quadrilha que havia cometido furtos clamorosos, com o envolvimento direto, juntamente com Marino, de vários policiais entre os quais um adido pessoal ao gabinete do chefe de polícia, um certo Ciotti, na casa do qual foi encontrada parte do roubo.

O envolvimento da força pública em atividades delinquentes era uma praxe sobretudo no caso dos milicianos a cavalo. Como os guardas rurais dos municípios, estes eram obrigados até uma certa quantia a ressarcir dos prejuízos por furto os proprietários

97 Segundo a sarcástica expressão de G. Di Menza, *Cronache delle assise di Palermo*, Palermo, 1978, II, p.232. Cf. Mangiameli, *Banditi e mafiosi*, op. cit., sobre esses episódios e para um perfil do próprio Di Menza, magistrado e homem da esquerda (p.75).

98 APCD, Discurso, op. cit., p.4131.

da sua circunscrição, portanto tinham interesse em evitar os crimes ou eventualmente em sanar seus efeitos; mas muito menos em capturar os réus, especialmente se estes podiam ser enviados para outras zonas nas quais os policiais não tinham responsabilidade. É de notar a semelhança entre os guardas estatais, municipais e particulares, os quais executavam suas finalidades institucionais mediante uma contínua transação com os malfeitores. E com efeito tratava-se frequentemente de antigos condenados que – admitia tranquilamente Albanese – "sendo também colaboracionistas [tinham] proteções aqui e ali e [eram] por isso respeitados".[99] Sua posição na rede das relações entre instituições, proprietários e bandidos variava de caso para caso, e em muitas circunstâncias havia a suspeita de que fossem eles que efetuavam ou ameaçavam os crimes.

A partir da Unidade, o corpo de milicianos a cavalo foi várias vezes reestruturado, suprimido, reduzido. Filippo Cordova e outros da esquerda pediram sua eliminação, contra a direita que queria sua reforma. Entre os defeitos da instituição e sua utilidade diante da ineficiência dos carabineiros, guardas da segurança pública e exército, Bonfadini tomou partido lembrando como os sucessos na luta contra o banditismo eram devidos justamente àqueles soldados:

> O miliciano a cavalo ... representa, na fase atual dos humores, a única força capaz de romper aquela camada de desconfiança que existe entre a população e a autoridade. O soldado não é continental, não representa funções odiosas, ... não empresta sua obra para execuções fiscais. Aquelas informações que um chefe de carabineiros levaria uma semana para obter, que um capitão não obteria talvez jamais, o soldado obtém em quinze minutos de conversa confidencial com as comadres da sua aldeia ou com os beberrões da sua hospedaria.[100]

---

99 Entrevista citada.

100 Relatório final, in *Inquérito Bonfadini*, p.1158.

A descrição é totalmente edulcorada, já que os conhecimentos dos soldados não derivam de comadres e beberrões, mas de bandidos e capangas. É difícil, portanto, distinguir entre segurança pública e privada: Pietro Landolina, barão de Rigilifi, por exemplo, se gabava de ter uma vez evitado o sequestro do barão Sgadari graças às informações fornecidas por um fantástico senhor A, bem como à capacidade de alertar os soldados comandados por um grande amigo seu; ao passo que numa segunda ocasião a operação não teria sucesso pela estúpida interferência do conhecido Fortuzzi.[101] A ação dos soldados podia então tornar-se eficaz conforme a pressão exercida pelo poder político (o prefeito) ou social (os proprietários) para a captura de um bandido, para a defesa de um objetivo; a malograda oposição fazia parte também do sistema de relações entre proprietários, bandidos e guardas. Aconteceu em Misilmeri, em 1874, que a dissolução do corpo de guardas campestres provocou a imediata diminuição dos crimes, mas em geral os guardas se defendiam dessas eventualidades protegendo os representantes da facção que estava no governo de uma região, deixando o campo livre para os membros da oposição.

Era o que acontecia em Monreale onde, segundo a voz corrente, os crimes eram cometidos com a aprovação de um certo Lo Biundo, comandante da guarda nacional e de uma camarilha composta por pessoas colocadas em cargos estratégicos para a defesa da "ordem".

Em 1869, dois foragidos declararam-se dispostos a denunciar a situação, mas antes que pudessem ser ouvidos pela autoridade judiciária caíram numa emboscada, ao que parece por obra de Lo Biundo e dos seus. De acordo com Tajani, o pretor Salvatore Barraco dirigiu para estes suas investigações, mas foi chamado por Albanese e convidado a não insistir, já que aqueles dois eram "perigosíssimos", tanto que "razões de ordem pública

101 Pelo menos segundo o testemunho do barão, op. cit., p.699-702.

tinham levado a autoridade a ordenar sua morte."[102] Desse episódio saiu o mandado de captura contra o chefe de polícia como mandante do assassinato, a sua absolvição por insuficiência de provas, a demissão do procurador que na discussão de 1875 teria estigmatizado essas conexões entre Máfia e autoridade pública. A polícia dava mandato a personagens como Lo Biundo, e, quando eles exageravam, "chamava estes chefões e dizia: muito bem, o que é demais é demais, mantenham suas promessas".[103] Para além das responsabilidades penais, um fio muito sólido ligava Lo Biundo, Marino, Ciotti, Albanese e Medici.

Já antes do discurso de Tajani, Rasponi tinha considerado "[a] ser absolutamente abandonado" o sistema "mantido em Palermo por Maniscalco para o chefe Albanese"; segundo suas palavras, no ato de destiná-lo à prfeitura palermitana, o ministro Cantelli o tinha encarregado de recolocar o serviço de polícia na modalidade "do pessoal civil", isto é, excluindo os "elementos mafiosos".[104] Seria a Máfia uma espécie de "polícia secreta"? Este termo foi usado. As locuções "máfia oficial" e "alta máfia" mostram a difusa percepção do vínculo com uma finalidade de ordem, ou de controle da desordem, que abrangia os quinze anos de governo da direita.

> Foi dito por alguns jornais que nós não queríamos a lei excepcional porque éramos amigos da Máfia; em outras palavras, que nós éramos colaboracionistas – afirmou Cordova – ... Pois bem, senhores do governo, o centro da Máfia está nas fileiras da sua força pública, e, naturalmente sem saber, os colaboracionistas são os senhores.[105]

---

102 O requisitório de Tajani com o testemunho de Barraco in *Antologia della mafia*, org. de N. Russo, Palermo, 1964, p.163.

103 APCD, Discurso, op. cit., p.4133.

104 Cf. respectivamente o relatório, p.5., e a entrevista em *Inquérito Bonfadini* (sucessiva à demissão), p.969-70.

105 APCD, 11 de junho de 1875, p.4114.

Sob a lente de Franchetti

A Comissão de inquérito presidida por Borsani e Bonfadini, embora nas mãos dos moderados, não apaga a derrota sofrida pela direita em 1875. Ela aponta para um remendo das fraturas internas da classe dirigente, dando espaço à solicitação da esquerda siciliana que quer falar de portos, de ferrovias, das exigências de uma sociedade economicamente em ascensão.[106] A máfia, o banditismo e o aparato policial e judiciário permanecem no centro da atenção, mas o riquíssimo material recolhido não é publicado e o relatório de Bonfadini acaba por representar um resultado de baixo perfil.

Os juízos expressos em 1875 pelos funcionários da direita permanecem indefesos e aparentemente indefensáveis; a compacta oposição da classe "ordeira" a providências para defesa da ordem parece representar por si só uma condenação. A réplica, em vez de um inquérito oficial, cabe a um inquérito "particular" de dois jovens intelectuais toscanos, Leopoldo Franchetti e Sidney Sonnino, simpatizantes da direita mas convictos de que é preciso refundir conceitualmente as questões após a derrota inevitável do governo Minghetti e demonstrar "cientificamente" a absoluta insuficiência do grupo dirigente siciliano, e, portanto, da esquerda meridional, candidata ao governo da nação com a vitória eleitoral de 1874. Sonnino trata da condição camponesa, critica como iníquos os acordos agrários, propõe a parceria toscana como caminho obrigatório para uma queda da taxa de violência e de conflito nas relações entre as classes.[107] Franchetti não enfrenta *ex professo* o problema da máfia, mas remete aos problemas gerais da política e da administração local, de uma classe

106 Remeto à introdução de L. Sandri ao *Inquérito Bonfadini* e ao ensaio introdutório de Iachello, *Stato unitario*, op. cit., p.7-86.

107 S. Sonnino, I contadini in Sicilia, in Franchetti-Sonnino, *Inchiesta*, op., cit.II.

dirigente habituada a considerar as instituições como instrumento de pressão, incapaz de elevar-se até a concepção *moderna* da coisa pública na qual o exercício do poder passa pela impessoalidade da lei e os egoísmos dos grupos superiores são contemporizados por uma paternal solicitude pelos interesses dos grupos subalternos. Pela maneira tardia e incompleta como saiu do feudalismo, a Sicília não está em condições de assimilar tal concepção, predominante no plano formal depois de 1860, com a imposição de uma ordem jurídica derivada de um nível superior de evolução histórica: daí a recíproca funcionalidade entre as duas temáticas, político-institucional e econômico-social, nos volumes do *Inquérito*.

> O substantivo *máfia* – afirma Franchetti – encontrou pronta uma classe de violentos e de criminosos que esperava apenas um substantivo que a indicasse, e cujas características e importância especial na sociedade siciliana davam direito a um nome diferente daquele dos vulgares malfeitores de outras regiões.[108]

O termo, porém, não representa o "fato social completo", mas apenas a "manifestação parcial" de um fenômeno cultural mais geral, o "comportamento mafioso", verdadeira "*maneira de ser* de[sta] Sociedade". Ao remeter o adjetivo *mafioso* não necessariamente a um criminoso, mas a qualquer indivíduo que queira "fazer respeitar os próprios direitos, abstração feita dos meios que utiliza para esse fim", o jovem estudioso toscano lembra o senso comum insular, "juiz competente desta matéria". Considere-se com efeito o marquês de Rudinì, que, nesse mesmo período, distingue entre uma ou mais máfias delinquentes "malignas" e uma "máfia benigna ... espírito de bravata, aquela estranha disposição

108 Franchetti, *Condizioni politiche*, op. cit., p.93.

para não se deixar dominar", a qual representaria um patrimônio comum dos sicilianos.[109] Pitrè, por sua vez, reduz a máfia a "intolerância" pela "prepotência alheia", deixando maliciosamente de lado o discurso sobre o aspecto propriamente criminal em favor do discurso referente a uma cultura difusa, vista aliás com olhos muito benevolentes; mas em substância também o adjetivo "benigno" usado por Rudinì deixa transparecer uma tentativa de abrandar a relação entre a condição geral da ilha e a existência de organizações mafiosas, que nos anos 60 o mesmo Rudinì à direita e Turrisi à esquerda tinham posto no centro da cena. Evidentemente o choque frontal de 1875, ou ainda uma melhor relação entre a classe dirigente e a própria criminalidade, induz a esta (instrumental?) sofisticação da análise, à condenação daquilo que Pezzino chama o "paradigma" mafioso.

Em Palermo, alguém dirá sem rodeios a Franchetti que ele próprio é um mafioso, no sentido evidente de um homem com forte consciência de si mesmo. Tiro essa informação das notas de viagem de Franchetti, recentemente publicadas,[110] que permitem lançar luzes sobre muitos aspectos, em particular sobre o fato de que "a opinião dos sicilianos" recolhida por ele é não só a da classe dirigente – o que parece óbvio – mas em larga medida a da própria Mafia, ou dos personagens mais diretamente relacionados com ela. Na sua viagem pelo interior, os dois cavalheiros toscanos discutem em Alia com Guccione e em Valledolmo com Runfola, ou seja, com as duas maiores figuras de arrendatários colaboracionistas, os quais lhes dissertam sobre a ineficácia da segurança pública e sobre as relações entre Máfia e bandidos. Em Palermo, Raffaele Palizzolo, o deputado que encontraremos no centro das mais estreitas relações máfia-política, admite não ter

109 Entrevista Rudinì, in *Inquérito Bonfadini,* p.95; Pitrè, *Usi e costumi,* op. cit., p.291.

110 Franchetti, *Politica e mafia,* op. cit., p.41.

problemas com os bandidos nas suas terras de Alia graças às boas relações mantidas por "seu irmão", gaba-se da sua amizade com Medici, considera Albanese velhaco e culpado – para ele como aliás para todos os outros entrevistados – das acusações de Tajani.[111] Mas a fonte principal do inquérito é aquele advogado Gestivo, que já vimos como apologista de Giammona. Gestivo considera Albanese mafioso, Medici apenas desonesto, e enquadra-os no contexto mais geral da história pós-unitária, partindo do assassinato de Corrao e continuando com os movimentos de 1866, considerados como o fulcro de todos os ilegalismos governamentais. Bem menos enfática, em relação às declarações dadas à comissão parlamentar, é a defesa de Giammona, que, segundo Gestivo, estava sob a mira da autoridade governamental por ser cabo eleitoral da esquerda em Monreale e inimigo de Licata no ambiente da *Conca d'oro*. Aqui – admite tranquilamente Gestivo – florescem associações de máfia para a gestão monopolista do arrendamento e da guardiania, dotadas de "estatuto e afiliamento [filiação]. Muitas de Palermo estendem a sua ação até Termini ou pelo menos se correspondem e se entendem com sociedades semelhantes naquela região".[112] Absolutamente não banal é a descrição das origens dos bandidos, provenientes da classe média, bem como o juízo sobre os nobres, "verdadeiro fundamento da máfia", o qual não se encontra em verdadeiro contraste com a tese segundo a qual arrendatários e máfia servem para limitar a liberdade de ação dos proprietários.[113] Sem esconder enfim a denúncia das relações entre os Nicolosi e dom Peppino, o lombardo, o complô político-judiciário levado a cabo para salvar os primeiros e condenar o segundo.[114]

111 Ibidem, p.68-9, 37 e 48-9.

112 Ibidem, p.198 e – para as referências anteriores – p.34, 32, 62.

113 Ibidem, p.36, 46, 49.

114 Ibidem, p.196.

Como se vê, ninguém nega a existência da Máfia, contrariamente ao que um banal senso comum poderia induzir a pensar. Cada um dá ao viajante sua própria interpretação, mais ou menos instrumental: a Máfia é um inócuo código cultural, ou então se trata de uma perigosa organização, mas alimentada por outros, e em particular pelo governo. Segundo os dois homens da esquerda moderada, Turrisi e Gestivo, mafiosos seriam Licata e Albanese e não Giammona, colaboracionistas seriam os Nicolosi (já borbônicos, depois ligados a Medici) e não certamente os proprietários, "forçados" a fornecer assistência aos bandidos. Isso me confirma a ideia de que a Máfia, desde suas origens até os arrependidos atuais, diretamente ou por meio de seus protetores, sempre deu uma interpretação de si mesma subentendendo que a ausência do Estado requer a organização de uma máfia boa, defensiva e protetora, para contrapor a outra máfia má, fora-da-lei e sanguinária. Nessa fase oitocentista, o quadro tornou-se mais complexo pela extraordinária capacidade de um Gestivo e – ainda mais – de um Turrisi de julgar de fora, por assim dizer, um fenômeno em que estão, porém, profundamente envolvidos.

Ignoro quanto Franchetti sabe do papel que as pessoas com quem conversa representam na fenomenologia mafiosa, que ele pede para que interpretem.[115] Com certeza o viajante tem bem consciência do caráter instrumental de qualquer análise proposta. Daí a sua convicção de que nas condições da Sicília a moralidade e o direito só podem derivar da força: contra a qual pode muito bem erguer-se outra força, mas sempre ligada ao indivíduo, à facção ou à clientela. Ele toma então para si a tese proposta segundo a qual o mafioso é essencialmente um comportamento,

115 Mas entre as *Cartas de Sidney Sonnino a Emilia Peruzzi*, em vias de publicação, que pude consultar graças à cortesia da curadora Paola Carlucci, há uma (data de Palermo, 2 de março de 1876 e numerada CXXX) em que está escrito a respeito de Turrisi: "Aqui o dizem ligado com a Máfia – mas isso não importa, queremos ouvir o que ele diz".

mas sem a habitual indulgência para com a sua suposta forma benigna. Desse modo, a argumentação assume um caráter muito pessoal; seguindo quase o andamento do teorema que com extrema lucidez tira as consequências das premissas, ela despreza os dados empíricos e torna-se convincente até quando (ou talvez justamente porque) manifestamente os extremiza, como na descrição das empresas e das adesões dos bandidos. Estamos diante do texto fundamental para as posteriores explicações socioantropológicas, as quais, entretanto, se manterão, todas, muito abaixo do modelo, assumindo o conceito da *consequencialidade* entre um e outro, que em Franchetti, porém, deriva da existência de uma "classe com indústria e interesses próprios, uma força social que existe por si":[116] a dos malfeitores.

A dialética entre comportamento mafioso e máfia, para Franchetti, explica as solidariedades ideológicas que, contra a autoridade constituída, ligam os bandidos e a população, inclusive aquela classe de proprietários (ou classe média) sobre a qual repousa a força das instituições liberais em toda a Europa. Por que razão os proprietários sicilianos não se rebelam contra uma ordem de coisas que em última análise diminui seu poder quando, pelo menos em aparência, para eles bastaria "agir de comum acordo durante três dias para fazer desaparecer o banditismo"?[117] É esse o tema crucial na discussão de 1875. A análise de Franchetti sobre a "democratização da violênca" mostra em substância como ele está bem consciente do fato de que as chaves da questão não estão mais, todas, nas mãos da classe dirigente tradicional. Ele centra, porém, sua análise sobre a província, sobre o papel que na Sicília pós-feudal e pós-unitária desempenha uma elite camponesa baseada no controle dos recursos locais, econômicos (terrenos estatais e ex-feudos particulares) e políticos (sistema

116 Franchetti, *Condizioni politiche*, op. cit., p.91.
117 Ibidem, p.31.

eleitoral nacional e municipal). Sobre esses temas Franchetti deixou-nos páginas de uma tal lucidez a ponto de inaugurar um *topos* da polêmica meridional, de Turiello a Salvemini. Aqui, porém, estamos diante de um fenômeno meridional generalizado, difícil de ligar diretamente à máfia,[118] ao passo que mais específica da Sicília centro-ocidental talvez seja a função de algumas elites camponesas no controle do arrendamento e do banditismo,[119] de onde pode nascer uma coparticipação, uma relação mais íntima que a de defesa recíproca que liga aos bandidos tantos proprietários, aristocratas ou não. "Estão se formando patrimônios quase publicamente com o colaboracionismo e a cumplicidade nos roubos",[120] anota Franchetti sem mencionar os nomes daqueles que foram seus interlocutores, os Guccione e os Runfola, ou também os Nicolosi, expoentes dessa classe dirigente a pleno título, municipal e provincial, a qual – confirma-nos hoje Mangiameli[121] – sai das crônicas criminais e entra nas políticas como interlocutora para o general Medici ou talvez para a oposição.

As relações que Franchetti tenta analisar não são aquelas que intervêm entre o títere e o titereiro. Não apenas os aristocratas palermitanos, mas também os ricos camponeses que vão tomando seu lugar tanto na propriedade como na gestão da terra, e entre eles os grandes colaboracionistas indicados como o

---

118 Deve ser lembrado que Franchetti, em viagem pelo Sul continental em 1874, não havia encontrado traços dessa fenomenologia; cf. *Condizioni economiche e amministrative delle province napoletane*, Roma-Bari, 1985.

119 De maneira deliberadamente evasiva, Giuseppe Torina, ex-síndico e deputado de Caccamo, considerado (como se verá) expoente da "alta máfia", afirma que "os mafiosos estão no campo", não em povoados; cf. *Inquérito Bonfadini*, p. 441.

120 Franchetti, *Condizioni politiche*, op. cit., p.33-4. A tentativa de distinção entre os dois tipos de colaboracionismo (de interesse e de necessidade) já está no citado relatório de Rasponi de 31 de julho de 1874, p.13-4.

121 Mangiameli, *Banditi e mafiosi*, op. cit.

estado-maior da Máfia, só podem exercer seu papel com a condição de manter a justa relação com a sociedade calorosa e violenta em que atuam. Temos, portanto, uma série de poderes sociais, o do príncipe de Sant'Elia, o dos Guccione, o de Valenza, o de Peppino, vulgo o lombardo, e aquele mais fugidio que reside em cada elo da corrente de proteção sobre a qual o bandido se apoia; poderes desigualmente distribuídos por certo, diversamente operantes, mas ligados numa rede de mediações e de contrapesos não elimináveis pela vontade de alguém, mesmo que seja o mais forte.

Na verdade, tal articulação de poderes resulta assim claramente definida só na província de Palermo, onde de fato se concentram os fenômenos mais clamorosos; ao passo que Franchetti afirma que o "comportamento mafioso" diz respeito tanto a esta quanto às outras províncias "criminosas", além das províncias "tranquilas" da Sicília oriental. Trata-se de um ponto difícil do seu raciocínio. A alegada consequencialidade entre o pré-requisito cultural e o poder extraordinário dos malfeitores é de fato posta em discussão pelo confronto entre as duas seções da ilha; e resta explicar a razão pela qual na Sicília oriental a classe dominante teria sabido "conservar preciosamente o monopólio da força e até agora impedir que a partilhassem com ela, servindo-a, criminosos vindos das classes ínfimas da sociedade",[122] isto é, aqueles *bravos* originariamente a serviço do poder feudal e depois tornados autônomos por ele. Não parece de fato que os proprietários mostrem uma atitude militar maior que as do Palermitano;[123] nem o nosso autor está disposto a admitir que no Siracusano e no Catanense se tenha realizado uma relação melhor entre Estado e sociedade, ou uma hegemonia social baseada não apenas

122 Franchetti, *Condizioni politiche*, op. cit., p.55.

123 É superestimada a mobilização antibanditismo dos proprietários com que acena Franchetti: cf. Mangiameli, *Banditi e mafiosi*, op. cit., p.98-9.

na força. A sua recusa em explicar a difusão regional de máfia e banditismo pelas diferenças socioeconômicas entre as várias áreas, por exemplo, pelo diferente impacto do latifúndio (bem presente, todavia, para Sonnino) ou pela tradição das cidades em terras públicas, parece paradoxal para um intelectual tão atento às modalidades da desagregação do sistema feudal. Mas o paradoxo, justamente, é apenas aparente.

Franchetti trabalha uma construção intelectual que, como ocorre com frequência, é grande porque unilateral, senão facciosa. Nela a máfia deve aparecer como o elemento revelador, alarmante ou repugnante, de um contexto social totalmente inadequado aos princípios sobre os quais o mundo civil se baseia. Neste, ele se mostra até o fundo o epígono da velha direita que, embora pregando a teoria da "descentralização administrativa" e do autogoverno dos proprietários, preferiu o centralismo porque estava convencida da imaturidade das classes dirigentes, especialmente meridionais;[124] imaturidade ainda mais evidente em 1874-1875, momento em que estas pretendem uma plena parceria no governo da nação. O *Inquérito* representa, portanto, a reproposição em outro nível da operação feita com as leis de Segurança Pública. Só que Francheti não propõe para a Sicília "remédios" excepcionais, mas um pouco como Fortuzzi,[125] uma forma diferente de governo, lúcida e terrível como toda utopia reacionária. "Os sicilianos de qualquer classe e grupo [são] igualmente incapazes de entender o conceito de Direito." Eles devem ser tratados como doentes que se queixam, mas que "não se dão conta do como e do porquê" de seus males; de fato não podem "entender o fim último das providências tomadas ou a tomar". O Estado não

---

124 Só posso remeter a R. Romanelli, *Il comando impossibile,* Bologna, 1988.

125 Iachello, *Stato unitario,* op. cit., p.70, lembra que Fortuzzi representa uma das fontes de Franchetti; cf. também E. Cavalieri, introdução ao *Inquérito,* p. XXIII.

deve utilizar nenhum dos canais de comunicação que oferece esta sociedade infecta: em nenhum nível o seu pessoal deve ser recrutado entre os sicilianos e, naturalmente, para "elevar a Sicília à condição de um povo moderno", o governo não deve "em nenhum caso" levar em conta os desejos, as propostas e sobretudo os protestos da opinião pública e dos deputados insulares.[126]

Esses supostos "remédios" correm o risco de deixar a discussão no mesmo nível de junho de 1875. Na Sicília, a *Resposta ao horrendo libelo de Leopoldo Franchetti*[127] só pode ser hostil e não apenas por espírito conservador ou por adesão aos "valores" da cultura mafiosa, mas também porque a evidente intencionalidade política do autor parece a conclusão do já longo processo de instrumentalização do fato criminal posto em ação pela direita. Quem começa a refletir sobre o problema da máfia corre o risco de ser arrastado pela superinundação ideológica do tema, como acontece ao delegado de polícia Giuseppe Alongi que, ao expor suas ideias a um pretor, sente-se censurado como adepto do "romance fantástico" de Franchetti, que ele, porém, ignora totalmente.[128] Entretanto, em alguns momentos, a análise de Franchetti aproxima-se da de Tajani, quando reconhece, por exemplo, que os sistemas do tipo Albanese minam pela base a credibilidade de instituições já tão mal-aclimatadas. Os dois, porém, acentuam de maneira diferente o discurso em conformidade com a intenção política. O primeiro afirma que se trata de uma concessão da ética estatal à nefasta influência da coletividade regional, de onde a via de saída irrealisticamente jacobina de uma renúncia à relação com ela; para o segundo, a máfia, inimigo perigoso mas que se pode vencer, torna-se invencível

126 Ver as p.218-39 de Franchetti, *Condizioni politche*, op. cit., e para as citações as p.219, 221-2 e 224.

127 *Risposta all'orrendo libello di Leopoldo Franchetti*, título de um panfleto de R. Conti, Catania, 1877.

128 Alongi, *La maffia*, op. cit., p.9.

como instrumento de regime. Franchetti vê a infestação provir da sociedade; Tajani, da política.

A situação evolui de maneira oposta à esperada por Franchetti. Cai a direita, vai para o poder uma esquerda proprietária e sulista que realiza uma primeira homologação entre as seções regionais da classe dirigente para além das fraturas pós-*risorgimento*. O Sul encontra o seu Estado. Para o grupo político siciliano, em particular, inaugura-se um período de influência que atingirá seu ponto mais alto a partir de 1887 com a assunção da presidência do Conselho por parte do líder da democracia insular após a ação de Garibaldi, Francesco Crispi. Mas o ponto de virada, inclusive na nossa história, ocorre em 1876 com a previsível recusa do novo governo Depretis a fazer uso da Lei de Segurança Pública. No decorrer do ano, porém, a ordem pública na Sicília ocidental sofre uma nova deterioração, com complicações internacionais devidas ao rapto do comerciante inglês Rose por obra de Antonino Leone, herdeiro de dom Peppino, o lombardo, no Gotha criminoso. O ministro do interior Nicotera, um dos líderes da esquerda meridional, chama então um de seus adeptos, Antonio Malusardi, para a prefeitura de Palermo (dezembro de 1876).

Mafiosos e bandidos

Entre os métodos de Malusardi e os de Gerra, último prefeito da direita, não existe à primeira vista grande diferença: advertência e liberdade vigiada, operações militares em larga escala, ilegalidades e espancamentos. "Aquilo que o honrado Gerra teve obstaculizado todos os dias por obra de partido, o comendador Malusardi pôde fazê-lo com plena liberdade",[129] escreve Giacomo

129 Pagano, *La Sicilia nel 1876-77*, op. cit., p.35.

Pagano, expoente da direita mas admirador do novo prefeito, com a intenção de pôr em evidência a incoerência de uma esquerda já não mais paladina inflexível das regras. Realmente, nesse caso, também não faltam os protestos que durante 1877 desembocam entre outras coisas numa centena de medidas judiciárias contra agentes de segurança pública, umas quinze delas relativas ao inspetor Michele Lucchesi, principal colaborador do prefeito; porém trata-se mais da reação de algum potentado local como o barão Antonino Li Destri di Gangi, colocado sob pressão no curso das ações policiais, do que de uma rebelião sobre temas políticos gerais.[130] Depois da "revolução parlamentar" realiza-se uma primeira desintoxicação dos venenos que na época da direita tinham tornado impossível a criação de qualquer solidariedade em torno das instituições.

Malusardi pôde assim dar provas de capacidade de manobra ao completar a contraofensiva estatal já iniciada na metade dos anos 70, e que entre outras coisas tinha visto a captura, a morte em conflito e o assassinato dos bandidos Capraro, Valvo e Di Pasquale. A eficiência das operações dos primeiros sete meses de 1877 é sem precedentes: eliminação de diversas quadrilhas, morte de cinco dos mais célebres bandidos, entre os quais Leone.

Chega-se a esses resultados graças a uma estratégia de cerco. Como observa ainda Pagano, para a estrutura do "banditismo" siciliano o objetivo principal "não podia ser a destruição dos bandidos, que de tempos em tempos ocupavam o campo, mas a destruição da rede sobre a qual operavam".[131] Segundo a polícia, a Máfia corresponde propriamente a esta rede. Podemos fazer uma ideia dela confrontando, para os distritos de Cefalù e de Termini,

---

130 ACE, Justiça AAGGRR, b.37, 1877, em particular o *Prospetto dei processi ... per abusi di autorità*; cf. também AEPA, GP, 1877, B.42, com o enésimo conflito entre magistratura e polícia.

131 Pagano, *La Sicilia*, op. cit., p.41.

as listas de mafiosos preparadas em 1877, compreendendo respectivamente 123 e 96 boletins nominais.[132] Os supostos colaboracionistas são bastante numerosos, ativos tanto na receptação e no apoio aos bandidos como na participação conjunta, *part time*, em assaltos, roubos de gado e sequestros de pessoas. Nesse sentido, a lista de Termini, zona de maior atividade das quadrilhas, é claramente definida. Nela figuram, por exemplo, quarenta favorecedores do bandido Leone contra onze do outro distrito, e em geral aqui é mais evidente a configuração criminal dos listados, aspecto a ter presente lembrando o caráter possivelmente arbitrário de listagens semelhantes baseadas na fama do suspeito, na boa (ou má) vontade do funcionário e em particular na relação, sua e do governo que ele representa, com os partidos locais: elemento frequentemente determinante para a inclusão ou exclusão de pessoas das listas. Dos dados podemos deduzir as modalidades pelas quais, no curso de sua vida, os supostos mafiosos cruzaram com a repressão estatal e particularmente com as medidas de advertência e prisão domiciliar, visto que a jurisdição ordinária, em cada caso, é omissa: os listados de Termini na maioria foram atingidos, pelo menos uma vez, por medidas de segurança pública, ao passo que entre os de Cefalù menos de um quarto teve essa experiência, e mais de um terço, mesmo sendo mafioso por "boato público", em nenhuma circunstância cruzou com a justiça. Isso pode indicar, para Cefalù, uma certa tendenciosidade da informação, ou então um maior mimetismo do fenômeno nas dobras da sociedade, estando a maior incidência de banditismo também em Termini, onde de fato o mesmo "boato público" debita aos mafiosos crimes medianamente mais graves.

---

132 As listas in AEPA, GP, 1877, b.39; mas já no citado relatório de 31 de julho de 1874, p.14, Rasponi prenunciava "um elenco de mafiosos distintos por graduação".

Até agora nos referimos aos mafiosos considerados de "segunda categoria", que os autores das listas distinguem dos de "primeira categoria" pelo seguinte critério: o nível superior na hierarquia criminal corresponde *exatamente* ao ocupado na hierarquia social, de maneira que na primeira faixa estarão colocados proprietários e arrendatários, notáveis e profissionais. A escolha é interessante e tende a dar resposta ao debate sobre a "alta máfia" ou "máfia de colarinho branco", embora seja justo notar que com o *status* do listado aumenta também o risco do instrumentalismo político na acusação de mafiosidade. Mais variada obviamente é a configuração social da segunda faixa que recolhe uma criminalidade espalhada entre os mais diversos grupos, em que a periculosidade do indivíduo é frequentemente avaliada com base numa suposta capacidade de "influenciar" os membros da própria classe, ou uma massa de partidários não mais bem identificada. Só em poucos casos encontramos qualificações ideológicas como "reacionário" e "internacionalista". Aqui também não faltam proprietários e profissionais, como o notário di Cerda, listado embora jamais tenha sido "possível encontrar e poder citar fatos criminosos a ele diretamente atribuídos", nem mesmo interrogando insistentemente a habitual opinião pública.[133] Há obviamente capangas e eminentes colaboracionistas, às vezes provenientes das forças da ordem; temos o guarda municipal já julgado e ex-advertido, com liberdade vigiada em 1865 e depois miliciano a cavalo, expulso como colaboracionista em 1875 e posteriormente transformado em proprietário e empresário do imposto de consumo, sempre em Cerda.[134] Dado que o enriquecimento rápido envolve muitos dos listados, parece que o crime compensa, pelo menos para os policiais acostumados a conside-

133 Ficha sobre M. Abbate, n.66 da lista de Termini, II categoria.

134 Respectivamente, ficha sobre A. Di Marco, n.70, e sobre L. Crimi, n.67, Termini.

rar como significativos dois sintomas: a "mudança de *status*" e a facilidade de movimento em zonas rurais geralmente inseguras.

Tomemos por exemplo um Giuseppe Sansone, vulgo *Chiariano*, empreiteiro de obras públicas de Termini Imerese que, segundo nossos informantes, "é um verdadeiro mafioso no mais amplo significado da palavra". Em 1863 foi preso e em seguida absolvido por assalto, sucessivamente suspeito de participação numa série de sequestros. Por essas (ou outras) vias acumulou "bens de fortuna". "Ele é frequentemente visto percorrendo os campos em atitude suspeita, mantendo pelo que se afirma relações com malfeitores, tanto associados a quadrilhas, como isolados." Emprega na sua firma "muitas pessoas suspeitas", esconde foragidos, e para o recrutamento também se coloca como traço de união entre as quadrilhas. Teria publicamente "prometido proteger aqueles mafiosos que faziam boa carreira, acrescentando que a Máfia era grande e que se empenharia para associar ao chefe de quadrilha Leone um certo Neglia Matteo, foragido perigoso".[135] Estamos diante de figuras de "negociantes" e mediadores, que se movimentam entre cidade e campo, entre uma aldeia e outra, desenhando raios de ação amplamente extraterritoriais, como aquele comerciante de queijos de Termini que viaja frequentemente a Palermo por causa da sua atividade, mas também "para corresponder-se com os chefes mafiosos daquela cidade e talvez também para prover-se de notas falsas que depois vai pondo em circulação em diversos lugares";[136] como se verá, a fabricação de dinheiro falso é uma atividade importante da Máfia palermitana.

Entre as duas listas, a do distrito de Termini ilumina uma seção superior da pirâmide social: mais *borgesi* (camponeses ricos), menos camponeses e operários, mais traficantes (industriais,

135 Ficha n.50, Termini.

136 Ficha sobre G. Demma, n.52, Termini.

empreiteiros), mais *civis* (funcionários e profissionais), embora na lista de Cefalù despontem oito sacerdotes que mais uma vez propõem alguma dúvida de instrumentalização, pela linha dura de Malusardi em relação aos católicos. A "primeira categoria" acentua a caracterização socialmente elevada da Máfia de Termini, compreendendo esta lista (ao contrário da de Cefalù) personagens de grande destaque social como os irmãos Guccione, os irmãos Nicolosi, os Torina.

Malusardi exerce sobre a infraestrutura mafiosa uma enérgica pressão, como demonstra a grande quantidade de pertencentes à "segunda categoria" da lista de Termini, que no curso de 1877 são presos ou fogem para o campo. Foragido se torna Giuseppe Torina, na tentativa de escapar da advertência, e também Giovanni Nicolosi. Torina e o irmão representam, segundo o delegado de Segurança Pública de Caccamo, "o partido da alta máfia"; colaboracionistas em cujo feudo Leone "encontra hospedagem e todo socorro", enquanto os membros do bando tinham sido "seus pastores ou zeladores". Nas aldeias, empreiteiros e funcionários municipais se aliam a capangas e *borgesi* para formar, em torno deles, um grupo caracterizado no controle da administração comunal. Portanto, negócios, política local, clientela, criminalidade. É interessante notar como a ofensiva contra Torina venha inicialmente de Roma, do próprio Nicotera que paradoxalmente é aquele que, citando "informações de fonte muito reservada", informa seus subordinados em Palermo sobre quem seria "o chefe da Máfia em Caccamo".[137] A finalidade é impedir infiltrações nas instituições, mas também aumentar o poder contratual do governo: este manda advertir Torina e

137 Respectivamente, relatório do delegado de 10 de junho de 1877 e telegrama de Nicotera ao prefeito de 26 de janeiro de 1877, in AEPA, GP, 1877, b.39; ficha sobre Torina, I categoria, Termini, n.22. A citada entrevista de Torina, p.433-42 do *Inquérito Bonfadini*, é toda uma polêmica contra os "excessos" da advertência.

ameaça de advertência Raffaele Palizzolo, os dois competidores no colégio de Caccamo na repetição das eleições políticas programadas para a primavera de 1877, depois que as de novembro de 1876 tinham sido anuladas por fraude.

> É preciso andar depressa – escreve Malusardi ao subprefeito de Termini –, já que a citação que o pretor fará a Torina influirá para decidir Raffaele Palizzolo a renunciar publicamente à sua candidatura ... sendo desejo do Governo que nem um nem outro resulte deputado, porque a eleição de um ou de outro não seria a expressão da legítima vontade dos eleitores, mas sim da [ilegível] e da prepotência da máfia.[138]

Palizzolo faz parte do grupo regional palermitano, mas tem interesses em Caccamo como conselheiro provincial e como enfiteuta do ex-feudo S. Nicola, de propriedade do seminário arquiepiscopal e loteado em consequência das leis pós-unitárias. As suas referências na região são figuras como Domenico Nuccio, pequeno proprietário já imputado de assassinato, favorecedor e "compadre" de Leone, processado por Malusardi por sequestro de pessoa e que fugirá para Nova York. Vejamos o quadro da chegada de Palizzolo a Ventimiglia:

> seguido por cerca de 50 indivíduos a cavalo ... todos supostamente civis, à frente dos quais estava o famoso Domenico Nuccio e sua família, onde Palizzolo encontrou hospitalidade, e cujo cortejo nada mais era que uma mistura de máfia, de valentes, e de solicitadores intrigantes cada um deles ... Objetivo da vinda do sr. Palizzolo a Ventimiglia e a Caccamo é mendigar votos, a fim de ser nomeado conselheiro provincial.[139]

138 Carta de 17 de fevereiro de 1877, in AEPA, fundo cit.
139 Relatório do delegado, outubro de 1872 in AEPA, fundo cit.

Em 1877, Palizzolo renuncia com efeito à candidatura à Câmara, evitando a ameaça de advertência e o choque contra o governo. Este, por outro lado, tampouco procura o choque. Pode ajudar a melhor compreender o caso de Giuseppe Anzalone, proprietário de Lercara, já colaboracionista de dom Peppino, único entre os notáveis a estar preso como mandante de assassinato: em caso de absolvição, observa preocupado o redator da sua ficha policial, conviria desistir de castigá-lo com a advertência, melhor seria enviá-lo imediatamente em liberdade vigiada para evitar sua ida à campanha, "colocando-se na chefia de bandos de malfeitores, causa esta de desgraça para essas regiões já atormentadas pelo banditismo".[140] Nesse caso, além das declarações reiteradas sobre a periculosidade "moral" do colaboracionismo, é evidente que o maior temor das autoridades permanece voltado para o banditismo militante. O objetivo de Malusardi e Nicotera não é reforçar o vínculo entre este e os notáveis, mas rompê-lo; não é mudar a classe dirigente, mas sim fazê-la jurar sobre a ordem, selando o juramento com a entrega dos bandidos. Não se trata de uma novidade, nem os proprietários, mesmo os mais comprometidos, resistem a conceder sua colaboração. Os Li Destriu em Gangi, os Cannizzo em Partinico, até mesmo os Valenza em Prizzi reiteram sempre o seu compromisso contra o banditismo, o seu tipo de controle da anomia delinquencial. Isso explica por que Palizzolo, acusado como colaboracionista, pode ser lembrado a anos de distância como "campeão de moralidade, campeão da liga de proprietários, organizados para resistir ao banditismo" por parte do deputado Salvatore Avellone,[141] personagem, por outro lado, muito discutido. Como resulta de algumas

---

140 Ficha n.3, I cat., Termini.

141 Testemunho no processo Notarbartolo relatado por G. Marchesano, *Processo contro Raffaele Palizzolo & C. Arringa dell'avv. G. M.*, Palermo, 1902, p.309. Reivindicação de méritos colaboracionistas por parte de notáveis mafiosos dos anos 80 também em Hess, *Mafia*, op. cit., p.92-4.

fichas pessoais, a despeito de qualquer suposto código de honra, até mesmo os mafiosos de "segunda categoria" tentam evitar a advertência ou prejudicar algum adversário confiando segredos e delitos ao delegado de sua cidade; imagina-se que os grandes notáveis, para exercer seu poder, precisam manter relações positivas com a autoridade. Leonardo Avellone, parente do citado Salvatore e síndico perpétuo de Roccapalumba, chefe político e protetor de mafiosos, "prestou algumas vezes ótimos serviços à segurança pública".[142] Giovanni Nicolosi que, segundo a polícia, durante seu período de síndico (1875-1876), protegia os delinquentes e organizava os delitos, em alguns casos "tinha, porém, o cuidado de dar prévio aviso às autoridades que em consequência puderam apanhar os malvados em falta, e assim ele constava ter prestado um relevante serviço à segurança pública";[143] os Guccione, atingidos em 1875 por mandado de captura, "com promessas fáceis de fazer cair os bandidos nas mãos da Justiça ... obtiveram a revogação de tal ordem".[144] Todos aqueles que querem prender Leone fazem apelo ao estado-maior provincial dos Nicolosi, dos Guccione, dos Cerrito, dos Runfola, dos Torina.[145] Por trás da advertência contra este último, por trás das pressões sobre Palizzolo está o pedido de garantir a cabeça de Leone.[146] O mais clamoroso episódio de que Lucchesi é protagonista ocorre durante 1877 em casa de Guccione, onde o superinspetor

---

142 *La questione Avellone*, in GDS, 3 de abril de 1892, cit. por Cancila, *Palermo*, op. cit., p.235.

143 Ficha n.1, I cat., Termini.

144 Ficha n.4-5, I cat., Termini.

145 Relatório de 10 de junho de 1877 in AEPA, GP, 1877, b.39. Os irmãos Runfola são proprietários de Valledolmo, n.6 e 7 na lista de Termini, I cat.; Cerrito deveria ser um membro da família de grandes arrendatários de Calta-vuturo.

146 Informações fornecidas pelo deputado Girolamo De Luca Aprile e relatadas no resumo da primeira instrutoria sobre o delito Notarbartolo, in ACE, Justiça, MAP, b.126. Deve-se notar que De Luca Aprile foi um dos críticos de

é inesperadamente descoberto durante uma irrupção dos carabineiros;[147] estamos dentro da trama que, depois de levar ao assassinato de Di Pasquale pelas mãos de Leone, culmina na execução deste último por obra da polícia.

Termina aqui a história das quadrilhas do período pós-unitário. Em 1877, o Estado acentua sua capacidade de manter relações com a sociedade e ao mesmo tempo permanecer autônomo em relação a ela. Não se subestime o espetacular sinal de reviravolta fornecido pela dissolução do corpo de milicianos a cavalo e pela imposição de liberdade vigiada para cem [*sic!*] deles. "O banditismo clássico acabou definitivamente", escreverá Alongi em 1886;[148] mas a máfia não. Diante da nova sintonia entre Estado e classes dirigentes declinará até quase desaparecer o sequestro de pessoas, delito-símbolo do conflito entre bandidos e grupos superiores. A máfia recuará para o arrendamento, a guardiania de feudos e de plantações, e, por outro lado (como veremos), também com relação a esta fenomenologia, a partir do meado dos anos 70, o Estado mostrará uma capacidade de controle ou muitas vezes de ataque bem superior à que era exibida anteriormente. Os cidadãos de S. Mauro Castelverde agradecem a Malusardi pela "traquilidade readquirida" que os afasta da espiral de ressentimentos facciosos e da vendeta: "O banditismo entre nós era um mito, ao qual se cedia com facilidade mais que a qualquer força constituída. O mito hoje desapareceu".[149] O agradecimento talvez seja sincero, ainda que S. Mauro permaneça um centro de banditismo de primeira importância; de maneira geral, nota Pezzino, "percebe-se que nem muita coisa mudou" observando como os aplausos dirigidos

---

Malusardi: Brancato, *La Mafia*, op. cit., p.230. Marchesano, *Processo*, op. cit., p.348-9, nota que, sendo Palizzolo filoministerial, as razões da advertência não devem estar ligadas a cálculos eleitorais.

147 *Prospetto dei processi* [...] *per abusi di autorità*, op. cit., p.1-2.

148 Alongi, *La mafia*, op. cit., p.299.

149 Cit. por Pezzino, *Una certa reciprocità*, op. cit., p.138.

ao prefeito são assinados também por notáveis envolvidos nos mais clamorosos casos de máfia.[150]

Vinte anos depois, num discurso parlamentar não tão obscuro, o próprio Palizzolo dará a sua interpretação. A "fácil" acusação de colaboracionismo, a seu ver, serve apenas para cobrir a "ignorância" das coisas da Sicília, onde a polícia deve manter "as relações mais amplas e cordiais com *toda* classe de cidadãos", desde que "amantes da ordem e das instituições": assim fazendo, os prefeitos "tiveram em todos os tempos informações, denúncias e serviços preciosos".[151] Estamos diante da teorização de uma praxe num fragmento autobiográfico que, referindo-se a Malusardi, passa rapidamente sobre os métodos enérgicos pelos quais a colaboração é conseguida. Por outro lado, Palizzolo obtém algo em troca de seus serviços: entre outras coisas, a salvação de alguns personagens ligados a Leone que talvez representem em Caccamo a "terceira categoria" do colaboracionismo, de maneira a consolidar em torno de sua própria autoridade um novo e diferente *network*. Em fevereiro de 1876, há a intervenção local do delegado de polícia para protestar contra a ordem de transferência imposta a Pietro Rini, "tendo eu já dado em arrendamento ou em parceria não poucas terras minhas a Rini que, se ele partir, não saberia a quem melhor conceder"; passada a tempestade de início de 1877, dirige-se diretamente ao chefe de polícia para obter o contrário, isto é, para que seus protegidos (Filippo e Salvatore Pesco, Matteo Filippello), já imputados por homicídio e advertidos como colaboracionistas, possam transitar livremente de Caccamo para Monreale e o campo palermitano, ao longo do eixo provinciano dos seus interesses.[152] No entanto,

150 Ibidem.

151 APCD, Discussões, 8 de julho de 1896, p.7315-53 e, em particular, p. 7347; grifo meu.

152 As cartas são reportadas por Marchesano, *Processo*, op. cit., p.320-9; a carta referente a Filippello in AEPA, GS, 1866-1939, b.20.

entre Palizzolo e a autoridade, as coisas nem sempre vão bem. Em 1896, ele fará uma referência retrospectiva àqueles funcionários que (talvez em consequência de uma mudança política) não respeitaram a função dos notáveis, expondo "à ira dos bandidos" a facção mafiosa já governamental que "trucidou o gado, demoliu as casas e queimou as colheitas". Absurdo portanto que, na alternância de ministros e de prefeitos, os "beneméritos" colaboradores da autoridade tenham sido por ela "perseguidos, advertidos, deportados".[153]

A máfia provinciana emerge de 1877, ao termo da longa virada do *risorgimento*, acentuando o seu papel de ordem e revelando a complexidade da sua estrutura. Quem quiser enfatizar a dimensão comunitária como entrecho *exclusivo* dessa fenomenologia vai de encontro a um grave mal-entendido, especialmente se isso de fato significa não olhar além dos limites comunais. Temos, de um lado, lugares de onde se expande a infestação, de outro modo não entenderemos de que maneira povoações como Alia e S. Mauro produzem bandidos com um percentual e uma continuidade sem igual: mudam os protagonistas, mas os bandidos *maurinos* mostram-se ativos do fim dos anos 60 do século XIX ao fim dos anos 20 do século XX. De outro lado, temos áreas de expansão e de movimento dos bandos, determinadas pela necessidade de evitar ou pela utilidade de encontrar os vários aparatos territoriais da segurança estatal ou proprietária. Como diz o ditado popular, "o bandido nasce em S. Mauro e cresce em Gangi". "O que quer dizer isso? – pergunta Cutrera. – Quer dizer precisamente que em Gangi encontra fortes protetores" como o barão Sgadari e Li Destri cujos nomes retornam tantas vezes nas crônicas do colaboracionismo dos séculos XIX e XX.[154]

---

153 APCD, Discussões, 8 de julho de 1896, p.7315-53.

154 Cutrera, *La mafia*, op. cit., p.91; sobre Li Destri, ver a documentação citada por Hess, *Mafia*, op. cit., passim.

Em suma, se o município representa efetivamente o lugar da cisão faccionária, a problemática mafiosa deve ser relacionada com forças que agem numa escala não regional e provinciana: a grande propriedade e, portanto, o grande aluguel, o mercado da terra e do arrendamento que põe as comunidades em contato e seus membros em concorrência; o sistema político-administrativo, que não é só municipal mas atinge o nível do colégio eleitoral e da câmara de deputados da província, instituições cujo controle interessa a muitos notáveis mafiosos (Palizzolo, Torina, Francesco Nicolosi); enfim, como já foi visto, o raio de ação das quadrilhas, que implica uma extensão proporcional das redes do colaboracionismo. Basta pensar em como Palizzolo movimenta seus mafiosos. No distrito de Termini, esta rede de relações aparece com particular evidência dotada das características de *estabilidade* e de *extralocalidade*. A forte presença do banditismo é sua causa ou seu efeito? Consideremos o mecanismo de filiação das quadrilhas, desde dom Peppino até Leone, destacado pelo magistrado-repórter Giuseppe di Menza; confrontemo-lo com aquele evidenciado nas listas, segundo o qual muitos elementos agem como favorecedores de *todos* os grupos que ao longo do tempo se alternaram nos campos e foram pouco a pouco desbaratados pelas autoridades, dissolvidos pelos contrastes internos e pela traição. Tanto os pequenos como os grandes colaboracionistas ligados a Leone são, pelo menos em parte, os mesmos já envolvidos na história de Peppino, o lombardo. Voltemos ao que foi dito anteriormente sobre os bandidos como articulação dos partidos locais: nesse caso, em vez de os bandidos *nos* partidos (municipais), estamos diante do (subprovincial) partido *dos* bandidos, a rede mafiosa que representa o elemento estável, não importa se primogênito ou derivado, com o qual guardas e ladrões devem acertar as contas. Por trás do abrandamento das ações criminosas de 1874-1875, considerada como uma tentativa para evitar as leis extraordinárias de Segurança Pública, por trás do bem-sucedido apelo ao estado-maior do colaboracionismo para a eliminação de Leone, podemos vislumbrar um mecanismo que não pode ser reduzido à antropologia mediterrânea do piscar e apertar os olhos com que os mafiosos se comunicariam, pelo menos na opinião, por uma vez concordante, dos observadores continentais e dos sicilianos envolvidos.

Facínoras da classe média

À medida que perde sua característica de capital de *ancien régime*, Palermo vai reforçando seu papel de motor de transformação da hinterlândia. O processo teve início no século XVIII com a expansão da cidade *extramuros* e a "grande vilegiatura", isto é, com o novo impulso ao investimento imobiliário e fundiário por parte da aristocracia. Ao redor das residências nobres ou ao longo das vias que levam à cidade, formam-se os povoados que já em 1861 hospedam 27.000 dos 200.000 habitantes de Palermo, força de trabalho ocupada na agricultura intensiva do vinhedo, da horta e do *pomar*, isto é, dos cítricos que predominam onde é possível encontrar ou levar água. Partinico, Bagheria, Monreale vivem o mesmo processo de transformação; o muito vasto território agrícola dessa última região, em particular, representa uma continuação direta do campo palermitano. A paisagem sempre verde assume um aspecto característico, com as instalações para a irrigação, as pequenas casas para a administração e a colheita do produto, o labirinto de estradinhas encaixadas entre os altos muros que circundam os pomares, significativamente chamados de *firriato*, isto é, grade.

Há, portanto, um singular contraste com o desnudo latifúndio, que comprime de perto esse oásis transformado, inconcebível sem a vizinhança da cidade, sobretudo pelo mercado que esta representa, mas também porque só um grande centro portuário e comercial pode permitir que mercadorias como os cítricos alcance, já na era dos veleiros e depois na do vapor, seus longínquos mercados: o norte europeu e sobretudo os Estados Unidos. A *Conca d'oro* acentua assim a imagem oferecida tradicionalmente aos viajantes, de um éden de beleza e fertilidade criado ao mesmo tempo pela natureza e pelo trabalho humano.

> Atenção, porém – observa sarcasticamente Sonnino –, para não deixar-se invadir por exagerado entusiasmo e não querer examinar muito de perto essas maravilhas, que em algum agradável passeio não venhamos a ser atingidos por engano, malgrado os numerosos postos de carabineiros e as muitas patrulhas, por uma saraivada de vendeta ou de *insultos* lançada ao patrão pelo ingênuo agricultor postado atrás do muro de proteção daqueles sombreados pomares ... Porque este é o reino da *Máfia*, que tem seus covis nas cidades e nas aldeias que circundam Palermo, no distrito dos Colli, em Monreale, em Misilmeri, em Bagheria.[155]

A incongruência é grande e lembraria a imagem do paraíso habitado por demônios se este paraíso não fosse ele próprio construído por seus habitantes. Aqui a difusão da Máfia apresenta-se em contradição com a evidência de uma terra fértil e "feliz" onde o povo encontra um trabalho decente, cujos produtos se vendem facilmente e a preços altos num amplo mercado, na qual os terrenos têm um valor unitário igual a cinquenta vezes o dos campos áridos, aqueles latifúndios que, eles sim, aos olhos da nascente sociologia positiva justificam com sua existência o mal-estar social a que se deve a delinquência. Veja-se a contradição no debate que opõe o senador Simone Corleo, estrategista da taxação dos bens eclesiásticos, a Carlo De Cesare, membro da Comissão de inquérito de 1875 e precursor das ciências sociais na Itália. O primeiro afirma que a grande propriedade, resíduo da barbárie do feudalismo, o despovoamento dos campos e a proletarização

---

155 Sonnino, *I contadini*, op. cit., p.68. Mas cf. o meu *Il giardino degli aranci. Il mondo degli agrumi nella storia del Mezzogiorno*, Venezia, 1990.

das massas provocam a infestação mafiosa; mas deve admitir que a situação do campo palermitano representa "uma exceção". De Cesare replica impaciente: "Olhe, professor, essas teorias são exatas na ciência, mas na Sicília ocorrem fenômenos que fazem não mais acreditar na ciência. ... Em Monreale são quase todos proprietários, cada um tem seu pedaço de terra. Entretanto, não existe lugar em que a segurança pública esteja em piores condições". Ao que Corleo, como honesto positivista, só pode replicar que "isso perturba a mente da ciência", perturbação essa que também sentem personagens de maior estatura intelectual, como Pasquale Villari e Napoleone Colajanni.[156]

Nem todos se dispõem a considerar a Sicília como exceção das "leis" sociais ou, como fazem os mais superficiais, negar qualquer raiz social à fenomenologia mafiosa.[157] Tajani distingue o dinamismo econômico da crise "moral" dos anos que se seguiram à Unidade.[158] Franchetti tende a pensar que sobre Palermo reflete--se o conjunto dos problemas da Sicília pós-feudal, atribuindo uma prioridade lógica à situação do interior, mas observa depois como só podem fornecer estímulos à "indústria" da violência[159] ocasiões de lucro e mobilidade social muito raras na generalidade do Sul; *chances* particularmente desejáveis para uma Palermo que com a unificação perde em prestígio e riqueza por causa do "deslocamento de interesses" pelo qual os contemporâneos explicam a revolta de 1866.

> Palermo ... – afirma o príncipe de Sant'Elia – representava a capital para toda ordem de coisas e assim uma espécie de vida fic-

---

156 A entrevista de Corleo em Iachello, *Stato unitario*, op. cit., p.259-60. Idênticos os tons de Villari, *Le lettere meridionali*, op. cit., p.56; pouco convincente N. Colajanni, *La delinquenza in Sicilia e le sue cause*, Palermo, 1885, p.35 ss.

157 Tese expressa no relatório final do *Inquérito Bonfadini*, p.1079.

158 APCD, Discurso, op. cit., p.4125.

159 Franchetti, *Condizioni politiche*, op. cit., p.95.

> tícia fruia [dos] ganhos tirados das outras províncias sicilianas. Eis o que era a indústria de Palermo em outros tempos: pedir ao rei um emprego e a Deus um terno na loto. Os acontecimentos resultaram desfavoráveis a esta sua indústria: os empregados foram colocados em disponibilidade; cessaram os proventos derivados da dependência das outras províncias; vieram as taxas; sobreveio a miséria.[160]

Nessa situação, o controle das fazendas agrícolas da hinterlândia urbana vem representar um veículo muito importante de promoção social, em particular para os mafiosos que se interessam pela vigilância, pelo arrendamento, pela mediação comercial. Já foi visto o caso Giammona. Os já lembrados irmãos Amoroso são definidos com certo exagero como "pessoas de bem, filhos de proprietários"; os Licata são chamados de "abastados". Em todos eles podemos identificar facilmente os "facínoras da classe média" aos quais se refere Franchetti para representar o modelo típico do chefe mafioso palermitano.[161] "Médios" e portanto representativos de um meio social bem mais variado que o do interior, formado por aristocratas e arrendatários, mas também por comerciantes, intermediários de toda espécie, profissionais, camponeses autossuficientes e por várias outras figuras: personagens "de fronteira" como o próprio regime da propriedade, frequentemente não muito claro por causa das antigas concessões enfitêuticas, pela difícil solução dos litígios sucessórios e a consequente pulverização patrimonial, pela usurpação dos bens das numerosas entidades morais. O campo palermitano, Misilmeri e Monreale estão entre as não muitas zonas onde a redistribuição dos bens eclesiásticos e públicos depois da Unidade teve sucesso "com benefício da riqueza pública e privada"[162] mas não com o suposto efeito no plano da harmonia

---

160 Entrevista em *Inquérito Fabrizi*, p.77.
161 Franchetti, *Condizioni politiche*, op. cit., p.97-9.
162 *Atti della Giunta per l'inchiesta agraria*, XIII, Roma, 1884-1885, f.1.2., p.249.

social, até mesmo com uma exacerbação dos conflitos. Em Monreale as autoridades não conseguem exigir as regras enfitêuticas, distinguir os usurpadores dos concessionários e estes dos proprietários a pleno título. É uma permanente "revolução" que opõe o príncipe Pietro Mirto Seggio aos "vilões" que têm a concessão de quinhentos alqueires do ex-feudo Renda agora do mosteiro dos beneditinos, o que o leva a manter a ordem por meio de dois ex-bandidos e "a sua temível máfia". Mirto é o síndico liberal que a autoridade considera politicamente aceitável numa região plena de "usurários, borbônicos, reacionários setembrinos". Trata-se, aliás, do único grande proprietário por vezes residente na região, bem acima do grupo de facínoras da classe média com assento no conselho comunal, entre os quais o filho do chefe mafioso Simone Cavallaro, Giuseppe.[163] Também o chefe da outra facção mafiosa, Pietro Di Liberto, é um abastado proprietário, administrador dos bens da Mesa arquiepiscopal.

Já antes da reforma de 1882, em época de eleição minoritária, Giammona controla uns cinquenta votos; os Amoroso e os Badalamenti nas eleições políticas trabalham para o deputado Valentino Caminneci, nas provinciais (ao que parece) para Palizzolo. Este emprega na sua mansão de Malaspina um dos poucos membros do grupo Amoroso que sairá absolvido do processo de 1883, Giacomo Lauriano, vulgo *Jacuzzo:*

> Entendido mais tarde que foi diversas vezes preso e processado – explica o discutido notável citado como testemunha de defesa naquela ocasião – mas visto que todas as vezes a acusação o libertou com setença de não haver motivo para processo e visto que estava sempre munido de porte de arma, pensei que ele fosse apenas vítima de alguma perseguição.[164]

163 Respectivamente, anônimo 22 de março de 1879, p.2-3; carta de um conselheiro ao prefeito (setembrinos são os participantes do movimento de setembro de 1866); lista dos conselheiros de 1879; AEPA, GP, b.61.

164 *Processo Amoroso*, op. cit., p.160.

O argumento soa paradoxal, *visto* que é justamente Palizzolo que, em diversas passagens perigosas da carreira de Lauriano, intervém para fazê-lo recuperar o porte de armas ou para outros favores.[165] É o clássico intercâmbio que envolve os grandes proprietários, os políticos comprometidos, os notáveis de todo tipo. Dom Michele Serra é diretor de *L'Amico del popolo*, jornal de esquerda ao seu tempo a soldo de Medici, o qual "exerce muita influência em Piana dei Colli", sobretudo fazendo mediação entre mafiosos como os Biondo e a polícia: "A alta máfia comanda – escreve um excluído desta rede – ... Com a proteção que eles têm, mandam advertir, mandam para uma ilha [em confinamento], mas é mais fácil nos matar".[166] As relações entre homens das instituições e mafiosos podem ser ainda mais diretas. Andrea Licata, mediante sua relação privilegiada com o chefe de polícia Biundi, consegue advertência e liberdade vigiada para seus adversários, impunidade para o pai e os irmãos.[167] Giacomo Pagano, típico profissional-proprietário, dirige-se ao mesmo chefe para denunciar os roubos que ocorrem em seu pomar, e recebe promessas de providências do Licata "guarda", que lhe parecem desconcertantes quando descobre que os autores dos furtos são os Licata "delinquentes"; deduz daí que "nem o chefe, nem os oficiais de polícia, nem ninguém do pessoal da segurança pública [tem] ideias claras sobre os malfeitores",[168] mas sabe bem que se tivesse uma relação sólida com Biundi ou com o próprio Licata o problema não existiria. É a clientela que garante a proteção, é a clientela que determina se o facínora deve assumir o traje de tutor da ordem ou manter o de bandido. Por outro lado, nem sempre

165 G. De Felice, *Maffia e delinquenza in Sicilia*, Milano, 1900, p.52-3.
166 Respectivamente, carta do chefe de polícia ao prefeito, 10 de outubro de 1875, in ARPA, GP, 1876, b.35; Anônimo in ARPA, GP, 1880, b.51.
167 Testemunho do presidente da Corte de Apelação de Palermo, S. Schiavo, in *Inquérito Bonfadini*, p.376-7.
168 Entrevista em *Inquérito Bonfadini*, p.477.

estamos diante de contraentes principais como Turrisi e Giammona; às vezes as partes se colocam numa seção lateral da rede de relações. Nesse caso, os proprietários devem "perder alguma coisa justamente para não perder mais":[169] renunciar à gestão direta de pomares e cedê-los em aluguel mesmo numa fase de altos preços; contratar a guarda de instalações e colheitas, suportando ao mesmo tempo uma taxa *aceitável* de roubos. E por fim até os ladrões devem impor-se autolimitações, permanecer dentro das regras de um jogo nada simples e sobretudo instável, porque toda garantia recíproca só atinge *alguns* facínoras, *alguns* proprietários, *alguns* funcionários, excluindo outros, aqueles que (para dizer como Gestivo) "não puderam fazer o que eles fizeram" e podem estar insatisfeitos com a situação. O conflito está sempre latente.

Vamos a um caso concreto. Em 1872, Gaspare Galati, médico estimado e proprietário abastado, começa a dedicar-se à administração de um pomar de quatro hectares de propriedade "em grande parte" da cunhada Mariana Fiorentino, situado no bairro da Malaspina perto do povoado de Uditore. Um pomar dessas dimensões já é uma propriedade de notável importância, dotado entre outras coisas de uma instalação a vapor para a elevação da água, por isso a modéstia dos seus rendimentos desperta a perplexidade de Galati que apura as ladroeiras do guardião Benedetto Carollo, em particular no ato da venda dos frutos. Em 1874, o médico julga ver uma ocasião favorável para livrar-se do "infiel" guardião e enfim o demite. Seus problemas, porém, estão apenas no início. Carollo de fato faz parte da máfia de Uditore a cuja testa se acha o próprio Giammona: após as ameaças de costume, o novo vigia é assassinado, outro que o sucede é ferido e

169 A expressão é ainda de Gestivo, entrevista cit., cuja ideologia filomafiosa não é isenta de clareza.

ameaçado, o próprio Galati deve fugir para Nápoles com a família depois de nomear um novo vigia.[170]

Em diversas ocasiões, Galati dirige-se a Biundi, e sempre com resultados pouco satisfatórios. Evidentemente ele não faz parte da rede correta, nem no plano das relações institucionais nem no das relações locais, tendo razões de dissabor com um proprietário de Malaspina ligado à quadrilha de Giammona, o tabelião Francesco Sardofontana. Este na verdade é meio-irmão de Marianna Fiorentino e foi deserdado pela mãe, inclusive do pomar sede dos dramáticos acontecimentos descritos. Neste como em outros casos análogos, o título de propriedade não é indiscutível, com a opinião pública indicando justamente Galati como artífice das "sugestões" que tinham induzido a mãe a punir o filho *por suas relações com a máfia de Uditore.*

Estamos aqui diante de dois conflitos correlatos, que opõem, de um lado, os proprietários, de outro, os guardiães. Nem sempre, porém, as coisas são necessariamente assim. A iniciativa pode emergir da seção inferior do "partido" interclassista *proprietários/funcionários-guardiães/facínoras*, na lógica do *racket*, ou da busca do monopólio em que a luta se realiza entre concorrentes. É essa competição sobre a guardiania que ensanguenta o agropalermitano, que em 1874 provoca 34 mortes em Uditore, aldeia de 800 habitantes, que suscita guerras mortíferas como aquela entre os Badalamenti e os Amoroso. O rompimento entre esses dois grupos, anteriormente pertencentes a "um único sodalício", inicia-se com uma série de furtos recíprocos e com a sangrenta punição dos ladrões, como se cada um dos dois troncos do aparato de ordem quisesse mostrar-se mais eficiente que o outro; isso desconcerta o político Caminnecci, que não sabe que partido

170 Cito pelo memorial escrito por Galati, I casi di Malaspina e la mafia nelle campagne di Palermo, in *Inquérito Bonfadini,* p.999-1016, em particular p.1000; também em ARPA, GP, 1876, b.5, op. cit.

tomar, e o próprio chefe de polícia Sant' Agostino, que em 1880 promove a assinatura de um ato de pacificação por conta dos maiorais dos dois "partidos", oficialmente como polícia! "Transações por certo não honrosas com aqueles que essa [polícia], um dia antes e um dia depois, considerou perigosos malfeitores."[171] Em outro caso, Serra pode tentar uma mediação entre grupos contrários e convencer o vigia de um pomar, Andrea Ajello, a deixar a propriedade para a concorrência se quiser salvar a pele; mas a história também termina tragicamente com a morte do vigia numa emboscada organizada por Giuseppe Siino, lugar-tenente de Giammona e guardião de um pomar de Turrisi.[172]

Ajello não é porém nenhum santo. Seus filhos estão na prisão, ele próprio procura um assassino para matar seus inimigos. Todos os guardas e vigias fazem parte do mundo dos facínoras, existindo um filtro que bloqueia na entrada o acesso de estranhos. O conflito vem depois, pela regulamentação das relações recíprocas. As fontes tendem a ocultar esse dado, fornecendo uma visão simplificada na qual alguns bravos cidadãos são perseguidos por ferozes delinquentes; mais uma vez, a autoridade acaba assim por apoiar, embora só ideologicamente, uma facção contra a outra. O guardião Sedita assassinado pelos Amoroso, descrito como um homem honesto que se opunha às intrigas da máfia, era na realidade um membro do grupo Badalamenti. Antonio Lo Cascio, primo dos guardiães nomeados por Galati, não é certamente uma pessoa de bem, senão "não teria querido substituir Carollo";[173] Gaetano Cusumano, o segundo, é irmão do Giovanni Cusumano, assassinado por obra de Giammona, que deveria ser o Cusumano citado pelo duque de Cesarò entre os mafiosos patriotas; o terceiro, Francesco Paolo Mazzara, é ele

171 Discurso do advogado Siracusa, *Processo Amoroso*, p.218.
172 O chefe de polícia ao prefeito, 10 de outubro de 1875, in AEPA, GP, b.35.
173 Memorial Galati, op. cit., p.1001.

próprio um sujeito perigoso, "já inculpado de contrabando, de revolta" e que faz parte de "um grupo poderoso de máfia" disposto a reconhecer a autoridade de Giammona mas capaz de ameaçá-lo de morte no curso de uma dramática reunião de cúpula entre as duas facções.[174]

Dessas lutas, as autoridades, Galati, Pagano, tomam parte mais ou menos conscientes mas é a lógica da competição pelo monopólio que se mostra incontrolável. Quer estreitamente entrelaçados, quer independentes, os conflitos administrados pelos proprietários e os administrados pelos facínoras são diferentes tanto nas formas como nos resultados. Este elemento, não destacado pelo debate contemporâneo, parece-me, todavia, absolutamente central. Os proprietários não conluiados são submetidos a pressões e prejuízos, não podem escolher seus empregados, devem alugar seus pomares às pessoas certas e às vezes vendê-los, mas só porque são submetidos a uma espécie de boicote que cria um vazio em torno deles. São outros que arriscam a vida. Isso explica por que sobrevive à virada política de 1875-1877 uma fenomenologia deletéria para os interesses de proprietários individuais, mas considerada quase inócua para a classe dirigente em seu conjunto, especialmente se relacionada à praxe dos sequestros de pessoas que (embora pudesse também fazer parte de conflitos grupais) corria o risco de opor frontalmente o mundo dos facínoras ao dos proprietários. Os mafiosos de Palermo, muitos dos quais já foram julgados por esse tipo de crime, tentam se esquivar: quando alguém propõe aos Amoroso raptar o proprietário Catalfamo (1879), estes respondem que tais operações são demasiado arriscadas e pouco rendosas; eles não impedirão, mas não pretendem participar diretamente.

Daí aquele desprezo da opinião pública burguesa em relação à periculosidade da Máfia, considerada um problema interno dos

---

174 O chefe de polícia ao prefeito, 18 setembro de 1875, in ASPA, GP, b.35.

grupos delinquentes, desprezo que tornaremos a encontrar em época recente e que vemos habilmente explorado no discurso do advogado Lucifora, defensor dos Amoroso no processo de 1883:

> O que nos importa a nós, pessoas de bem, se os Amoroso e os Badalamenti se esganam entre si? O que importa ... se dois partidos adversários numa região disputam a supremacia? ... Se as pessoas e as propriedades fossem prejudicadas, então estaria em jogo nosso interesse, estariam em perigo nossos bens e nossos caros parentes, estariam todos sujeitos à carabina e ao punhal do assassino. Entretanto, os mortos e os matadores da região do Jardim Botânico eram todos bandidos, *matavam-se entre si.*[175]

O julgamento público

A proteção de ilustres personagens e a imagem de cidadão absolutamente irrepreensível não impedem Giammona de chegar à crônica criminal após quase trinta anos de carreira sem poder alcançar, passada a difícil conjuntura de 1860, uma tranquila respeitabilidade burguesa. Entra em ação aqui um mecanismo que tornaremos a encontrar em todas as outras épocas e circunstâncias. Esses mafiosos fazem a mediação entre os bandidos e a autoridade político-social procurando garantir uns e outra, mas a todo momento correm o risco de serem tragados pela dimensão criminal: pelo confronto com outros grupos, sobretudo; pelos protestos dos excluídos da rede de *patronage*, que podem contrabalançar as tramas e a proteção que a Máfia tem na periferia, mudando o centro do sistema político, sobretudo num quadro de movimento como o de 1875-1876.

---

175 *Processo Amoroso*, op. cit., p.238, grifo meu.

Ante a passividade da polícia e da magistratura palermitana, é o ministro do Interior quem aproveita a ocasião do memorial com o qual Galati, em agosto de 1875, denuncia *Os casos de Malaspina*. É ele quem observa como os crimes de sangue em Uditore não deram lugar a qualquer providência e nem foram sequer considerados dignos de nota, "embora pela sua gravidade e frequência constituíssem um estado muito anormal sobre o qual teria sido conveniente chamar a minha atenção".[176] Sob a direção de um hábil policial romanholo, Ermanno Sangiorgi, a investigação agora parte averiguando situações que com toda probabilidade já eram conhecidas. A réplica segue um roteiro habitual. Tenta-se desacreditar Mazzara, manda-se prendê-lo sob uma falsa acusação de insubmisso ao serviço militar. Dá-se o assalto noturno ao pomar em disputa, lançam-se mais mensagens oblíquas como quando Benedetto Carollo requer autorização para ir caçar no pomar com o comendador Schiavo, primeiro presidente da Corte de Apelação palermitana, "enquanto não pode ser ignorada toda a tragédia de sangue acontecida no referido pomar ... por obra do próprio Carollo". A Máfia ostenta sua própria rede protetiva: porém, se a acusação se baseia na "fama" e na "opinião pública", a defesa deverá partir de um dado análogo e contrário, elogiando a reconfirmada confiança de personagens ilustres. Serafino Siino, proposto com outros para ser advertido, anda pela hinterlândia palermitana acompanhado do seu protetor Nicolò Morana (irmão do deputado) recolhendo assinaturas atestando a sua "notória" honestidade: "por deferência ao sr. Morana, de um lado, por temor de Siino de outro, cada um se deixa facilmente induzir a assinar".[177]

176 O ministro ao prefeito, 18 de setembro de 1875, p.3, in ARPA, GP, 1875, b.35, f.6.

177 O chefe de polícia ao prefeito, 26 de outubro de 1875, fundo cit., p.11 e 10.

Giammona tenta um caminho diferente. Por meio do honrado Morana, manda dizer a Codronchi que, para escapar da advertência, "se prestaria a revelações". A operação não chega a bom termo porque Gerra, mesmo solicitado por Codronchi, não aceita a ideia de que "um deputado se ocupe em recomendar advertidos".[178] Giammona então apresenta também assinaturas de personagens respeitáveis cujos destinos já vimos cruzar-se com o seu: os barões Turrisi e Di Maggio, o honrado Morana e o irmão Nicolò, outros proprietários e "negociantes". Um memorial defensivo é anteposto por Gestivo que como de hábito transfere a problemática mafiosa para a autodefesa de classe, não sem algum vitimismo que faz de Giammona e do filho Giuseppe dois perseguidos pela "dupla e imperdoável culpa de viver do que é seu e de tomar cuidado para não se deixar roubar nem abusar".[179]

O chefe de polícia, o prefeito e a magistratura palermitana queriam limitar-se à advertência que, em dezembro de 1875, atinge os Giammona, ao passo que Gestivo desafia a levá-los ao tribunal "sem subtraí-los a [seus] juízes naturais". A provocação deve ser aceita, segundo o ministro Cantelli, cônscio de que o instrumento do Estado de direito é o julgamento público também por formação de quadrilha sem o qual a Máfia não é compreensível nem combatível:

> A ideia de um processo por associação de malfeitores ... é minha. Não é absoluta, mas sugerida como meio para limpar, se possível, aqueles campos com um único golpe ... É importante que diante do fato bastante insólito de um pedido formal de apoio à Autoridade, esta não pareça impotente.[180]

178 Troca de cartas entre Codronchi e Gerra, 26 e 30 de novembro de 1875, fundo cit.

179 Memorial de 29 de dezembro de 1875, fundo cit.

180 O ministro ao prefeito, 12 de agosto de 1875, p.2 e 4.

Tenta-se responder assim a uma (suposta) pergunta da opinião pública e a uma situação no campo que não é só a de Uditore, mas se apresenta em outra vertente do agropalermitano, em Monreale, com a "seita" dos *stoppagghieri*, que tem uma data de nascimento, 1872, e um pai, Giuseppe Palmieri di Nicasio, mazziniano. Este tem um irmão, Paolo, que é delegado local da Segurança Pública, e sabendo-o exposto às insídias da Máfia, constitui "um contrapartido (espécie de contramáfia)" ao qual adere "o que de mais terrível e mais malvado se agita[va] no mundo da ralé". Num primeiro momento, estes fornecem "algum serviço útil à segurança pública", mas depois descambam perpetrando rapinas e homicídios.[181]

Stoppagghiere é com efeito um termo depreciativo usado na cadeia para significar espião[182] (os membros da "seita" chamam-se entre si "compadres"). A polícia admite ter constituído uma máfia da ordem, ter aplicado "o *similia similibus* da homeopatia"[183] naquela Monreale onde, recorde-se, Albanese tinha feito o mesmo no final dos anos 60 com os membros da Guarda Nacional. São estes os expoentes de uma "velha máfia chamada dos gentis-homens ... que enriqueceram mediante tenebrosas maquinações", aos quais se opõem "os jovens também mafiosos que com as mesmas artes gostariam de criar para si próprios uma posição".[184] Um ponto de contato é representado por aquele Marino, falso republicano e informante de Albanese que encontramos entre os *stoppagghieri* e que se tornou foragido não

181 Relatório do chefe de polícia ao procurador, 29 de setembro de 1876, in AEPA, GS, b.7 (1880), com vastíssima documentação. Cf. também Di Menza, *Le cronache*, op. cit., p.221 ss. e Cutrera, *La mafia*, op. cit., p.118 ss.

182 Como resulta de muitos textos do processo de 1878 e da declaração do imputado S. Spinnato, 27 de abril 1878, in AEPA, GS, fundo cit.

183 Di Menza, *Cronache*, op. cit., p.232.

184 Do delegado Bernabò ao chefe de polícia, 16 de setembro de 1876, p.3, in AEPA, GS, fundo cit. Entre os *stoppagghieri*, dois afirmam ter sido perseguidos por Albanese: declarações dos imputados.

antes de haver feito desaparecer a sua ficha junto ao tribunal de Palermo.[185] A máfia "velha" tem todo o interesse em readquirir o apoio da autoridade, talvez acusando os adversários de "internacionalistas". Também aqui se exprime a peculiaridade de Monreale, desde 1848 centro principal da mobilização político-delinquente: alguns dos *stoppagghieri* participaram dos movimentos de 1866, ainda nos anos 70 aparecem na região alianças entre anarquistas e legitimistas. O delegado Negri, sucessor de Palmieri, tenta obter informações sobre Marino por um certo Caputo, outro membro da seita cujas investigações são, porém, encerradas com uma rajada de balas. É o lance teatral. Com o delegado Negri e com seu sucessor Bernabò, os "velhos" voltam a ser amigos das instituições e colaboradores, enquanto os "jovens" passam para as fileiras da delinquência, entre os cultores da mais férrea *omertà*.

Giuseppe Palmieri responde às acusações com sutil ironia, ostentando uma qualidade social que se presta mal a ser envolvida nas montagens policiais: "Eu não preciso estragar minha vida e minha consciência para satisfazer as minhas necessidades. Eu vivo de renda e não de emprego, e por índole, por educação, sempre estive longe de misturar-me com coisas sérias, ou tristes, ou profundas, como a história do seu folhetim".[186] A figura do irmão é, portanto, uma importante figura de delegado-notável, da qual outro exemplo é aquele Stanislao Rampolla del Tindaro já pertencente ao *staff* de Albanese, que na própria família conta também com um cardeal.[187] De maneira geral, numa cidade como

185 O procurador do rei de Palermo ao ministro, 18 de janeiro de 1879, in ACE, Justiça, MAP, b.49.

186 Carta ao GDS, 28 de maio de 1878.

187 Sobre o trágico conflito que o opõe ao síndico Calderone di Marineo, cf. o memorial (1887) da mulher, G. Cirillo Rampolla, *Suicidio per mafia*, introdução de G. Fiume, Palermo, 1986.

esta, a alternância dos delegados representa um elemento determinante para o equilíbrio local.

O caso dos *stoppagghieri* é todo um misto de possíveis mentiras e possíveis verdades. Bernabò afirma que na origem se trata de uma sociedade de ajuda mútua, a qual conta na cidade com 150 adeptos organizados em seções, que vai se ampliando para aldeias e regiões vizinhas, mas disso não existe prova na documentação, e até seus colegas delegados tendem a observar que "cada cidade tem sua máfia local". Porém, os funcionários denunciam associações de máfia em Misilmeri ("Fontana nuova"), em Bagheri ("Fratuzzi"), em outras localidades, e "ninguém em boa-fé duvida da existência de relações" entre os membros desses grupos para a administração de negócios individuais.[188] Outros aspectos do "teorema" Bernabò baseiam-se em elementos mais sólidos, e em particular no testemunho de um arrependido, Salvatore D'Amico di Bagheria, parente de Caputo e, portanto, envolvido na fratura interna da organização. De fato, no seu tempo, D'Amico, condenado por homicídio e detido no presídio de Palermo, tinha sido filiado à seita mediante um complexo ritual "em meio aos representantes eméritos do banditismo de Bagheria, San Giuseppe, San Lorenzo, Altarello, Misilmeri, Borgetto"[189] e naturalmente Monreale.

D'Amico não chega a testemunhar no processo havido em Palermo em maio de 1878: é assassinado apenas um mês antes. São levadas a julgamento e condenadas por associação e homicídio só doze pessoas, entre as quais não figura o suposto chefe Di Liberto. Um vício de forma, porém, leva à repetição do processo que por legítima suspeição se desenvolve em Catanzaro em 1880, concluindo-se com uma absolvição geral. Resultados diferentes

188 Relatório do delegado de Misilmeri, 1° de dezembro de 1876, juntamente com outros in AEPA, GS, fundo cit.

189 Di Menza, *Cronache*, op. cit., p.238.

dão os processos contra os *fratuzzi* de Bagheria e sobretudo contra a quadrilha de Piazza Montalto, último da série (1883), que resulta no reconhecimento da associação e em doze condenações à morte pelos homicídios.

Os Amoroso e seus acólitos já tinham sido processados em 1875, mas em 1878 ocorre um fato novo. Apresenta-se ao cônsul italiano de Saragoça proveniente da América um certo Rosario La Mantia di Monreale, já julgado por rapina, que se diz disposto a revelar importantes informações. Após negociações conduzidas por Tajani, neste momento ministro da Justiça, ele chega a Roma onde é interrogado. Relata ter encontrado em Nova Orleans um compatriota comerciante de fruta, o qual depois de algum tempo lhe confessou ser Salvatore Marino, "que teve que transferir-se para o exterior ... mas que tinha deixado na pátria companheiros que continuavam a executar cada ordem sua". Marino tinha, no entanto, contraído a febre amarela, e à beira da morte roga ao compatriota para queimar algumas cartas, coisa que La Mantia evita fazer. As cartas voltam assim a Palermo: os autores são personagens de destaque, como Michele Amoroso e Giuseppe Giammona, e em algumas obscuras expressões os inquisidores julgam ler em linguagem cifrada a programação de delitos.[190] Documentos e testemunhas não são utilizados no segundo processo dos *stoppagghieri*; entram em campo porém na instrução do processo Amoroso, inclusive pelas revelações de outro arrependido que dessa vez consegue testemunhar. Do caso La Mantia saiu reforçada a tese da estreita coordenação entre as quadrilhas que Franchetti já ligava à "extraordinária aglomeração" dos mafiosos no Palermitano.[191] Salvatore Di Paola e Giuseppe Maraviglia, membros do grupo de Piazza Montalto, dirigem-se a Marselha

190 Documentação in ACE, Justiça, MAP, b.49; o texto das cartas in *Processo Amoroso*, p.148-50.

191 Franchetti, *Condizioni politiche*, op. cit., p.96.

para interceptar o informante e matá-lo, o que por outro lado torna ainda menos verossímil a história do seu encontro casual com Marino: La Mantia havia tempos devia estar por dentro dos segredos da Máfia e da polícia. Depois de permanecer por alguns anos a soldo dos inquisidores, ele desaparece no exterior, justo no momento em que deveria testemunhar.[192]

A chefia da polícia comparece clamorosamente em cada fase dos processos dos *stoppagghieri* e dos Amoroso. Aqui temos a retratação de outro imputado que tinha confessado depois de um mês de detenção secreta e ilegal: às contestações da defesa, o chefe de polícia Taglieri responde: *"salus patriae suprema lex esto"*.[193] Os textos pertencentes às facções opostas julgam de maneira diferente sobre a "capacidade de delinquir" dos imputados, quanto à sua boa ou má fama, porém nenhum deles tem algo realmente decisivo a dizer sobre os delitos em questão; a acusação é sustentada por funcionários do governo que contam o que foi confiado em segredo. Registra-se então uma polarização destinada a permanecer típica dos processos de máfia onde a segurança pública funciona ao mesmo tempo como testemunha, como parte em causa e como ministério público, com os delegados obtendo resultado no tribunal quando conseguem "sustentar a acusação tão bem que convencem os jurados da plena culpabilidade" dos imputados.[194] Em particular a prova do crime associativo permanece confiada à opinião pública e ao modo como os órgãos de segurança a interpretam: num processo seguinte contra um modesto bando de ladrões palermitano, será considerado excepcional o fato de que "a prova ... foi deduzida não só dos depoimentos e dos testemunhos dos funcionários e agentes da Segurança

---

192 AEPA, GP, b.63.

193 *Processo Amoroso*, op. cit., p.56.

194 Processo por uxoricídio atribuído a um mafioso palermitano: relatório do prefeito, 23 de agosto de 1914, p.3, in ACE, Polícia Judiciária, b.144.

Pública, mas também de declarações explícitas de cidadãos particulares".[195] Isso geralmente falta em processos de máfia, porém é dúbia também a credibilidade de funcionários que recusam absolutamente revelar a fonte de suas informações essenciais. No caso dos *stoppagghieri* como no dos Amoroso, a corte tutela tal "segredo de ofício" que se assemelha ao "segredo de Estado", válido nos processos de chacina por funcionários do serviço secreto, opondo-se ao pedido da defesa para incriminação de Bernabò por reticência e às contestações a Taglieri.[196] Atinge-se o cúmulo quando o próprio chefe de polícia admite ter sido levado pela mão em cada fase da investigação sobre os Amoroso por um respeitável personagem "acima de qualquer exceção", do qual obviamente não pode e não quer revelar o nome.[197] Assim os processos sobre a fama dos mafiosos transformam-se em julgamentos sobre a fama dos policiais, isto é, sobre a sua credibilidade e a de seus misteriosos informantes, enquanto todos culpam abertamente alguém para encobrir algum outro. Da guerra de máfia aparece sempre um só protagonista: se a associação dos Amoroso é uma associação para delinquir, pergunta o advogado Marinuzzi, "por que não acusar também os Badalamenti?".[198] Aquele *stoppagghieri* que mata Simone Cavallaro (definido ora como chefe da "velha máfia", ora como ilustre gentil-homem) é por sua vez assassinado na mesma noite; mas nada saberemos a esse respeito nem dos outros delitos cometidos pela sua facção. Sabemos porém com certeza que o delegado Cicognani, enviado para seguir o processo de Catanzaro, intervém para condicionar os jurados.[199] Pouca credibilidade dos funcionários, pouca credi-

195 Relatório do prefeito, 16 de junho de 1912, p.2, fundo cit., b.374.

196 O testemunho e o incidente in AEPA, GS, b.63, onde se encontram os materiais processuais.

197 *Processo Amoroso,* op. cit., p.41.

198 Ibidem, p.203.

199 Cf. o relatório dele mesmo, 8 de março de 1880, in AEPA, GS, fundo cit.

bilidade do governo que os remunera. Os defensores, os mais importantes que (Cuccia, Lucifora, Marinuzzi) encontramos em ambos os casos, sustentam essa tese sobretudo para o processo dos *stoppagghieri* e *per causam*, dado que em dois casos diferentes, na época de Albanese e de Palmeri, a polícia é a suscitante confessa de associações "de malfeitores". O discurso de Marinuzzi em Catanzaro parte dos crimes denunciados por Tajani e os relaciona com outros mais recentes, considera as acusações contra os *stoppagghieri* como parte da tentativa da direita de dar credibilidade à lei extraordinária de Segurança Pública, concluindo com uma peroração sicilianista que convence plenamente os jurados calabreses, cujo veredito aplica "outra severa e merecida lição a quem, *filho* ou *hóspede* [da] nossa cara Sicília, impunemente a deprime e desconhece".[200]

O recurso a um registro regionalista por parte do crispino Marinuzzi, e ainda mais despudoradamente por obra do conhecido Gestivo, não tem sucesso e na verdade nem sequer é tentado no curso do proceso Amoroso apenas três anos depois, embora num clima muito diferente. O presidente do tribunal observa como a associação de que se trata não é de tipo político "como alguém poderia, crer",[201] prevenindo qualquer mal-entendido em nome do garantismo liberal. As contestações versam sobre a existência e sobre a natureza de uma associação constituída para matar, mas não para roubar, nascida em 1874 e inoperante durante quatro anos, visto que o primeiro delito atribuído a ela é de 1878: fato curioso, argumenta Cuccia, "desde que as associações para delinquir existem devem por necessidade ser ativas".[202] Dessa vez a resposta de Taglieri parece convincente:

---

200 Telex de Marinuzzi in *L'Amico del Popolo*, 5 de março de 1880, grifo meu. Um amplo resumo do discurso in AEPA, GS, fundo cit.

201 *Processo Amoroso*, op. cit., p.24.

202 Ibidem, p.251.

"a base do sodalício criminoso" é a guardiania;[203] a associação – acrescentaria – não ameaça a propriedade mas a defende, os homicídios são perpetrados nos momentos de conflito pela oferta de proteção.

Os guardas nem sempre residem na propriedade, bastando sua fama para dissuadir os mal-intencionados; permanecendo nas aldeias ou na cidade eles podem colocar-se no centro de uma rede também comercial. De fato, o guarda tem funções importantes no complexo e frenético circuito do intercâmbio, o que diferencia muito esta máfia dos pomares da máfia do latifúndio. Os "furtos" sobre os quais se exerce vigilância, por exemplo, são frequentemente ligados à compra e venda de cítricos quando acordo entre guarda e comprador pode revelar-se deletério para o vendedor. Carollo, o guarda do doutor Galati, pretende para si vinte por cento do preço ajustado por ele com os compradores, "sendo esta uma camorra habitual da máfia em geral"; muito mais grave é o fato de ele praticar outros saques clandestinos sobre a partida dos frutos "já comprados e pagos" (mas ainda não colhidos), com grave prejuízo para o comprador, "coisa essa que *desacredita* a propriedade e *afasta* no futuro os compradores de cítricos". Nesse caso, o guarda-traficante acaba por sabotar o mecanismo que deveria garantir. Galati tenta livrar-se disso pelo aluguel da propriedade, sem que se apresente, porém, qualquer oferta, porque Carolo desencoraja os pretendentes, declarando ameaçadoramente que "aquele pomar jamais seria arrendado nem vendido".[204] Existe ainda outra guardiania, a da água, confiada aos chamados *fontanieri* que, nos períodos críticos da estação, se quiserem, podem reduzir a quantidade de água injetada nas tubulações para revender sub-repticiamente o resto, provocando a destruição (ou a salvação) de uma colheita, a ruína (ou a

203 Ibidem, p.40.

204 *I casi di Malaspina*, op. cit., p.1000.

fortuna) de um empresário: para uma agricultura intensiva como a do agropalermitano, trata-se de um recurso irremediavelmente escasso e certamente estratégico, um típico gênero de monopólio para os proprietários dos poços e das fontes que concretamente os administram. Para os citricultores "não existe maneira de chamá-los ao dever, nem legalmente, porque a justiça custa caro, nem economicamente, porque são uns bandidos mal-encarados, perigosos e comprometedores";[205] mas a organização mafiosa pode fazê-lo, especialmente no caso de que o guarda forneça água ao grupo errado, como faz Felice Marchese, assassinado (segundo Bernabò) por ordem de Di Liberto.

Os proprietários de fontes, observa o economista Ferdinando Alfonso, "encontram-se na melhor relação" com os citricultores mais do que com os proprietários, isto é, mais com os arrendatários e os intermediários, aqueles que diante do *boom* do mercado cítrico pós-unitário "*vão* comprando todos os frutos dos pomares dos proprietários e depois se *unem e fazem* subir os preços" pagos pelos grandes exportadores que despacharão a mercadoria para a distante América.[206] Essa conjuntura de altos preços e de baixa produção estimula a concorrência para aquisições cada vez mais prematuras em relação às quedas naturais da estação, à antecipação de altas somas por parte dos intermediários com a perspectiva de ameaçadoras exigências de restituição no caso de a arriscada transação não chegar a bom termo. Os contratos de compra e venda são formulados de maneira intencionalmente ambígua, para deixar espaço a um acordo "amigável" que proteja a continuidade dos negócios e a convivência de todos, contanto que exista um interlocutor respeitável

205 E. Arnao, *La coltivazione degli agrumi*, Palermo, 1899, p.373.

206 Respectivamente, F. Alfonso, *Trattato sulla coltivazione degli agrumi*, Palermo, 1875, p.463; entrevista do exportador F. Puglisi in Iachello, *Stato unitario*, op. cit., p.200.

para ambas as partes, produtores e intermediários. O controle dos corretores que avaliam a produção, aos quais compete o papel de fiador e às vezes de depositário do produto após a estipulação dos acordos, é, portanto, um dos campos de ação da Máfia.[207] Os Amoroso são chamados indiferentemente de citricultores ou traficantes; muitos dos assassinados, como Caputo ou Gaspar Amoroso, são atraídos para a discreta penumbra de um pomar com a desculpa de uma compra e venda de cítricos. "Todos, visto o estado de coisas, são especuladores que como meio de especulação usam pólvora e chumbo."[208] Assim, partindo da exigência originária de segurança pública e privada, por meio da estreita "correspondência" entre guardas, proprietários de poços e fontes de água, arrendatários e intermediários, mediante a relação fiduciária com os proprietários que transforma guardas-facínoras em negociantes e agricultores, delineia-se o caráter da organização:

> Ao contrário de outras que já foram levadas a sofrer os rigores da Justiça (por exemplo, a Posa dos moleiros e carroceiros) [esta] não tem por objetivo o monopólio forçado de uma indústria determinada, a coativa taxação ou o arbitrário encarecimento da mão de obra; mas ataca em geral as fontes da propriedade, todas as manifestações econômicas da riqueza, da indústria e do trabalho.[209]

Essa oportuna distinção entre monopólio setorial e monopólio territorial não deve ser entendida muito rigidamente. As

---

207 A descrição do assassinato de um desses corretores está no relatório de Bernabò ao chefe de polícia, 24 de setembro de 1876, AEPA, GS, fundo cit. Mas para uma análise aprofundada das transações típicas da economia cítrica, que não é possível desenvolver aqui, remeto ao meu *Il giardino degli aranci*, op. cit.

208 Enrevista Pagano, in *Inquérito Bonfadini*, p.483.

209 O chefe de polícia ao procurador do rei, 29 de setembro de 1876, op. cit., p.8.

atividades controladas encontram nos povoados um momento de passagem (roubo de gado, contrabando) ou de partida (comércio de cítricos) no qual os membros da organização desempenham um papel de mediação de negócios em contato com outros mafiosos ou com indivíduos estranhos ao mundo dos bandidos. É no interior dos povoados e das regiões da hinterlândia que se determina um sistema que será *estendido* ao modelo do monopólio territorial, a partir do núcleo da custódia das instalações, das colheitas, da água. Os dois aspectos, que devem ser mantidos conceitualmente distintos, na prática se sobrepõem, já que ambos não excluem as relações mútuas entre as quadrilhas, que se configuram como relações de negócios ou como reconhecimento das respectivas senhorias territoriais.

A temporada de processos por formação de quadrilha de 1875-1883 tem o mérito de trazer à luz essa realidade com atenção maior aos princípios da civilização jurídica do que nos anos 60; apesar do ilegalismo persistente na relação entre expoentes da Máfia e expoentes do Estado.

Guardiães e negociantes

Máfia e política

No dia 1º de fevereiro de 1893, num vagão ferroviário em trânsito na linha Termini-Palermino, é assassinado Emanuele Notarbartolo di San Giovanni, descendente de uma das mais eminentes famílias aristocráticas sicilianas, representante da direita histórica mas personagem *super partes*, unanimemente apreciado pela retidão moral e pela capacidade administrativa demonstrada como síndico de Palermo (1873-1876) e diretor geral do Banco da Sicília (1876-1890).[1]

---

1 Um perfil de Notarbartolo, laudatório mas verossímil até onde seja possível verificar, é traçado pelo filho, L. Notarbartolo, *Memorie della vita di mio padre, Emanuele Notarbartolo di San Giovani*, Pistoia, 1949. Sobre o período da sindicatura, cf. Cancila, *Palermo*, op. cit., p.148-55; sobre a direção do Banco, R. Giuffrida, *Il Banco di Sicilia*, Palermo, 1973, II, p.307-19. Ver ainda Barone, *Egemonie urbane*, op. cit., p.307-19, e Pezzino, *Una certa reciprocità*, op. cit., p.159-65

Não se trata de um episódio de terrorismo político como aqueles do período pós-unitário. A hipótese de ataque de bandidos parece que deve ser descartada até pelo planejamento "moderno" e confiante de induzir a vítima a abandonar as precauções que mantinha desde 1882, quando sofreu um sequestro: descarregar o fuzil que levava consigo e adormecer ("Entre o bandido e a ferrovia há uma incompatibilidade completa, um anacronismo").[2] O homicídio é cometido com uma faca, arma usada mais nos delitos passionais do que naqueles "por encomenda" ("A arma que o sicário usa ... é sempre a de fogo").[3] Não estamos dentro da luta entre rivais pelo arrendamento ou guardiania: sabemos que os mafiosos de Palermo não costumam matar os proprietários, muito menos homens tão eminentes. Entretanto, a "opinião pública" imagina um delito de máfia, e até mesmo, afirma o procurador-geral Sighele, de "alta máfia",[4] indicando como executores dois representantes da quadrilha de Villabate, Matteo Filippello e Giuseppe Fontana e como mandante Raffaele Palizzolo. "Nas reuniões públicas, nas ruas, em todo lugar se dizia: *a mão* deve ter sido de Palizzolo."[5]

Esse crime assinala um salto de qualidade, mas sob certos aspectos permanece um marco isolado, um sinal de desenvolvimentos futuros. Para se ter a justa escala de referência, basta pensar que por mais de um século só nesse caso a Máfia ousou golpear assim tão alto. O cadáver de Notarbartolo é o primeiro dos ilustres, e também o último até a morte do procurador-geral

2 Marchesano, *Processo*, op. cit., p.159-65.

3 *Per l'assassinio del comm. Notarbartolo* (24 de outubro de 1896), p.1, in BCI, Carte Codronchi, Commissariato civile per la Sicilia, cat.16, Processo Notarbartolo, b.1827.

4 Relatório ao ministro da Justiça de 26 de fevereiro de 1894, p.1, in ACE, Justiça, MAP, b.126.

5 Testemunho no processo de Milão do chefe de polícia de Messina, Peruzy, já inspetor de Segurança Pública em Palermo, in GDS, 23-24 de novembro de 1899.

Pietro Scaglione, portanto desde a unificação política da Itália até 1971. A grande delito, grande reação. A emergência da máfia é imposta não só à Sicília, mas a toda a nação, graças também ao fato de que os três processos Notarbartolo, por legítima suspeição, decorrem em Milão (1899-1900), Bolonha (1901-1902) e Florença (1903-1904);[6] e porque a imprensa, dando claro destaque aos debates, "nacionaliza" o obscuro objeto máfia, peculiaridade da extrema província meridional do país, bem mais do que ocorreu com a discussão parlamentar de 1875. A começar daquilo que o marquês de Rudinì chama de "o palco de Milão",[7] todos os italianos assistem a um sensacional espetáculo no qual atuam como personagens as centenas de testemunhas provenientes da Sicília, vestidas de maneira estranha, que se exprimem num idioma que só é compreensível por meio dos intérpretes nomeados pelos magistrados.

No primeiro processo, comparecem apenas dois imputados, os ferroviários Garufi e Carollo, que a lógica dos fatos mostra como cúmplices do assassinato; nenhuma culpa é atribuída a Palizzolo e Fontana (as suspeitas contra Filippello tinham desaparecido). A solução não parece boa para a família Notarbartolo, e sobretudo para o filho do falecido, Leopoldo, que teve de recuar diante das hesitações e contradições do inquérito, e que agora, "no ar livre de Milão",[8] põe em execução o clássico lance teatral acusando Palizzolo.

> Eu não sou capaz de descrever-lhes o frêmito de ansiedade, a suspensão de ânimo dos magistrados, dos jurados e do público a estas palavras – narra o cronista do *Avanti!* –; invencivelmente uma

---

6 R. Poma, *Onorevole alzatevi!*, Firenze, 1976, descreveu os debates que de minha parte acompanhei nas crônicas do CS, do GDS, do *Avanti!* e de outros cotidianos.

7 Carta a Codronchi, 5 de dezembro de 1899, in BCI, fundo cit.

8 Notarbartolo, *Memorie*, op. cit., p.339.

atenção aguda, quase dolorosa prendeu o pretório à palavra rápida, incisiva, segura daquele jovem de 28 anos que vinha reclamar vingança contra o suposto poderoso assassino do pai.[9]

Por iniciativa da parte civil, o processo se transforma numa "instrutoria pública"[10] contraposta à instrutoria oficial. O inspetor de Segurança Pública, Cervis, acusa o colega Di Blasi, assecla de Palizzolo, de ter despistado as investigações e ocultado provas. Di Blasi é preso no tribunal. Um inquérito promovido pelo prefeito de Palermo descobre um bilhete pelo qual o inspetor incriminado, apenas um dia depois do assassinato, tinha pedido *sua sponte* para ser designado para as investigações indicando "pistas" fantásticas, e conclui: "A sua íntima relação com o comendador Palizzolo dá motivo para desconfiar que não lhe tenha sido estranho o interesse de ter nas mãos o fio da meada para salvar o seu amigo e protetor".[11]

Cervis dá a entender que o "partido" Palizzolo encontrou indulgência, se não cumplicidade, no chefe de polícia de Palermo de 1893, Ballabio, o qual posto em confronto com Di Blasi explode numa crise de nervos, chamando-o "um mentiroso e um infame [que] trouxe a desonra para a polícia de Palermo".[12] O general Mirri, em 1899 Ministro da Guerra do governo Pelloux e chefe da Segurança Pública na Sicília no período do estado de sítio, acusa a magistratura de "máxima fraqueza, negligência, até culpabilidade".[13] O chefe de polícia seguinte, o ex-inspetor Lucchesi, troveja: "Uma mão mágica, misteriosa mas potente, influiu neste processo! Assim se explica como [ele] vem se desenvolvendo há seis

9 *Avanti!*, 18 de novembro de 1899.
10 CS, 4-5 de setembro de 1901.
11 Relatório do prefeito De Seta de 15 de maio de 1900 in ACE, PS, AAGGRR, 1879-1903, b.1, fasc.1/11, p.4, contendo o bilhete de Di Blasi.
12 GDS, 3-4 de dezembro de 1899.
13 GDS, 15-16 de dezembro de 1899.

anos quando bastariam apenas quatro meses".[14] Todos eles, e muitos outros, testemunham sobre a "capacidade de delinquir" de Palizzolo e sobre suas relações com a Máfia.

Como se verá, tanto o general como o chefe de polícia têm algo a ser perdoado, dando assim a sua contribuição para um escândalo "demasiado amplo e indefinido" que, observam preocupados Pelloux e Sonnino, põe em discussão o próprio equilíbrio político.[15] No palco de Milão, os atores recitam um texto tão subversivo que leva o comando militar local a proibir os oficiais de frequentar as sessões do processo;[16] mas para todos, presentes e ausentes, os enviados especiais restituem o quadro dos advogados que acusam as instituições de cumplicidade, políticos e policiais que se acusam reciprocamente, para a vergonha dos bem-pensantes e a alegria dos subversivos. Os primeiros devem admitir a presença de "um veneno misterioso, sutil ... floresce sob a capa da Máfia a força da política, sob a capa da política a força da Máfia";[17] os segundos podem constatar a miséria do Estado que pretende julgá-los:

> Não é só "negligência" seja ela máxima, não é só "incúria" seja ela enorme, que existe em tudo isso. Mais que "culpabilidade" existe o crime organizado na administração da justiça, existe a justiça cúmplice e protetora dos assassinos, existe a infâmia, a vergonha, a desonra.[18]

Sobre certos episódios, admite o procurador-geral milanês, deve-se pedir o julgamento "à opinião pública, que, na maioria

---

14 GDS, 23-24 de novembro de 1899.

15 S. Sonnino, *Diario 1866-1912*, org. de B. F. Brown, Bari, 1972, p.428 e também p.423.

16 *Avanti!*, 8 de dezembro de 1899.

17 Rastignac [V. Morello], I discorsi del giorno: de malo in pejus, in *La Tribuna*, 15 de dezembro de 1899.

18 De Felice, *Maffia e delinquenza*, op. cit., p.42.

das vezes não falha e distribui a quem compete, segundo justiça, o louvor e a censura".[19] Mas para a opinião pública, as responsabilidades distribuem-se entre magistrados, chefes de polícia e prefeitos, abrangendo os governos sob os quais as investigações foram suspensas.

Entre estes, paradoxalmente, está aquele presidido pelo marquês de Rudinì, amigo pessoal de Emanuele Notarbartolo e líder da sua facção política, a direita. São os anos (1896-1897) do comissariado civil para a Sicília, que Rudinì confia a Codronchi, cuja tarefa oficial é combater os favoritismos; ao passo que a tarefa real, nota sarcasticamente Sonnino, é criar um "comissariado eleitoral", que disperse o partido crispino e recupere sua ala moderada, reagrupando em torno do governo as forças disponíveis.[20] Para tal fim Codronchi é o homem adequado: representante da direita antipático à democracia insular desde 1875, mas em 1889-1890, como prefeito de Nápoles, fiel executor da política de Crispi.

Em abril de 1896, antes ainda da sua nomeação oficial, Codronchi exprime seus propósitos:

> Todos sabem quem foi o mandatário, quem foi o mandante. A justiça deteve-se diante de algum maioral amigo de Crispi. ... Eu disse a Rudinì que não pretendo deter-me nem diante de seus amigos, do deputado Palizzolo, por exemplo. Rudinì me respondeu: Está bem, Palizzolo é um canalha.[21]

---

19 Carta ao ministro da Justiça, 14 de fevereiro de 1900, p.6 in ACE, Justiça, fundo cit., b.125.

20 A intervenção de Sonnino na Câmara em 6 de julho de 1896 está em S. M. Ganci, *Il commissariato civile per la Sicilia del 1896*, Palermo, 1958, p.320-40. Uma lista dos deputados governistas na chegada de Codronchi in BCI, fundo cit., cat. 15, b.8182. Sobre o comissariado civil, cf. a síntese de Barone, *Egemonie urbane*, op. cit., p.285-94.

21 Farini, *Diario*, op. cit., II, p.908.

Codronchi se superestima. A reabertura do caso provavelmente se deve a instruções de Rudinì, aliás não fácil de satisfazer visto que os indícios acabam por pesar não sobre os crispinos mas sobre Palizzolo, o qual apesar de "canalha" representa um dos pilares da direita. Por outro lado, o deputado tem uma absoluta necessidade do apoio governamental; às suspeitas sobre o caso Notarbartolo se acrescentam outras sobre o assassinato de um certo Francesco Miceli, que ele atribui a uma perseguição de Giolitti, daí as motivações pseudogarantidas sobre as quais lança o seu apoio ao projeto de comissariado civil:

> Tão logo acontece um grande crime na província, é no gabinete do prefeito que se desenvolvem os primeiros atos processuais, o prefeito não despreza o trabalho de algum conselheiro áulico, o qual poderia ser um candidato político ministerial para as próximas eleições. ... Autor de todo crime ou delito é por eles sempre considerado o candidato de oposição, cúmplices mais ou menos necessários os seus amigos e defensores.[22]

Não deve, portanto, surpreender a desagradável situação em que cai Leopoldo Notarbartolo ao encontrar Codronchi em conciliábulo com Palizzolo.[23] Nos meses seguintes, instala-se um intercâmbio cotidiano no qual o conde de Ímola dá instruções para a alta política, enquanto o parlamentar palermitano ocupa-se da gestão local: dissolução de administrações comunais, loteamento de terrenos públicos, prorrogação de débitos de algumas sociedades, escolha dos farmacêuticos chamados a administrar o serviço para os pobres de Palermo, composição do corpo de fiscais fazendários.[24] Muito atento está o deputado para a escolha dos defensores da ordem: protesta pela transferência de Palermo

22 Discurso cit. de 8 de julho de 1896, p.7349.
23 Notarbartolo, *Memorie*, op. cit., p.333.
24 Carta e apontamentos in *BCI*, fundo cit.

do delegado de Segurança Pública Olivieri, que chama de "meu eleitor aficcionado que muito poderia favorecer-me", ao passo que "se deixam nesta [província] e no meu colégio outros funcionários que não me são favoráveis!"; intervém em favor de um ex-delegado, um certo Francesco Saitta, suscitando dessa vez indignação do alto comissário que escreve: "Este Saitta foi condenado e destituído, e ainda se recomenda para que o nomeie chefe da guarda campestre!". Particularmnte interessado mostra-se Palizzolo em obter a nomeação de assessor da polícia urbana na administração clérico-moderada, chefiada pelo senador Amato-Pojero, que graças à direção de Codronchi se instala no município palermitano em 1897:

> Tenho inúmeros amigos cujos direitos e razões foram menosprezados e eles insistem muito para que eu, mesmo por mês, faça parte do Poder Executivo [*sic!*]. ... Amato deveria depender dos sábios conselhos de V. Exa. e dos amigos sem os quais não poderá permanecer 48 horas no cargo de síndico.[25]

Para compreender de que "amigos" se trata, observe-se que em vista das eleições administrativas na capital da ilha foi elaborada uma reforma do sistema eleitoral garantindo aos candidatos indicados pelos subúrbios um peso desproporcional: segundo De Felice, personagens com cheiro de máfia são desse modo eleitos com dezenas de votos, ao passo que no centro são excluídos candidatos da oposição que obtiveram mais de mil sufrágios, entre outros um Salvatore Licata, filho daquele Andrea que conhecemos nos anos 70.[26] Só Palizzolo pode manter sob

25 Bilhetes sem data in BCI, fundo cit. A sindicatura Amato-Pojero será definida pelo inquérito sobre o município de 1900-1901 como "um dos períodos mais tristes e desgraçados"; cit. in Cancila, *Palermo*, op. cit., p.205.

26 Respectivamente: De Felice, Le responsabilità del governo: i consiglieri della maffia, in *Avanti!*, 28 de dezembro de 1899; Cancila, *Palermo*, op. cit., p.103-4.

controle tais personagens. Não é de surpreender, portanto, que em 1897 Codronchi se declare certo da inocência de Palizzolo e mais suspeitoso dos crispinos Figlia e Tenerelli.[27]

Chefe de polícia de Palermo é Lucchesi, que o alto comissário reputa "homem habilíssimo, [que] conhece tudo e todos", prevendo, porém, que devia afastá-lo por não ser "nada bom".[28] Trata-se com efeito de um fino instrumento da polícia, por dentro dos "venenos" palermitanos desde os tempos de Malusardi; certa vez, surpreendido em amistoso conciliábulo com um célebre mafioso, teria exclamado: "Vejam ao que sou obrigado! Este aqui mereceria ser algemado, e eu mesmo terei o prazer de levá-lo à prisão".[29] Deveras singulares são as instruções, dadas pelo chefe de polícia aos subordinados no verão de 1896, de não dar curso a nenhuma das denúncias contra os mafiosos de Villabate "para evitar que pessoas difamadas por graves malfeitos se [tornem] foragidas comprometendo as condições da segurança pública".[30] Este é o homem que deve reabrir o caso com o novo procurador-geral, Vincenzo Cosenza. Decide-se dar atenção às "proclamações" de um detento, um certo Bertolani, segundo o qual Fontana (agora preso em Veneza por tráfico de dinheiro falso) teria se gabado de ter matado Notarbartolo; como mandante, Bertolani – interpretando de maneira extensiva os desejos de seus protetores – indica ninguém menos que Crispi.[31] Isso permite a revisão da instrutoria e a incriminação de Garufi e Carollo, não a de Fontana cujo álibi parece inatacável até porque

27 Farini, *Diario*, op. cit., II, p.1188.

28 Ibidem, II, p.908.

29 *La mafia: sue origini e sue manifestazioni*, in GDS, 10-11 de dezembro de 1899.

30 *Relatório Sangiorgi*, anexado ao XVI relatório, p.16.

31 As negociações entre Codronchi, Lucchesi e Bertolani in BCI, fundo cit., cat.14, b.7816 bis. Segundo um *Memorandum* da parte civil (14 de janeiro de 1900, p.4-5), teria sido Cosenza quem convenceu o condenado a evitar referências ao mandante: ACE, Justiça, op. cit.

Cosenza não põe em confronto com Lucchesi o ferroviário Di-letti, que tinha confessado ao chefe de polícia ter reconhecido o mafioso como o homem presente no trem no dia do crime; não pressionada, a testemunha se retrata, e só no processo tornará a acusar Fontana.[32]

Como se vê, em 1896-1897, funcionam mecanismos diferentes daqueles postos em ação em 1893, quando das adesões a Palizzolo. Codronchi está determinado a encontrar o mandante, depois, quando todas as pistas levam a Palizzolo, acaba por apontar apenas Fontana; objetivo também frustrado pela relutância de Cosenza. Por outro lado, tanto o alto comissário como o seu ainda mais alto inspirador político restarão convencidos de que o seu ex-aliado não é culpado, ou pelo menos não é o único culpado:

> Eu não sou fiador de Palizzolo – escreve Rudinì a Codronchi em dezembro de 1899. A corrente de opinião que se formou contra ele diz que é homem capaz de delinquir. Mas ... o encarniçamento contra ele, na primeira instrutoria, quase demonstra que se procurou com artifícios desviar a justiça afastando-a da pista certa.[33]

A carta apela à calma naqueles dias convulsivos do processo de Milão em que todos tentam inocentar Palizzolo. Rudinì continua a afirmar que o verdadeiro escândalo está na frustrada incriminação de Fontana, e, portanto, "se existe corrupção" ela deve ser procurada na magistratura;[34] de Codronchi são arrancadas limitadas admissões sobre a "capacidade de delinquir" de Palizzolo. Lucchesi, porém, troveja contra os magistrados mas também contra o deputado, sem perceber que coloca em dificuldade os seus protetores: "este seu comportamento – comenta

32 Notarbartolo, *Memorie*, op. cit., p.335-8.

33 Carta cit. de 5 de outubro de 1899, p.3-4; no mesmo sentido, e no mesmo fundo, ainda Rudinì a Codronchi em 10 de outubro de 1899.

34 Carta cit., p.1.

zangado Rudinì – me parece maravilhoso!".[35] A explicação do comportamento do ex-chefe de polícia, segundo o prefeito palermitano De Seta, é simples: "Ele informou a sua ação em função do interesse pessoal: convinha mostrar-se violento contra Palizzolo, do qual foi amigo em outros tempos".[36]

Em Palermo, os acontecimentos preocupam a magistratura tão pesadamente posta em causa; Cosenza protesta pelo espaço que o tribunal milanês dá ao "ignóbil e nauseabundo espetáculo de ... uma vingança particular".[37] O procedimento atípico é justificado pela parte civil como um "revolucionário" forçamento diante das influências palizzolianas justamente sobre o procurador "que dolorosamente demonstrou como dele não se pode esperar o triunfo da verdade e da justiça".[38] Se Palizzolo aponta sobre a máquina judiciária e policial palermitana, os Notarbartolo utilizam a sua rede de relações no campo moderado-aristocrático, em particular nos meses do processo de Milão, graças ao apoio fornecido pelo próprio Umberto I a pedido do príncipe de Camporeale e pela relação pessoal que liga o tio de Leopoldo Notarbartolo, o major do exército barão Gaetano Merlo, ao chefe do governo geral Pelloux.

> Víamos que o ministério nos apoiava – escreverá o próprio Notarbartolo Jr. – Se um novelo se embaraçava, meu tio ... pegava o trem para Roma e obtinha do seu amigo Pelloux tudo o que queríamos. Assim conseguimos assegurar à Justiça os documentos reservadíssimos do Banco da Sicília, da polícia e do comando dos Carabineiros de Palermo, e até os do Ministério do Interior[39]

35 Ivi, p.2.

36 Relatório de 15 de maio de 1900, op. cit., p.5.

37 Cosenza a Gianturco, 1° de abril de 1901, p.4, in ACE, Justiça, op. cit., b.126.

38 *Memorandum* de 14 de janeiro de 1900, op. cit., p.14.

39 Notarbartolo, *Memorie*, op. cit. p.351-2.

O *affaire* registra, porém, uma inédita mistura entre esse bloco de forças de origem tradicional-moderada e a extrema esquerda, a qual desempenha um papel de primeiro plano sobretudo na gestão do processo: Leopoldo Notarbartolo confia seu caso a dois advogados socialistas, Carlo Altobelli e Giuseppe Marchesano, o qual virá representar a ponte para o socialismo palermitano de Aurelio Drago e do príncipe Alessandro Tasca di Cutò. Nos anos dos escândalos bancários, a convergência é menos paradoxal do que poderia parecer; entre direita e esquerda existe um ponto de contato na denúncia da confusão entre negociata, política e administração, na crítica às degenerações do sistema representativo que leva à utilização da Máfia: "O que deveria fazer o governo? – pergunta Drago. – Combatê-la? E quem fará as eleições? Então organizá-la. E o governo a organiza, arma e paga".[40]

Socialistas e radicais, por outro lado, têm necessidade de entrar de novo no jogo político do qual o estado de sítio de 1894 os expulsara, e, com uma posição anticrispina comum, procuram aproximar-se dos rudinianos já com Codronchi; mas as iniciativas não encontram resposta, daí as violentas acusações que sobretudo Giuseppe De Felice Giuffrida, o socialista catanense já dirigente dos fascistas em 1899, moverá contra "o ex-vice-rei da Sicília". "Estamos ambos na alça de mira do famoso De Felice – escreve Lucchesi a Codronchi – porque o senhor como sincero monarquista lhe contrastou a eleição, e eu o processei e o mandei para a cadeia."[41]

O processo de Milão segue a violenta repressão dos movimentos de 1898 e a primeira fase do obstrucionismo parlamentar

40 Drago, La maffia è necessaria, in *Avanti!*, 5 de dezembro de 1899.

41 Carta de 8 de julho de 1900 in BCI, fundo cit., cat.16, b.8223. De G. De Felice cf., por exemplo, L'ex-Vicere Codronchi e la mafia, in *Avanti!*, 9 de dezembro de 1899.

contra as leis "liberticidas" de Pelloux (junho de 1899); os últimos dois meses desse ano e o início do seguinte veem a esquerda na ofensiva contra um governo tão duro com os socialistas e tão condescendente com os mafiosos. Como afirma Bissolati, a política italiana "tem duas faces, uma é a figura-símbolo de Palizzolo, a outra é a imagem dos deputados Ambris, Chiesi, Turatti, fichados e vigiados pela Segurança Pública"; após um duro discurso de De Felice, um dos protagonistas do obstrucionismo, Pelloux deve admitir que de Milão vem "uma lição, uma dura lição para todos".[42] O impacto do escândalo atinge também o governo na pessoa de Mirri, que deve demitir-se quando o procurador-geral Venturini, violentamente atacado por ele em Milão, passa a *Il Tempo* algumas cartas de 1894 nas quais o general pretende a libertação do mafioso Saladino, ligado aos crispinos.[43] No dia 8 de dezembro, enquanto se espalham boatos sobre uma fuga de Palizzolo para o exterior (ele se encontra porém, na Sicília), Pelloux suspende as comunicações telegráficas entre Roma e Palermo e, passando por cima do processo, consegue que o Parlamento vote imediatamente a autorização de prisão, que é cumprida mesmo sem uma ordem do magistrado.

Este é um grande problema, considerando os apoios palermitanos do deputado-encarcerado. Como tantas vezes no passado, é evidente a escassa sintonia em que se encontram a polícia e a magistratura, a qual (nota o *Giornale di Sicilia*) "em vez de ser a natural aliada e defensora da Segurança Pública, dificulta sua ação, torna-a impotente e ridícula".[44] O delegado Lancellotti, incriminado por abuso de poder depois que os membros da quadrilha por ele investigada foram absolvidos, "como de hábito",

---

42 In APCD, Discussões, 1° de dezembro de 1899, p.344 e 383.

43 Attorno al processo Notarbartolo, in *Il Tempo*, 2 de janeiro de 1900, e o comentário de G. De Felice, Sempre le lettere del generale Mirri, in *Avanti!*, 4 de janeiro de 1900.

44 *La mafia: sue origini*, op. cit.

por insuficiência de provas, revela que um deles lhe disse de pronto sentir-se mais que seguro enquanto em Palermo estivesse o juiz Pezzati, amigo de Palizzolo.[45] Palizzolo, na prisão, diz que põe "todas as suas esperanças, toda a sua confiança" no procurador-geral.[46] As resistências de Cosenza às pressões do ministro da Justiça do novo governo Saracco, Gianturco,[47] correm o risco de configurar um conflito entre o Poder Executivo e o Judiciário, sobretudo quando o procurador avoca a si o requisitório não confiando na acusação, culpabilista. No fim, Cosenza tem de mandar Palizzolo e Fontana a julgamento, mas com motivações que chegam a constituir uma espécie de discurso a favor deles. Nesse clima de rupturas, pressões, paradoxos, suspeitas novas e mais graves, vai-se ao processo de Bolonha.

O honorável Palizzolo

"Palizzolo era de temperamento calmo, bondoso, afetuoso, poeta nas horas vagas, meio frívolo, muito tagarela, incapaz de guardar um segredo, e, portanto, incapaz de conferir a alguém um mandato para um trabalho sangrento":[48] esse é o retrato que dele fazem seus defensores. De fato, trata-se de um personagem incolor, com uma oratória antiquada tendendo a efeitos ridículos, pelo menos para os ouvidos experimentados de um cronista milanês que o ouve no processo de Bolonha: "Ele fala apoiando-se numa cadeira, com uma postura trágica, com muitos gestos, modulando a voz, tornando-a ora suave, ora grave, ora violenta,

45 Documentos de janeiro de 1900 in ACE, Justiça, fundo cit., b.125.

46 Relatório de 1º de março de 1900 in ACE, fundo cit.

47 O intenso intercâmbio epistolar entre ambos, verão-outono 1900 (já utilizado por Barone, *Egemonie urbane*, op. cit., p.315-6) in ACE, Justiça, fundo cit., b.126.

48 *Memoria im difesa di R. Palizzolo*, Palermo, 1904, p.IX.

com evidente procura de efeito". Mais baixo é o tom do imputado quando explica a própria influência: "Eu era só o deputado acessível aos eleitores ... Eu descia e vivia entre o povo, procurando ser seu conselheiro e amigo. E o povo sentia gratidão".[49]

Como a defesa admite sem pudor, Palizzolo, administrador de obras caridosas, membro de uma infinidade de comissões, conselheiro comunal e provincial, tinha criado uma clientela que compreendia pessoas de todo tipo, até mesmo algum mafioso do qual "se servia nas eleições"[50] igual a outros parlamentares. Em alguns pontos, essa interpretação converge com a de Gaetano Mosca, que a transmitiu aos pósteros dando a ela a aprovação do grande intelectual:

> Era popularíssimo se a popularidade consiste em ser facilmente acessível a pessoas de qualquer classe, de qualquer grupo, de qualquer moralidade. A sua casa estava aberta indistintamente aos cavalheiros e aos malandros. Ele recebia a todos, fazia promessas a todos, apertava a mão de todos, tagarelava incansavelmente com todos; a todos lia os seus versos, narrava os sucessos oratórios obtidos na Câmara e, com hábeis alusões, dava a entender quantas e quais alianças muito poderosas ele tinha.[51]

Para Mosca, não estamos, portanto, diante de um delinquente, mas de uma típica criatura do sufrágio ampliado, um daqueles *homines novi* que fazem da política uma atividade profissional, habituado a conquistar o consenso dos eleitores com uma prática de pequenos favores para pequenas clientelas. Do ponto de vista prático, Mosca reduz o chefe de quadrilha a chefe de clientela para que resulte mais aceitável o evidente comprometimento de Rudinì e Codronchi com ele; do ponto de vista

---

49 CS, respectivamente 28-29 de setembro e 1º-2 de outubro de 1901.
50 *Memoria*, op. cit., p.IX.
51 G. Mosca, *Palermo e l'agitazione pro-Palizzolo*, in Id., *Uomini e cose di Sicilia*, Palermo, 1980, p.52.

teórico, pinta Palizzolo como um daqueles *parvenus* pequeno-burgueses contra os quais polemiza o marquês de Rudinì, seu mentor político.[52]

Palizzolo com efeito criou um patrimônio pessoal com a aquisição de bens públicos, mas não se trata de um homem novo, como indica o gentilício "cavaleiro" que costuma antepor ao seu sobrenome. Ele acede ao Parlamento em 1882, data-símbolo da ampliação do sufrágio, porém não se trata de um democrata crispino mas sim de um regionalista, representante do partido *palermitano,* que como sabemos vive o problema da "perturbação" pós-*risorgimento.*

O inquérito que vasculha a sua carreira nos reporta ao momento crucial de 1876-1877, contradizendo qualquer retrato edulcorado e desenhando pelo contrário o de protetor dos bandidos Valvo, De Pasquale e Leone, e colaborador forçado de Lucchesi e Malusardi. Sucessivamente Palizzolo também se acha envolvido em episódios criminosos, como naquele em que encontramos Emanuele Notarbartolo no papel de sequestrado (1882).[53] Muitos fios levam ao deputado. Quem fornece aos bandidos as divisas militares com as quais eles se disfarçam é um cliente seu. Depois do pagamento do resgate, os bandidos se refugiam num sítio limítrofe a uma propriedade de Palizzolo em Villabate; por uma iluminação misteriosa, é o bem conhecido inspetor Di Blasi quem descobre o refúgio. Segundo De Luca Aprile, teria funcionado o mecanismo habitual: Bardesono, pressionado pela opinião pública e pelo próprio Depretis, teria "mostr[ado] os dentes a Palizzolo",[54] obtendo a sua colaboração.

---

52 Cf. as considerações de Frosini na introdução a Mosca, *Uomini e cose,* op. cit., p.XIV-XV, além do necrológio de Rudinì, ivi, p.89-98. Deve ser considerado que Mosca será eleito deputado de Caccamo; que tenha usado de cautela em relação aos palizzolianos?

53 AEPA, GP, b.84; mas também Notarbartolo, *Memorie,* op. cit., p.165-88.

54 Marchesano, *Processo,* op. cit., p.417.

Protetor da quadrilha é um tal Giuseppe Fontana (de Rosario) que, em 1882, em Villabate e "por uma certa extensão de território que vai até a fronteira da limítrofe província [Messina] ... exerce incontestável influência". Em 1866 ele foi advertido e em 1873 acabou na prisão por homicídio, esperando confiante voltar à liberdade graças a "pessoas distintas pela sua posição social"; nos anos 80 conheceu o confinamento em Ventotene e duas vezes em Ustica, onde Palizzolo foi visitá-lo obtendo a sua libertação.[55] Trata-se de um primo do Giuseppe Fontana (de Vincenzo) apontado como matador de Notarbartolo. Outro contato entre o deputado e a quadrilha de Villabate é Filippello di Caccamo, já protetor de Leone, que, em 1873, tinha sido transferido para lá pelo próprio Palizzolo. Quase todos apontados como colaboracionistas de bandidos, esses membros da "irmandade", que segundo a polícia promove reuniões entre Villabate e Ciaculli, dedicam-se a extorsões, a furtos, a roubos de gado, a assassinatos de supostos espiões, e também a atividades políticas desenvolvidas em favor do síndico Pitarresi assim como de Palizzolo.

> A esfera de ação e de influência dessa sociedade de malfeitores não se restringe, porém, apenas ao território de Villabate, mas estende-se sobre os distritos vizinhos de Palermo, Picarazzi e Misilmeri, e seus inúmeros crimes permaneceram quase sempre impunes pelo terror que ela incute nas testemunhas e também nas partes lesadas que, temendo expor-se a morte certa, preferem calar-se e sofrer.[56]

A responsabilidade pelo rapto de 1882 pode ser deduzida dessa lógica territorial, já que o lugar do sequestro (Caccamo) e

55 Respectivamente, relatório de 21 de agosto de 1882, p.2-3 in AEPA, GP, b.84; de 3 de agosto de 1875 in AEPA, GP, b.33; ficha pessoal in AEPA, GS, b.20; Pezzino, *Una certa reciprocità*, op. cit., p.163-4.

56 *Relatório Sangiorgi*, XXIV relatório, p.4-5.

aquele em que os bandidos se refugiam depois de receber o resgate (Villabate) só tem em comum o *patronage* de Palizzolo. Em 1892, essa zona não faz parte de seu colégio eleitoral; em particular Albergheria, bairro palermitano onde ele colhe os melhores resultados, está situada no centro histórico, como sublinham Mosca e a defesa com a intenção de desmentir as relações com a Máfia que, como sabemos, tem sua sede de eleição nos distritos, ao passo que nos velhos bairros a criminalidade assume principalmente a forma do *cafetão*, o explorador de prostitutas.[57] O assunto remete ainda ao momento em que Palizzolo se apresentava em Caccamo, e, portanto, pode implicar conexões diferentes das eleitorais. Em Caccamo, como na área a sudeste de Palermo, em Mezzomorreale, em Ciaculli, em Villabate, ele possui terras, e, portanto, relações no meio dos guardas, dos arrendatários, dos fontanários. Aqui podemos remeter à categoria geral do vínculo entre mafiosos e proprietários, a não ser pelo fato de que Palizzolo não é um proprietário tão grande para empregar, como ele faz, numerosos assalariados fixos, "todos capazes de delinquir ... mesmo se, como em Inserra, a renda da propriedade não é suficiente para pagar o salário do caseiro: dir-se-ia que ele mantém esses pedaços de terra só para manter criminosos!".[58]

A esse propósito, pode trazer-nos mais luz o delito Miceli, pelo qual Palizzolo é chamado a responder ao mesmo tempo que ao delito Notarbartolo.[59] O cenário do crime é o da vasta fazenda "Rocca di Monreale", cuja proprietária Marianna Gentile morreu em 1873, deixando como principal (mas não único) herdeiro o neto: uma situação muito intrincada, porque existem nada menos que quinhentos parentes interessados, a alguns dos quais cabem notáveis legados, enquanto outros contestam a validade do

57 Cutrera, *La mala vita di Palermo*, Palermo, 1900.

58 Marchesano, *Processo*, op. cit., p.332.

59 E. Bertola, *Requisitoria pronunciata alla Corte d'Assise di Bologna...*, Bolonha, 1902. Uma ampla síntese da questão também em CS, 9-10 setembro 1901.

testamento. Palizzolo adquire os direitos sobre uma parte considerável das quotas da herança, e investe uma quantia desproporcionalmente grande em comparação com a colheita deficitária da propriedade, as modestas rendas, a situação de caos da fazenda. Entretanto, ele não consegue levar até o fim a limpeza do terreno "por causa das despesas ... de administração e judiciárias, a rapina de muitos que já tinham explorado o patrimônio e a escassez de meios",[60] e muda então de estratégia, alegando um acordo qualquer e impedindo que entre na fazenda um tal Francesco Di Liberto, nomeado arrendatário pelo administrador judiciário: em consideração às "muitas relações" do deputado, este se retira *pro bono pacis*.[61]

Em oposição aos seus objetivos está Francesco Miceli, feitor da mansão Gentile, personagem "corajoso, forte e muito ativo em chamar ao dever os cultivadores", também por tradição familiar não é fácil de intimidar-se: trata-se de fato do filho daquele Turi Miceli, chefe das equipes de Monreale de 1848, 1860 e 1866. Palizzolo declara não temer a "máfia de Miceli" e anuncia que "conservaria na propriedade pessoas para mantê-lo no lugar".[62] Entre estes estão dois mal-encarados como Nicolò Trapani e Filippo Vitale, criminoso confinado sob Malusardi, chefe mafioso de Altarello di Baida. Miceli continua a criticar a gestão de Palizzolo e seus protegidos, convencendo inclusive alguns dos co-herdeiros a não vender; nem se mostra impressionado quando o deputado alardeia suas antigas relações com o bandido Leone, e também não amolece quando um tiro de revólver lhe raspa a cabeça. Só cede diante da saraivada de balas que o mata em 17 de julho de 1892. Depois de sua morte, os homens de Palizzolo têm caminho livre, e fazem da propriedade de Gentile um ponto central para

60 Bertola, *Requisitoria*, op. cit., p.27.
61 Ibidem, p.28.
62 Declaração das testemunhas Accardi e Barabbino, ivi, p.30 e 32; Pezzino, *Una certa reciprocità*, p.161.

contrabando de cigarro e roubo de gado, no caminho que leva do interior para Palermo; em 1889, por exemplo, são encontrados animais roubados em Sciara, a uns trinta quilômetros a leste da sede municipal. Para lá é levada uma moça sequestrada e depois libertada pela mediação de Palizzolo.[63]

Isso pode explicar a descontinuidade dos negócios de Palizzolo, e pode outrossim fazer compreender por que Francesco Vitale, embora de família abastada, tenha se dedicado a trabalhar como simples guarda junto com o primo Filippo. Não se trata tanto de uma fazenda administrada por pessoal mafioso quanto de um ponto estratégico para atividades criminais: Palizzolo não trata com os mafiosos como proprietário ou político, liga-se à propriedade e à política como elemento de conexão entre as quadrilhas, grande coordenador em escala subprovincial. Já faz tempo que a polícia considera como coisa "adquirida" que Palizzolo seja "o mecenas da Máfia no agropalermitano e especialmente no lado meridional e oriental",[64] mas é no debate de Milão e muito mais no de Bolonha que a sua figura se define sem véus, sem equívocos possíveis. Além da iniciativa da parte civil, grande mérito para esse resultado cabe a Ermano Sangiorgi, o antigo perseguidor da quadrilha de Uditore que em agosto de 1898 Pelloux nomeou chefe de polícia de Palermo, quando era prefeito Francesco De Seta, para conduzir a batalha contra o deputado e a Máfia.

Na chefatura de polícia, o partido anti-Palizzolo levanta a cabeça. É Sangiorgi quem comanda a prisão de Palizzolo antes mesmo que o recalcitrante Cosenza emita mandado de captura, é ele

---

63 *Relatório Sangiorgi*, p.370-2. Caso semelhante ao da fazenda Gentile é o da fazenda Ferreri perto de Tommaso Natale, quartel-general de ladrões de gado e "dos mais temidos contrabandistas": do comandante da legião dos Carabineiros ao prefeito, 3 de janeiro de 1896, in AEPA, GP, b.148, f.16.

64 *Per l'assassinio del comm. Notarbartolo. Sunto e impressioni della pratica esistente in questura* (24 de outubro de 1896), in BCI, fundo cit. cat.16, b.8217, p.23.

quem abrevia a demora pela captura de Fontana, contratado pelo príncipe de Mirto para enfrentar o bandido Varsalona nas suas terras do interior, convocando ao seu escritório o nobre senhor e ameaçando prendê-lo; Fontana então se entrega, mas ao cavalheiro e não ao policial, quer dizer, na casa de Sangiorgi (não na chefatura), apresentado-se na carruagem do príncipe, acompanhado do seu advogado. O ritual lembra à imprensa uma negociação "de potência para potência". "Esse príncipe tem propriedades e latifúndios em diversas províncias da Sicília, e a prisão de Fontana teria resultado dificílima ... – justifica-se De Seta – Aqui não é inconveniente que um proprietário apesar de honesto tenha em custódia suas propriedades e proteja com este escopo pessoas mafiosas."[65] É ainda o chefe de polícia, tanto em Milão como em Bolonha, quem dá testemunho da "capacidade de delinquir" de Palizzolo e quem extrai dos arquivos do seu escritório as provas documentais das pressões exercidas pelo deputado em favor de inúmeros mafiosos, que depois representam o mais sólido argumento nas mãos da parte civil. Chefe de polícia e prefeito, entretanto, dissolvem "comissões e conselhos administrativos dos quais Palizzolo fazia parte", administram as eleições políticas de 1900 nas quais o deputado-prisioneiro se apresenta "levado pela sua numerosa e interessada clientela", e apoiam vitoriosamente o advogado Giuseppe Di Stefano Napolitano, candidato que tem todos os requisitos certos: "jovem rico, estimado no foro e na cidade, e novo na vida política".[66]

A "opinião pública" há muito tempo que "insiste em querer estabelecer relações" entre o caso Notarbartolo e outros delitos "típicos, característicos", perguntando como se pode explicar

---

65 ACE, Internos, AAGGRR, 1879-1903, b.1, fasc.1/11, telex de 18 de dezembro de 1899.

66 O prefeito ao presidente do conselho, 24 de outubro de 1900, p.3 e 4, in AEPA, GS, b.20.

tudo isso "sem recorrer à ideia de uma associação, ou pelo menos de uma rede de interesses criminosos".[67] O velho chefe de polícia Farias já tinha iniciado as investigações; o novo retoma antigos contatos e, "sob segredo de ofício", obtém informações sobre uma fábrica de notas falsas, que depois ele identifica sequestrando as instalações e prendendo os falsários. O mesmo informante oferece, nesse ponto, a chave para a interpretação de outros crimes.[68] Retorna, como no tempo dos Amoroso e dos *stoppagghieri*, o *deus ex machina*, o superinformante, a "fonte confiável" mas anônima na qual "poder e dever depositar plena e absoluta fé",[69] a qual leva a mão da autoridade a delinear o "tenebroso sodalício" subjacente aos crimes individuais. A conjuntura do caso Notarbartolo induz Sangiorgi a tentar demolir com um único grande golpe o poder mafioso, fornecendo elementos de conhecimento que pelo seu caráter de inteireza e minuciosidade são sem comparação. Em 31 relatórios manuscritos para um total de 485 páginas, redigidas entre novembro de 1898 e fevereiro de 1900, o chefe de polícia delineia o quadro de uma grande organização, de suas hierarquias, de seus crimes:

> O campo palermitano ... está infelizmente arruinado, como outras partes desta e das vizinhas províncias, por uma vasta associação de malfeitores, organizados em seções, divididos em grupos; cada grupo é comandado por um chefe, que se chama chefão .... E a esse conjunto de bandidos é preposto um chefe supremo. A escolha dos chefes é feita pelos afiliados, a do chefe supremo pelos chefões reunidos em assembleia.[70]

Os nomes bem conhecidos por nós (e por Sangiorgi), como Giammona, Siino, Bonura, Biondo, representam a liderança da

67 *La misteriosa scomparsa di 4 persone*, in GDS, 6-7 e 12-13 de novembro de 1897.

68 Nota manuscrita, s.d., certamente da mão de Sangiorgi, in AEPA, GS, b.20.

69 *Relatório Sangiorgi*, p.49.

70 Ibidem, p.9.

organização. Encontramos Gaetano Badalamenti, já protagonista da vendeta contra os Amoroso. A "mente diretiva" ainda é Antonino Giammona, "o qual dá orientação mediante conselhos, baseados em sua longa experiência de velho criminoso, e instruções sobre o modo de consumar os delitos e de criar posições para a defesa".[71] A direção operativa é deixada para os mais jovens, Giuseppe Giammona em Passo di Rigano, Francesco Siino em Malaspina; estes agem também como chefes da organização no seu conjunto, que ao que parece conta com cerca de 670 elementos entre os "grupos" instalados nos subúrbios que circundam a sede municipal a sudoeste (a *Conca d'oro* propriamente dita), ao passo que a polícia não sabe demonstrar que ela estende sua autoridade até a província. Os chefes de quadrilha da região que vai do sudeste de Palermo e chega até o mar também não participam das reuniões de cúpula nem se envolvem nos sangrentos conflitos internos da própria organização. Os palizzolianos em particular permanecem de fora: os mafiosos de Villabate e os mediadores da significativa reconciliação entre o próprio Palizzolo e o chefe mafioso de Settecannoli, Salvatore Conti, outro daqueles conselheiros comunais de Codronchi de 1897 que, depois de tentar sua autonomia, acaba por beijar a mão do honrado chefão: são Salvo Saitta, Francesco Motisi, Filippo Vitale e Salvatore Greco.[72]

É, contudo, significativa a acrimonia com que "Calpúrnio", escriba anônimo a serviço de Palizzolo, assinala as caçadas de 1900:

> Toda Palermo ainda se lembrou com horror do processo contra uma vasta associação de delinquentes montado por Sangiorgi! Cen-

71 Ibidem, p.193.

72 Relatório do chefe de polícia, 3 de agosto de 1900, in ACE, GS, b.20; não sei se este Filippo Vitale é o mesmo chefe mafioso di Altarello e se este Salvatore Greco é o mesmo apontado no *Relatório Sangiorgi* como importante representante do grupo de Ciaculli.

tenas de infelizes definharam no cárcere, e quando depauperados cumpriram os poucos meses de pena a que tinham sido condenados, que danos irreparáveis não encontraram ao pôr os pés em suas casas, no meio das famílias![73]

Como escreve De Seta, "a máfia ... foi reduzida ao silêncio e à inércia".[74] O processo por associação para delinquir celebrado em 1901 conclui-se, porém, com muitas absolvições e poucas condenações leves, suscitando um comentário de Sangiorgi que deixa entrever circunstâncias e relações infelizmente para nós pouco claras: "Não poderia ser diferente, se aqueles que os denunciavam à noite iam defendê-los de manhã".[75] Na ausência de um arrependido disposto a testemunhar em juízo, a realidade associativa da Máfia permanece impossível de demonstrar.

O tenebroso sodalício

Segundo Sangiorgi, estamos diante de uma organização centralizada; poderíamos dizer melhor: uma federação entre as quadrilhas dos subúrbios. Aqui também é oportuno perguntar se a fonte policial não força os dados para enquadrá-los na legislação sobre o tema das associações, para colocar mais em alerta a autoridade governamental. Por outro lado, a fonte judiciária não oferece maiores garantias de objetividade, e por razões opostas, dado que a dificuldade de instrução dos maxiprocessos pode levá-la a perseguir os delitos individuais, renunciando a investigar sobre estruturas complexas e subterrâneas.[76]

73 Calpurnio, *Dai ricordi dal carcere del comm. Raffaele Palizzolo,* Roma, 1908, p.142.
74 Relatório de 24 de outubro de 1900, op. cit.
75 CS, 30-31 de outubro de 1901.
76 Cf., por exemplo, as preocupações do próprio Sangiorgi, *Relatório,* p.369.

No caso em questão, a polícia talvez exagere ao atribuir à infraestrutura mafiosa dimensões provinciais, não ao sublinhar a inter-relação entre os grupos da zona ocidental palermitana, que resulta com efeito do conjunto das circunstâncias narradas e da própria história da Máfia dos subúrbios a partir de 1875. Alguma perplexidade poderia suscitar o caráter muito formalizado dessas organizações criminais: os "sócios" que pagam regularmente uma quota em dinheiro e, reunidos em assembleia, assumem as decisões mais importantes; a possibilidade concedida às vezes aos supostos traidores de defender-se diante desse conselho;[77] o ritual dos crimes de sangue, os quais sempre que tecnicamente possível são perpetrados coletivamente; a eleição de chefes, subchefes e chefe supremo. Deve ser observada, portanto, a semelhança entre essa estrutura e aquela que resulta das revelações dos "arrependidos" (Buscetta, Contorno, Calderone etc.) para os anos 1960-1980. O juiz Falcone e o chefe de polícia Sangiorgi podem ambos afirmar que existe uma coordenação entre os dirigentes de organizações com a mesma base territorial à distância de cem anos. A liderança tem necessidade de uma delegação e, portanto, de um mecanismo eleitoral, de um conjunto de normas. Naturalmente os equilíbrios são instáveis e esse sistema jurídico, mais que os outros, se presta a ser violado pela força: acordo e conflito representam as duas fases cíclicas, a orgânica e a crítica, na vida individual das quadrilhas e a maior razão da coordenação entre elas. Nesse caso também, no final do século XIX, atuam lógicas semelhantes às dos anos 70 do século XX. A guerra mafiosa determina novos equilíbrios rompendo antigas alianças: no caso presente, entre os Giammona e os Siino.

O contraste se evidencia em dezembro de 1896, quando a descoberta de uma primeira tipografia clandestina cria dificuldades econômicas e desconfianças recíprocas; a situação tampouco

77 Cf., por exemplo, o episódio. Ibidem. p.89-90.

pode ser resolvida com a vingaça efetuada às cegas sobre a filha do suposto espião, a jovem Giuseppa Di Sano.[78] O prestígio de Francesco Siino cai o mais baixo possível, contestam sua liderança os Giammona, os Biondo e os Bonura, chefes das quadrilhas de Passo di Rigano, Piana dei Colli e Perpignano, "que sendo gente abastada e muito reputada na Máfia, suportavam mal a superioridade de Siino". Este último, numa reunião efetuada em janeiro, exclama: "Pois bem, já que não me respeitam como é de dever, que cada grupo pense e aja por si".[79] Abre-se assim a fase das provocações recíprocas e das invasões de território. "Entre os cânones da Máfia – observa Sangiorgi – há o de respeito pela jurisdição alheia, cuja infração constitui insulto pessoal."[80] Frustrada toda tentativa de conciliação, não se sabe até que ponto sincera, começa uma "luta sem par por meios e poder" na qual os Giammona levam a melhor por causa dos maiores recursos econômicos e militares, do grande número de adeptos do seu partido, da não muito clara rede de proteção de que dispõem. "Contamos o nosso lado – afirma Francesco Siino depois do assassinato do sobrinho Filippo – e contamos o outro: somos 170 incluindo os *cagnolazzi* (aspirantes) enquanto eles são 500 ... Temos que fazer as pazes."[81] A rendição é estabelecida pela retirada dos Siino da "frente" das guardianias por eles controladas e pela fuga para Livorno do próprio chefe do clã.

A parte final do conflito se entrelaça com as batidas da polícia que atingem particularmente o partido de Giammona. Algumas informações de Sangiorgi, por outro lado, só podem provir de dentro, fato que pode esclarecer o modo como "a polícia ... penetrava silenciosamente no organismo da Máfia palermitana",[82] e a

78 Ibidem, p.84 ss.
79 Ibidem, p.37.
80 Ibidem, p.38.
81 Ibidem, p.335-6.
82 Alongi, *La mafia*, op. cit., p.301.

identidade do misterioso informante, transportando-nos ao habitual esquema de facções que envolve setores da Máfia e setores do Estado. Desde o momento da ruptura, o grupo Giammona acusa Siino de estar "mancomunado com a polícia": "Eu sei que a causa da perseguição a tantos filhos de família é aquele esbirro infame do Francesco Siino – urra um mafioso ao ser preso – mas, pelo sangue da M[adona], não descansaremos até que seja exterminada toda a sua raça".[83]

O choque não é particularmente sangrento: quatro mortos e alguns feridos, todos do grupo de Siino, isto é, só uma pequena parte dos delitos atribuídos à organização por Sangiorgi. Estes são devidos à dimensão cotidiana da atividade das quadrilhas, a do controle das transações econômicas que se desenvolvem no território dos subúrbios para impor "os feitores, os guardiães, a mão de obra, os arrendamentos, os preços pela venda de cítricos e de outros produtos do solo".[84] Entre os 218 mafiosos mais detalhadamente fichados pelo *Relatório Sangiorgi*, o grupo numericamente mais consistente é o dos *assalariados fixos* dedicados à custódia e à direção da fazenda agrícola: são 45 entre citricultores, guardas, caseiros e feitores, aos quais devem-se acrescentar os seis mecânicos encarregados do funcionamento das máquinas a vapor para a elevação da água. Encontramos depois *26 proprietários*, donos de pomares, de imóveis, de sítios rústicos, que muitas vezes atingiram esse *status* muito recentemente (fato sempre sublinhado pela polícia), ou de classe civil, isto é, possuidores de título de estudo. Outros 25 elementos podem ser encontrados sob a designação *intermediários*: traficantes, corretores, comerciantes, industriais, arrendatários, ao passo que temos 27 entre operários, camponeses, vaqueiros. Os onze cabreiros e dezessete carroceiros representam uma típica categoria de ligação entre o

83 Respectivamente, anônimo cit., p.1 e XXVII relatório, in *Relatório Sangiorgi*.
84 *Relatório Sangiorgi*, p.10.

centro, a hinterlândia e o campo. Vêm em seguida aqueles que se dedicam ao pequeno comércio e os assalariados: lojistas, padeiros, pasteleiros, merceeiros, sapateiros, serventes, pedreiros, canteiros etc. O confronto com a Máfia provinciana de Termini e Cefalù efetuado na tabela mostra não apenas a (óbvia) maior incidência de figuras urbanas, mas sobretudo a superior *especialização* nas funções protetivas (vigias e guardas). Seria possível dizer que a máfia rural reflete mais geralmente a estrutura social; e de fato tivemos que excluir do confronto a "primeira categoria" dos grandes magnatas presente nas listas provinciais, que não teria tido um correspondente respectivo na organização palermitana, mais compacta tanto do ponto de vista social como funcional.

"Gente de nível médio entre o campo e a cidade",[85] são estes os personagens para os quais o caso Notarbartolo chamou, ou tornou a chamar, a atenção. Mais uma vez a hierarquia social corresponde à criminal, e guardas-traficantes, proprietários e arrendatários formam a quase totalidade do quadro dirigente. Segundo Mosca, "a condição social dos membros mais influentes das quadrilhas é um pouco superior à da parte mais pobre da população siciliana, mas raramente ocorre que ela chegue no nível da classe média".[86] Aqui, como de hábito, o politólogo procura minimizar a questão mostrando certo pudor ideológico diante de um conceito como o de *classe média*, tão importante na simbologia do liberalismo moderado e justamente por isso usado na sua época por Franchetti com precisa intenção polêmica. Com efeito, trata-se propriamente de uma classe média, embora de promoção social recente e suspeita.

Também no velho centro urbano, entre as "vielas e os becos dos bairros Castro e Albergheria" (coração do eleitorado palizzoliano), atuam organizações "antig[as] e estratificad[as]" com-

85 Drago, *La mafia è necessaria*, op. cit.
86 Mosca, *Che cosa è la mafia*, op. cit.

postas por mendigos, ladrões e batedores de carteira, geralmente menores de idade, arrombadores, prostitutas, rufiões ou *cafetões*; "a hierarquia das pessoas é paralela à do delito", e a liderança cabe aos donos de bordéis e casas de jogo, aos receptadores que dão vida a florescentes atividades comerciais em torno das "chamadas agências de empréstimo ou de compra e venda de objetos usados".[87] Alguns anos depois será denunciada uma organização espalhada por toda a cidade que rouba os cocheiros.

Tabela 1 – Máfia dos subúrbios palermitanos e máfia rural: composição social (1877-1898)

	Subúrbio (206 elementos)	Província (206 elementos)
Posseiros e proprietários	26	23
Vigias, campeiros, guardas, feitores, citricultores	45	19
Traficantes, intermediários	25	15
Sacerdotes	–	8
Funcionários e empregados	2	8
Artesãos, lojistas, trabalhadores urbanos em geral	46	29
Ovelheiros, cabreiros, vaqueiros	19	17
Operários agrícolas, encarregados das máquinas	6	2
Trabalhadores braçais	11	5
Camponeses	12	44
Borgeses	–	20
Não identificados	19	6

Fontes: *Relatório Sangiorgi*, AEPA, GP, 1877, b.42, listas de Termini e Cefalù, II categoria. Elaboração minha. O levantamento refere-se, portanto, a 1898 para os subúrbios e a 1877 para a província.

87 Relatório devido ao engenho do comissário Alongi, 13 de maio de 1904, in AEPA, QAG, b.1434, *Associazione a delinquere, Camastra Giovanni +75*, que chama mafiosos os chefes da organização, ao passo que Cutrera, *La mala vita di Palermo*, tende a distinguir os cafetães dos mafiosos.

No seu conjunto, essa criminalidade dos becos parece bem distinta, por composição social e por função, da máfia dos pomares e dos subúrbios com seu quadro de posseiros, traficantes, guardiães, fontanários. Só observando mais de perto é possível perceber diferenças entre a vertente ocidental da hinterlândia (*Conca d'oro*) e a vertente oriental (Villabate, Mezzomorreale etc.). Parece sobretudo que no primeiro caso a forte conexão organizativa administrada pela própria Máfia representa uma realidade diferente da que é garantida no segundo caso pelo grande *broker* político. O surgimento do caso Palizzolo certamente chama a atenção para a política local, que na vertente ocidental, mais tratada por Sangiorgi, leva apenas a uma genérica reprovação pela proteção que "deputados, senadores e outros influentes personagens" fornecem aos mafiosos "para depois, por sua vez, serem por eles protegidos e defendidos".[88] Note-se, entretanto, que Villabate e Monreale, ao contrário dos subúrbios, são comunas autônomas onde o *partido* mafioso pode empenhar-se diretamente na conquista do poder local, ao passo que no âmbito do grande centro palermitano a organização tem contas a acertar com interesses e agregações políticas mais complexas. Os grupos da parte oriental da hinterlândia mostram assim um menor grau de especialização territorial e criminal, usufruindo de redes de relações mais amplas pelo menos na linha que de Caccamo e Sciara vai até Palermo através de Ciaculli e Monreale. Essas regiões, além de viver de uma rica agricultura intensiva, representam a porta para o interior ao passo que o referente imediato da *Conca d'oro* é a cidade. Uma análise comparativa dos delitos cometidos pelos dois núcleos criminais, a oriente e a ocidente da sede municipal, indica que no primeiro caso temos uma maior abundância de delitos "comuns" (furtos, sequestros, roubos de gado), ao passo que no segundo prevalecem as funções "de ordem" (segurança, mediação comercial).

88 *Relatório Sangiorgi*, p.6.

Não se deve exagerar, naturalmente. Na vertente oriental, também encontramos o típico assassinato de um corretor. Fontana garante acordos vantajosos para o pagamento a prazo de um débito, evitando assim a desapropriação do pomar de seu cunhado.[89] Filippello pode assumir o traje de homem da ordem não só em defesa do seu patrão Palizzolo mas também de personagens como Gaetano Focher, inspetor do montepio de Palermo que o envia a Altavilla para uma desapropriação em detrimento de um *borgese* evidentemente pouco inclinado a pagar seus débitos. O ex-colaboracionista de Leone limita-se a explicar ao ex-proprietário que existe um vaivém, ordenando-lhe "que não passe mais pelas propriedades de Focher desapropriadas dele, porque em caso contrário poderia advir-lhe algum mal"; depois deixa a região, não sem antes arrendar a propriedade ao chefe mafioso local.[90]

Por outro lado, contrabando e venda de notas falsas, furtos e extorsão são delitos amplamente praticados também na *Conca d'oro*. Porém, e não por acaso talvez, não são nem Siino nem Giammona que matam Notarbartolo. Os acontecimentos narrados no *Relatório Sangiorgi* descrevem uma máfia que está "no seu lugar". Não falaremos de criminalidade "plebeia", como faz Marcella Marmo restituindo-nos uma camorra napolitana oitocentista que procura "caçar o ouro dos piolhos", isto é, que explora relações comerciais pobres e desconta uma taxa sobre os salários; a taxa sobre as pequenas atividades comerciais, a "componenda" pela resolução das extorsões e pela restituição do lucro dos pequenos furtos existem em Palermo, mas são fenômenos relativos sobretudo aos bairros do centro.[91] A máfia dos subúrbios,

89 Respectivamente, *Relatório Sangiorgi*, p.382 ss.; o delegado de Villabate ao chefe de polícia, 14 de dezembro de 1901, in AEPA, GP, b.20.

90 O delegado de Villabate ao chefe de polícia, 29 de dezembro de 1901, in AEPA, fundo cit.

91 Cf. um caso de roubo e outro de extorsão a um vendedor ambulante in ACE, PJ, 1912, b.374. Sobre a camorra urbana: Marmo, *Tra carceri e mercati*,

terminal de uma economia rica, vive das relações entre pequena delinquência, camada média, classe dominante, fenômeno intersticial onde o contato entre a esfera dos criminosos e a dos optimates limita-se a certos âmbitos. Não encontramos um caso de membro das classes superiores assasinado: só um advogado que procura ressarcimento por arrendamentos não pagos acaba ferido num tiroteio.[92] A resposta ao proprietário demasiado independente é sempre a do boicote ou da sequência de delitos que cria um vazio em torno dele. Quando o senador Eugenio Olivieri nomeia um primo seu como administrador para limitar as ladroeiras do feitor mafioso, a quadrilha tenta desacreditar o intruso com vários artifícios, faz que por vários anos ele não encontre um guardião, mas não toca nele: se fosse um citricultor e não um funcionário, teríamos um resultado diferente. O próprio "recado" típico da danificação das árvores só pode ser mandado uma vez para cada pomar porque, se repetido, soaria como ofensa ao proprietário e não ao arrendatário ou ao guardião;[93] sutileza do ritual que mais uma vez lembra a prudência com que os intermediários se aproximam dos grupos superiores.

Os redatores do *Relatório* se dizem convencidos de que a função da organização mafiosa é de limitar o direito de propriedade, porém não podem ocultar o fato de que justamente a defesa da propriedade representa a motivação da maior parte dos delitos, como no caso das quatro pessoas assassinadas no final de 1897 e cujos cadáveres foram ocultados para dificultar as investigações e reforçar o mito da onipotência da Máfia, não sem refinados despistamentos com testemunhas afirmando ter visto os assas-

---

op. cit. p.711 ss., sobre a camorra da hinterlândia, p.726 ss. Para uma comparação mais geral, Introduzione, in *Quaterni dell'Istituto universitario orientale. Dipartimento di scienze sociali*, Nápoles, 1989, 2, p.9-30.

92 *Relatório Sangiorgi*, XXVI relatório.

93 Cf. o caso dos dois arrendatários da fazenda Politi sucessivamente assassinados, da fazenda Oliveri e das danificações in *Relatório Sangiorgi*, p.221 ss.; XXV relatório, p.39.

sinados na Tunísia e cartas dos desaparecidos vindas da própria Tunísia, até que os cadáveres foram encontrados. Esse foi "o caso dos quatro desaparecidos".

O primeiro deles é o padeiro Tuttilmondo, justiçado por haver roubado o seu patrão. O segundo é Antonino D'Alba, comerciante e membro da quadrilha mafiosa de Falde. Dessa vez estamos diante de um personagem que detém "um pouco de autoridade" a partir de "dois pontos estratégicos": uma das tantas tabernas nas quais os mafiosos se reúnem e um magazine em Arenella, "comunidade preparada para o contrabando".[94] O comerciante é primo de um tal Francesco D'Alba que trabalha para Eduardo e Samuele Hamnett, importantes negociantes de cítricos pertencentes à colônia inglesa radicada em Palermo. Os Hamnett suspeitam que seu empregado é o autor de certas cartas "de extorsão", além do atentado a dinamite que em setembro de 1897 teve como alvo a sua casa e a de outros fabricantes de derivados; sinal talvez das tensões que nesse período opõem os diversos agentes do mercado cítrico.[95] Para defender-se, os Hamnett mobilizam um seu parente, Francesco Serio, arrendatário de origem civil "que mantém com a Máfia relações de patrocínio e de clientela". Mas quando ele entra em contato com os chefes do grupo de Falde, estes percebem que Francesco D›Alba foi prevenido pelo primo: uma traição que custa a vida ao comerciante.[96]

Por fim, temos Vincenzo Lo Porto e Giuseppe Caruso, cocheiros filiados à quadrilha de Olivuzza. Nesse subúrbio, surge a célebre mansão de Ignazio Florio, o grande armador-financista descendente de um comerciante que se aparentou com a nata da

94 *La misteriosa scomparsa... D'Alba, vittima o complice?*, in GDS, 12-13 de novembro de 1897.

95 *Uno strascico delle bombe sparate ai mercanti di limoni*, in GDS, 24-26 de outubro de 1897; sobre tais contrastes remeto ao meu *Il giardino degli aranci*, op. cit., p.162.

96 *Relatório Sangiorgi*, p.92 ss.

aristocracia palermitana. Aspirando às duas metades de Florio, a aristocrática e a burguesa, para uma tranquila segurança, a guardiania da mansão é confiada a Pietro Noto, juntamente com o irmão Francesco, chefe da quadrilha mafiosa local. No verão de 1897, as relações entre Lo Porto, Caruso e os Noto, antes "em grande intimidade" entre si, estão em vias de deterioração porque, segundo os cocheiros, os Noto ficaram com a parte do leão na divisão da soma resultante da "extorsão" de que foi vítima Joshua Whitaker, outro grande comerciante-empresário inglês.[97] Os dois decidem então executar um gesto clamoroso e provocativo: roubar da mansão Florio alguns objetos de arte de grande valor; mais uma vez, o furto representa mais que tudo uma ofensa, um instrumento para diminuir a credibilidade da organização e de seus chefes, talvez a exigência de uma nova liderança. Aqui se vê como é a instabilidade das hierarquias mafiosas para expor os membros das classes dominantes, que querem entrar em relação com uma máfia "da ordem", ao envolvimento com fatos criminosos, muito pouco compatíveis com a qualidade de suas pessoas. Ignazio Florio, "surpreso e indignado" pelo acontecido, pede pessoalmente contas a Pietro Noto como responsável pela segurança da mansão e mais em geral de Olivuzza. "O objetivo que os dois cocheiros tinham preestabelecido, de humilhar o chefe e o subchefe, tinha sido alcançado",[98] e os Noto devem comandar uma negociação que (talvez com o pagamento de um resgate) leva à recuperação dos objetos roubados, os quais misteriosamente vão reaparecer em casa de Florio, na exata posição em que se encontravam quando desapareceram.

Segue-se uma falsa pacificação entre os cocheiros e os Noto; estes últimos, na realidade, convocam uma reunião da coordenação urbana, com a intervenção também de mafiosos da província,

97 Ibidem, p.17 ss.; p.135 ss.
98 Ibidem, p.18.

no curso da qual os insubordinados gregários, ladrões habituais, são acusados de operar fora do controle da "sociedade", em particular deixando de pagar a parte que lhe cabe pelos lucros. Condenados à morte, entre 24 e 25 de outubro, eles são atraídos numa emboscada e justiçados.

Dessa vez, a estratégia da organização, clamorosa execução coletiva confiada a cerca de trinta pessoas para advertência dos quadros internos e dos elementos contíguos às quadrilhas, dosagem atenta das informações verdadeiras e falsas para desorientar as autoridades, não consegue atingir plenamente o objetivo desejado, até porque a *omertà* representa mais um modelo ideal do que um mecanismo de comportamento passível de ser reproposto em cada circunstância. O pai de Caruso denuncia explicitamente "sem reticências, em particular e em público", a mão da Máfia, ameaçando dirigir-se a Roma para pedir justiça ao governo "se as autoridades locais não fizessem justiça diante de tão horrendos crimes";[99] só nove pesadas intimidações o induzem a moderar o protesto. Mais interessante para nós é a reação de duas mulheres, a esposa de Lo Porto e a de Caruso, porque revela o ponto crucial, a relação entre o mundo dos criminosos e as classes superiores.

No final de novembro, cerca de um mês depois do homicídio, Agata Mazzola, viúva de Lo Porto, aproxima-se de dona Giovana d'Ondes Trigona de Florio, a mãe dos dois jovens irmãos, Ignazio e Vincenzo, a qual de seu palacete dirige-se ao convento das irmãs de caridade, e lhe pede justamente uma caridosa ajuda para seus filhos e para ela própria, privada de meios de sustento. Sangiorgi julga que a viúva nada sabe sobre o furto à mansão; porém talvez seja mais verossímil pensar que a mulher queira com uma desesperada provocação esclarecer a situação. A senhora Florio, porém, não se comove nem um pouco e responde bruscamente:

99 Ibidem, p.43.

"Não me aborreça, porque o seu marido era um ladrão que vinha roubar no meu palacete junto com o Caruso".[100] À saída do convento, a discussão retoma com a participação da viúva Caruso. As duas mulheres afirmam que seus maridos foram mortos por terem rejeitado o projeto de Noto de raptar o jovem Vincenzo Florio, portanto não por um ultraje à ilustre família, mas sim por um extremo gesto de respeito para com ela; uma tentativa de captar a benevolência da altiva senhora, jogando ainda contra Pietro Noto a desconfiança suscitada pela violação da segurança da mansão: "os ladrões – afirma Agata Mazzola – eram empregados no palacete da senhora onde não entram pessoas estranhas".[101]

A singular e pública troca de falas entre as viúvas de dois cocheiros e a senhora mais célebre da Palermo bem revela um dado paradoxal: entre as duas partes, quem conhece melhor os reais contornos do fato criminoso não são as mulheres dos ladrões mas a nobre senhora, que introjetou de tal modo a função de ordem do aparato mafioso a ponto de considerar normal a sangrenta punição do furto, desde que este tenha sido realizado pelos dois suspeitos, a outra parte não consegue fazer nada a não ser negar o fato sem pôr em discussão a devoção devida aos grupos superiores pela classe dos criminosos. O pobre Sangiorgi não sabe como transportar essas relações para os artigos do código penal, e especificamente como lidar com tal prestígio e tanta riqueza:

> A senhora Florio é mulher nobre, religiosa e piedosa, e não se sabe se são maiores as imensas riquezas de que dispõe ou as preclaras virtudes de sua alma nobilíssima, bem-nascida; por isso deve-se considerar que, se convidada a depor sob juramento, não quererá nem poderá ocultar à justiça de inquirição o seu encontro com a viúva.[102]

---

100 Ibidem, p.137, 143 ss., anexos 1 e 2 com as declarações assinadas pelas duas viúvas.

101 Ibidem, p.149.

102 Ibidem, p.140.

A escalada dos intermediários

Dois homens eminentes da Palermo do fim do século XIX, Palizzolo e Notarbartolo, juntaram-se aos sórdidos mafiosos de Villabate para tramar o grande crime. Por que foi morto o ex-diretor do Banco da Sicília? A resposta a essa interrogação é decisiva, e não só para a solução do caso. Estamos aqui diante de uma virada fundamental na história da Máfia palermitana: o envolvimento de um membro respeitabilíssimo da classe dirigente numa operação violenta, até agora reservada às relações entre criminosos, implica uma mudança epocal, talvez a ruptura do diafragma que até então tinha separado os dois mundos, ou da válvula que tinha regulado a comunicação entre eles. Por outro lado, já Palizzolo representa um caso para o seu tempo particular na relação entre políticos e mafiosos. Falta caracterizar um certo terreno comum entre essas duas figuras tão diferentes, o magnata famoso pela integridade moral e o político "malfalado" pelas relações com bandidos e delinquentes; um terreno sobre o qual Notarbartolo, que se vangloria de jamais ter frequentado privadamente Palizzolo a ponto de abandonar os salões onde este é convidado,[103] tem que renunciar à sua vaidade de grande aristocrata e, digamos, de pessoa de bem.

Antes de tudo, existe o campo das instituições representativas em que ocorre com efeito o primeiro atrito entre os dois em 1873, no momento da transição na prefeitura de Palermo entre a junta clérico-regionalista na qual Palizzolo era assessor para alimentos, e a junta liberal comandada por Notarbartolo; então o novo síndico convida bruscamente o ex-assessor a pagar 3.625 liras devidas por ele à administração e relativas a uma aquisição de farinha.[104] Mas, a partir de 1878, Notarbartolo estará na direção

---

103 Síntese da I instrutoria cit., p.126.

104 Ibidem. Sobre a queda da administração regionista, cf. Cancila, *Palermo*, op. cit., p.148 ss.

de um grande banco público, aparentemente ao abrigo das mais perigosas correntes do sistema político; colocado no posto por Gerra, último prefeito da direita, ele é mantido mesmo depois da "revolução parlamentar" pelas benemerências conquistadas no saneamento do instituto em grave dificuldade.

Tão logo assume o cargo, o novo diretor analisa as razões dessa crise seguindo a fórmula do moderado do tipo antigo, contra a liberalidade financeira e a favor de uma linha prudentemente deflacionista: "Talvez a medida do crédito concedido [tenha] sido superior à necessidade, daí a febre de especulações arriscadas, as quais em vez de ajudar, em substância prejudicaram o comércio verdadeiro e fecundo".[105] Mais tarde, modificando o próprio juízo, ele se preocupará principalmente com a concentração excessiva dos financiamentos sobre dois casos de risco, "La Trinacia" (estaleiro naval palermitano) e a "Genuardi" (empresa agrigentina de exportação de enxofre), por causa da presença de personagens interessados nessas sociedades em organismos dirigentes do Banco.[106]

Segundo os estatutos, ao lado do diretor-geral nomeado pelo governo coloca-se um conselho geral de cinquenta membros composto pelos representantes das províncias e das câmaras de comércio, instrumento que deveria representar as instâncias da sociedade civil e que efetivamente se configura como um contrapoder político-clientelista em relação à estrutura administrativa do Banco. Como escreve Notarbartolo numa carta de 1889 ao Ministro da Agricultura do governo Crispi, Luigi Miceli, torna-se cada vez mais "difícil, se não impossível, administrar com a certeza de proteger os interesses da instituição", porque o

105 Notarbartolo a Gerra, 30 de março de 1876, citado in Giufrida, *Il Banco*, op. cit. p.145. Cf. também Barone, *Egemonie urbane*, op. cit., p.309-11.

106 Notarbartolo ao inspetor A. Quarta, 30 de junho de 1889, cit. in Giufrida, *Il Banco*, op. cit., p.161.

conselho geral pretende "sujeitar a direção geral e as comissões de crédito ... invadir todos os campos".[107] Os membros do conselho não têm competência bancária, mas são os "que mais se agitam nas eleições provinciais, comunais e comerciais", aliás, "o objetivo de conseguir ocupar um cargo nos conselhos administrativos e nas comissões de crédito do Banco excita as lutas eleitorais na Sicília". Uma avaliação ainda que "diplomática", feita reservadamente ao filho Leopoldo, em relação ao quadro de um conselho composto por alguns cavalheiros, por negociantes como o senador catanense Tenerelli, por protetores de mafiosos e delinquentes como o messinense Orioles, os palermitanos Figlia, Muratori e Palizzolo.[108] "Estes – confidencia ao príncipe de Camporeale – consideram o Banco como *res nullius.*"[109]

As perplexidades do diretor-geral vão se acentuando a partir de 1887, quando na região sul a crise econômica atinge os bancos populares empenhados no apoio à transformação fundiária, e indiretamente os bancos da Sicília e de Nápoles que garantem o redesconto para aqueles outros. Corre-se assim o risco de voltar às dificuldades de 1875, com a diferença de que agora não é só um devedor que condiciona as escolhas, mas todos os pequenos bancos em dificuldade, dos quais alguns componentes do conselho, como o agrigentino Todaro, o messinense Palermo e o próprio Muratori são acionistas ou dirigentes, achando-se assim no duplo papel de controladores e controlados.[110]

A alguns dias de distância da primeira, Notarbartolo volta ao assunto numa segunda carta a Miceli:

---

107 ACE, Papéis Crispi, b.420, carta de 8 de abril de 1889, reportada em apêndice a Giufrida, *Il Banco*, op. cit., p.320-8.

108 Notarbartolo, *Memorie*, op. cit., p.223-4.

109 Marchesano, *Processo*, op. cit., p.391.

110 Segundo Marchesano, *Processo*, p.394, Palizzola se encontrava na mesma situação: o fato não é evidenciado por Notarbartolo nas suas cartas, nem me consta por outras fontes.

> Do conselho geral fazem uma oposição pessoal que não se pode chamar de outro nome. A luta mais ou menos dissimulada já dura há muitos anos ... Na verdade, dos quatro conselheiros eletivos do conselho central, três (o marquês Ugo, o comendador Palizzolo e o advogado Figlia) sempre votaram contra as propostas da administração.[111]

Notarbartolo perseguia uma reforma dos estatutos que redimensionasse o conselho e mudasse o sistema de seleção de seus membros, valorizando, por outro lado, a autonomia do grupo de funcionários por ele criado. Ademais, o apoio garantido por Miceli, ministro do governo Crispi, não bastava necessariamente a um rudiniano para diminuir a influência de adeptos crispinos como Figlia, Muratori e o próprio Tenerelli; aliás, Notarbartolo devia purgar o próprio isolamento político. Em 23 de abril, as duas cartas "pessoais" foram roubadas da mesa do ministro, e por obra de Palizzolo reapareceram em cópia na sessão de 19 de maio do conselho geral, estando ausente o diretor; Tenerelli pediu para ver os originais e, após alguma hesitação, foi Muratori quem os exibiu. Palizzolo então "atacou Notarbartolo dizendo-o incapaz de julgar a ele e aos colegas, culpando-o de prevaricação pelas acusações feitas a conselheiros que ocupavam o cargo há anos e propondo um voto de desconfiança que foi deliberado".[112] A deliberação é anulada pelo ministério (o diretor-geral não dependia da confiança do conselho) e abriu-se um processo penal pelo furto, mas nem por isso foram adotadas as providências requeridas por Notarbartolo. Assim, em 6 de fevereiro de 1890, após seis meses de incertezas, Crispi decretou a dissolução da administração do Banco da Sicília juntamente com a do Banco de Nápoles.

---

111 Também a segunda carta in ACE, fundo cit., é reportada em apêndice por Giufrida, *Il Banco*, op. cit., p.329-32.

112 Síntese da I instrutoria cit.

As condições das duas instituições, tendo em vista a época, eram bastante boas; a resolução governamental, portanto, pareceu imprevista e injustificada. Girolamo Giusso, diretor do Banco de Nápoles, declarou à Câmara: "Parece que me encontro num país de bandidos e que recebi uma punhalada nas costas ... Esses decretos têm a aparência de um crime!".[113] Crispi eliminava dois expoentes da velha direita, Giusso e Notarbartolo; paradoxal a acusação de excessiva exposição quando tinha sido o governo a estimular para que não fosse reduzido o crédito ou a emissão.[114] Em outras circunstâncias, por sinal, os dois bancos meridionais tinham oferecido o seu apoio, como no caso do projeto caro a Miceli de uma sociedade de navegação ítalo-britânica, que deveria garantir aos produtos agrícolas do Sul sua colocação no mercado inglês após o rompimento de relações com a França.

Notarbartolo tinha tido alguma dificuldade em administrar essa operação em agosto de 1889: "Os acontecimentos de maio e o que se seguiu – escrevia ele ao ministro Lacava – dão todas as razões para temer que a Assembleia não esteja disposta a seguir o desejo ministerial".[115] A questão, aliás, não era feita para aumentar a popularidade do diretor na sua cidade. Em Bari, em Catânia, em Nápoles, o projeto tinha comprovado a atenção governamental pelos interesses exportadores; mas em Palermo os nervosismos da Navegação Geral Italiana (NGI) pela instituição de uma linha subvencionada fora do monopólio que ela detinha em escala nacional deviam provocar um efeito bem diferente, como demonstram os ataques virulentos de que foi logo

113 Cit. por L. De Rosa, Il Banco di Napoli e la crisi economica del 1888-1894. Tramonto e crisi della gestione Giusso, in *Rassegna economica*, 2, 1963, p.349-431 e em particular p.430.

114 Cf. a análise de De Rosa, *Il Banco di Napoli*, op. cit.

115 Cit. por G. Barone, Crisi economica e marina mercantile nel Mezzogiorno d'Italia (1888-1894), in *Archivio storico per la Sicilia orientale*, 1, 1974, p.43-111 e em particular p.82; artigo a que remeto para os fatos da ítalo-britânica.

objeto o Banco da Sicília por parte da imprensa próxima do truste armador.[116] Apoiando Miceli, Notarbartolo vinha colocar-se na frente oposta em relação ao *lobby* urbano muito mais poderoso, aquele que, partindo dos amplos apoios da família Florio nos ambientes aristocráticos e burgueses, por meio do bloco laborista que tinha por base os operários dos estaleiros navais e da fundição Oretea, constituía um partido transversal compreendendo a quase totalidade do mundo político municipal: os crispinos, sobretudo, mas depois toda a frente conservadora e até Colajanni e os socialistas "marca Florio".

Desse *lobby*, que de Palermo se ramifica para Gênova e para onde quer que a Navegação Geral Italiana tenha seus interesses, Raffaele Palizzolo é um instrumento, ao lado do crispino Rocco de Zerbi (outro discutido personagem), nas batalhas parlamentares para as subvenções estatais e contra as reformas antimonopolistas que periodicamente são projetadas, e que encontrarão em Giolitti o mais respeitável defensor.[117] Quanto ao nosso personagem, inimigo jurado dos crispinos palermitanos, ele se acha num barco cujo timoneiro é justamente Crispi, desmentindo assim o esquema redutivo de Mosca, mas também a imagem do político de salveminiana memória, pela capacidade de colocar-se na intersecção entre o pequeno e o grande circuito da vida política.

Defendendo no Parlamento os interesses da NGI, entre referências históricas e citações eruditas, o deputado assume os tons nacional-laboristas típicos de tantos grupos de pressão protecionistas. Em 1885, reconhece "em Florio e em Rubattino indivíduos beneméritos de toda a Itália que prestaram à pátria imensos serviços"; louva seu desinteresse; destaca seu papel na defesa da

116 Barone, *Crisi economica*, op. cit., p.83. Sobre o império dos Florio, cf. S. Candela, *I Florio*, Palermo, 1986.

117 G. Barone, Lo Stato e la marina mercantile in Italia, in *Studi storici*, 1974, 3.

nação; defende seu direito às subvenções públicas: "não se pode dizer 'não há dinheiro'. Um couraçado a menos, gritarão de todos os lados, mas não neguem os auxílios necessários à marinha mercante, a esta grande força nacional, a esta grande indústria do país".[118] Em fevereiro de 1893, poucos dias depois do assassinato de Notarbartolo, Palizzolo intervém novamente para os subsídios à NGI delineando cenários apocalípticos no caso de bloqueio:

> Não se aprovando este contrato, veremos num único dia 106 navios arriar a bandeira italiana, e seis mil famílias, vale dizer, 24 ou 25 mil indivíduos, ficar sem pão, e milhões e milhões deixarão de circular em nossa pátria ... seria um desastre nacional.[119]

Talvez fosse um desastre (mas para quem?) e também um sucesso para a ítalo-britânica. Por sorte, depois da destituição de Notarbartolo, a atitude do Banco da Sicília para com a sociedade se torna cada vez mais fria (causa não última de sua falência), em particular desde quando Giulio Benso, duque de Verdura, crispino fidelíssimo e acionista da Navegação Geral, assume a direção da instituição (fevereiro de 1891). Desde esse momento, as relações entre o maior banco siciliano e o truste naval se estreitam; em julho, enquanto está em curso a áspera discussão política sobre a renovação das convenções marítimas, o novo diretor-geral inicia uma operação de rastreamento, para a considerável soma de um milhão e oitocentas mil liras (correspondente a dezenas de bilhões atuais), de 6.950 ações da NGI, com o objetivo "de sustentar o seu preço nas praças de Milão e de Gênova".[120] O

---

118 Discurso de 29 de abril de 1885, in APCD, Discussões, p.13203-21, em particular p.13219.

119 R. Palizzolo, *Sulle convenzioni maritime*, Roma, 1893, p.30.

120 Testemunho de P. Bazan em Milão, in GDS, 25-26 de novembro de 1899; mas cf. a lúcida reconstrução de Marchesano, *Processo*, op. cit., p.452 ss.

primeiro lote (3.000 ações) é adquirido por conta do próprio Florio, que regulariza, porém, a transação com uma ordem escrita para o início do ano seguinte, depois que um dos conselheiros nomeados pelo governo, o duque de Craco, expressou as perplexidades dos funcionários que consideram essas especulações ilegais para um banco público; trata-se aliás do grupo formado por Notarbartolo e que permaneceu fiel a ele, como bem sabem os vencedores de 1889, que desde então tinham clamado contra a "camarilha notarbartoliana", composta de empregados "de pomposa vaidade elevad[os] aos altos postos pelo favoritismo do antigo diretor".[121]

São eles que informam Notarbartolo sobre a nova fase do caso NGI: as aquisições de 1892 não são mais efetuadas a favor de Florio mas, sem reais garantias, por conta de outros menos ilustres personagens, como um certo Salvatore Anfossi; segue-se a remessa ao Ministro do Tesouro, Giolitti, de um relatório reservado e daí uma inspeção confiada ao comendador Biagini (o mesmo que três anos antes tinha descoberto as corrupções no Banco de Roma) que não sem razão se considera "inspirado por Notarbartolo"[122] e começa a lançar luzes sobre o intrincado processo. Anfossi, íntimo de Palizzolo, atua como testa de ferro: o deputado como administrador do próprio Banco e íntimo da NGI está bem por dentro da operação de alta efetuada sobre os títulos da sociedade, e decidiu reverter em vantagem própria o processo já pouco correto posto em ação com o dinheiro público por Florio e pelo duque de Verdura. A inspeção de Biagini ameaça pôr tudo a perder; por trás dela se perfila a sombra de Notarbartolo, que amanhã poderá ser de novo o diretor-geral numa fase em que no governo do país se alterna com Crispi, Rudinì e Giolitti, este que pretende limitar o superpoder do truste naval.

121 *L'Epoca*, 8 junho 1890, cit. por Giufrida, *Il Banco*, op. cit., p.256.
122 Síntese da I instrutoria cit.

"Anfossi – afirmará Biagini – que é um corretor de câmbio não inscrito no rol dos comerciantes da Câmara de Comércio, por si mesmo tem pouquíssimo valor e deixa muito a desejar pela sua moralidade";[123] portanto seria impensável para o Banco da Sicília arriscar grandes somas sobre a palavra de semelhante personagem. Aqui talvez o inspetor ministerial permaneça mais na superfície do que Antonino Cutrera, o delegado criminologista que a polícia põe nos calcanhares de Anfossi, e que descobre como a garantia do agente de câmbio é aceita pelos bancos também para grandes somas, embora ele seja conhecido como indivíduo "que maneja todos os negócios suspeitos do comércio". Ele não possui meios próprios, mas atua como fiador de algumas firmas inglesas de importação e exportação para o financiamento de intermediários antes da abertura da campanha dos cítricos; enquanto isso compra cheques dos próprios comerciantes e efetua o câmbio recebendo uma comissão.[124] A mediação de Anfossi é realmente estratégica quando pode transformar em exportadores personagens como Antonio Rizzuto (vulgo *Perez*) e Pietro La Mantia, colaboracionistas e ex-confinados com pesadas condenações por delitos de máfia, ambos salvos dos "laços" da Justiça no passado pela intervenção de Palizzolo;[125] e são os seus negócios de comércio cítrico realizados com Fontana na Tunísia justamente no inverno do crime Notarbartolo que fornecem ao matador um álibi pomposo, quase perfeito.

Anfossi desempenha no mundo negocista-mafioso o mesmo papel de ligação com Palizzolo que Filippello desempenha no bandidesco-mafioso. O poder das quadrilhas palermitanas

123 CS, 6-7 de setembro de 1899.

124 Cutrera ao chefe de polícia, 26 e 27 de janeiro de 1900, in AEPA, GS, 1866-1939, b.20. Mas sobre o financiamento da exportação cítrica, remeto ao meu *Il giardino degli aranci*, op. cit.

125 Cf. as fichas pessoais contidas em AEPA, fundo cit., e os relatórios de 24 e 25 de janeiro de 1900.

permanece vinculado ao controle territorial dos subúrbios, mas as redes de relações e de negócios dos mafiosos assumem uma amplitude totalmente diferente. Essa latitude diz respeito sobretudo à sua função de fiadores dos grandes negociantes ou dos grandes proprietários. Salvatore Di Paola, entre os condenados à morte do processo Amoroso, deslocava-se de Palermo às minas de enxofre do Agrigentino a serviço do senhor Reys; para encontrar Fontana, a polícia precisa "apertar" uns tais Santomauro e Perricone, respectivamente administrador e agente de negócios do príncipe de Mirto em Villafrati e em Agrigento.[126]

Em outros casos são as obras de caridade concentradas em Palermo, mas com propriedades fundiárias em toda a ilha, que representam um veículo de expansão da rede mafiosa ao longo da qual encontramos um dos Badalamenti (Bartolomeo) simplesmente na província de Catânia, em Palagonia, administrador e depois arrendatário oculto dos latifúndios pertencentes à *Fidecomissária "Príncipe de Palagonia"*:

> Então o Badalamenti trocou ... a habitual *bonaca* de campino por traje de tecido caro, elegante; o bastão de campeiro por delgado estoque de cabo de prata e ouro; e sobre o colete ostenta a grossa corrente de ouro com um feixe de berloques e nos dedos aqueles grossos anéis de brilhante que na Sicília soam ser distintivos característicos dos chefes camorristas. Assim o antigo condenado, reformado e renovado, de campino para intendente rural, pode ser rebatizado e chamado ao delicadíssimo ofício de procurador da obra de caridade. Potência da Máfia![127]

A família Badalamenti semeia cadáveres e faz negócios sobre um arco ainda mais vasto entre Palermo e Nova York, segundo

126 Respectivamente, *Processo Amoroso*, p.28 e ACE, PS, AAGGRR, 1907-1903, b.1, fasc.1/11, telex do prefeito de Agrigento, 13 de dezembro de 1899.

127 Exposição de G. Blandini, junho de 1909, cit. por G. Barone, Lo Stato e le opere pie in Sicilia, in VV.AA., *Chiesa e società urbana in Sicilia*, Acireale, p. 52.

uma linha de conversão de guardas em negociantes que leva Gaetano Badalamenti, "antigo citricultor", a transformar-se em exportador de cítricos.[128] Os intermediários, não tendo grandes capitais, entram em relação com armadores como os Florio ou com desenvoltos banqueiros como Muratori, com os financistas da Câmara de Comércio ítalo-americana ou com aqueles judeus que controlam os leilões de cítricos em Nova York. Estamos no auge da crise agrária que varreu para longe a velha geração dos grandes exportadores, geralmente de origem estrangeira, estabelecidos na Sicília antes da Unidade. Em Palermo, o fenômeno da fragmentação das estruturas comerciais é evidente: em 1892 temos 81 exportadores contra os 39 operantes na maior praça cítrica siciliana, Messina; são numerosíssimos os "especuladores, que sem freio algum ... exercem ilícito tráfico", em relação aos quais muitos pedem que se efetue um controle das folhas corridas. Uma solução para diminuir o seu papel poderia ser a constituição de armazéns gerais, mas uma tentativa nesse sentido falha em 1898 porque (observa a Câmara de Comércio) o seu sucesso "ofenderia interesses gravíssimos de organizações usurárias".[129]

A economia e a política, mas sobretudo a relação entre essas duas esferas, o negocismo de fim de século, rompem a configuração classista dos aparatos de poder palermitanos e também da Máfia, que pela primeira vez, com Palizzolo e suas íntimas relações no alto e no baixo escalão, entrevê uma grande ocasião e procura agarrá-la. "Quem teve interesse em fazer desaparecer um relatório do gabinete de um ministro despendendo tantos milhares de liras, dessa vez terá despendido o dobro para matar

128 *Relatório Sangiorgi*, p.314-5.

129 Respectivamente, carta de 9 de março e relatório de 4 de abril de 1898 in AEPA, GP, b.172. De maneira mais geral, cf. o meu *Il giardino degli aranci*, op. cit., p.159 ss.

Notarbartolo", afirma tranquilamente um chefe mafioso falando com Cervis no dia seguinte ao crime;[130] e efetivamente quem consegue chegar à mesa do ministro pode também eliminar o incômodo descendente de uma antiga aristocracia. Temos, portanto, uma causa que liga entre si os mais diversos cenários: os campos do interior da Sicília batidos pelos bandidos, os pomares de Villabate, as praias de Túnis, as portinholas do Banco da Sicília, o escritório de Anfossi e os outros bem mais luxuosos da Navegação Geral, a bolsa de Milão, as salas do tribunal de Montecitorio. Tudo adquire uma lógica diante desta Sicília, dessa Itália nova do fim do século em que negocismo, máfia e política provocam uma reação em cadeia em torno da questão bancária, nódulo crucial da modernização do país.

Revolta moral

Em 31 de julho de 1902, o Tribunal do Júri de Bolonha condenou a trinta anos de reclusão Palizzolo e Fontana, mas por um vício de forma a cassação anulou a sentença, ordenando a repetição do processo, que teve lugar em Florença.

Eram passados agora muitos anos desde o crime, e também desde a explosão do escândalo em Milão; a participação da opinião pública nos primeiros dois debates era uma pálida lembrança. As provas "caíam por terra uma a uma como as peças de um mosaico descomposto, e faltava a alma trágica que tinha dado sua vida em Bolonha".[131] Uma única testemunha nova importante, Filippello, é convocada pela parte civil desconfiada pelo fato de que este não tivesse sido citado pela defesa em Bolonha. Com efeito, o feitor de Palizzolo representava o único ponto fraco

130 GDS, 30 de novembro-1º de dezembro de 1899.
131 Notarbartolo, *Memorie*, op. cit., p.394.

possível na questão da *omertà*. Em 1896, ele tinha sido ferido num atentado, segundo a "voz corrente" por uma divergência com seus comparsas sobre a divisão do lucro pelo crime.[132] Alguns dias antes da data prevista para o seu depoimento, foi encontrado enforcado numa pensão florentina: suicídio, sentenciou o inquérito. Seguiu-se uma absolvição geral por insuficiência de provas, e o caso Notarbartolo foi encerrado (23 de julho de 1904).

Palizzolo retornou a Palerno num navio da Navegação Geral, sendo recebido como um vencedor:

> O martírio da vítima, a começar da primeira calúnia dos covardes delatores, devia levar, pouco a pouco, ao triunfo do Justo. E triunfou Raffaele Palizzolo, depois de 56 meses de dilacerante martírio: triunfou envolto pela resplandecente auréola da sua Dor e da sua Virtude. E esta Dor, esta Virtude, consagradas com sublime abnegação, mercê dos inauditos tormentos de cinco anos, em homenagem a esta ultrajada Sicília, foram as lacrimejantes corolas com que, nas tristes horas da dura prisão, Raffaele Palizzolo pôde compor as guirlandas do duro sofrimento; aquelas *Recordações* que fazem fremir de horror, que fazem sofrer de infinita piedade.[133]

O paradoxo dessa derramada retórica do martírio e da perseguição atingiu entre outros Mosca, o qual sentenciou que a apoteose "ofendia o senso moral": "É certo que contra o imputado dos assassinatos de Miceli e Notarbartolo pouco ou nada se pôde provar, mas o homem apareceu na sua pior luz, se não delinquente pelo menos protetor de delinquentes e suspeito de relações com bandidos".[134] Um movimento inocentista já se tinha delineado bem antes da sentença de Florença, por obra dos adeptos

132 *Relatório Sangiorgi*, anexado ao relatório XIV.

133 Calpurnio, *Dai ricordi del comm. R. Palizzolo*, op. cit., p.10; não encontrei outros vestígios dessas fantasiosas *recordações*.

134 Mosca, *Perché offende l'assoluzione di Palizzolo*, in Id., *Uomini e cose di Sicilia*, op. cit., p.58.

de Palizzolo, com o nome de "Pró-Sicília"; procurava-se consenso com base na mais cínica ideologia regionalista, apontava-se o deputado-mafioso como a enésima vítima dos erros e das opressões sofridas pela ilha. O "Pró-Sicília" ganhou força e consenso muito além da área palermitana, mas no curso dessa expansão geográfica a referência específica ao caso Palizzolo tornou-se mais tênue enquanto predominavam temas moldados sobre argumentos nittianos a respeito de *Norte e Sul*, sobre as polêmicas liberalistas a propósito do "mercado colonial", sobre as outras razões do protesto meridional;[135] de maneira não diferente do que ocorria com o "nasismo", outro grande movimento sicilianista que se batia em favor de Nunzio Nasi, ministro trapanense acusado de corrupção. Nesses primeiros anos do século XX, a classe dirigente insular recorria cada vez com maior frequência ao registro regionalista, porque ficou órfã da grande função nacional desenvolvida na fase anterior com Crispi e Rudinì, preocupada com os novos equilíbrios que até economicamente ameaçavam penalizá-la.

O ponto de reunião do agrupamento favorável a Palizzolo era representado por *L'Ora*, o cotidiano de propriedade dos Florio,[136] na demonstração de uma persistente relação política mesmo nas várias peripécias processuais. À frente do comitê que representava o deputado, encontramos novamente a senhora Florio. Marchesano, que pretende concorrer na mesma circunscrição, parece que é convencido a mudar de ideia pela promessa de um financiamento eleitoral por parte da firma armadora: singular transação entre dois agrupamentos contrários que talvez se possa explicar pela subsequente cooptação para o *staff* legal da NGI do

135 Tratava-se naturalmente de tema recorrente: notar, por exemplo, a coincidência cronológica entre a apresentação da obra de Nitti e o início do processo de Milão in GDS, 8-9 de novembro de 1899.

136 Sobre o "Pró-Sicília", remeto a Renda, *Socialisti e cattolici*, op. cit.

dirigente socialista, que teria assumido o papel de grande mediador nas negociações com Giolitti e o Banco da Itália.[137]

Florio foi ouvido em Bolonha (por rogatória) como testemunha de defesa. Eis o resumo do jornal socialista palermitano *La Battaglia*:

> *Testemunha:* A máfia? Nunca ouvi falar – *Ministério Público:* É, a máfia, uma associação que delinque contra as pessoas e as propriedades, e que às vezes é utilizada até nas eleições – *Testemunha* (escarrando): É incrível como se calunia a Sicília! A máfia nas eleições! Nunca! Nunca! – *Ministério Público:* Então o senhor nega que as eleições na Sicília sejam feitas com a máfia e com dinheiro. – *Testemunha:* Isso mesmo, para ser exato, devo dizer que numa ocasião recente, em setembro do ano passado, os socialistas gastaram cem mil francos para vencer a lista monárquica, mas não conseguiram.[138]

A crônica não resulta de outra fonte, e podemos considerá-la um exercício de sátira; aliás, justificado pelas atitudes políticas assumidas pelo grande armador que milagrosamente consegue permanecer fora do conflito; não se vê envolvido, por exemplo, no episódio dos dois cocheiros, apresentado pela imprensa como prova do poder de "certos mafiosos de colarinho branco", mas atribuído a um não identificado "senhor palermitano".[139] Essa é apenas uma das prudentes omissões acionadas cada vez que aparece o nome não propriamente desconhecido de Ignazio Florio: nas crônicas dos processos, no discurso de Marchesano, nas *Memórias* de Notarbartolo Jr., não encontramos nenhuma refe-

---

137 Cancila, *Palermo*, op. cit., p.237-40; Candela, *I Florio*, op. cit.; G. Barone, Il tramonto dei Florio, in *Meridiana*, 1991, 11-12, p.14-46.

138 *La Battaglia*, 10 de novembro de 1901, cit. em Renda, *Socialisti e cattolici*, op. cit., p.405.

139 Cf., por exemplo, o citado discurso parlamentar de De Felice de 1º de dezembro de 1899, p.350-1 e Id., *Maffia e delinquenza*, op. cit., p.37.

rência à NGI como parte do bloco das forças hostis ao assassinato ou pelo menos como referente político de Palizzolo; ao passo que vimos como e quantas vezes retorna aos acontecimentos o truste da construção naval, glória municipal e grande indústria das cidades de Gênova e Palermo.

Florio mantinha relações em todos os setores do agrupamento político, incluindo os socialistas; assim, daí a alguns anos o bloco popular e a Casa Florio seriam descritos como o verdadeiro truste da vida política palermitana.[140] Porém, no caso presente, a operação levada a efeito era de molde claramente conservador, tendente à retomada das forças moderadas clamorosamente batidas por socialistas e radicais nas eleições administrativas de julho de 1900: nas novas eleições de setembro, que se seguiram à dissolução do conselho comunal, esse resultado é alterado com o sucesso de uma lista de concentração monárquica encabeçada pelo príncipe de Camporeale, que se configurava como uma costura das cisões da classe dirigente provocadas pelo caso Notarbartolo-Palizzolo "para impedir o triunfo daqueles que querem fazer do município de Palermo uma tribuna de propaganda contra as instituições, contra o sagrado patrimônio das ideias de família, de pátria e de liberdade".[141] O arco dos consensos do "Pró-Sicília" também se limitou às forças moderadas, excluindo quase totalmente a esquerda que teria, porém, representado um útil apoio interclassista no posterior caso Nasi e nas mobilizações referentes às questões do enxofre e dos cítricos: a "perseguição" sofrida por Palizzolo é, aliás, atribuída ao complô urdido contra um deputado siciliano pelos nortistas e por aquela "cambada de espiões da polícia, salteadores de estrada principal,

140 Cf. a carta de V. E. Orlando a Giolitti de 1909, cit. por Barone, *Il tramonto dei Florio*, op. cit., p.34.

141 Programa eleitoral cit. em Renda, *Socialisti e cattolici*, op. cit., p.116, ao qual remeto para a reconstrução desses eventos.

panfletários de taberna e de lupanar que usurpam na Itália o nome de partido socialista".[142] Não era sobre o poder da máfia que se podia criar uma fácil comunicação entre a ala conservadora e a ala progressista do alinhamento político.

Vê-se aqui o tempo decorrido desde 1875. Sobre esses temas a apologética regionalista, antes patrimônio da esquerda, é herdada pelas forças moderadas; ao passo que o combate à máfia, antes cavalo de batalha da direita histórica, começa a fazer parte integrante do arsenal polêmico da esquerda. Trata-se, sem dúvida, de forças políticas que se definem de maneira muito diferente em relação ao passado: é a extrema esquerda, radical ou socialista, que do ponto de vista ideológico desempenha o papel decisivo na gestão do caso Notarbartolo. Por outro lado, um lustro de discussões não se passou em vão, e agora o público, gente comum que se informa pelos jornais, pode pensar que por detrás dos tenebrosos mistérios da Sicília deve ser procurada uma das chaves interpretativas da história da Itália, abalada nos alicerces pela explosão dos escândalos políticos-bancários.

Como instrumento de renovação, a questão moral revela-se eficaz: aliás, em situações e com protagonistas muito diferentes, as reviravoltas políticas na história pós-unitária palermitana estão sempre ligadas a mobilizações antimáfia. A ofensiva de Malusardi tinha marcado o advento da esquerda ao poder; com a operação Mori o fascismo tentará mudar os mecanismos da representação política e da relação Estado-sociedade. Com uma trama análoga, o caso Notarbartolo também demonstra que a máfia prospera numa atmosfera de "normalidade" e é posta em discussão num clima de mobilização; o que, aliás, aconteceu novamente em anos bem próximos de nós. "Chegou o momento

---

142 *L'Ora*, 24-26 de julho de 1904; assim também o resto da imprensa palizzoliana: Il caso Palizzolo, in *Il Gazzettino rosa*, 11-18 de janeiro de 1900; Spartachus, Drago e Palizzolo, in *La Forbice*, 7 de janeiro de 1900.

da rebelião moral", afirma De Felice.[143] A questão moral é a única que no início do século pode dar novo alento ao socialismo urbano meridional, tanto ao grupo palermitano como ao napolitano de "La Propaganda",[144] aquela batalha contra as várias "máfias" e camorras que levará aos inquéritos sobre o "desgoverno urbano" nas grandes cidades meridionais, esteio essencial para a operação giolittiana de renovação do pessoal político local. Na Sicília, em particular, abre-se a temporada dos "blocos populares", o novo sistema "aberto" de alianças com o qual a extrema esquerda se candidata a desempenhar um papel de primeiro plano na luta político-administrativa da primeira metade do século XX. Desse modo, os "elementos democráticos e socialistas da ilha" tentam levar a termo a obra de "saneamento do terreno social" a eles confiada pelos líderes do PSI em seguida à sentença de Bolonha.[145]

Realmente, os ex-subversivos convertidos ao social-reformismo não mostrarão no curso da experiência populista um perfil moral muito superior ao dos adversários; assim como os governos giolittianos não brilharão pela correção, pelo menos no Sul, embora mantendo-se (contrariamente ao que se pensa) acima de seus predecessores. Radicais e socialistas setentrionais oscilam entre o reconhecimento da complexidade da relação Estado-Sociedade e a demonização da sociedade do Sul, preocupados, sobretudo a partir da experiência da reação crispina, com que a sua Itália civil e progressista permaneça exposta ao contágio de uma Itália corrupta e corruptora, freio para o desenvolvimento do país no seu conjunto.

---

143 De Felice, *Maffia e delinquenza*, op. cit., p.43.

144 Cf. as considerações de M. Marmo, *Il proletariato industriale a Napoli in età liberale*, Napoli, 1978, p.223 ss. e de F. Barbagallo, *Stato, Parlamento e lotte politico-sociali nel Mezzogiorno*, Napoli, 1976, p.70 ss.

145 In *Avanti!*, 1° de agosto de 1902.

> Lá, onde não havia indústrias, nem cultura difundida, nem iniciativa e vigor de raça para fundar aquelas e conquistar esta, emergiu, pela emulação dos ganhos rápidos, pela inveja das riquezas da Itália superior, uma raça de aventureiros e charlatães enriquecidos, os quais ... se agarraram à vida política repentinamente aberta à sua vaidade e cupidez, invadiram as administrações, começaram a tramar com os bancos, e tiveram por programa mínimo e máximo vender-se pela melhor oferta. Esses tipos de barões improvisados, dos quais De' Zerbi foi o campeão mais genial e refinado, e Crispi o mais celerado e enérgico (o rei da *tribu* portanto, como nas hordas selvagens, por direito divino), em cujas costas, sob o fraque de luxo do cavalheiro, desponta a cartucheira do antigo bandido, vivem do lixo e no lixo, são os verdadeiros saprófitos políticos da nação.[146]

Só em aparência essas anotações antropológicas sobre a classe política meridional são comuns aos socialistas do Norte e do Sul, a Turati e a Salvemini, ou, dentro da mesma cultura radical-positivista, Lombroso e Colajanni. Aqui se vislumbra uma questão crucial: a doença moral do Sul deve ser atribuída sempre a um nível "inferior" de civilização ou a um cruzamento nacional do sistema de poder? E a corrupção das classes dirigentes pode implicar o juízo negativo sobre uma sociedade inteira? "Para mim – escreve Arturo Labriola polemizando com a *Critica Sociale* – parece falta evidentíssima de qualquer critério de materialismo histórico considerar que regiões ou nações tomadas em bloco possam ser todas consideradas corruptas ou perfeitas [como] os povos eleitos e os povos condenados pelo Senhor."[147]

O caso Notarbartolo é a nova ocasião para o desenvolvimento dessa temática. Diante da equilibrada posição de jornais moderados como *Il Corriere della sera*, a imprensa radical dá frequentes sinais de intemperança: assim Alfredo Oriani, o republicano-

146 Saprofiti politici, in *Critica sociale*, XIII, 1895, p.194-5.
147 A. Labriola, Nord e Sud, in *Critica Sociale*, XV, 1896, p.234.

-imperialista destinado a ser introduzido no empíreo dos precursores do fascismo, num artigo intitulado "As vozes do esgoto", define a Sicília como "um paraíso habitado por demônios", "um câncer no pé da Itália ... uma província na qual nem costume nem lei podem ser civis".[148] A resposta que chega por um personagem não suspeito como Colajanni aponta mais uma vez para a responsabilidade do Estado mais que para a sociedade: "Os sicilianos estão cansados de ser civilizados pelos Govone, pelos Serpi, pelos Pinna, pelos Medici e pelos Bardesono. No esgoto chafurdaram alegremente os Ballabio, os Venturini, os Codronchi ... os Mirri ... nascidos e crescidos para lá do Tronto".[149]

A questão da máfia representa só uma das possíveis ocasiões de rixa regionalista. Para a área napolitana, privada das tradições separatistas sicilianas, vemos por exemplo as descompostas reações de um Scarfoglio diante do suicídio de Rosano, causadas pelas acusações de negociatas e comprometimentos com a camorra formuladas pela extrema esquerda; estamos ainda no quadro da polêmica do moderatismo meridional contra socialistas e nortistas:

> Nada nos liga mais a este Estado, alimentado por nosso melhor sangue. O vínculo da solidariedade nacional está quebrado em nós; *nós somos os que devemos perecer.* E para apressar a agonia, nossos irmãos da Itália desencadearam contra nós a manada socialista que se lançou contra nós com a boca cheia de lama e com o coração transbordante de ódio mortífero. ... É um estado verdadeiro e próprio de guerra guerreada este em que vivemos: guerreada contra uma manada de carneiros que não reage, que baixa a cabeça sob o cutelo fraterno, e se deixa placidamente degolar.[150]

148 *Il Giorno*, 8 de janeiro de 1900.
149 Colajanni, *Nel regno della mafia*, op. cit., p.39.
150 *Il Mattino*, 13 de novembro de 1903, cit. em Barbagallo, *Stato, Parlamento*, op. cit., p.169. Anteriormente, Rosano tinha polemizado com a extrema pela sua intenção de defender Palizzolo.

O entrelaçamento da polêmica entre direita e esquerda com uma rixa regionalista torna mais difícil a avaliação das complexas relações que se instauram nesses anos entre política, finança, corrupção, criminalidde comum e criminalidade mafiosa. O problema fundamental é o dos fragmentos do processo de modernização e de democratização do país, que leva para a área do poder, com mecanismos novos, novos sujeitos sociais. O risco de um debate desse gênero é de satanizar, aos olhos do público, o processo em si mesmo e não os seus efeitos deletérios.

Isso reabre o caminho para uma posição semelhante à da velha direita histórica, que avançará progressivamente diante da impossibilidade de desbloquear o sistema político a não ser com os lentos ajustamentos do giolittismo. Nas *Memórias* de Leopoldo Notarbartolo, escritas nos anos da grande guerra "regeneradora", as figuras do pai de rígida moral kantiana e do filho à desesperada procura de justiça se delinearão *isoladas* e necessariamente derrotadas numa fase histórica toda marcada pelos efeitos perversos do "parlamentarismo", que, todavia, se identifica não tanto no mafioso Palizzolo quanto no desonesto Cosenza, no malvado Crispi, no viscoso Rudinì, no infame Giolitti. Nenhuma memória, a não ser por poucas apreciações meramente pessoais, das forças que se bateram contra a Máfia: Marchesano e os outros socialistas, Sangiorgi, a opinião pública milanesa, bolonhesa e (às vezes) também palermitana, os jornais radicais e os moderados, entre eles o maior diário da ilha, *Il Giornale di Sicilia*. A Itália do fim do século XX, cindida entre um campo conservador e um campo progressista, capaz de colocar-se de maneira crítica diante dos arcanos do poder graças também aos instrumentos da informação e do debate político de massa pela primeira vez livremente utilizados, se tornará um amontoado de corruptos e corruptores, um país em que "chovia lama e se brincava com bolas de lama, em que cada praça se tornava um pelourinho; executor, qualquer jornaleiro empoeirado que brandia como uma arma a folha suja saída das oficinas da chantagem".[151]

É a interpretação de quem já se pôs talvez à procura de um comandante ao qual confiar a própria sorte.

Culturas: dentro e fora da organização

Comparado aos processos contra os *stoppagghieri* e os Amoroso, o processo Palizzolo-Notarbartolo assinala um enorme progresso pela concatenação lógica dos fatos e pelo desaparecimento das mais evidentes aporias na construção da acusação em casos de máfia. Admirado de que em Bolonha não se tenha partido para uma absolvição por insuficiência de provas, o correspondente do *Times* escreve que "os jurados parecem ter baseado seu veredito sobre impressões gerais ... mais que sobre este ou aquele fato particular".[152] E as "impressões gerais" são aquelas suscitadas pelo único dado certo em Milão e em Bolonha (mas agora não tão chocante em Florença): o papel das instituições na manobra tendente a cobrir Palizzolo e mais em geral na gênese e na permanência do fenômeno mafioso; um papel denunciado pela acusação e não mais, instrumentalmente, pela defesa dos Marinuzzi e dos Gestivo. O grande crime lança um foco de luz, como já havia feito a virada política de 1875-1876. Colajanni com o seu tempestuoso panfleto *No reino da máfia* reconstrói uma história na qual, partindo do *risorgimento*, os governos de direita e de esquerda colocam-se numa linha de desoladora continuidade com os mais recentes. Isso também vem pelo debate. Veja-se a reação escandalizada do público em Bolonha ante a revelação das negociações entre Palizzolo e Malusardi-Nicotera em 1877: "Estas

---

151 L. Pirandello, *I vecchi e i giovani*, Milano, 1913 (1.ed. 1905), p.7.
152 Artigo de 1° de agosto de 1902 cit. in CS, 2-3 de agosto de 1902.

eleições, feitas com a espada de Dâmocles da advertência suspensa sobre a cabeça dos candidatos, por um lado, lançam uma luz bem triste sobre os candidatos, mas, por outro, também sobre a obra do governo".[153] A responsabilidade das instituições está presente até nas obras dos dois funcionários Cutrera e Alongi, publicadas ou republicadas nesse período, e ricas de outras anotações de grande interesse. Nos jornais diários saem muitos artigos, entre os quais um, do *Giornale di Sicilia*, que merece ser colocado entre a melhor ensaística sobre o tema: nele se denuncia o caráter faccioso da relação máfia-polícia, os Albanese, os Bardesono, os Lucchesi que se serviram "de uma parte da máfia para descobrir as falcatruas da outra"; conclui-se que no campo palermitano as "relações secretas" entre "guardas, feitores e gente semelhante" configuram "uma vastíssima organização".[154] É o tema, como sabemos, do *Relatório Sangiorgi*:

> Por ocasião do processo Palizzolo, tanto no Tribunal como na imprensa e até no Parlamento, as definições de máfia pulularam multiplicando-se de modo maravilhoso, indo da mais completa negação de qualquer conteúdo antijurídico até a mistura de tudo e de todos, de tal maneira que para uns a máfia e os mafiosos não existem, para outros a Sicília e os sicilianos todos não passam de um antro e um punhado de mafiosos.[155]

Com efeito, cada aquisição cognoscitiva permanece abafada e como que escondida dentro de um debate político-jornalístico caótico e incontinente, por um lado, incapaz de delimitar o assunto, por outro, ávido de explicações sobre a *natureza* da máfia.

É o tipo de pergunta que nas três etapas do processo é feita pelos juízes "continentais" a muitas testemunhas, assim como

153 CS, 2-4 de outubro de 1901.

154 *La mafia: sua natura e sue manifestazioni*, op. cit.

155 Alongi, *La mafia*, op. cit., p.112.

nos anos anteriores aos entrevistados pelas comissões parlamentares. É a questão a ser proposta a um demopsicólogo, isto é, um etnólogo, perito por definição nas peculiaridades, nas "crenças" e nos "preconceitos" do povo siciliano. Em Bolonha, Giuseppe Pitrè, chamado pela defesa, confirma que a palavra máfia antigamente servia para indicar o conceito de "beleza, graciosidade, excelência em geral" e que nos tempos modernos passa a indicar "a consciência, *por vezes* exagerada, da própria personalidade, da própria superioridade, da própria dignidade, a qual não se limita à violência de classe" e *pode* "levar à delinquência".[156] Pitrè tende a identificá-la como um costume dos sicilianos, originariamente positivo e nesse sentido reivindicável como em seu tempo tinha feito o deputado Morana: "Se por máfia [se] entendesse a gente que não está disposta a sofrer injustiças, violências, ofensas ... mafiosos são todos na Sicília".[157] Com Franchetti (*mutatis mutandis)* Oriani pensa, porém, que todos os insulares são irrecuperáveis para a civilização, isto é, mafiosos. A terceira posição, intermediária, é a rudiniana, expressa por Mosca com a sua distinção entre delinquência e "espírito de máfia", dessa vez mais *simpático* que *benigno*, mas cada vez mais disseminado na ilha.[158] As três teorias, e em particular as duas extremas, são singularmente coincidentes enquanto pressupõem que a máfia não seja *diferente* em relação à cultura regional e represente um fenômeno ilimitável, incognoscível de *per si*, praticamente invencível até porque a identificação faz de todos os sicilianos, pelo menos por reação lógica, defensores da própria máfia: é o esquema dos movimentos tipo "Pró-Sicília".

No seu discurso de Bolonha, Marchesano define Pitrè como "ótimo folclorista, mas péssima testemunha. Interrogado sobre a

156 Em *L'Ora* e em GDS, 31 de março, 1º de abril de 1902. Grifo meu.

157 APCD, Sessão de 1874-75. Discussão cit., 7 de junho, p.3966.

158 Mosca, *Che cosa è la mafia?*, op. cit. A propósito, R. Salvo, Mosca, la mafia e il caso Palizzolo, in *Nuovi quaderni del Meridione*, 1982, p.233-45.

máfia, em vez de dizer o que ela é, disse qual é a origem da palavra".[159] Com efeito, essa referência a uma máfia originariamente benigna sempre pressuposta e jamais vista em ação, essa procura contínua da definição como *hecceidade* do fenômeno a ser estudado nas dobras profundas (e insondáveis) da psicologia social, representa um terreno terrivelmente escorregadio. Uma coletânea das inúmeras citações das poucas páginas dedicadas por Pitrè à máfia proporia um mapa confiável dos ingênuos e dos conluiados desde o fim do século XIX até hoje, os quais não percebem (ou fingem não perceber) o caráter manifestamente apologético e despistante daquelas considerações, os quais acreditam (ou fingem acreditar) estar diante da fonte *objetiva* sobre a cultura dos sicilianos. Existem, entretanto, elementos muito concretos para julgar a posição do etnólogo: a sua estreita colaboração no conselho comunal e na direção de entidades e obras de caridade com Palizzolo, "verdadeiro cavalheiro ... corretíssimo e honesto administrador"; a sua recusa ao convite governamental para candidatar-se ao colégio palizzoliano de Pallazzo real; sua participação ativa, também na qualidade de ideólogo, no "Pró-Sicília".[160]

Entre um significado antigo e positivo e um significado novo – vulgar e impreciso que *poderia* indicar algo de negativo – Pitrè se refere a um *quid* imperscrutável ("é quase impossível defini-lo"),[161] não se diferenciando muito, portanto, dos acusados e dos advogados de defesa nos processos de máfia, os quais afirmam todos não saber o que a palavra quer indicar. É a resposta dada por Carmelo Mendola, membro da quadrilha Amoroso, ao

159 Marchesano, *Processo*, op. cit., p.292.

160 Cf., respectivamente, o citado depoimento de Bolonha; o testemunho da filha em G. Bonomo, *Pitrè, la Sicilia e i siciliani*, Palermo, 1898, p.345; as obras citadas de Barone e Renda. Ver também Pitrè, *Per la Sicilia*, in GDS, 7-8 de agosto de 1902.

161 Pitrè, *Usi e costumi, credenze e pregiudizi*, op. cit., p.289.

magistrado que lhe pergunta se ele pertence à máfia: "Não sei o que significa".[162] A troca de falas parecerá reveladora a Hess que a colocará em epígrafe ao seu livro, e a Sciascia que muitas vezes a lembrará:[163] o mafioso efetivamente não saberia o que seja a máfia, a legalidade representando para os sicilianos um conceito abstrato, trazido de um Estado totalmente estranho, e sendo o que chamamos mafioso o único modelo possível de comportamento nessa sociedade. De resto não se trata do único caso em que os inqueridos do processo Amoroso aparecem como defensores um tanto extremados das teorias socioantropológicas, por exemplo, sobre o familismo dos meridionais. Quando lhe é perguntado se os membros da quadrilha são seus amigos, Caravello responde: "Eu sou amigo só da minha mulher e dos meus filhos ... fora deles não conheço ninguém"; diante de uma pergunta sobre os seus ódios "de partido", Emanuele Amoroso afirma: "O meu partido são a minha mulher e os meus filhos". Nessa linha, os imputados acabam por exagerar contrapondo a família "verdadeira" (o núcleo dos conviventes) à família de sangue, como quando um dos Amoroso ostenta uma total ausência de relações com os irmãos para que não se creia que ele possa planejar a vingança contra os Badalamenti, assassinos de outro irmão seu.[164]

Hess interpretou uma fonte extremamente intencional, como é a judiciária, como se ela pudesse *espelhar* a cultura "dos sicilianos", não lhe vindo à mente que os sicilianos podem dizer,

---

162 *Processo Amoroso*, p.39.

163 Em L. Sciascia, *A futura memoria*, Milano, 1989. Por outro lado, Hess atribui erradamente a frase ao imputado Minì; Sciascia, acrescentando um equívoco ao outro, afirma que "Mini [*sic!*] está por Tizio; um Tizio médio ou grande mafioso": típica projeção para um empíreo simbólico de fatos e pessoas muito bem identificáveis (Hess, Mafia, op. cit., e o prefácio de Sciascia, p.VI).

164 *Processo Amoroso*, respectivamente p.34, 69, 30.

ou não dizer, conforme as conveniências: conveniências político-ideológicas (ou de outro tipo) para Pitrè, tentativa desesperada de salvar-se para os protagonistas de um processo destinado a encerrar-se com tantas condenações à morte. Quando Giuseppe Amoroso, tio dos imputados, revela circunstâncias que acusam estes do assassinato de seu filho (primo deles), o imputado Emanuele Amoroso o desafia a jurar pela alma do pai, que representa o ascendente comum da vítima e dos suspeitos assassinos. O presidente, perplexo, observa: "Aqui só existe um juramento, aquele que é previsto pela lei", mas o advogado Marinuzzi insiste: "esse não serve para o caso ... porque o povo não acredita", até que se faz a testemunha jurar como requerido pela defesa.[165] Para Hess essa seria a comprovação da distância sociocultural que separa o Estado dos sicilianos, da "lacuna entre socialidade e moral estatal" que gera o comportamento mafioso.[166] Para mim, porém, parece que se trata de uma hábil encenação de Marinuzzi, tendente a construir diante dos olhos dos jurados (e talvez da própria testemunha) a imagem dos seus clientes como personagens injustamente acusados, que acreditam nos mesmos valores familiares das pessoas comuns e que, portanto, não podem ser os ferozes assassinos a sangue frio de um parente próximo. Mas é claro que tal instrumentalização da cultura tradicional só pode confundir as ideias de um sociólogo alemão por meio de uma complexa mediação erudita, na qual justamente Pitrè tem um papel central e que a cultura advocatícia insular contribui para difundir.

Essa cultura propõe principalmente ocultar sob o dado folclórico das quadrilhas, uma "quimera, um sonho da alterada fantasia de um delegado", o "*quid* misterioso", a "cauda postiça"

165 *Processo Amoroso*, p.120.
166 Hess, *Mafia*, op. cit., p.44.

denunciada pelos defensores dos *stoppagghieri* e dos Amoroso.[167] A luta entre as quadrilhas é reduzida a inimizade entre famílias, num mundo artificialmente pintado como primitivo no qual abastados traficantes como os Amoroso se fazem passar por "povo", enquanto um Fontana que negocia cítricos de um continente para outro se passa por analfabeto.[168] Uma vez passado o efeito do grande escândalo, a percepção da máfia se fixará sobre esse plano folclórico e tradicional, perdendo-se entre outras coisas a ligação com o grande tema dos escândalos bancários que por um instante tinha dado ao fenômeno uma dimensão bem mais "moderna" e perigosa.

Intuindo a vantagem que a discussão sobre a *essência* da máfia dá à defesa, Marchesano abre o seu discurso declarando querer falar só de comportamentos criminais específicos; propósito que, porém, não mantém até o fim:

> O que é a máfia hoje? Uma organização, como creem alguns, com chefes e subchefes? Não. Isso só existe nos sonhos de algum chefe de polícia. Portanto, a máfia não é isso, mas um sentimento natural, um concerto espontâneo, uma solidariedade que reúne todos os rebeldes às leis da sociedade civil ... As quadrilhas têm entre si um vínculo ideal, o interesse comum, e em comum os protetores.[169]

Aqui os dados trazidos pela polícia, que aliás foi aliada preciosíssima da parte civil, são quase ridicularizados; a inter-relação entre as quadrilhas vê-se reduzida apenas aos protetores comuns; recorre-se a conceitos de pequeno valor heurístico como o "sentimento natural". Repisando a velha e superficial definição de Bonfadini, Marchesano deprecia o poderoso trabalho

---

167 Discurso de Lucifora, in AEPA, GS, b.7, discurso de Cuccia, in *Processo Amoroso*, p.250.

168 Tese desmontada por Marchesano, *Processo*, op. cit., p.69-70.

169 Marchesano, *Processo*, op. cit., p.294-5.

de documentação sobre as conexões entre fatos e pessoas realizado por ele mesmo e por Sangiorgi, do qual se infere muito mais do que o "concerto espontâneo". Mais uma vez, a estratégia processual leva a simplificar sem no fim obter o resultado. Pitrè e Palizzolo perdem a batalha, mas se preparam para vencer a guerra: a máfia não seria "seita nem associação", não teria "regulamentos nem estatutos",[170] ela se identificaria com um comportamento e uma cultura. Eu, porém, creio que existe uma ideologia mafiosa que reflete os códigos culturais mas sobretudo para deformá-los, para apropriar-se deles e fazer um conjunto de regras tendentes a garantir a sobrevivência da organização, a sua coesão, a sua capacidade de encontrar consenso, de incutir terror dentro e fora.

As canções do cárcere exprimem desprezo por *"l'omu chi parra assai"*, o qual *"cu la sò stissa vucca si disterra"*.[171] Rosario La Mantia é renegado até pela sua família. A qualificação de espião, *'nfami, cascituni,* representa um pesado fardo para quem a recebe e ao mesmo tempo uma justificativa para quem mata; portanto, presta-se a ser utilizada como uma arma na luta de facções. Assassinando Damiano Sedita, os Amoroso exclamam: "acabou de ter o porte de arma concedido pela polícia"; Cusumano é definido como "infame espião". A organização decreta o boicote dos suburbanos contra a hoteleira Di Sano, suposta informante, antes de atentar contra a sua vida. Acusando Filippo Siino de estar "mancomunado com a polícia", Giuseppe Biondo faz apenas "aquilo que devia fazer para passar ele próprio ao comando",[172] ou seja, desqualificar o adversário perante uma opinião pública formada por *cagnolazzi* principiantes e por flanqueadores. A *omertà,* entendida como repulsa "moral" em relação ao recurso ao sis-

170 Pitrè, *Usi e costumi, usanze e pregiudizi*, op. cit. II, p.292.
171 "O homem que fala muito se perde pela sua própria boca."
172 É a opinião do anônimo citado, p.1.

tema legal, representa talvez um valor geral, um modelo ideal de comportamento das populações sicilianas e em particular do vasto universo criminal; certamente não é um guia para a ação dos mafiosos, os quais como vimos várias vezes colaboram quando e como lhes convém. Não se deve esquecer que a organização deve mediar entre Estado e criminosos, e, portanto, ser confiável para um e para outros. A autoridade frequentemente sabe quem são os autores dos delitos porque os mafiosos *falam* sem nenhum preconceito ideológico, embora não se exponham testemunhando em tribunais: é daqui, não de uma genérica sociedade, que provém a supercitada "opinião pública". Há então o caso do mafioso em desgraça que se dirige à polícia para ajuda e proteção, obtendo talvez um passaporte para a América como acontece com o feitor Santo Vassallo, condenado à morte por traição de seus companheiros de quadrilha; nesse caso, porém, o pobre coitado é seguido até Nova Orleans e assassinado.[173] Os Vassallo, ou pior, os Mantia e os D'Amico, ameaçam deixar a quadrilha em poder das tendências colaboracionistas dos seus membros e dos seus inimigos. A uma "propalação" que põe em perigo a própria existência da organização responde-se com o terror, de maneira que cada um também calcule a probabilidade de represálias a grande distância de espaço e de tempo. Como afirma Sangiorgi, "todos, desde os mais abastados proprietários até os mais pobres camponeses, desde as notabilidades até as mais obscuras individualidades, calam-se porque temem",[174] mas o fato já sublinhado de que nem todos eles temem a mesma sanção, a morte, dá ao preceito dirigido ao mundo dos facínoras uma eficácia diferente.

Se, porém, os mafiosos não querem ser reduzidos ao papel de confidentes, se pretendem manter ou acentuar a sua autonomia

173 *Relatório Sangiorgi*, p.277 ss. e 349 ss.

174 Ibidem, p.19; mas também Alongi, *La guardiania*, op. cit., p.354.

em relação à autoridade, devem conseguir proteger a solidez da associação com métodos não exclusivamente terroristas, garantindo fidelidades como aquela que leva Filippello, mesmo abandonado e ameaçado por seus cúmplices, a suicidar-se em vez de testemunhar contra Palizzolo.

Evidentemente que os vínculos de sangue não bastam para garantir todas as alianças, por mais que eles (nesta como em qualquer outra sociedade) representem seu núcleo mais sólido: Mazzara pode opor-se a Giammona valendo-se "da ativa solidariedade dos membros da sua família";[175] o partido Siino tem uma acentuada fisionomia parental. Num quadro de família nuclear como o insular, é o contexto que decide se deve ser utilizado o potencial de solidez inerente à instituição familiar: os Schneider mostraram, por exemplo, com finas análises como a relação entre irmãos, muito tênue nas famílias operárias da região agrigentina de Sambuca, vê-se pelo contrário exaltada nas empresas pastoris das quais deriva o grupo médio dos arrendatários, porque esse tipo de atividade implica particularmente uma relação de confiança entre seus membros.[176] Tal exigência é obviamente maior numa agregação criminosa, mesmo que nem sempre o arco parental seja suficiente para alimentar as quadrilhas: o compadrio, parentesco artificialmente recriado, representa a ponte para relações mais complexas, onde, como sabemos, agem também vínculos diferentes, calcados sobre modelos carbonários ou maçônicos do período do *risorgimento*.

Em muitos casos, no da "Irmandade" de Favara por exemplo, o principiante promete abandonar os delitos mais vulgares como o furto, predispondo-se a assumir o papel de homem da ordem, de notável ou pelo menos de mediador em negócios. É assim que a máfia gosta de apresentar-se, embora a realidade seja mais

175 O chefe de polícia ao prefeito, 18 de setembro de 1875, op. cit., p.5.
176 Schneider, *Classi sociali*, op. cit., p.103 ss.

prosaica e, como já observa Alongi, nos fatos as coisas sejam mais complicadas: quem garante a ordem geralmente age em estreita correlação com quem a viola, esquema que tende a alargar-se do seu âmbito originário da custódia rural para um grande número de manifestações criminais. Os *bruxos* que prometem aos cocheiros palermitanos a restituição das carruagens roubadas mediante quantias, que "dão a entender que foram pedidas pelos *picciotti*", já estão de acordo com estes para a divisão do resgate.[177] A máfia da ordem representa mais que tudo um modelo ideal, a ser exibido para as classes dirigentes, também fascinante até para a criminalidade "comum". O chefe da quadrilha de arrombadores e batedores de carteira da Albergheria descoberta em 1904, interrogado pela polícia, procura manter-se bem acima dos pequenos delinquentes: "De hábil e experiente mafioso transformou-se em cavalheiro ofendido .... Disse de fato que poderia estar envolvido em homicídios e agressões, e é condenado por este último título, mas mostrou um olímpico desprezo pelos ladrões".[178]

Portanto, os códigos da máfia estão ligados à necessidade de manter a solidez interna, ao reconhecimento público da capacidade de incutir terror nos concorrentes potenciais e nos espiões. O mais eficiente dos guardiães será aquele que só com sua fama, não tanto com a presença física, desencorajará os ladrões de acordo com aquele ditado "medo guarda vinhedo". As fichas de arquivo, como as páginas de Alongi e Cutrera, nos transportam para um mundo onde o furto de um limão pode representar uma ofensa a ser lavada com sangue, onde o mínimo estrago representa o "erro", a diminuição de autoridade, a provocação ritual à qual se deve responder de maneira sempre proporcional. Como

177 *Il processo contro i rapinatori di carrozze*, in GDS, 7 de julho de 1928. Para um caso desse tipo, cf. o relatório da prefeitura, 11 de outubro 1916, in ACE, PJ, 1916-18, b.236.

178 Relatório de Alongi de 13 de maio de 1904, p.12.

em todo tipo de vendeta, "a gravidade do crime não está tanto nas características intrínsecas quanto no desafio ao prestígio da vítima".[179] É a simbologia de tantos episódios já conhecidos, bem expressa naquela história em que o filho do proprietário que foi forçado a vender o pomar ao mafioso diverte-se roubando caprichosamente toda noite limões daquele mesmo pomar até que o ritual chegue a um final sangrento.[180] Mas, sem ser etnólogo nem literato, Sangiorgi já utiliza o duplo conceito do *prejuízo* econômico e da *ofensa* causada à quadrilha para explicar como a recusa de um fornecimento de água aos primos Vitale (aqueles do crime Miceli) levou à morte o fontanário La Mantia; e insta a não se admirar que "por este motivo, *em aparência e em outro ambiente não suficientemente grave*, os Vitale e associados tenham decidido matar, como fizeram".[181] A incapacidade de responder à ofensa é elemento desonroso, que os adversários sublinham ritualmente. O feitor Ajello, afastado da propriedade dirigida por tantos anos, é toda noite perseguido por uma "serenata" intitulada "Ouve a água e morre de sede", que quer dizer: você está próximo da fonte da legitimação, do poder e da riqueza, mas dela não pode beber; coisa que o leva à exasperação e ao erro decisivo que implica morte. O seu cadáver será levado sob a janela da prisão do Ucciardone e mostrado aos filhos encarcerados para uma derradeira afronta.[182]

Para o resto, a honra que os mafiosos se atribuem diverge em pontos significativos daquela geralmente entendida como tal, na sociedade meridional e em outras partes. Não seria necessário recordar quantos delitos se mascararam por detrás de supostas ou

---

179 J. Amery, *Sons of the Eagle: a Study on Guerrilla War,* London, 1948, cit. pelos Schneider, *Classi sociali,* op. cit., p.121.

180 G. E. Nuccio, *Il giardino dei limoni*, Palermo, 1926, cit. por S. F. Romano, *La Sicilia nell'ultimo ventennio del secolo XIX*, Palermo, 1958, p.118.

181 *Relatório Sangiorgi,* relatório XXVIII, p.9, grifo meu.

182 O chefe de polícia ao prefeito, 10 de outubro de 1875, op. cit.

inexistentes questões de honra sexual, se por trás de um deles não estivesse "a Alta Máfia dos Ciaculli" nas pessoas de Salvatore e Giuseppe Greco, que em dezembro de 1916 decretam o assassinato do sacerdote Giorgio Gennaro, acusado de haver denunciado durante o sermão dominical a ingerência mafiosa na administração das rendas eclesiásticas; naturalmente que nas rodas se diz que se trata da vingança de um marido traído.[183] O arrendatário Gaetano Cinà, porém, é eliminado por um complô urdido pelo irmão Luigi, apaixonado pela cunhada, e pelo chefe mafioso Giuseppe Biondo, decidido a punir quem lhe tirou o controle de um pomar:[184] irmãos que assassinam irmãos aliando-se com "estranhos", paixões e interesses ferozmente perseguidos apesar de todo familismo. Não faltam os assassinatos de mulheres, como o caso da criada seduzida por um dos Amoroso ou o da jovem Di Sano. Existe o matador de Monreale que, não conseguindo encontrar os inimigos do chefe de sua quadrilha, mata um filho pequeno deles para não ter que voltar para casa de mãos vazias.[185] Por outro lado, em situação extrema, os próprios mafiosos acabam por observar a diferença entre a honra "verdadeira" e aquela com que se disfarçam as quadrilhas. Antonio Badalamenti, enquanto corre à procura de uma parteira para a mulher que está parindo, tomba sob os golpes dos sicários dos Amoroso imprecando contra os seus inimigos que "matam à traição"; aos "cavalheiros leais de Piazza Montalto" refere-se sarcasticamente Scalici num romance de folhetim inspirado nesses trágicos fatos.[186]

---

183 Relatório do prefeito de Palermo, 16 de março de 1916 in ACE, PJ, 1916-18, b.236.

184 AEPA, GP, b.148, f.16. O comandante da legião dos carabineiros ao prefeito, 3 de janeiro de 1896, mas também *Relatório Sangiorgi*, p.253.

185 Lo Schiavo, *100 anni di mafia*, op. cit.

186 *Processo Amoroso*, p.47; E. Scalici, *Cavalleria di Porta Montalto*, Napoli, 1885, p.81 da reimpressão com o título *La Mafia siciliana*, org. de A. D'Asdia, Palermo, 1980.

O modelo da leal competição bem presente na cultura popular, ainda encontrável nos duelos a punhal dos camorristas ou dos *cafetões*, dos *spataioli* palermitanos, catanenses ou messinenses, está absolutamente longe das tocaias dos sicários armados de fuzil e postados por trás dos muros de proteção dos pomares que perpetram os delitos mafiosos sem dar à vítima qualquer possibilidade de defesa; o termo *usticano*, com o qual os *cafetões* qualificam quem agride traiçoeiramente,[187] poderia referir-se a comportamentos e a grupos formados no confinamento de Ustica ou de ilhas semelhantes. A ideia de Arlacchi, segundo a qual as hierarquias entre os mafiosos são determinadas por uma "livre competição pela honra" jogada através de "desafios e combates",[188] reflete talvez uma divergência entre a *'ndrangheta* e a máfia "tradicional", mas sobretudo está baseada numa documentação literária muito ou demasiado distante da realidade. Na máfia verdadeira, a eliminação dos adversários é acompanhada em geral de "arrazoados", de falsos atestados, de supostos acordos que servem apenas para fazer baixar a guarda dos condenados; assim, o assassinato de Filippo Siino, precedido de uma solene reconciliação dos dois partidos na igreja, tornou-se possível pela traição de um amigo da vítima predestinada que a leva ao lugar da emboscada, do "perjúrio" e da "traição".[189] A provocação honorífica ao duelo pode ser utilizada só em chave instrumental. Antonino D'Alba, que a quadrilha de Falde decidiu eliminar, é homem prevenido que toma muito cuidado para não ser surpreendido fora de casa. Só quando um adversário o provoca, propondo-lhe um encontro *vis-à-vis*, é que ele sai armado de revólver, mas no lugar marcado encontra uma dúzia de pessoas

---

187 Onufrio, *La mafia*, op. cit., p.367.

188 Arlacchi, *La mafia imprenditrice*, op. cit., p.26-7. Muito mais convincente a análise de Catanzaro, *Il delitto*, op. cit., p.38-41.

189 Termos usados por Francesco Siino, *Relatório Sangiorgi*, p.45.

que o crivam de golpes.[190] Ao ritual da competição individual baseada na coragem e na habilidade opõe-se o da execução coletiva, anunciadora do fato de que foi a organização que decretou a pena extrema, que desse gesto seus membros assumem solidariamente a responsabilidade como faz o pelotão de execução do Estado sobre o qual a máfia tende a moldar-se.

O acusado Mendola e os outros sabem muito bem o que é a máfia; só que não lhes convém dizer.

190 Ibidem, p.95.

Democratização, totalitarismo, democracia

Da Sicília para a América

Em 1890, em Nova Orleans, o capitão Hennessy da polícia local morre numa emboscada pela qual dezoito sicilianos são acusados e depois absolvidos no tribunal.[1] O controle das docas e do comércio de frutas é a causa, classicamente mafiosa, do conflito entre dois grupos, dos Provenzano e dos Matranga, que representa o *background* do crime; da mesma forma, é familiar para nós o esquema da aliança de uma das facções (os Provenzano) com a polícia, o que leva ao que tudo indica à morte de Hennessy por represália. A conclusão da história, porém, é tão americana como a torta de maçã: o linchamento de dez dos absolvidos por parte de uma multidão incitada, ao que parece, por

1 E. Reid, *La mafia*, Firenze, 1956, p.152 ss.; J. L. Albini, *The American Mafia: Genesis of a Legend*, Nova York, 1971, p.159 ss.; Nelli, *The Business of Crime*, op. cit., p.27 ss.

quem quer tornar impossível uma convergência entre irlandeses e italianos pela conquista da administração comunal.

A "máfia" aparece na Louisiana e daqui parte a teoria do "complô estrangeiro" sucessivamente destinada a repropor-se sob diversas formas e circunstâncias. Nada melhor que uma organização misteriosa e "subversiva" para representar sua primeira confirmação. Supõe-se que ela remonte aos *Vespri siciliani*, tenha a cabeça pensante na ilha e adeptos por toda parte; há uma variante que demonstra alguma informação sobre a situação siciliana ao dizê-la chefiada por um bandido *Leoni*.[2]

A América WASP não tolera a voluntária "segregação" pelas "outras raças" ou pelos "nativos" "onde quer que se verifique uma concentração de mão de obra italiana",[3] situação à qual é imputada a persistência de costumes deletérios, entre os quais o mafioso. O esquema não convence. Nos Estados Unidos, a máfia perde a sua caracterização regional e se cruza com outras formas de criminalidade; liga-se muito mais a problemática, *nova*, do universo multiétnico, do que a outra problemática, *residual*, da sociedade de partida. Os anglo-saxões escandalizados pelas resistências à homologação cultural do *melting pot* são os mesmos que reforçam os vínculos internos das *Little Italy*, utilizando como mediadores os *proeminentes* ítalo-americanos que com o chamado *padrone-system* encaminham os imigrantes para o mercado de trabalho, da habitação, do crédito; estes, com a gestão dos compatriotas, constroem uma lucrativa empresa.[4] O crime organizado representaria nesse caso uma variante do *bossism* político, negocista

2 A referência é certamente ao bandido Leone e é feita por H. Asbury, *The French Quarter*, Nova York, 1938, cit. em Albini, *The American Mafia*, op. cit., p.160.

3 Cit. por A. Paparazzo, *Italiani del Sud in America*, Milano, 1990, p.12, ao qual remeto para essa temática.

4 E. Sori, *L'emigrazione italiana dall'Unità alla seconda guerra mondiale*, Bologna, 1979, p.330-6.

e parassindical. Até os anos 20, com abordagem honestamente funcionalista, muitos estudiosos americanos, geralmente de origem italiana, trabalharam sobre esses temas destacando o vínculo entre o crime e as "máquinas" político-clientelistas das grandes cidades, um dos poucos veículos de integração e promoção social disponíveis para os emigrados; função esta reconhecida já no início do século com simpática impudência por um dos maiores dirigentes de Tammany Hall, a organização eleitoral democrática nova-iorquina.[5] De "máquinas" desse tipo, conforme as fases do ciclo migratório, são protagonistas alemães, irlandeses, judeus, italianos, os mesmos que se alternam à testa do "crime organizado", que se configura como um intermediário entre as instituições (polícias locais, municipalidade) e o submundo dos jogos de azar, da prostituição, do contrabando. Como sublinhou Albini, a xenofobia anglo-saxônica pressupõe que o "inocente e indefeso público americano seja vítima de malfeitores estrangeiros que secretamente o despojam de sua virgindade moral".[6] Na realidade, requerendo esses bens e serviços mais ou menos ilegais, a sociedade americana exprime por sua conta tais germes patogênicos a ponto de valorizar toda tradição criminal "imigrada"; a siciliana por exemplo que, tanto aqui como na pátria de origem, encontra o sistema triangular que compreende classe política, polícia e delinquência.

Entretanto, a teoria da transferência, ao lado de paranoicos extremismos, exprime fragmentos de realismo talvez por amor à

---

5 *Plunkitt di Tammany Hall, una serie di conservazioni... raccolte da W. L. Riordon*, org. de A. Testi, Pisa, 1991 (1.ed. 1905).

6 Albini, *The American Mafia*, op. cit., p.154. Da literatura entre as duas guerras, cito J. Landesco, *Organized Crime in Chicago*, Chicago, 1979 (1.ed. 1929) e F. White, *Little Italy. Uno slum italo-americano*, Bari, 1968 (1.ed. 1943). Referência a este debate em P. Arlacchi- N. Dalla Chiesa, *La palude e la città*, Milano, 1987, e em Santino-La Fiura, *L'impresa mafiosa dall'Italia agli Stati Uniti*, op. cit., p.516 ss.

pátria (ou à etnia) não adequadamente apreciado pelos estudiosos ítalo-americanos. Visto da perspectiva siciliana, o caso Hennessy não indica muito mais do que a amplitude das redes de negócios de intermediários palermitanos mais ou menos mafiosos; destes, Nova Orleans representa um terminal, como a Tunísia com a sua imigração do Sul, o seu vaivém de foragidos e de mercadorias (os cítricos de Fontana, mas também o gado roubado) entre as extremidades do canal da Sicília. Na passagem do século, Nova Orleans é o segundo porto para o comércio dos cítricos sicilianos nos Estados Unidos, para onde se dirigem os pequenos operadores desejosos de emancipar-se da grande organização mercantil Palermo-Nova York.[7] Aqui tinha morrido Salvatore Marino,[8] doze anos antes do caso Hennessy; daqui tinha se desprendido um fio da meada que na Sicília levou aos processos por formação de quadrilha; aqui Vassallo, suspeito de ser espião de uma quadrilha palermitana, tinha sido encontrado e morto. Marino era comerciante de frutas, comerciantes e importadores são também os Provenzano e os Matranga, este último um nome que retorna com frequência no curso da guerra Badalamenti-Amoroso dos anos 70 e 80 do século XIX, não sei dizer se por simples homonímia; é, porém, certamente significativo o fato de que os dois grupos em luta na Louisiana assumam as denominações bem conhecidas de *giardinieri* e *stoppagghieri*.

Só de 1901 a 1914 chegam aos Estados Unidos mais de 800 mil sicilianos. Enquanto a Sicília chega à América através de seus homens, em cada pequeno lugarejo da Sicília a América se apresenta sob a forma do "agente de emigração", o *broker* por excelência que paga a passagem de navio e arranja trabalho do outro lado do mar. Inicialmente, ir à América quer dizer desaparecer, tanto que, segundo o autorizado testemunho do bandido

7 Ver o meu *Il giardino degli aranci*, op. cit., p.128 ss.

8 Cf., neste volume, p.146-7.

Bufalino (1901), a expressão "mandar para a América, fazer os papéis para a América" está ironicamente por "matar alguém".[9] Com o tempo, porém, os dois litorais parecem aproximar-se, sendo singularmente comum entre eles a emigração temporânea. Partem, retornam e depois partem novamente os pobres, os aventureiros, os perseguidos por razões políticas ou por motivos menos nobres. É óbvio que no Novo Mundo se encontram condenados, advertidos, foragidos provenientes da Sicília, assim como encontramos na Sicília mafiosos recém-repatriados que tentam (re)inserir-se nos equilíbrios locais "trazendo somas relevantes de dinheiro de proveniência suspeita" e perdendo às vezes a vida.[10] As famílias de máfia, como as naturais, se dividem e se reagrupam na trama de relações que atravessa o oceano nos dois sentidos.

Já foi sublinhado que a "mão negra", asim chamada pela sigla desenhada sobre muitas cartas de extorsão, representa não uma organização mas uma fenomenologia de crime praticado por grupos independentes entre si, não especificamente sicilianos mas italianos em geral, operando, ao que parece, segundo o modelo da camorra e não o da máfia; de fato, como a camorra, a "mão negra" dedica-se a cobrar taxa sobre relações econômicas pobres, atingindo, nesse caso, uma comunidade situada no mais baixo nível da hierarquia social, da qual fazem parte tanto os cobradores como os cobrados. Mais uma vez, porém, não se pode excluir que num centro de fortíssima imigração como Nova York os mafiosos *sicilianos* tenham um papel importante no *underworld* antes mesmo da formação de uma rede autóctone.

Essa é de fato a hipótese de que parte em 1908 a administração nova-iorquina na pessoa do assessor Theodore Bingham

---

9 Carta do bandido relatada por L. Lumia, *Villalba, storia e memoria*, Caltanissetta, 1990, II, p.234.

10 Cito só o caso de P. Pollara, conselheiro comunal de Ficarazzi: relatório do prefeito de Palermo, 4 de fevereiro de 1916, in ACE, PJ, 1916-18, b. 236.

com a ajuda de um relatório fornecido por um "perito" absolutamente convicto de que "o imigrado italiano comum, via de regra, jamais se torna um criminoso uma vez na América"; e que a "mão negra" é composta por criminosos "que já eram tais na Itália e que vindo aqui para a América se reagrupam com outros do mesmo tipo".[11] O sistema jurídico americano – acrescenta-se – não está aparelhado para combater essa gente, faltando os instrumentos de polícia (advertência, liberdade vigiada) que representam o único instrumento eficaz na Itália. É preciso expulsar os indesejáveis, demonstrando que eles ocultaram precedentes penais e que, portanto, entraram ilegalmente nos Estados Unidos.

Bingham põe então em ação uma operação "secreta", mas da qual a imprensa dá logo notícia. Para desenvolver investigações sobre as folhas corridas, é enviado à Itália o tenente de polícia Joe Petrosino, originário de Padula, temido perseguidor de membros da "mão negra" e em particular responsável pela repatriação de muitos imigrados irregulares.[12] Pressupõe-se que as autoridades italianas sejam cúmplices ou pelo menos incapazes;[13] e de fato, além de alguns contatos informais, o policial nova-iorquino recusa qualquer colaboração institucional e a própria escolta discreta oferecida à sua chegada a Palermo. Como comentará o chefe de polícia Ceola, ele "seguia em tudo o preconceito daque-

11 O documento é relatado por A. Petacco, *Joe Petrosino*, Novara, 1983, p.111-7; a citação à p.111.

12 Reconstruí a história baseando-me sobretudo no volume de Petacco citado na nota anterior e sobre outro de N. Volpes, *Tenente Petrosino, missione segreta in Sicilia*, Palermo, 1972, que reproduzem amplamente documentação de primeira mão, uma parte da qual extraída de um fascículo da polícia palermitana não consultável pelos canais arquivísticos normais.

13 O *Report of Immigration Commission* do Parlamento Federal de 1911 dá ciência, porém, ao governo italiano de uma atitude colaborativa; outras dificuldades devem ser atribuídas à legislação norte-americana: Albini, *The American Mafia*, op. cit., p.138-9.

les sicilianos que julgam estar mais bem protegidos dirigindo-se não à Autoridade e à Justiça, mas a algum conhecido e temido delinquente que exerça autoridade e influência";[14] mais que tudo, Petrosino segue a tradição da polícia palermitana, porém sem perceber isso e sobretudo sem ter força contratual a não ser aquela derivada dos dólares com que paga os informantes e da pálida sombra de uma autoridade de ultramar. Assim desarmado, com uma "imprudência que parece inexplicável num detetive tão celebrado",[15] ele entra no mais clássico triângulo polícia-máfia--delinquência. No dia 12 de maio de 1909, acaba assassinado a tiros de pistola na centralíssima praça Marina.

Seguem-se acerbas polêmicas da imprensa americana, que mais uma vez acusa os italianos de cumplicidade, enquanto estes sublinham o diletantismo da operação. As investigações dirigem-se obviamente para a rota Palermo-Nova York. Os informantes habituais, ao lado de cartas anônimas provenientes da metrópole americana, apontam o dedo para o corleonense Giuseppe Morello, chefe de um grupo de falsários nova-iorquinos que em 1903 tinham resolvido uma controvérsia de negócios com um compatriota, matando-o e impondo-se assim à atenção de Petrosino; do grupo fazia parte entre outros um personagem bem nosso conhecido, Giuseppe Fontana, que depois da absolvição de Florença tinha se estabelecido no Novo Mundo para retomar sua velha ocupação, a fabricação e distribuição de notas falsas. Dois membros do grupo, Carlo Costantino e Antonino Passananti, tinham subitamente reaparecido na sua Partinico natal concomitantemente à chegada de Petrosino, mantendo--se em contato com Morello mediante enigmáticos telegramas

14 Relatório citado por Petacco, *Joe Petrosino,* op. cit., p.138-9.

15 Sentença da sessão de acusação da Corte de Apelação de Palermo, 22 de julho de 1911, relatada por Volpes, *Tenente Petrosino,* op. cit., p.146-53 e em particular p.148.

cifrados; talvez eles temessem que Petrosino descobrisse que Morello tinha antecedentes para ser expulso.[16] Muitas eram as razões, relativas ao passado ou ao presente, pelas quais Costantino e Passananti podiam ser levados a passar à ação. Além dos dois, a polícia prendeu quinze indivíduos quase todos egressos da América, toda a rede de informantes do detetive; e enfim um chefe mafioso como dom Vito Cascio-Ferro.

A folha corrida deste interessante personagem, antes de 1914, qualifica-se por um número não excessivo de imputações (extorsões, incêndios, sequestros de pessoa) e por uma totalidade de absolvições. Não se tratava certamente de um notável de província; pelo contrário, seu poder foi construído sobre uma rede de relações compreendendo dois continentes e sobre um acontecimento de relevância internacional, como o assassinato de Petrosino que lhe deu tanto prestígio a ponto de permitir-lhe "assumir com mão segura a direção da Máfia por todo o território da província de Palermo".[17] Cascio-Ferro fazia parte, com Morello e Fontana, do grupo de falsários presos por Petrosino em 1903. A sua temporada nova-iorquina iniciada em 1901 conclui-se bruscamente naquela ocasião justamente, mas não sem a habitual viagem a Nova Orleans. Depois do crime, entre seus papéis é encontrada uma foto de Petrosino; entre os papéis de Petrosino uma anotação sobre Cascio-Ferro, "criminoso perigosíssimo". O policial tinha entre seus programas uma viagem a Bisacquino, feudo do chefe mafioso: será que contava justamente com ele para as desejadas informações? A hipótese não foi aventada, parece-me, porém, coerente com as finalidades da operação e com a observação do chefe de polícia sobre os delinquentes de

16 Relatório de Ceola, 2 de abril, in Petacco, *Joe Petrosino*, op. cit., p.166-70.

17 Avaliação interessante porque provindo de um seu conterrâneo nascido em 1901 (o magistrado M. Margiotta), a "opinião pública" da época: cit. in Sciascia, *A futura memoria*, op. cit., p.37-8.

"autoridade e influência". Ao que tudo indica, Petrosino estava na pista de uma organização de falsificação de passaportes que levava ao mal-afamado aristocrata Francesco di Villarosa, isto é, uma rede colocada entre a Sicília e a América; note-se como até os anos 20 uma das principais atividades de um eminente mafioso sículo-americano como Salvatore Maranzano era justamente a importação clandestina de braços.[18] Parece que dom Vito também estava envolvido nas emigrações clandestinas, organizadas por ele em barcos pesqueiros de Mazara del Vallo na rota da Tunísia e da Itália em vapores da linha Marselha-Nova York.[19] O chefe mafioso figurava oficialmente como "representante da empresa de transportes postais" Caruso:[20] talvez outra maneira de dizer agente de emigração? Talvez Cascio-Ferro, depois de ter bancado o informante, queira favorecer a si mesmo e aos amigos americanos que, nas pessoas de Costantino e Passananti, tinham feito a viagem a Bisacquino que foi impossível a Petrosino. Seja como for, muitos anos depois, dom Vito se teria vangloriado de tê-lo matado "desinteressadamente", com as suas próprias mãos.[21]

Todos os imputados foram impronunciados na instrutoria. Cascio-Ferro exibiu o testemunho do honrado Domenico De Michele Ferrantelli, o qual na noite do crime o teria recebido como

---

18 Respectivamente, carta a Ceola do chefe de polícia de Roma de 19 de março, in Volpes, *Tenente Petrosino*, op. cit., p.118, e Block, *East-West Side*, op. cit., p.8.

19 Pantaleone, *Mafia e politica*, op. cit., informação inencontrável em documentos, como a outra segundo a qual Cascio-Ferro seria o inventor da "taxa" organizada em Palermo (p.29-30). A rota através de Marselha é utilizada para escapar ao controle ítalo-americano: *Report of Immigration Commission*, 1911, op. cit. Em 1924, quem usará a rota Túnis-Le Havre-Cuba-Flórida (último trecho ainda em barco pesqueiro) será Bonanno, *Uomo d'onore*, op. cit., p.54-5.

20 Extraio as notícias de ACE, APC, b.1141, integrando-as com a documentação relatada nos volumes citados de Petacco e Volpes.

21 Pantaleone, *Mafia e politica*, op. cit., p.31.

hóspede. O álibi não parece tão confiável, vistas as estreitíssimas relações entre ambos. De Michele era um grande comerciante de azeite e de cereais; Cascio-Ferro, o seu "agente de negócios"; De Michele era o discutido síndico vitalício de Burgio, assim como deputado do colégio de Bivona; Cascio-Ferro, o seu cabo eleitoral. Seria interessante saber se De Michele participava da expansão do comércio sículo-americano que acompanhava o fenômeno migratório,[22] porque neste caso dom Vito com suas viagens a Nova York e a Nova Orleans reproduziria numa escala mais vasta a figura já nossa conhecida do mafioso que cria sua rede ao longo das linhas traçadas pelos negócios de grandes personagens. Não esqueçamos ainda as funções protetoras que sempre acompanham as funções comerciais. Palermitano de nascimento, Cascio-Ferro tinha se estabelecido em Bisacquino seguindo o pai, campeiro do barão Inglese, conhecido usurpador de terrenos públicos. Trata-se de um efeito da centralização sobre Palermo do mercado de aluguéis e de segurança: basta lembrar dom Peppino, o lombardo, que graças a Giammona obtém um cargo de supervisor em Alia; a transferência para Caltagirone de dom Bartolomeo Badalamenti com o seu aparato de "criados, serviçais e mal-encarados jamais vistos, que iam, vinham e desapareciam sem deixar traço";[23] a operação executada pelo príncipe de Mirto deslocando Fontana para as zonas batidas pelo bandido Varsalona,[24] isto é, a área Corleone-Sambuca-Burgio, na fronteira entre a província de Palermo e a de Agrigento. Aqui Cascio-Ferro teria residido, não descuidando, porém, de frequentes temporadas na capital que permanecia evidentemente um ponto estratégico para a função de chefe mafioso: arrendatário ou administrador do honrado De Michele e do barão Inglese em Corleone; elegante senhor em Palermo.

---

22 Processo sobre o qual cf. Barone, *Egemonie urbane,* op. cit., p.215-6.
23 Exposição Baldini, op. cit., p.52.
24 Cf. *infra*, p.116.

Remontando na biografia de Cascio-Ferro, encontramos uma extraordinária conjuntura política, a dos *fasci* sicilianos de 1892-1893: e com certa surpresa encontramos dom Vito na vice-presidência do *fascio* de Bisacquino, enquanto nas vestes de conferencista em prol do socialismo conseguiu, "coisa que parece incrível ... que as mulheres não seguissem mais as procissões do viático e se confessassem a ele e ao presidente do *fascio*". Difícil imaginar o assunto de tais confissões. No ato da repressão, Cascio-Ferro fugiu para Túnis (dezembro de 1893), de onde algum tempo depois "retornou espontaneamente à pátria assegurando ao delegado de polícia de Palermo e ao subprefeito de Corleone que nunca mais se ocuparia de política".[25] A partir desse momento teve "uma conduta irrepreensível", e pelas "relações de amizade com o barão Inglese e com o honrado De Michele Ferrantelli" conquistou um papel de notável, inscreveu-se no círculo dos cavalheiros, obteve "a estima dos concidadãos" e da autoridade.[26] Estamos em dezembro de 1908, a menos de um ano do crime Petrosino.

O subversivo torna-se homem da ordem, qualificação não incompatível com a de mafioso. Resta perguntar sobre a lógica da sua adesão a um movimento de esquerda hostilizado até à histeria pelas classes dominantes, além do governo Crispi que promoveu a sua repressão *manu militari*. Enfrentando tais questões poderemos compreender como, não só com as máquinas político-clientelistas de Nova York e Chicago, mas também com as de Corleone e Monreale, a fenomenologia mafiosa está ligada a processos distorcidos de democratização; de que modo na América, terra de oportunidades, ou na Sicília pós-feudal, as fortunas da máfia se colocam num quadro de mobilidade social e de profundas transformações históricas.

25 Folha corrida in ACE, APC, fundo cit.

26 Relatório do prefeito de Palermo, 12 de dezembro de 1908, in ACE, fundo cit.

Terras e países

Logo após a proclamação do estado de sítio (dezembro de 1893), muitos militantes dos *fasci* têm que responder diante dos tribunais militares pelas acusações de "pessoas criminosas e já condenadas por crimes comuns",[27] guardas municipais, campeiros e fiscais, que sabemos representar uma articulação do poder mafioso; os quais em muitos casos disparam contra a multidão, provocam-na à insurreição para justificar a repressão.[28] Na província de Palermo e na de Agrigento, agitando as questões da política municipal, da fiscalização, do uso da propriedade, ou ainda o problema dos acordos agrários, os *fasci* podem encontrar-se diante de classes dirigentes opressivas e corruptas, capazes de qualquer violência. Não existe, porém, incompatibilidde ideológica absoluta entre esquerda e Máfia: "Se o governo a abandonar, ela se porá a serviço do clero; se todos a abandonarem, ela aparecerá como revolucionária",[29] nota o socialista Drago confirmando o que já sabíamos desde o período pós-*risorgimento*.

O único âmbito no qual esse problema pode ser definido é o local. Se não é possível supor uma posição política comum da Máfia, tampouco é fácil afirmar a plena homogeneidade entre os *fasci* municipais formados em poucos e convulsivos meses e privados de verdadeira coordenação, a não ser por uma comissão central palermitana, proclamada como tal. É possível, porém, caracterizar a linha de continuidade na qual a tendência repentina se insere no plano local. Em Misilmeri, a organização é fundada

27 Alocução do tenente Palizzolo, defensor dos *fasciantes* de Partinico, in G. Casarrubea, *I fasci contadini e le origini delle sezioni socialiste della provincia di Palermo*, Palermo, 1978, II, p.257.

28 É o caso, entre outros, da chacina de Caltavuturo sobre a qual remeto para a reconstrução de F. Turati, Il trionfo dell'ordine a Caltavuturo, in *Critica sociale*, VI, 1893.

29 Drago, *La maffia è necessaria*, op. cit.

por Girolamo Sparti, jovem estudante universitário aparentado com as duas famílias em luta há anos pelo controle da administração comunal. Em Monreale constituem-se três *fasci*, um dos quais é chefiado pelo síndico crispino Rocco Balsano que decide converter-se repentinamente ao socialismo para salvaguardar os destinos da associação agrícola em torno da qual organiza sua própria clientela. Em Lercara, o *fascio* é forte mas não se sabe quem o dirige; as sangrentas desordens do Natal de 1893 são de certo modo atiçadas pelo partido dos Nicolosi, nossos velhos conhecidos como colaboracionistas de bandidos, contra o partido dos Sartorio que desde 1876 se apoderou do município. Em Marineo, o *fascio* goza do apoio do partido dos Calderone, que perdeu recentemente o poder depois de tê-lo exercido de maneira absolutamente cínica por mais de dez anos.[30]

Algumas vezes estamos diante de mera camuflagem, outras vezes diante de contraposições mais lineares entre progressistas e conservadores, mas sempre diante de lutas de facções e de famílias que se dividem e se reagrupam usando o idioma ideológico para fins próprios. Em muitos casos, nos anos 90 se define um equilíbrio entre os partidos locais que durará até a guerra mundial. "Nas pequenas localidades as famílias de civil condição são quase todas unidas por parentesco ... e não só as de um partido, mas também as de oposição são parentes, não obstante militem em campos opostos."[31] É difícil que surjam homens realmente novos, ao passo que haverá novos instrumentos de relação entre classe dirigente e sociedade (associações agrícolas e de socorro mútuo, círculos) também para adequar as máquinas eleitoreiras à ampliação do sufrágio instituído pelas reformas eleitorais de 1882 (política) e de 1889 (administrativa); processo que culminará em 1913 com o sufrágio universal masculino. Por

---

30 Casarrubea, *I fasci*, op. cit., passim.

31 Documento publicado com o título *Il municipio di Misilmeri*, Palermo, 1901, p.11, in ACE, AC, Comunas, b.172.

outro lado, também nas vilas e aldeias sicilianas, entre o final do século XIX e o início do XX, a legislação estatal e os próprios processos de modernização começam a demandar a realização de um sistema de iluminação pública, primeiro a gás e depois elétrica, de uma rede viária ou de esgotos, de um sistema sanitário e de instrução pública. São novas oportunidades de negócios e de empregos que se acrescentam àquelas mais tradicionais da gestão do patrimônio público ou da decisão da fiscalização local (o que se deve taxar? quem deve pagar? quem deve arrecadar, e como, os impostos?), determinando um grande interesse pelo controle das administrações municipais por parte dos grupos políticos campesinos com seu cortejo de empreiteiros, locatários, arrendatários, enfiteutas, advogados arruinados, mestres, clientes, farmacêuticos, eleitores, primos, aspirantes e intrigantes.[32]

É esse mundo tumultuado das clientelas meridionais pintado pela pena genial e feroz de Gaetano Salvemini, mundo ao qual a publicidade e as fontes policiais se referem usando o termo *máfia*. Quem quisesse distinguir esse conceito do de *clientelismo* estaria, porém, em grave dificuldade. Com muita frequência, delegados de Segurança Pública e chefes de polícia chamam "mafiosos" simplesmente os adversários do governo, por exemplo em Misilmeri as famílias Sparti, Scozzari e Di Pisa;[33] porém o grupo favorito do próprio governo é aquele que tem como chefe em escala provincial Salvatore Avellone, um dos deputados mais discutidos pelas suas relações com a Máfia. As frequentes intervenções a que é submetido este município por parte do prefeito devem ser enquadradas nesse contraste, mais do que numa tentativa de reprimir a "Máfia". Em Monreale, o partido municipal chefiado por Balsano, futuro deputado, é acusado de favorecer os próprios adeptos na gestão da finança pública e das empreitadas; e

32 Remeto ao fundamental ensaio de Barone, *Egemonie urbane*, op. cit.

33 Relatório do delegado de Segurança Pública, 20 de dezembro de 1899, in ACE, fundo cit.

também aqui, sob o incentivo do deputado Masi (adversário de Balsano), intervêm os comissários prefeitorais que verificam as irregularidades e após algum tempo indicam eleições que, porém, como ocorre em Misilmeri, confirmam os equilíbrios preexistentes. Note-se como o prefeito giolittiano, considerado onipotente pela historiografia, não age por algum impulso central e centralista, mas sim para favorecer o deputado desejoso de conquistar o belicoso município; e como as "máfias" municipais resistem com sucesso a um e a outro. Em Monreale, pergunta-se ironicamente por que os comissários prefeitorais não são nomeados "por toda a vida" como numa "cidade ... turca"; ao lado dos tons municipalistas sobre a "altiva Atenas da Sicília" que não se curva, emergem os tons regionalistas, já tantas vezes louvados, sobre as "liberdades conquistadas a preço de sangue" pela "desgraçada Sicília" e não respeitadas pelo governo.[34]

Mas tudo isso diz respeito mais que tudo à história política. Com relação ao que é específico do nosso assunto, podemos registrar uma genérica mas significativa ligação dos grupos dirigentes com a esfera delinquente. Do partido de Balsano "são amigos e fautores pessoas que foram presas e processadas".[35] Di Pisa é um sanguíneo personagem habituado a resolver suas controvérsias com a bengala de estoque que carrega sempre consigo, até ser ferido a tiros de pistola. Mais definida é a figura de Salvatore Sparti que no ato de assumir o cargo de síndico é um egresso da prisão onde aguardou julgamento por homicídio, acabando absolvido (sendo, porém, condenado por agressão, ameaça etc.): "protetor natural da máfia e da canalhada", testemunhou a favor dos indicados para advertência com a "eterna ladainha de que era obrigado a fazer isso para combater a obra dos adversários".[36]

34 Respectivamente, o artigo Cose di Monreale, in *La Provincia*, 1908, e o manifesto da administração comunal, 18 de junho de 1908, in ACE, fundo cit.
35 Recurso assinado M. Costanzo, 20 de março de 1908, in ACE, fundo cit.
36 Relatório cit. de 20 de dezembro de 1899.

Duas cidades certamente "mafiosas", como Misilmeri e Monreale, não mostram a presença explícita da máfia dentro das instituições municipais com a clareza que seria de esperar.

Procuremos ampliar o quadro. Existe um elemento que assimila as duas situações: a presença de uma grande quantidade de terrenos públicos que são várias vezes loteados sem que as administrações comunais possam ou queiram exigir os respectivos impostos. Em particular, só os comissários prefeitorais nomeados ciclicamente após a dissolução dessas administrações agem contra os autores de usurpações "de várias centenas de hectares" desses terrenos, "não ousando nenhum dos nativos, por temor de vendeta, assumir o início das respectivas ações judiciais".[37] Existe depois a posição geográfica: Misilmeri e sobretudo Monreale situam-se na fronteira entre a zona latifundiária e a zona intensiva, tendo um vasto território agrícola que economicamente gravita ao redor de Palermo. Nesse campo, a classe política municipal não tem ao que parece grandíssimos interesses. Esta é aliás uma chave de leitura da luta de facções fornecida pelos próprios protagonistas. Os grupos majoritários, nas duas cidades, representariam uma burguesia sem "bens rurais", contra a qual se voltaria unida a opinião *sadia* da "autoridade", dos "homens da ordem", dos "latifundiários".[38] Com efeito, uma parte da classe dirigente tem provavelmente maior interesse na finança municipal, nos contratos e nas convergências comerciais correspondentes; e ganha aceitação tolerando que os arrendatários deixem de pagar as taxas das terras comunais, que a comprem a preços aviltados para depois revendê-las com lucros. Esses grupos estão interessados no campo enquanto dele extraem receitas para a administração comunal (imposto fundiário, taxas enfitêuticas), e porque devem garantir a sua ordem. Voltamos ao velho

37 Relatório do prefeito, 4 de outubro de 1906, in ACE, AC, Comunas, b.173.

38 Respectivamente, telex de Di Pisa a Zanardelli, 29 de junho de 1906, memorial do círculo dos civis, s.d., p.6 e 7, ACE, fundo cit.

problema dos guardas campestres ao longo do qual se resvala da esfera das clientelas violentas para a da violência mafiosa. O serviço resulta ineficiente "pela falta de disciplina e pelas fissuras que existem no Corpo",[39] ou pior: em Misilmeri, em 1903-1906, cinco guardas campestres são assassinados; em 1907, oito dos 25 membros do Corpo estão sob processo por formação de quadrilha, dois na prisão por homicídio, um é demitido por furto. Entretanto, há uma implosão no sistema de segurança privada e pública. Em Monreale, por volta de 1911, Vittorio Calò, chefe mafioso do pequeno centro agrícola do burgo Molara, entra em conflito com a família paisana dos Sciortino que se coloca ao que parece na tradição dos *stoppagghieri*; os Sciortino são massacrados. Em novembro de 1912, quando retornava de um de seus pomares, cai sob os golpes de um assassino desconhecido postado atrás de uma sebe Giuseppe Cavallaro, tesoureiro da comuna, trinta anos depois e segundo a mesma modalidade do pai Simone.[40] Enquanto isso, Calò aperfeiçoa "o sistema de enriquecimento e segurança e os sistemas de resgate e cobrança de tributos", chegando até a pretender porcentagem sobre "todas as manifestações da vida humana".[41]

Como escreve um proprietário de Misilmeri, o "conluio" municipal é responsável por "vandálicos delitos, como cortes de árvores e de vinhas, incêndio de paiois e de colheitas", uma "gangrena social" chamada "máfia"; mais moderadamente, a polícia afirma que "assessores e conselheiros, muitos dos quais também tiveram suas propriedades danificadas, por temor de maiores represálias, evitam imiscuir-se em coisas que dizem respeito à Segurança Pública".[42] Encontramo-nos talvez diante de uma divisão de tarefas

39 Relatório do prefeito de 16 de julho de 1906, in ACE, fundo cit., b.173.
40 ACE, PJ, 1912, b.374; mas cf. *infra*, p.91.
41 Lo Schiavo, *Il reato di associazione*, op. cit., p.145.
42 Recurso assinado G. Fiducia Morana, p.4, e Relatório da direção geral de Segurança Pública, 8 de junho de 1906, in ACE, fundo cit., b.172.

entre a política provinciana e o *racket* rural, duas esferas distintas mas estreitamente funcionais entre si; situação que corresponde àquela evidenciada por Giovanna Fiume a propósito dos Calderone de Marineo para o período imediatamente anterior.[43]

Se da área parcialmente transformada que gravita em torno de Palermo passamos para a parte interna e latifundiária da província, ou ainda mais abaixo até o chamado "Vallone" onde esta se cruza com o Agrigentino e o Nisseno, encontramos situações diferentes, uma relação muito mais estreita entre cidade e campo. Também aqui a história dos *fasci* se insere na continuidade dos partidos locais. Em Burgio, em 1891, existem três organizações que seguem a divisão em paróquias (Madonna del Carmine, de Maria, de S. Nicola) que "por causa do acirramento dos partidos ... exercem influência sobre as massas"; em 1893, as duas primeiras se transformam em *fascio*, para depois reassumir a forma anterior em seguida à repressão.[44] Em Casteltermini, o *fascio*, considerado extremista, defende-se das insídias da polícia desenvolvendo as suas reuniões no palácio do grande proprietário Francesco Lo Bue Perez, sobrinho de um senador, ao grito de "Viva o cavalheiro Lo Bue, viva o socialismo, viva os *fasci*!".[45] Em Contessa Entellina, os Lo Jacono, que alternadamente controlam o poder local e o mercado de arrendamentos desde o fim do Setecentos, são os que constituem o *fascio*; e que cedem as próprias terras em parceria como também pelo tradicional sistema de aluguel e subaluguel.[46] Com essas perspectivas de reforma dos acordos agrários, abre-se pelos municípios uma janela sobre a grande campanha latifundiária. "Nos *fasci* de Girgenti, exemplo louvável de S. Maria Belice, os chefes são proprietários.

43 Fiume, "Introdução" a Cirillo Rampolla, *Suicidio per mafia*, op. cit.

44 AEAG, Subprefeitura de Bivona, b.107.

45 A. Rossi, *L'agitazione in Sicilia*, Palermo, 1988 (1.ed. 1894), p.64.

46 Cf. também Blok, *La mafia*, op. cit., p.122 ss. Aqui, como em outros lugares, utilizo os nomes reais, em vez dos convencionais usados pelo autor.

Insinuaram aos camponeses ... que o trabalhador com o cansaço, com a poupança e com a cooperação deve tornar-se ele também proprietário." Em S. Stefano Quisquina, o *fascio* é fundado ao grito de "Viva o Rei e Margherita e viva a lei!" pelo conselheiro comunal Lorenzo Panepinto, que, porém, como os membros de Prizzi e de Bisacquino (entre os quais Cascio-Ferro), adere às greves para a partilha do produto proclamadas por Nicola Barbato e Bernardino Verro, prestigiosos dirigentes socialistas de Piana degli Albanesi e de Corleone. Para moderados e radicais o objetivo é sempre o da introdução da parceria.

A crise dos anos 80-90 reduziu os rendimentos, mas entre estes mais o lucro da empresa agrícola do que a renda. Temos como resultado o colapso do mercado de arrendamentos, o que torna aqueles proprietários já ausentes, que vivem em Palermo, em Roma ou até em Madri, ainda mais odiados por uma classe dirigente municipal que foi subitamente conquistada pela alternativa da parceria, desejosa de novas relações com os *borgesi*, isto é, os camponeses médios que começam a perder a esperança de poder chegar à categoria de arrendatários. Estes representam a ossatura dos *fasci*, são os que circulam a cavalo pelos feudos para convencer os trabalhadores a boicotar os proprietários não dispostos a aceitar as condições estabelecidas, aqueles que mesmo depois da repressão crispina manterão vivo o socialismo "nas bases", pelo menos em algumas situações rurais onde vai emergindo a liderança dos Verro, dos Barbato, dos Panepinto.[47] Pode-se afirmar que aqui socialismo e máfia insistem sobre os mesmos grupos sociais embora propondo a eles dois modelos diferentes de mobilidade e de relação com a burguesia campesina e os latifundiários; a coexistência numa mesma zona de uma elevada taxa de mobilização política e de mobilização mafiosa não se

47 Remeto à análise de G. Procacci, Movimenti sociali e partiti politici in Sicilia, in *Annuario dell'Istituto italiano per l'età moderna e contemporanea*, Pisa, 1959, p.109-214.

resolve pela lógica opositiva da ação e da reação. A notícia segundo a qual Verro na juventude teria sido protagonista de uma espécie de iniciação mafiosa,[48] seja verdadeira ou falsa, enquadra-se nesse húmus comum que pode bem exemplificar-se nas duas figuras do próprio Verro e de Cascio-Ferro, tão próximas nas origens quanto distantes nos resultados.

Os estatutos de muitos *fasci* preveem a proibição de inscrição para as pessoas que promovam escândalo público, para os criminosos e os mafiosos; embora isso não feche a porta para aquela que o *Avanti!* com demasiada ingenuidade chama de uma "máfia fiel à sua generosa origem, nascida da legítima rebelião a qualquer forma de prepotência".[49] *La Plebe*, jornal socialista de S. Stefano Quisquina, descreve o encontro casual entre dois grupos, o dos inscritos na liga camponesa e o dos "mafiosos"; que se resolve numa troca de frases e no reconhecimento comum da superioridade moral dos sócios da liga.[50] Num comício em Prizzi em 1902, Verro afirma que "desde quando o socialismo foi divulgado, diminuiu a baixa delinquência, esperando que com o tempo venha também a diminuir o assassinato ordenado pela alta máfia".[51] Estamos diante de uma hipótese de linear civilização do conflito social no curso da qual o socialismo ocuparia o lugar da máfia, pelo menos da "baixa", eliminando suas razões: quando o cavaleiro Emanuele de Arezzo acusa seus camponeses em greve de manter "um ar nem um pouco civil e *absolutamente mafioso*", Panepinto rebate que a máfia representa apenas o "produto espontâneo do latifúndio".[52]

---

48 R. Ciuni, Un secolo di mafia, in VV.AA. *Storia della Sicilia*, Palermo, 1978, IX, p.393.

49 Cit. por C. Messina, *Il caso Panepinto*, Palermo, 1977, p.40.

50 *La Plebe*, 5 de janeiro de 1905, em *In giro per la Sicilia com "La plebe"*, org. de C. Messina, Palermo, 1985, p.71-4.

51 Relatório do prefeito de 11 de fevereiro de 1902 in ACE, AC, Comunas, b.173 (Prizzi).

52 Messina, *Il caso Panepinto*, op. cit., p.77.

Porém, o próprio Panepinto, convicto como bom professor primário de que o socialismo representa uma forma de pedagogia coletiva, deve convencer-se da vacuidade de qualquer automatismo progressista ao visitar a comunidade de compatriotas emigrados na Flórida:

> Alimentávamos ilusões sobre nossos trabalhadores de Tampa, mas infelizmente nem mesmo o ambiente distante parece arranhar a sua velha alma de inconscientes ou de criminosos. De nada valem os dólares e os altos salários, se depois nenhum deles forma a consciência política e moral desses proletários.[53]

A viagem de Panepinto representa também uma tentativa de evasão das dificuldades do socialismo quisquinense, depois dos entusiasmos das grandes greves agrárias de 1902, impossibilitado de ganhar espaço em nível de colégio ou de província pelo eterno choque com De Michele Ferrantelli. Verro também, perseguido pelas autoridades, abandona Corleone, refugiando-se no exterior ou aceitando encargos de partido em Messina e em Reggio Calabria. É difícil seguir uma linha "classista" nas regiões do latifúndio siciliano; porém ainda mais dificilmente homens como estes podem reciclar-se fora da dimensão municipal.

O movimento camponês sai do impasse no fim do primeiro decênio do século XX com o *boom* das locações coletivas, que tomam o lugar das ligas como instrumento principal da organização. Graças à Lei Sonnino de 1906, as cooperativas podem funcionar como terminal do Banco da Sicília para distribuição de crédito agrícola, e assumir então o aluguel dos latifúndios para depois cedê-los em pequenas cotas aos associados. Entre outras coisas, nessa fase, o maior uso de culturas de renovação (fava,

---

53 Cit. por G. Barone, Gruppi dirigenti e lotte politiche, in VV.AA. *Lorenzo Panepinto*, op. cit., p.61.

trevo) e a primeira introdução de fertilizantes químicos permitem uma intensificação das rotações, rompem o vínculo férreo entre cultura de cereais e criação de gado que estava na base do grande arrendamento oitocentista, tornam relativamente econômica a empresa agrícola. Depois de uma primeira fase de hostilidades, os proprietários passam a considerar "a intervenção coletiva dos camponeses nos aluguéis como efeito natural da evolução social",[54] apreciando em particular o apoio oferecido à renda ameaçada primeiro pela crise, depois pela rarefação da mão de obra em virtude da emigração. A solicitação das cooperativas repõe em movimento o mercado de aluguéis do qual participam agora o arrendatário individual e o "arrendatário coletivo", segundo a terminologia dos contemporâneos que significativamente destaca o papel comum de intermediário econômico e político-social em relação ao grande (único) recurso existente na sociedade camponesa: transformando a contiguidade em concorrência, os cooperados encontram-se, porém, naquela competição pelo monopólio que, como sabemos, pode provocar a sanção máxima.

Começamos com Bernardino Verro, forçado por um atentado a abandonar Corleone em 1910. Com lúcida consciência, ele delineia os níveis da rede mafiosa: na região, o arrendatário chefe mafioso Michelangelo Gennaro; em escala provincial, a "quadrilha" protegida pelo subprefeito Spata cuja mulher é uma Torina de Caccamo, descendente, portanto, de antiga dinastia mafiosa, e por Vincenzo Cascio da junta provincial administrativa; ambos ligados por via de clientela e parentela ao deputado Avellone, que foi testemunha de defesa de Palizzolo e como ele expoente da aliança Rudinì promovida a seu tempo pela operação "moralizadora" de Codronchi. Não falta a conexão com Palermo:

54 Relatório do prefeito de Palermo, 24 de novembro de 1915, in ACE, PJ, 1916-18, b.236.

> Avellone não é o inspirador ou o mandante [do atentado], mas é o deputado do colégio que deve permanecer fiel aos parentes e aos grandes eleitores. Eu mesmo o vi no café do Teatro Massimo em Palermo confabular com Gaspare Tedeschi, palermitano residente em Villafrati, onde é chefe mafioso e mantém escondido Giovanni Mancuso, um dos dois, aquele que disparou contra mim e que depois foi baleado quando o transportaram para a clínica de Palermo mantida pelo Prof. Giuffrè, irmão do chefe mafioso de Caltavuturo e sabedor da locação que provocou o tiroteio contra mim. Que rede! Que trama! Tedeschi é tipo bastante conhecido na magistratura palermitana, e uma noite veio encontrar-me na Praça Bologni querendo servir de pacificador entre mim e a máfia.[55]

Prosseguimos com Lorenzo Panepinto, o líder do socialismo quisquinense em plena recuperação após obter o financiamento do Banco da Sicília para o arrendamento do ex-feudo Mailla. "Decididamente, o 'subversivo' de 1911 é muito mais temível para seus senhores do que fora o subversivo de 1893",[56] e, portanto, a sanção deve ser mais dura. Em 16 de maio de 1911, diante da porta de sua casa, Panepinto cai assassinado. O seu imponente funeral traz à cena uma Sicília profunda e antiga, que ao correspondente de *L'Ora* parece uma "tribo selvagem" onde a expressão da dor coletiva é toda jogada em torno de figuras femininas: circundando a filha do chefe "as mulheres de S. Stefano, todas fechadas em seus xales negros, pareciam tomadas por não se sabe que paixões enquanto uivavam assustadoramente ... Vingança era a palavra que corria em todas as bocas". "Vingança, vingança", repetia a viúva como se fosse uma nênia.[57] Mas o socialismo não

---

55 Verro a Colajanni, 27 de maio de 1912, in G. Barone, La cooperazione agricola dall'età giolittiana al fascismo, in VV. AA. *Storia della cooperazione siciliana*, org. de O. Cancila, Palermo 1993, p.255-6.

56 A. Tasca, Un apostolo troncato, in *Avanti!*, 31 de maio de 1911.

57 *L'Ora*, 19-20 de maio de 1911, citada por Messina, *Il caso Panepinto*, op. cit., p.189, ss.

pode naturalmente enfrentar os seus adversários com suas próprias armas: "Não parece que estamos em 1911", nota desconsolado Verro, acusado como *cascittuni* (espião), incapaz de encontrar uma via intermediária entre "tornar-se delinquente, instigador de delinquência, ou ser assassinado".[58]

Quando, na primavera de 1914, a esquerda corleonense triunfa nas eleições administrativas, Verro deve voltar e assumir o cargo de síndico embora com plena consciência do perigo: "É beber ou afogar. ... O que seria desse movimento socialista se os trabalhadores, depois de ter o poder nas mãos, renunciassem a ele?".[59] Menos de um ano depois, é ferido de morte em plena cidade. Mais um ano e o alvo de atentado é Nicolò Alongi, um antigo membro dos *fasci,* dirigente do movimento camponês em Prizzi, ele próprio camponês. Uma trégua e depois, em setembro de 1919, é morto o secretário da liga Giuseppe Rumore; a partir desse momento Alongi se define como "um morto em férias" e se despede de seus companheiros: "Não sei se amanhã poderei voltar para abraçá-los, mas tenho certeza de que outros surgirão para desfraldar a bandeira que querem me arrancar das mãos".[60] Não passa sequer um mês e o socialismo do latifúndio chora uma nova vítima.

O andamento das batalhas pelo aluguel dos feudos em torno de Prizzi antes e sobretudo depois da guerra indica claramente a causa do crime. Enquanto os proprietários estão "dispostos a ceder", "a força negativa" vem toda dos arrendatários locais e das suas "relações de reciprocidade, de mutualidade, de interesses e

58 Verro a Colajanni, 12 de maio de 1911, in Barone, *La cooperazione*, op. cit.

59 Carta citada por S. Mangano, *Bernardino Verro socialista corleonese*, Palermo, 1974.

60 Intervenção no congresso camponês de Palermo, fevereiro de 1920, cit. por G. C. Marino, *Partiti e lotta di classe in Sicilia, da Orlando a Mussolini*, Bari, 1976, p.143; mas sobre o conhecimento de Alongi, cf. também o relatório de 4 de março de 1920, in ACE, APC, b.76, p.2.

também de máfia".[61] O mais respeitável deles é Silvestre Cristina, muito ligado a Cascio-Ferro, que também acabará assassinado, só que em Palermo, dali a alguns anos;[62] o número dois é Giorgio D'Angelo, filho daquele Luciano D'Angelo que já encontramos nos anos 80 como chefe mafioso e nos anos 60 como colaboracionista da quadrilha de dom Peppino, o lombardo. Por outro lado, o suposto assassino de Panepinto é um certo Giuseppe Anzalone, jovem arrendatário de Lercara, mesmo lugar de nascimento e mesmo nome (neto, então?) de outro dos mais conhecidos colaboracionistas da quadrilha; personagem de destaque esse Anzalone Jr., sobretudo por suas relações, como demonstra a sua qualificação de "afilhado" de Camillo Finocchiaro-Aprile, o deputado lercarense Ministro da Justiça.[63] Assim, à distância de cinquenta-sessenta anos, confirma-se o papel fundador da experiência bandoleira de dom Peppino.

O quadro da máfia do latifúndio nesses primeiros vinte anos do século XX é, porém, mais complexo, mais intimamente ligado ao novo que está surgindo. A morte de Panepinto coloca-se sem dúvida no quadro da "rebelião da máfia arrendatária",[64] mas também dentro do contraste com a Caixa Rural Católica com a qual os mafiosos, ao que parece, se acham nas mais amistosas relações. Boa parte dos problemas de Verro em Corleone reside na dificuldade de evitar que a cooperativa socialista caia presa de apetites comerciais; a polícia julga que a máfia encontrou um apoio dentro dela na pessoa de Angelo Palazzo, administrador denunciado por Verro por malversação.[65] Em suma, existe uma

61 Relatório cit., p.3 e 6.

62 Marino, *Partiti e lotta di classe*, op. cit., p.140.

63 S. Centinaro, La reazione dell'opinione pubblica alla morte di Lorenzo Panepinto, in VV.AA., *Lorenzo Panepinto*, op. cit., p.146. O processo, realizado em Catânia por legítima suspeição, concluiu-se pela anulação.

64 Avaliação de Verro na carta de 12 de maio de 1911.

65 Relatório do prefeito, op. cit., 24 de novembro de 1915.

tentativa de bloquear as cooperativas, mas por outro lado também de conquistá-las. O arrendatário coletivo pode representar um instrumento da reestruturação do poder mafioso; como em linha mais geral em torno do fim do primeiro decênio vai se articulando de maneira diferente a máquina política camponesa na Sicília ocidental, com a generalização do instrumento das locações e das caixas rurais. Criam-se entidades poderosas como a Federação Siciliana das Cooperativas, que em 1911 reúne sob a direção do radical-socialista Enrico La Loggia 313 organizações do Agrigentino. Do mesmo modo, os sacerdotes Michele Sclafani e Luigi Sturzo, um clérico-moderado, outro democrata-cristão, renovam o movimento católico.

Tomemos o caso de Villalba, cidade do Vallone que é teatro tradicional de ações bandoleiras assim como de um conflito entre aqueles latifundiários não residentes na cidade e os *borgesi*, protagonistas de clamorosas greves já em 1875, e depois em 1893, 1901 e 1907; levados a alinhar-se alternativamente "com os arrendatários contra o feudatário ou com este contra os arrendatários".[66] O contraste gira em torno dos dois feudos Micciché e Belici, um de propriedade da família principesca palermitana dos Trabia, o outro administrado sempre de Palermo mas pertencente ao duque Francesco Thomas de Barberin, residente em Paris. Ao firme controle dos Trabia sobre o primeiro contrapõe-se o poder dos intermediários sobre o segundo; e trata-se dos indefectíveis Guccione que o transformaram num refúgio de bandidos entre os quais na sua época Antonino Leone. É deste feudo Belici que os villalbenses, organizados na Caixa Rural Católica, pedem a locação, obtendo-a em 1908:

> O ideal tinha sido atingido – escreverá o sacerdote Sgarlata, presidente da sociedade – a usura, quase desaparecida; os opressores e

66 Lumia, *Villalba*, op. cit., II, p.271.

> os intermediários exploradores, eliminados. O camponês com a sua liberdade reconquistou o amor dos campos e do trabalho; agora que se tornou arrendatário e trabalha por conta própria ... sabe que os suores vertidos retornarão a ele em tantos bens de Deus.[67]

Mas aos olhos da população o mérito da operação vai para o jovem sobrinho do sacerdote, aquele Calogero Vizzini que apenas alguns anos antes tinha sido preso como colaboracionista do bandido Varsalona, mas que agora, como fiador da transação entre o proprietário parisiense, o administrador palermitano, a cooperativa, os camponeses (e os Guccione), conquista o título de *Dom* destinado a acompanhar o seu nome no curso de uma longa e emblemática carreira. O arrendamento é concedido pessoalmente a Vizzini segundo uma praxe comum nas transações entre latifundiários e organizações camponesas para indicar o papel central desempenhado pela credibilidade *pessoal*, financeira ou política. No caso presente, dom Calogero, ou mais familiarmente dom Calò, mantém para si uma parte consistente do feudo (290 hectares), concedendo graciosamente o resto à Caixa Rural.[68] A mobilização coletiva oferece para a mediação nobiliárquica-mafiosa novos campos de aplicação.

Velha/nova máfia

Cammarata, 1891. Luigi Varsalona, filho de um ex-componente da quadrilha de dom Peppino morto na prisão, briga com os cúmplices pela divisão do butim de um furto ao príncipe de Mirto, e é morto. O processo contra os assassinos termina com

---

67 Relatório da Caixa Rural de Villalba, in *Inquérito parlamentar*, op. cit., t.1, p.717.

68 Remeto mais uma vez a Lumia, *Villalba*, op. cit., II, p.273 ss.

uma branda sentença por obra também de uma testemunha de defesa; menos de um ano depois, estes caem por sua vez numa emboscada armada pelo irmão do morto, Francesco Paolo Varsalona, que assume em seguida a condição de foragido.[69]

S. Mauro Castelverde, 1894. O camponês Mariano Farinella é assassinado por alguns membros do clã Glorioso acusado por ele do furto de uma vaca. O jovem filho da vítima, Vincenzo, assiste ao crime e depois de muita hesitação, "rompendo o silêncio" habitual, dirige-se à autoridade. O processo termina, porém, com uma absolvição seguida da inevitável eliminação do "espião" (1899). Alguns meses depois, durante o assalto noturno a uma fazenda, três dos supostos assassinos de Farinella são massacrados, segundo os inquisidores por obra de Antonio Farinella, filho e irmão dos dois mortos. Outros dois Glorioso fogem então para a América, mas na sua volta ao país, uns catorze anos depois, encontram ainda a esperá-los a vingança de Farinella e de seus quatro irmãos.[70]

Ambos os casos se desenvolvem numa clássica sequência de saga bandoleira: o parente morto, a justiça negada, a vingança. Porém, a coincidência entre mito e realidade não vai além. Farinella se tornará um típico expoente da "alta máfia", arrendatário, síndico, mas também colaboracionista de Melchiorre Candino, o maioral do banditismo *maurino*.[71] Varsalona permanecerá foragido por mais de dez anos, personificando aquilo que segundo o inspetor Alongi é a guinada do banditismo: o abandono do sequestro de pessoa e a aplicação à área interna de uma estratégia

---

69 Cf. o relatório de G. Alongi, 14 de novembro de 1902, publicado em apêndice a Id., *La mafia*, op. cit., p.363-87, e Cutrera, *Varsalona, il suo regno e le sue gesta delittuose*, Roma, 1904.

70 Cf. o relatório do juiz instrutor F. U. Di Blasi, 2 de outubro de 1928, IV, in *Antimafia. Doc.* IV, t.V, p.423-33.

71 Cf. também o anônimo datado de Buenos Aires, 9 de março de 1913, e o relatório do prefeito, 6 de maio de 1913, in ACE, PJ, 1913, b.103.

de *racket* trazida da máfia costeira, com a criação de uma rede compreendendo bandidos, campeiros, camponeses e proprietários, com a cobrança de

> uma nova espécie de sobretaxa fundiária que permit[a] a proprietários e arrendatários locomover-se livremente pelos campos ... com a certeza de recobrar tudo que lhes seja roubado por delinquentes estranhos à quadrilha, que serão inexoravelmente suprimidos.[72]

Nos casos Varsalona e Farinella, emerge, portanto, a contiguidade entre o papel de mafioso e o de bandido, residindo a diferença no mandado de captura. Candino vive como foragido por mais de trinta anos, segundo a opinião pública em condição tolerada "por serviços prestados à Segurança Pública",[73] mantida "por contribuições dos feudatários" e que terminará em 1922 com o toque surrealista da manifestação pública de simpatia por parte dos notáveis de Gangi, preocupados com a manutenção da ordem no campo depois do retiro do "bandido" para a vida privada.[74] Estamos assim distantes, nesse cenário siciliano, da figura do *primitive rebel*, do vingador das injustiças sofridas pelos pobres por obra dos ricos e potentes... Aqui também entram dois membros da quadrilha Varsalona quando, "num momento de embriaguez", propõem o sequestro de um G. G. (Guccione) que mandou desapropriar o pai de um deles; tratando-se, porém (voltamos ao habitual), do "mais largo e generoso contribuinte

---

72 Alongi, Relatório cit., p.366. Aqui como sempre o autor acentua talvez demais o caráter inovador desse banditismo *fin de siècle* em relação ao banditismo "clássico".

73 Um anônimo "proprietário ameaçado" ao prefeito, junho de 1912, in ACE, PJ, 1913, b.374.

74 Relatório Di Blasi, 15 de setembro de 1926, I, in *Antimafia. Doc.*, IV, t.V, 339. Ver também o testemunho do próprio Candino, in A. Spanò, *Faccia a faccia con la mafia*, Milano, 1978, p.20; o autor, filho do comissário Francesco Spanò, em serviço na região desde 1912, utiliza documentação paterna.

da associação", a simples ideia atinge tão negativamente o chefe dos bandidos que o faz cominar uma condenação à morte dos imprudentes gregários, *ipso facto* executada.[75] Ante o "crescendo impressionante do roubo de gado", alguns deverão *abandonar* "o cultivo dos campos e dos feudos", lamenta o síndico de Contessa Entellina, Nicolò Lo Jacono, cuja família encontra-se exposta às pressões do bandido Grisafi. Por outro lado, há os que utilizam a relação positiva com o bandido para *entrar* no mercado de aluguéis: assim Emanuele Cocco, chefe mafioso de Chiusa Sclafani, pode substituir os Lo Jacono.[76] Em torno do foragido, encontramos sempre os mesmos personagens: o notável que serve de mediador para a sociedade local, o mafioso palermitano, os corretores, os camponeses, os marginais.[77] Também na parte baixa da escala social estão as vítimas e os beneficiários das empresas agrícolas, pastoris, comerciais e até industriais[78] que o foragido administra no âmbito da parentela e da clientela.

Muitos funcionários da Segurança Pública vivem "repetindo que a malfeitoria assumiu tal predomínio que tornou ineficaz qualquer providência".[79] Uma firma catanense que está construindo uma linha ferroviária não consegue evitar a fuga de seus operários (siracusanos), "aterrorizados" pelo assassinato de um técnico afeto aos trabalhos e de maneira geral pelos doze mortos

75 Alongi, Relatório cit., p.376.

76 O protesto do síndico, 4 de outubro de 1915, in ACE, PJ, 1916-18, b.236. O choque de fogo entre a quadrilha Grisafi e um dos Lo Jacono, depois do massacre de dezesseis bovinos (1912), in ACE, PJ, 1912, b.374. Cf. também Blok, *La mafia,* op. cit., p.131 ss.

77 Cf. a rede que apoia Raffaele Ballo, "chefe reconhecido da delinquência alta e baixa dos campos palermitanos e trapanenses", nos relatórios de 24 de fevereiro e 4 de março de 1911, in ACE, PJ, 1914, b.144.

78 Os parentes de Varsalona exercem uma espécie de monopólio sobre os moinhos da região: Alongi, Relatório cit., p.371.

79 Relatório do subprefeito de Corleone, 12 de setembro de 1913, p.2, in ACE, PJ, 1913, b.103.

assassinados num ano no território Prizzi-Palazzo Adriano; as autoridades observam tranquilamente que "em tudo isso, tendo em conta o ambiente, não há nada de anormal".[80] De resto, quem quiser indagar sobre proteção e cumplicidade caminha num terreno minado. Cutrera incorre na desaprovação dos superiores duas vezes: a primeira, quando procura como investigador "encaixar" como colaboracionista de Varsalona o baronete Peppino Coffari di Cammarata; a segunda, quando como estudioso sublinha a impotência das autoridades.[81] O corretor despojado de uma grande soma durante o assalto ao "carro postal" Palermo-Camporeale teme que a situação vá perpetuar-se ao infinito

> com intrigas e protegidos e garantidos pelos honoráveis da Sicília que está de acordo com a Máfia e quando chega o dia do julgamento impõem-se com ameaça aos jurados e conseguem sair em liberdade.[82]

Obviamente que o sistema não é tão totalizante nem tão estável: a proteção tem como sempre caráter clientelista, há os que pagam e os que resistem. Entretanto, na forma de denúncia aberta ou de carta anônima, os protestos chegam às autoridades que mobilizam as forças para as zonas atingidas: assiste-se então à fuga dos colaboracionistas das cidades que são centros de redes, Cammarata e Castronovo no caso de Varsalona, "antes mesmo que as patrulhas e os funcionários cheguem aos postos designados – prova espontânea e não solicitada do largo proselitismo do criminoso sodalício".[83] As patrulhas são grupos móveis que

80 Carta da firma Malato & Cia., 17 de fevereiro de 1913; resposta da prefeitura, 29 de março, in ACE, PJ, 1913, b.103.

81 M. Genco, *Il delegato*, Palermo, 1991, p.55; a referência está no citado volume *Varsalona*.

82 Carta datada de Palermo, 15 de agosto de 1914, in ACE, PJ, 1914, b.144.

83 Alongi, Relatório cit., p.373.

compreendem carabineiros e agentes de Segurança Pública, que com o tempo passam a substituir o exército na proteção do território sob a direção de hábeis funcionários como os comissários Cesare Mori e Augusto Battioni.

Muitos bandidos são assim capturados, porém a Grande Guerra sobrevém para piorar a situação com o retorno de criminosos da Tunísia e da América e sobretudo pela reativação daquele círculo vicioso: *insubmisso ao serviço militar – foragido – bandido*.

> Mais da metade das terras permaneceu inculta e entre nós miséria e rebelião e revolução são sinônimos. Acresce que já existe uma imensa recrudescência de roubos e de crimes nos campos. Estes são percorridos por muitos milhares, de 20 a 30 mil, de desertores os quais por enquanto pedem pão e amanhã estarão organizados em bandos armados: o banditismo clássico dos piores tempos.[84]

O roubo de gado representa com efeito a principal ocupação dos foragidos velhos e novos, enquanto os campeiros permitem a passagem dos rebanhos através dos feudos, os mafiosos falsificam a documentação necessária para superar os controles. A escassa disponibilidade de mão de obra e de capitais leva à retração da cultura de cereais em favor da pastagem tendo em vista também o alto preço da carne ligado à demanda do exército, à inflação e à abolição do imposto sobre o trigo que só será reproposto em 1924. Trata-se da típica oscilação da economia latifundiária que conforme o ciclo desloca a fazenda para a atividade pastoril ou agrícola. A legislação bélica e pós-bélica, bloqueando os aluguéis, torna os arrendamentos cada vez mais atraentes para

---

84 Carta do príncipe de Camporeale, 30 de novembro de 1916, in *Quarant'anni di vita politica italiana. Dalle carte di Giovanni Giolitti*, Milano, 1961, III, p.202-3.

quem consegue evitar os roubos, ou melhor, fazer que este e outros prejuízos envolvam os concorrentes. "Um ex-feudo arrendado por 11 mil liras rendia quase 150. Era preciso então impor-se aos proprietários para que cedessem o aluguel de suas terras a preço irrisório; e assim vinha a fortuna rápida, rapidíssima, segura, o 'baronato'."[85]

A resposta estatal leva em conta a carência numérica da "força" que deixa desguarnecidas áreas estratégicas como o agro-palermitano. Na zona interna, agem as "patrulhas para a prevenção e a repressão do roubo de gado", levando a termo a guinada esboçada no período anterior. As patrulhas, grupos de sete-oito pessoas a cavalo, deslocam-se entre uma província e outra sem voltar à base a não ser raramente e sem pedir reforços em caso de conflito; uma tática arriscada, como se viu em outubro de 1916 quando perto de Contessa dois policiais foram mortos enquanto seguiam Grisafi. Não se trata de um retorno ao período pós-unitário, com o cerco de cidades e a cega repressão. As patrulhas permanecem como um instrumento de polícia, deslocam-se sob o *input* de um refinado sistema informativo graças ao qual, entre Caltanissetta, Agrigento e Palermo, Mori destrói as quadrilhas Carlino e Grillo e por último captura Grisafi; em torno deste último age uma rede que engloba uns 375 colaboracionistas entre os quais noventa de Caltabellotta, sua cidade natal.[86]

No fim da guerra, a situação é grave. A leste, nas Madonie, a dissolução do reino de Candino deixa espaço para seus adversários como Gaetano Ferrarello, outro velho foragido, ao qual se unem seu sobrinho Salvatore Ferrarello, Nicolò Andaloro, os irmãos Dino e Onofrio Lisuzzo. O objetivo é sempre a criação de uma rede de campeiros e de arrendatários, imposto fiscal sobre a

85 Alocução do advogado Restivo no processo Ortoleva, in GDS, 28 de março de 1929.

86 Mori, *Con la mafia ai ferri corti*, op. cit., p.212 e passim.

propriedade através de carta de extorsão, furto de animais e danificação. O supermediador, barão Sgadari di Gangi, garante os acordos: "A título transativo convenci-os a contentar-se com oito mil liras – escreve ao cunhado Leonardo Signorino, atormentado por cartas de extorsão – enquanto da parte deles permanecem firmes os compromissos assumidos na minha presença"; porém o barão Pottino deve ceder aos pedidos do seu campeiro que se declara consciente de que um pagamento anterior "deveria dispensá-lo dos tributos posteriores". "Eu lhe peço simplesmente mais dez mil liras – escreve Andaloro a Signorino – esteja atento para não se deixar iludir por *algum falso amigo, que decerto quererá interpor-se entre nós dois*, porque eu juro que o farei experimentar o meu profundo desprezo."[87]

Há referências aqui a contrastes internos entre os aspirantes a protetores; e com efeito o banditismo gangitano, que em certos momentos age de maneira coordenada, atravessa também fases de conflito interno como aquele que em 1922 leva à prisão do próprio Andaloro pela mão de Battioni, guiado por uma delação do amigo-inimigo Ferrarello. A regulamentação dos contrastes torna-se mais difícil em comparação aos tempos em que Candino e Varsalona tinham encontrado um acordo fácil para a divisão da província, um a leste, outro a oeste, a oferta e os apetites criminosos se multiplicam. Inaugura-se nesse período a briga entre os Barbaccia e os Lorello pelo controle do bosque da Ficuzza, ponto de descanso dos rebanhos roubados entre Corleone e Palermo;[88] na pequena cidade de Godrano, entre o primeiro e o segundo pós-guerra, teremos por isso 58 mortos. Impressionantes as

87 Relatório Di Blasi cit., I, p.317 e 339.

88 A quadrilha de ladrões de gado, chefiada pelo síndico de Godrano, Giuseppe Barbaccia, é denunciada com reação da prefeitura de 11 de maio de 1916 in ACE, PJ, 1916-18, b.236. Principalmente sobre a sangrenta sequência do segundo pós-guerra, cf. o relatório sobre o bosque da Ficuzza, in *Antimafia. Doc.*, IV, t.III, p.1223-33.

incursões nas fazendas com a chacina a sangue frio de famílias inteiras, inclusive mulheres e crianças: como em Burgio e em Sclafani em 1922 (sete e oito mortos). A causa? "O predomínio da Máfia no campo."[89]

O primeiro massacre se enquadra numa interminável briga entre famílias iniciada no começo do século XX entre Lucca Sicula, Bivona e justamente Burgio, durante o qual uma facção jurou "a supressão *até dos gatos*" da inimiga;[90] o segundo, no conflito entre a quadrilha Dino, em expansão a partir de Gangi para o sudoeste (Petralie, Polizzi, Alimena), e a "velha máfia" dirigida pelos Mogavero de Polizzi e pelos Sorce de Mussomeli aos quais se alia outro grupo gangitano capitaneado por Lisuzzo. Entre ferozes represálias contra os respectivos colaboracionistas, falsas reconciliações, traições e rompimentos entre irmãos, seria inútil contrapor o banditismo a uma máfia da ordem movida pelo simples "sentimento de autodefesa", já que em ambas as partes encontramos "desmedida sede de enriquecimento ... rapinas, extorsões, homicídios",[91] em ambas a ambição para uma ordem *própria*.

Menos duro o confronto que se desenvolve a oriente, em direção ao Mistrettese. Para arrendatários e campeiros locais, perseguir os ladrões de gado significaria adentrar "em terra de Ferrarello"; melhor recorrer a um mediador, pedir-lhe para "dirigir alguma palavra a Gangi", para tratar o preço do resgate e recuperar os animais.[92] Uma grande quantidade de cartas desse teor é encontrada durante duas perquirições (1925 e 1926) no escritório do advogado Antonio Ortoleva de Mistretta, conselheiro comunal, proprietário, penalista que nos anos 1901-1913

89 GDS, 22 de janeiro de 1926.

90 GDS, 6 de setembro e em geral julho-setembro de 1930.

91 Relatório Di Blasi, 26 de fevereiro de 1928, II, in *Antimafia. Doc.*, IV, t.III, p.371.

92 Carta cit. no relatório Di Blasi, III, p.378.

defendeu com sucesso acusados de roubo de gado (entre os quais um dos Farinella). As cartas mostram o papel de Ortoleva no mecanismo roubo-cobrança, no condicionamento de jurados, no *racket* dos arrendamentos; também ocorre que os proprietários paguem através dele a "taxa" destinada aos foragidos. Aparecem instruções e notícias, num código na verdade não muito claro, sobre crimes de sangue. Um ex-sequaz do advogado denuncia que ele preside um tribunal de máfia ativo desde 1913, que decide sobre negócios mas também sobre a vida e a morte e, com efeito, a sanção capital atinge o denunciante.[93]

Deve-se notar que as cartas para Ortoleva são oriundas do Mistrettese e mais em geral da província de Messina, tanto da parte oriental da província de Palermo quanto da ocidental, do Nisseno e do Ensenense, e até da província de Catânia. Esse alargamento das redes mafiosas em direção à Sicília oriental realiza-se segundo uma lógica de contiguidade territorial um pouco diferente daquela por nós conhecida através da história de Bartolomeo Badalamenti, na longínqua Palagonia. Tomemos o caso de dois correspondentes do advogado, os irmãos mistrettenses Tusa que entram em acordo com ele sobre o pessoal a empregar num feudo com prévio conhecimento da "vontade dos conhecidos amigos"; que fazem a mediação entre um sacerdote-proprietário e o bandido Salvatore de Adrano que quer "protegê-lo".[94] Os Tusa e seus primos Seminara avançam progressivamente para sudeste seguindo as trilhas da transumância que da montanha messinense levam os rebanhos a passar o inverno no Calatino; em 1906, eles se encontram em Leonforte como administra-

93 Sobre os casos de Mistrettra, cf. a ampla reconstrução de G. Raffaele, *L'ambigua tessitura*, em curso de publicação; Spanò, *Faccia a faccia*, op. cit.; o citado relatório Di Blasi; as crônicas judiciárias citadas mais adiante.

94 Cf. também o testemunho do sacerdote I. Strano, in GDS, 14 de novembro de 1928.

dores dos feudos do príncipe de Gangi, no pós-guerra, perto de Catânia.[95] Por outro lado, na zona interna da província do Etna, os arrendatários chegam geralmente do leste, trazendo consigo o habitual aparato composto de campeiros "duros" e de boas relações com foragidos.[96] "É tradição da minha família – afirma o honrado Gesualdo Libertini – ter ótimos elementos de Mistretta como campeiros":[97] tradição iniciada em 1926 quando o mesmo Libertini chama os Tusa e os Seminara para administrar o grande feudo de Mandrerosse no território de Ramacca, já de propriedade da comuna de Caltagirone e por esta cedida ao magnata graças à mediação de Luigi Sturzo; e confirmada nos anos 30 e 40 quando Sebastiano Tusa, o único dos irmãos não envolvido no inquérito,[98] continuará a administrar a propriedade funcionando também como prefeito delegado do recém-nascido burgo de Libertina. Aberto o caminho, um circuito oposto pode levar os foragidos sob a proteção da Máfia da Sicília oriental para as Madonie: é a história do contrabandista catanense Luigi Saitta que terá resultados importantes.[99] Menos pacífica é a expansão de arrendatários e campeiros mistrettenses para zonas de velha máfia: o barão catanense Giuseppe Camilleri, que desde 1913 aluga a eles as suas terras do Agrigentino, teve depois que mudar de política diante da dura reação proveniente de Canicattì.[100]

A amplitude da rede de relações, assim como a qualidade social de Ortoleva, parecem finalmente atingir o nível da "alta máfia". Os protagonistas do processo de 1928-1929 pensarão

---

95 Testemunhos de B. Tusa e L. Seminara in GDS, 11 de setembro de 1928.

96 Algumas pessoas entrevistadas por mim em Ramacca, além do caso dos Tusa, citam os Pollaci como provenientes de Nicósia nos anos 20 e os Andolina como provenientes de Enna nos anos 30.

97 In GDS, 28 de dezembro de 1928.

98 Mas condenado a quatro anos no processo de Nicósia em 1929.

99 Testemunho Calderone-Arlacchi, p.10-1.

100 Testemunho do barão in GDS, 15 de outubro de 1930.

ter chegado à "central interprovinciana" insular. Eis a alocução de Angelo Abisso, deputado agrigentino e representante da parte civil:

> A Máfia, sendo um Estado dentro do Estado, precisa de uma pessoa decorativa que, quase como um ministro plenipotenciário, a represente nas relações diplomáticas com outro Estado. O advogado Ortoleva ... consegue participar das lutas políticas e determinar sua sorte, entrar em contato com as autoridades do Estado e servi-las, introduzir-se sorrateiramente na Administração da Justiça e desviá-la. A toga de defensor servia otimamente para cobrir as intrigas suspeitas e as túrbidas relações.[101]

Realmente o papel de embaixador não corresponde ao de chefe, e é dessa diferença que se deve partir para compreender como de repente Mistretta seja proposta como capital da Máfia, uma cidade antes pouco interessada pelo fenômeno mafioso, onde tradicionalmente a "arrogância do poder ... não necessitava de instrumentos específicos a não ser o seu lubrificado mecanismo de autorreprodução e cooptação".[102]

Distinguirei dois níveis. O primeiro é o da rede de relações na qual Ortoleva funciona como mediador para a recuperação dos animais roubados, ampla como o raio de movimento dos rebanhos, dos campeiros e dos arrendatários. Existe depois, no espaço mais restrito do Mistrettense, um agregado cuja mudança no pós-guerra, passando da esfera clientelar para a delinquencial, não deve ser interpretada com base numa lógica evolutiva apenas interna, mas à luz da impulsão proveniente das Madonie: nas zonas limítrofes, esta provoca reagrupamentos dos sistemas territoriais para que a propriedade e os intermediários possam

101 GDS, 11 de janeiro de 1929.
102 Raffaele, *L'ambigua tessitura*, op. cit., p.237.

encontrar-se ou negociar.[103] Por outro lado, a história de Contessa reconstruída por Blok sobre atas processuais de 1929 indica um processo análogo, a violenta marginalização da quadrilha local chefiada pela família Gassisi, por obra do grupo Cascio-Ferro colocado no eixo Burgio-Bisacquino-Corleone. Contra a evidência resultante do seu próprio trabalho, o antropólogo holandês reforça aliás que é preciso levar em conta quase exclusivamente a dimensão municipal:

> Não existe um termo local para indicar um conjunto de mafiosos em áreas mais extensas que a comunidade. Cada vilarejo ou centro urbano tinha sua própria quadrilha. Seus membros operavam sobre um território distinto e limitado que coincidia geralmente com a comuna ... A quadrilha local era uma pequena unidade relativamente autônoma.[104]

Porém, é justamente nessa fase histórica que a ideia de quadrilha como sistema local fechado, já pouco realista se aplicada ao século XIX, torna-se errônea.

Um primeiro pós-guerra

O primeiro pós-guerra vive as extraordinárias transformações da eleição proporcional (1919) em que culmina o efeito do

---

103 Não muito diferente é a tese do advogado Villasevaglios, in GDS, 19 de janeiro de 1929, para o qual do bloco montanhoso Madonie-Caronie a organização se estende "para os vales de saída" limítrofes.

104 *La mafia*, op. cit., p.143. Blok não acha contraditório descrever Cascio-Ferro que planeja roubos de gado tanto em Bisacquino como em Sambuca (p.147), ou admitir (p.144) que ele tenha se imposto "como chefe mafioso em distritos mais vastos". Afirmar que a "chamada associação para delinquir" deva ser definida em termos de "redes de relações" não resolve a questão da *latitude* e da *estabilidade* dessas redes.

sufrágio universal masculino, da volta para casa de centenas de milhares de homens decididos a conseguir uma vida melhor, da luta pela terra. Estamos no penúltimo ato da secular crise/transformação da economia latifundiária, com a qual se combinam fatores conjunturais como a retroação da cultura de cereais para a criação de gado que resulta inaceitável para os movimentos campesinos e à qual correspondem as ocupações, as insurreições camponesas, os pedidos de intervenção da Obra Nacional Combatente (ONC), os projetos de reforma agrária. O processo desemboca numa mobilização do mercado fundiário que durará até a virada deflacionista da segunda metade dos anos 20: são vendidos e loteados 341 feudos para um total de 139.802 hectares, 51.971 por negociação direta, 45.346 por particulares, 41.482 por meio de cooperativas.[105] Os últimos dois casos indicam como, para atingir o resultado, o impulso camponês necessita em muitos casos de mediadores, individuais ou coletivos: cooperativas, caixas rurais, sociedades "operárias", todas articulações dos partidos campesinos. É o contexto que define o eventual componente mafioso. Apesar de isolados, são significativos os exemplos da Sicília oriental: Palagonia, onde Bartolomeo Badalamenti controla a divisão do feudo; Adrano, onde um criminoso egresso da América assume o cargo de síndico inserindo-se na Caixa Rural Católica e nas operações de loteamento.[106] Ortoleva participa das distribuições imobiliárias oficiais de 1921-1922,[107] mas teríamos dificuldade em chamá-lo mafioso por causa disso se não conhecêssemos a sua ação no campo do roubo de gado, do *racket*, das relações com os foragidos.

105 G. Molè, *Studio-inchiesta sui latifondi siciliani*, Roma, 1929; N. Prestianni, *Inchiesta sulla piccola proprietà coltivatrice formatasi neldopoguerra*, v.VI da *Inchiesta Inea*, Roma, 1931.

106 Respectivamente, Barone, *Lo Stato e le opere pie*, op. cit., p.55; ACE, AC, Podestà: Catânia.

107 Raffaele, *L'ambigua tessitura*, op. cit., p.226 ss.

Em Ribera existem duas facções. Uma chefiada pelo farmacêutico Liborio Friscia, tio do deputado combatente Abisso; outra, pelo honrado Antonino Parlapiano-Vella, intelectual moderado, além de seu irmão Gaetano, síndico da cidade. No verão de 1919, a cooperativa "Cesare Battisti" chefiada por Friscia dirige-se a ONC solicitando para os seus 800 sócios o aluguel do latifúndio que se estende sobre mais da metade do território comunal, pertencente a dom Eristano Alvarez de Toledo, duque de Bivona, senador e grande de Espanha. Muito preocupado, dom Eristano chega à cidade jamais visitada por ele anteriormente, com a ideia de vender tudo aos Parlapiano, mas os combatentes sequestram o duque durante três dias (26-28 de janeiro de 1920) no palácio dos ancestrais e submetendo-o a enérgica pressão obrigam-no a alugar a terra para a "Battisti". Tão logo é libertado, porém, Sua Graça provoca um incidente internacional pela violência sofrida dos "bolcheviques" de Ribera.[108] Os Parlapiano compram assim o latifúndio, alugando-o a três cooperativas adrede constituídas por campeiros "pertencentes à máfia local", os quais por sua vez o subalugam "a preços muito altos" a outros sócios das mesmas cooperativas; de resto, preparam a venda entre os adeptos de sua facção.[109]

Nesse caso, são os latifundiários que querem vender de acordo com os mediadores político-financeiros. Diferente é o caso do feudo Polizzello de Mussomeli pertencente à família principesca dos Trabia. Aqui as cooperativas dos "Combatentes" e a "Pastorizia" pedem inicialmente a intervenção da ONC para a desapropriação, porém diante da reação dos Trabia se dispõem a administrar um *statu quo* que garanta o papel das entidades

---

108 Documentação in ACE, SP, 1920, b.87; mas cf. também A. Cicala, Il movimento contadino in Sicilia nel primo dopoguerra, in *Incontri meridionali*, 1978, 3-4, p.61-78.

109 Ficha sobre as cooperativas de Ribera in ACE, SP, G1 b.35: Agrigento.

intermediárias nas quais geralmente os sócios representam eles próprios uma elite que depois administra o subaluguel. Nessa atividade se forma Giuseppe Genco Russo, considerado o *alter ego* de Calogero Vizzini, ao qual está com efeito ligado por vínculos de compadrio; membros da família Genco exercem a função de campeiros nas fazendas de dom Calò. A figura de Genco Russo mostra, porém, uma mais clara caracterização criminal, cruza frequentemente com a justiça sobretudo por causa do sangrento conflito com os vários grupos (também contrapostos entre si) da família Sorce, empenhada na contenção da quadrilha gangitana de Dino.[110] Tomemos agora o caso de Villalba. Aqui a cooperativa dos combatentes ocupa o feudo Belici e pede, por ora, seu aluguel. Desde 1909, a propriedade passou para Matteo Guccione em pessoa, novo latifundiário que a exemplo dos velhos não agrada às cooperativas, às comissões provinciais pelas terras incultas, às entidades "desapropriadoras" como a ONC. Graças mais uma vez à mediação de Calogero Vizzini, que deixa de fora os combatentes, um acordo de compra e venda é estipulado pela cooperativa católica; quando esta não consegue saldar nos prazos previstos, dom Calò ainda convence Guccione a não recuar.[111] Um acordo entre homens honrados atentos para não esvaziar um grande negócio? Ou o acerto de contas entre duas gerações? Considerando que neste período Guccione é forçado "por meios truffaldinos" a aceitar Giuseppe Sorce como coparticipante em outra propriedade sua,[112] podemos bem considerar emblemática a troca de guarda do feudo Belici, do qual Vizzini extrairá ótima

110 Sobre Genco Russo, cf. *Antimafia. Biografie*, p.39-64; sobre os casos do feudo Polizzello, *Antimafia. Doc.*, IV, t.II e III. Sobre os ocorrências judiciárias, *Cooperativa tra i combattenti di Mussomeli*, in GDS, 9 de outubro de 1929, e a sentença contra Termini + 20 in ASCL, Corte d'Assise, Sentenza, b.35.

111 O episódio é reconstruído com a usual clareza por Lumia, *Villalba*, op. cit., p.340, ss.

112 Relatório Di Blasi, II, p.370.

terra para si, autoridade e fama junto aos seus concidadãos, muito além dos reversos pouco limpos da complexa transação.

A comparação entre Mussomeli, Villalba e Ribera é esclarecedora. Genco Russo permanece por enquanto como mediador entre o príncipe e a comunidade. Vizzini porém, tanto quanto os Parlapiano, já tem a capacidade política e financeira de chefiar toda a operação de compra e venda. Trata-se de "um homem rico, poderoso, temido", de um "cavalheiro, muitas vezes milionário", que possui "largas posses até fora da província",[113] engajado na gestão (*arrendamento*, neste caso) e na aquisição de minas de enxofre; ainda que, como outros "industriais" nissenos do enxofre, venha a ser derrubado pela crise. Mesmo nessa circunstância ele demonstra de qualquer modo a sua estatura: obtém altos empréstimos do Banco da Sicília, debate sobre os destinos do consórcio sulfúrico, participa em Londres das negociações para um cartel internacional do enxofre (1922), ao lado de personagens do calibre de Donegani, fundador da Montecatini, ou Jung, futuro Ministro das Finanças.[114]

Nesse sentido, Vizzini não corresponde ao estereótipo do jeca do interior que nunca saiu da província, do notável interessado no *status* e não no lucro, sobre o qual é moldada a imagem da máfia *tradicional* e *protetora*; e se o primeiro traço é falso enquanto estamos diante de evidentes descontinuidades históricas, parece efetivamente relevante o traço da "tutela" comunitária. Vizzini, Ortoleva e Genco Russo mostram como nessa fase histórica a figura do mafioso se aproxima da figura do notável que com fraseologia progressista, mas com intenções comerciais-clientelistas, domina e instrumentaliza os processos de democratização.

---

113 Carta do bispo de Caltanisseta, Jacono, cit.

114 Remeto ao meu La crisi del monopolio naturale, in VV.AA., *Economia e società nell'area dello zolfo*, op. cit., p.354. Sobre os negócios anteriores de dom Calò, cf. Lumia, *Villalba*, op. cit., p.313 ss.

E são *progressistas* os grupos que obtêm maiores consensos nas eleições de 1919 e de 1921: a galáxia dos "combatentes" que se expande no cenário insular; os radicais, os social-reformistas, os democrata-sociais. O novo partido popular, o católico, inscreve-se tanto quanto os outros (ou mais?) nesse fluxo político-delinquente, como já se viu para os Parlapiano e para Vizzini e ao que parece também em outros casos. Os Gassisi de Contessa Entellina apoiam Giovanni Lo Monte, proprietário de Mezzojuso e "chefe político da máfia", opondo-se ao latifundiário local Antonio Pecoraro, apoiado pelo grupo Cascio-Ferro e pelo citado Coco, que tem com ele antigas relações de clientela. Esse quadro pareceria o modelo tradicional das relações entre classe dirigente e bandidos, se o próprio Pecoraro não fosse o proponente de um dos projetos de reforma agrária (!), além de representante de um partido *novo*; o sangrento choque que viu tombar alguns membros da família Gassisi-Lo Voi se deve à eleição proporcional e à ampliação do colégio até a escala provinciana, o que, segundo a mais geral linha evolutiva do pós-guerra, aumenta os territórios de influência (e, portanto, os espaços de conflito) dos grupos mafiosos. Resultam cada vez mais raras as votações plebiscitárias e a tranquila mediação do notável eleito entre *todos* os interesses presentes no colégio, segundo o modelo do sistema uninominal que depois de muitos anos o maior político siciliano do período, Vittorio Emanuele Orlando, evocará não sem saudades:

> Agora se esta unanimidade de sentimentos e de votos incluísse elementos que se qualificam como máfia, nem por isso eu renunciaria à solidariedade que me liga àquela gente, ainda que justamente por isso eu devesse passar por mafioso.[115]

---

115 Discurso parlamentar de maio de 1949 cit. por O. Barrese, *I complici*, Soveria Mannelli, 1988, p.18.

Ao mesmo Orlando se deve a enésima distinção entre uma máfia "má" porque delinquente e uma máfia "boa", expressão de honra e de fidelidade: "Mafioso me declaro e sou feliz em sê-lo!", declara num célebre discurso de 1925,[116] lembrando as palavras pronunciadas por Morana em 1875. Em ambos os casos, a paradoxal declaração de orgulho sicilianista vem de uma classe dirigente pressionada, antes com as leis de Segurança Pública, agora com o fascismo. Mas o aclaramento do conceito de máfia nos cinquenta anos decorridos, e em particular o recrudescimento da violência no pós-guerra, tornam muito mais evidente a sinalização para a esfera delinquente que representa parte da "unanimidade de sentimentos" com a qual se elege um deputado em Partinico. A classe dirigente está de tal modo envolvida no mecanismo que parece incapaz de perceber sua periculosidade: o jovem deputado católico Salvatore Aldisio, futuro líder democrata-cristão, defende uma suposta liberdade, polemizando contra a decisão governamental de retirar o porte de armas, que no seu dizer "soa como ofensa" ao "povo siciliano" e provoca "um dano econômico" (?!) só com o fim de afirmar "velhas lendas".[117] Porém, tudo o que ocorre nesse período no seu próprio colégio deveria sugerir a Aldisio alguma dúvida: os 109 mortos assassinados em Canicattì só em 1919; as batalhas cotidianas em Sommatino, onde grupos adversários de mineiros de enxofre se enfrentam ao som de bombas e tiros de revólver em pleno centro, indo reabastecer-se de munição toda noite nos armeiros da cidade...[118]

Na vertente fascista, a situação não parece melhor. Como telegrafa em 1925 o prefeito palermitano:

---

116 In GDS, 28 de julho.

117 APCD, Discussões, 7 de fevereiro de 1923, p.1516.

118 Outubro de 1925; compete-se pela empreitada na mina Trabia, GDS, 15 de janeiro de 1928 seg.

> O fascismo aqui é constituído por grupos existentes nas comunas individuais ... Cada seção assume na própria comuna comportamentos particulares segundo prevalência nas administrações comunais ou segundo vínculos [com] elementos [da] máfia ou pessoais [com] situações passadas.[119]

Em 1924, fascista é Ortoleva; em Gangi, os barões Sgadari e Li Destri chefiam uma administração comunal que a polícia define como "fascista-mafiosa";[120] para o fascismo se encaminham o grupo Cascio-Ferro em Bisacquino e o de Santo Termini, discutido síndico de S. Giuseppe Jato. Em muitos casos, os mafiosos conservam o seu apoio aos notáveis "defensores" do governo Mussolini: como os Farinella que fundam o *fascio* de S. Mauro, mas apostam em Lo Monte; como Ciccio Cuccia, síndico de Piana degli Albanesi, já acusado de uma quantidade de crimes entre os quais diversos homicídios.[121] Numa orgia transformística sem precedentes, os notáveis grandes ou pequenos tentam saltar para o carro dos facistas à procura de consensos para opor a Finocchiaro Aprile e a Orlando, que passou à oposição só em 1925. O caso Lo Monte demonstra como embarcaram personagens muito desqualificados. Entre os poucos homens novos, Alfredo Cucco, o "pequeno *duce*" palermitano que alardeia relações com o cirurgião de Bagheria, Giuseppe Cirincione, que alguém definirá como "temido e tremendo chefe, há trinta anos, da Máfia palermitana".[122]

Como se vê, o chefe "político" da máfia é muitas vezes identificado para que a identificação possa ser credível. A ênfase,

---

119 Telegrama de 3 de julho in ACE, AC, Ofício eleitoral, b.18. Seria necessário dizer mais sobre o fascismo do que é possível aqui; devo remeter ao meu L'utopia totalitaria del fascismo, in VV.AA., *La Sicilia*, op. cit., p.371-482.

120 Cf. Marino, *Partiti e lotta di classe*, p.282-8, com o documento aqui citado.

121 Ver a lista in GDS, 27 de fevereiro de 1926.

122 In GDS, 3 de dezembro de 1927.

porém, evidencia a conexão entre sistema político e criminalidade, a permeabilidade recíproca entre uma e outra esfera. Ouçamos os tons do desesperado apelo ao procurador do rei por parte de um homem destinado a ser assassinado:

> Se é então verdade o que diz Pietro Palazzolo, isto é, que ele é o patrão não só de Gangi mas também da Itália, porque todos são súditos seus a começar dos ministros até o último policial, se esta desgraça realmente existe na Itália como me parece, então desculpe-me por tê-lo incomodado.[123]

A arrogante afirmação de Palazzolo, lugar-tenente de Ferrarello, corresponde ao senso comum dos mafiosos e das pessoas de bem, e por isso abre o caminho para o relançamento da polêmica antidemocrática fascista. Isso permite que um movimento amplamente contaminado por presenças insignes recupere uma fisionomia própria: se a máfia se liga ao "parlamentarismo", é contra a máfia que é preciso lutar para superar a fraqueza e o escasso *appeal* do fascismo insular:

> Se se quiser salvar a Sicília – escreve o secretário do *fascio* de Alcamo –, é preciso romper esse estranho gênero de organização que é a máfia; se o fascismo quer tornar-se benemérito da Sicília, deve resolver esse problema, e então poderá ter certeza de plantar na ilha marcos ainda mais sólidos do que fez no setentrião debelando o bolchevismo.[124]

O pêndulo da antimáfia pende para a direita, como no período pós-*risorgimento*. Durante a sua viagem à ilha em maio de 1924, Mussolini identifica nessa luta a contraprova do Estado "regenerado", evitando, com feliz intuição política, a perigosa

123 Carta de V. Franco cit. por Spanò, *Faccia a faccia*, op. cit., p.33.
124 Carta de G. Faraci, 5 de abril de 1923, in ACE, Papéis Bianchi, b.2.

identificação *máfia* = *Sicília*: "Não deve mais ser tolerado que poucas centenas de malfeitores predominem, empobreçam, prejudiquem uma população magnífica como a vossa".[125] Em 23 de outubro de 1925, Cesare Mori é nomeado, com amplíssimos poderes, prefeito de Palermo.[126]

Estamos na virada. Mori não é certamente um fascista, porém é o prefeito nittiano que em 1921, em Bolonha, enfrentou os esquadrões, atraindo para si o ódio eterno dos extremistas. Dar a ele o cargo significa retomar a ação estatal do período bélico, apostando mais uma vez na unidade do comando e na mobilidade das forças sobre todo o arco ocidental da ilha. Um homem capaz de matar pessoalmente um bandido e de escrever um livro (apesar de horrível)[127] representa um bom investimento para um governo à cata de efeitos propagandísticos. A experiência de Mori, entretanto, não se limita a isso. Em 1920, em Trapani, soube encontrar uma posição de equilíbrio apoiando o movimento camponês, mas conservando a ordem de maneira a obter o aplauso dos proprietários.[128] Antes ainda tinha combatido a facção antigiolittiana de Nunzio Nasi com tal energia que suscitou o mote "ver Trapani e depois Mori":[129] uma luta contra a criminalidade e ao mesmo tempo contra os adversários do governo semelhante

---

125 Discurso de Agrigento de 9 de maio, in B. Mussolini, *Opera omnia*, XX, Firenze, 1959, p.264.

126 O caso Mori é talvez o mais estudado da história da máfia. Além das obras já citadas, cf. A. Petacco, *Il prefetto di ferro*, Milano, 1976; S. Porto, *Mafia e fascismo*, Palermo, 1977; C. Duggan, *La mafia durante il fascismo*, Soveria Mannelli, 1986. O livro de Mori, *Con la mafia ai ferri corti*, op. cit., é tão pobre de informações quanto rico de ideologia.

127 C. Mori, *Tra le zagare oltre la foschia*, Firenze, 1923.

128 Marino, *Partiti e lotta di classe*, op. cit., p.166-75; La situazione in provincia di Trapani, in *Bollettino della Confederazione dell'agricoltura siciliana*, 16 de novembro de 1920.

129 A. Infranca, Il periodo trapanese del prefetto Mori nel giudizio della stampa locale, in *Nuovi quaderni del Meridione*, 1982, 78, p.227-61.

àquela que, em escala enormemente mais ampla, Mussolini lhe propõe. Existe um reverso pessoal. Em 1925, Mori passa por ser "o homenzinho que durante vários meses com meios insuficientes mantém a máfia quase em suas mãos, até que um deputado fez que fosse transferido":[130] não diferentemente de outros técnicos antes nittianos como Serpieri ou Beneduce, ele vê no totalitarismo a possibilidade de conseguir resultados escapando enfim às armadilhas da democracia.

Em tal perspectiva, a ação de um prefeito deve ser não uma "campanha de polícia em maior ou menor estilo, mas insurreição de consciências, revolta de espíritos, ação de povo".[131] Diante dos riscos de impopularidade da repressão, de possíveis reações de tipo sicilianista, Mori permanece atentíssimo em procurar pontos de contato, um código de comunicação com a verdadeira ou suposta cultura de massas. Para ele, como para Pitrè, existe uma *omertà* boa que corresponde ao conceito de virilidade, cujos corolários honoríficos devem ser considerados valores nacionais e fascistas; trata-se apenas de eliminar sua excrescência delinquencial:

> A *omertà* tem em si mesma os meios específicos para combater as próprias degenerações. Recorrer então – é isso que eu pretendo dizer – ao orgulho para reagir à prepotência; à coragem para reagir ao crime; à força para reagir à força; ao mosquete para reagir ao mosquete.[132]

Note-se o crescendo até a equação final pela qual a força representa em si mesma um valor que prescinde da finalidade que persegue: aquilo que Mori julga ter compreendido dos códigos culturais sicilianos assemelha-se muito, demais, àquilo em

130 Carta cit. de G. Faraci, p.8.
131 Mori, *Con la mafia ai ferri corti*, op. cit., p.242.
132 Ibidem, p.244.

que o fascismo acredita. "A força que defende a produção", está escrito no distintivo que o prefeito coloca no peito dos campeiros *pessoalmente*, já que com os sicilianos é preciso a relação pessoal. Interessante a troca de palavras que se verifica em tais ocasiões.

> Mori: "Se alguém te visse com esse distintivo e te chamasse de meganha?"
> *O campeiro*: "Vossência há de me desculpar, mas nesse caso eu atiro."

O prefeito fica satisfeito ("bravo")[133] não estando evidentemente interessado no conceito de legalidade, mas apenas na recuperação de uma fidelidade e de uma força. Tudo isso em concorridas reuniões durante as quais ressoa indefectível o apelo à autodefesa individual e social, a exaltação da coragem de quem, proprietário ou camponês, não cede e empunha as armas assim como no seu tempo "desafiou as metralhadoras austríacas".[134] Mori elogia um comportamento exemplar na guerra também dos mafiosos patriotas embora corruptos; tese um tanto ridícula quando se pensa na relação banditismo-insubmissão militar, mas funcional à ideia de uma comunidade itálica que permanece além de qualquer contingência. É lícito perguntar em que medida a retórica prefeitoral cria real consenso na opinião burguesa, quando eu tenderia a excluir que os campeiros paramafiosos sejam atingidos por ela. *Mutatis mutandis,* o lombardo Mori lembra o toscano Fanfani que durante a campanha contra o divórcio evocará (inutilmente) o risco das infidelidades conjugais aos cidadãos de Caltanissetta para instrumentalizar o seu temor da liberdade sexual feminina.

O ano de 1926 marca as grandes batidas policiais, cada uma das quais resulta em centenas de prisões num total que em 1928

---

133 Ibidem, p.338.

134 Discurso pronunciado em Alcamo in Mori, *Con la mafia ai ferri corti*, op. cit., p.268-71.

deveria chegar a onze mil pessoas presas, das quais cinquenta mil da província de Palermo.[135] Começando por Gangi, continua em direção a Mistretta, Bagheria, Misilmeri, os subúrbios palermitanos, Monreale, Corleone, Partinico; depois para baixo em direção ao Agrigentino e o Nisseno, e ainda a leste através do Ennese atinge a zona de Caltagirone e do Etna ocidental. Nessa fase é utilizado um grande núcleo de força que se desloca de cidade em cidade: para Bagheria, por exemplo, convergem oitocentos carabineiros, unidades da milícia e agentes de Segurança Pública que prendem trezentas pessoas.[136] Mais complexa na *Conca d'oro* é a operação contra os dois grupos dos Sparacino e dos Gentile, cuja guerra interna em 1923-1924 fez 46 vítimas entre homicídios e tentativas de homicídio, porque muitos dos procurados se refugiam em sofisticados esconderijos subterrâneos. O mesmo ocorre também em Gangi, militarmente ocupada em janeiro de 1926 em atenção à opinião pública internacional, nacional e local. É o prefeito que quer essa esmagadora vitória, não a rendição negociada já em dezembro de 1925 entre o comissário Spanò e as quadrilhas de Ferrarello-Andaloro com a decisiva mediação do barão Sgadari.[137]

Para realizar a reconquista dos valores folclóricos, o Estado deve ganhar "respeito" mostrando-se mais mafioso que os mafiosos, a partir do duro discurso que Mori pronuncia na praça de Gangi diante de uma multidão atônita pela prisão de 450 pessoas, entre elas trezentos "favorecedores".[138] Daí os inúteis desdobra-

---

135 Avaliação de Mussolini, como o general Di Giorgio recorda ao próprio *duce* na carta de 19 de março de 1928 citada por G. Caprì, Di Giorgio e Mori ai ferri corti, in *Osservatore politico-letterario*, janeiro de 1977, p.48; a cifra não inclui os confinados.

136 GDS, 4 de junho de 1926.

137 Spanò, *Faccia a faccia*, op. cit., p.42 ss.

138 A crer na autobiografia de Cucco, cit. por Duggan, *La mafia*, op. cit., p.50. A imprensa da época fala de multidões glorificantes.

mentos de forças, a falsa negociação que precede a traição de quem se mostra satisfeito, as ameaças truculentas de represália transversal contra os foragidos por meio da matança pública de seus animais, a venda de seus bens, a deportação de suas famílias e, veladamente, a violência sobre suas mulheres. Um estranho tipo de propaganda, cuja memória durará até muitos anos depois: ante a prisão da mãe e da irmã, Salvatore Giuliano afirmará não querer imitar "aqueles miseráveis mafiosos de 1926" que ante tais métodos entregaram-se sem lutar.[139] A captura de 213 pessoas entre mulheres e crianças que leva à rendição 35 foragidos do agropalermitano não representa uma "vilegiatura",[140] mas uma operação terrorista; para Mori-Javert, aliás, os parentes podem ser inocentes só "em sentido relativo". Uma antropóloga americana na Sicília, naqueles anos, nos descreve os habitantes de Milocca a pé, ao lado dos carneiros e (também) das famílias dos que tinham conseguido fugir, enquanto são empurrados pelos carabineiros em direção a Mussomeli: mais de cem dos 2.500 habitantes permanecerão na prisão.[141] Um deles, um camponês absolvido depois de quatro anos de detenção, conta o terrível episódio:

> A lu milli novicentu lu ventottu
> a li setti di innaru fu lu fattu.
> Dormivanu tutti comu gigli all'ortu
> 'ntri 'na nuttata l'arrestu fu fattu.
> L'arrestu principià di Mussumeli
> fu tirminatu 'ntra du uri.
> Cu dici figghiu, cu dici mugghieri,
> Cu dici sà cu fu 'stu tradituri.[142]

---

139 Carta a Scelba cit. por Spanò, *Faccia a faccia*, op. cit., p.147.

140 Mori, *Con la mafia ai ferri corti*, op. cit., p.365. Cf. o episódio no relatório do vice-prefeito cit. por Dugann, *La mafia*, op. cit., p.87.

141 C. Gower Chapman, *Milocca, un villaggio siciliano*, Milano, 1985, p.29-31.

142 "Em mil e novecentos e vinte e oito / aos sete de janeiro foi o fato / dormiam todos como lírios no jardim / durante uma noite foi feita a prisão / a prisão

A Máfia sob fogo cruzado

No fim de 1926, Mori enviou a Roma um volumoso dossiê sobre ilegalidades cometidas por Cucco, que era o número um do fascismo palermitano; no mês de janeiro seguinte é dissolvida a federação do partido e o "pequeno *duce*" terminou sob processo após uma fulminante autorização parlamentar. Um outro escândalo, no ano seguinte, atingiu o honrado Antonino Di Giorgio, antigo ministro de um governo Mussolini e brilhante comandante no fronte da Grande Guerra. Parecia que se chegava à "alta máfia": o *duce* não tinha mandado bater "em cima e em baixo"? Di Giorgio foi incluído nas investigações de Spanò entre o seu eleitorado das Caronie;[143] embora não fosse provada e sequer vislumbrada qualquer responsabilidade sua, teve que retirar-se para a vida privada. Cucco também tinha estreitos e comprometedores vínculos eleitorais, porém as acusações contra ele não configuravam crimes de máfia, mas irregularidades administrativas e profissionais, abusos de poder, dos quais aliás saiu absolvido depois de uns onze julgamentos. Uma sentença usa o termo "conjura", refletindo uma sensação amplamente difundida.[144]

Essa ocorrência desenvolveu-se muito mais sobre a vertente política do que sobre a vertente policial da operação. Na metade dos anos 20, o fascismo liquidou os adeptos liberais que haviam tornado possível sua vitória. Depois passou ao ataque contra as posições dignatárias internas do partido, destinado a transfor-

---

começou por Mussumeli / dentro de duas horas estava terminada / um grita filho, outro grita mulher / outro grita quem foi esse traidor."
Recolhido e publicado por Naro, *Chiesa*, op. cit., p.62-3.

143 Relatório de 9 de abril de 1928 do comissário in Spanò, *Faccia a faccia*, op. cit., p.62-4; revelador também de contrastes entre polícia e carabineiros.

144 Relatório de um informante da polícia, 13 de abril de 1931, in ACE, Secretaria, CR, b.39, fasc. pessoal de Cucco. Para o caso semelhante do secretário federal nisseno D. Lipani, cf. G. Barone, Notabili e partiti a Caltanissetta, in *Economia e società nell'area dello zolfo*, op. cit., p.318-20.

mar-se no nebuloso aparato propagandístico de um regime hipercentralístico no qual os lances se resolviam dentro de círculos restritos e em relação aos poderes "fortes": a Igreja, a monarquia, as burocracias estatais ou não, a Confindústria. Na periferia, os prefeitos foram encorajados a pôr sob tutela o Partido Nacional Fascista e apoiados nos frequentes conflitos com os federais; em toda a Sicília, talvez em toda a Itália, a eliminação de personagens incômodos só porque eram autônomos foi motivada por questões de suposta imoralidade ou negociata.[145] Em Palermo, a acusação foi de máfia.

> A qualificação de mafioso ... é frequentemente usada em perfeita má-fé e em qualquer campo, inclusive o político, como meio para executar vinganças, para desabafar rancores, para abater adversários.[146]

É Mori quem fala, e é ele mesmo quem cinicamente aplica o conceito. O prefeito sabe muito bem quem lhe fornece os elementos para a construção do dossiê contra Cucco: Roberto Paternostro, advogado de muitos mafiosos, dirigente em desgraça do *fascio,* que alguns anos antes já tinha expresso as preocupações palermitanas ante a hipótese da chegada de Mori; um "Movimento Italiano Império e Trabalho", composto em grande parte por criminosos e que se destaca pela apologia da máfia como suposto "sindicalismo" por meio do qual os camponeses "arrancam pela força ... aos fidalgotes e feudatários locais os meios para viver"; enfim o supercomprometido e honrado Lo Monte.[147] Entretanto, só Paternostro retornará por um momento na crista da

145 Não posso deixar de remeter ao tratamento da história do fascismo insular feito por mim em *L'utopia totalitaria,* op. cit.

146 Mori, *Con la mafia ai ferri corti,* op. cit., p.84.

147 Cf. relatórios e documentos in ACE, SP, AAGGRR, G1, 1920-45, b.138; e in ACE, Polícia política, b.195. Um tratamento mais analítico encontra-se no meu *L'utopia totalitaria,* op. cit.

onda. Os outros desaparecerão juntamente com os "jogos cartáceos" da liberdade política. Os vencedores são outros. A liquidação do pessoal político promovida pelo fascismo leva a uma verdadeira revanche agrária de cuja operação Mori é apenas um dos componentes. "Visou alto demais e foi redimensionado",[148] escreve Tina Whitaker sobre Cucco, interpretando grupos dominantes que não acreditam nas acusações mas que desejam um sólido controle do Estado sobre o partido, preocupados pela recusa dos adeptos de Cucco em fazer do fascismo uma mera reedição do moderatismo, pelas ameaças de novos "Vespri" revolucionários contra o latifúndio. Na descrição de Cucco, o Mori de 1927 é homem "em pleno cio aristocrático", que "passa de um salão para outro, de uma recepção para uma festa", "embriagado" pelo mundo elegante[149] e disposto a valorizá-lo pondo à frente do PNF o marquês Paternò de Spedalotto e o duque de Belsito. Nesse terreno, bem mais que no propagandístico da reconquista dos valores folclóricos, constrói-se a relação entre fascismo e Sicília que pretende ser relação direta, sem intermediários, entre Estado e classes sociais. Intermediários por excelência são os arrendatários *parasitas*; ao passo que os *produtores*, ou os proprietários, são absolvidos por Mori como vítimas de um estado de necessidade.[150]

É lícito indagar em que medida essas nítidas distinções de função correspondem às atas dos grandes processos por formação de quadrilha, que se sucedem desde 1927 envolvendo centenas de acusados até um máximo de 450 para a *quadrilha* de Casteltermini. Nas crônicas judiciárias, as partes oscilam ambiguamente entre a figura da vítima e a do cúmplice: a extorsão

148 Cf. o seu diário em 23 de janeiro de 1927 in R. Trevelyan, *Principi sotto il vulcano,* Milano, 1977, p.357.

149 Recurso de abril de 1927, in ACE, Secretaria cit., p.2; cf. também Spanò, *Faccia a faccia,* op. cit., p.38.

150 Mori, *Con la mafia ai ferri corti,* op. cit., p.88-9.

acaba por transformar-se em proteção e até mesmo em sociedade de arrendamento ou empresa pecuária; ocorrem casos em que os ladrões, para restituir os animais roubados, requerem e conseguem não dinheiro mas furtos de outros animais. Em geral, quem quer manter as posições na guerra deve utilizar os mesmos meios que os adversários: seria este o estado de necessidade, a ser aplicado, porém, a muitas pessoas de diferente qualificação, envolvidas, condenadas ou absolvidas.

Tomemos Giuseppe Ortoleva, irmão de Antonio, acusado de extorsão contra o sacerdote-arrendatário Filadelfio Versaci, ex-síndico de San Fratello.[151] Segundo Ortoleva, foi Versaci, ameaçado pelo bandido Russo, quem lhe pediu "para encarregar algum dos [seus] campeiros de ajeitar a coisa" até que estes mencionaram o pedido de oito mil liras, que com autoridade o mediador diminuiu para quatro mil, adiantando a quantia do seu próprio bolso. Russo, porém, não se contenta e começa a atormentar Versaci com furtos de animais sobre os quais os mesmos campeiros investigam: são assim desembolsadas outras três mil liras, mas os animais não voltam porque nesse ínterim o bandido se mata (?!). Como se vê, a defesa e a acusação se assemelham como duas gotas d'água. Segundo ele mesmo admite, este outro Ortoleva está à testa de um aparato militar que trata com os foragidos de uma região e, ao que parece, também de outras; exerce um papel de mediador do qual pode tirar proveito em dinheiro ou apenas em capacidade de controle para lucrar *depois* por meio do exercício do arrendamento. O discurso se complica introduzindo, como o realismo exige, a variável autônoma dos campeiros e da cobrança que estes podem efetuar; ou da vantagem em relação aos concorrentes que Versaci extrairá de uma eventual ancoragem na cadeia Ortoleva-campeiros-Russo. Até mesmo o ritual

151 GDS, 8 de setembro de 1928. Outro irmão, Gaetano, administra feudos na província de Palermo.

das cartas de extorsão pretende criar cumplicidade entre partes contrárias, elogiar a informalidade da relação de mediação, ocultar do ponto de vista jurídico e ideológico a realidade de "indústrias" bem organizadas. Para a negociação, o chantagista convida a dirigir-se a "pessoas de confiança" do chantageado, o qual deve procurar entre suas próprias relações, como faz o comerciante messinense ameaçado por bandidos, que à força de procurar entre seus próprios clientes de Gangi encontra um que responde que "as pessoas existem, e não é justo, nem mesmo prudente, deixá-las insatisfeitas, é necessário providenciar rápido, e a minha pessoa está à sua inteira disposição".[152]

Essa é "a sociedade dos mafiosos ativa, operante" que segundo o procurador-geral palermitano Luigi Giampietro representa "por si própria uma quadrilha",[153] que não tem necessidade de ser comprovada pelo comportamento criminal de cada um de seus membros. Nos dois processos em que Calogero Vizzini é acusado como chefe de quadrilha, é difícil compreender não só o grau de culpabilidade do imputado mas simplesmente a razão da própria imputação, por reduzir-se ao fato de que os crimes são cometidos por seus empreiteiros na mina e por seus campeiros no latifúndio, portanto em relação a um *network* comercial do qual não é sequer vislumbrada uma função delinquencial.[154] A acusação de quadrilha facilmente aplicada a grandes arrendatários e míseros camponeses é, porém, poupada aos latifundiários até quando se vislumbra a sua conexão com crimes de sangue: exemplo típico é o de Pecoraro, chamado em causa por tantas

152 A carta no relatório Di Blasi, op. cit., I, p.327.

153 Cit. por Di Blasi, Il reato di associazione per delinquere, in *Giurisprudenza penale*, 1930, parte II, col. 228; cf. também Lo Schiavo, *Il reato di associazione*, op. cit., p.146-7; dois magistrados engajados na luta.

154 Para a máfia das minas, cf. GDS, 10 de agosto de 1929 seg.; para a do latifúndio, a sentença contra Alfano + 30 in ASCL, Tribunal do Júri, 1931, b.35. Don Calò é absolvido em ambos os casos.

testemunhas do processo de Burgio contra Cascio-Ferro & Cia., mas que não figura entre os acusados. O *Giornale di Sicília* chega a censurar, na carta do morituro Gioachino Lo Voi que representa a base principal da acusação, o trecho a respeito do latifundiário "que é católico e protege todos os delinquentes. Os seus defensores matam qualquer pessoa, roubam o tempo todo e o safado que quer ser deputado os protege. Maldito patife!".[155] Ainda mais clamorosos são os casos de Gangi. No curso da negociação com Spanò, Salvatore Ferrarello pergunta ingenuamente (ou talvez maliciosamente): "se nós nos associássemos quem daria a garantia de tranquilidade nos campos?";[156] ordem mantida em favor de personagens como o barão Sgadari que por tantos anos cobriu os foragidos garantindo suas transações financeiras, sendo mediador com a autoridade social e política, chegando a negociar para eles uma rendição sob (falsas) promessas de impunidade, de onde os clamorosos propósitos de represália nas sessões do processo de Termini. Entretanto, o próprio bandido, fugido do cárcere no curso da subsequente guerra mundial, renunciará à vingança. "Já ouviu falar de Ferrarello? – perguntará Vizzini a Montanelli pintando-lhe as virtudes da mediação mafiosa. – Começou como Giuliano e terminou como cônego. Até desistiu, quando fugiu da cadeia, de matar o barão Sgadari que o tinha mandado para lá. Alguém depois ajeitou a história."[157] É, portanto, justificado o espanto do embaixador inglês Graham ao avistar Sgadari, que considera um "chefão" da Máfia, entre os corifeus de Mori, elevado a um cargo prefeitoral;[158] justo em Gangi temos um dos casos de maior continuidade do poder local

155 Cit. por Blok, *La mafia*, op. cit. p.163; o texto censurado in GDS, 30 de julho de 1929.

156 Spanò, *Faccia a faccia*, op. cit., p.41.

157 Montanelli, *Pantheon minore*, op. cit., p.248; graças talvez a essa renúncia, o bandido conseguirá manter-se foragido *ad aeternum*.

158 Relatório de agosto de 1928, cit. por Duggan, *La mafia*, op. cit., p.203.

dos vinte anos em torno das famílias dos "ricaços" (Li Destri, Sgadari, Mocciato) que cometem "infâmias" estigmatizadas em 1937 pelo carabineiro a cavalo Francesco Cardenti:

> O barão Li Destri no tempo da máfia era fortemente apoiado pelos bandidos que agora se acham encarcerados em Portolongone (Elba), se alguém passava pela sua propriedade da qual é ciumentíssimo, dizia: Não passe mais pelo meu terreno senão te mando tirar de circulação; agora que os tempos mudaram e que ele é amigo da autoridade ... diz: Não passe mais pelo meu terreno senão te mando para o confinamento.[159]

Aqui, não sem fundamento, bandidos e confinamento parecem intercambiáveis; impossível subtrair o poder de classe à conexão íntima com o poder mafioso.

Tomemos um episódio ocorrido na Conca d'oro *depois* da grande batida policial de abril-maio de 1926. Em junho de 1927, Giuseppe Carella é morto em Villa Adriana, residência do barão Luigi Bordonaro di Gebbiarossa.[160] Réu confesso é Salvatore Sciacca Jr., que afirma haver matado durante uma briga, quando as investigações revelam a acurada preparação de uma tocaia evidenciando a trama das oposições entre Carella e a família Sciacca. É acusado como mandante Salvatore Sciacca pai, vulgo *Cola Innusa*, há quase trinta anos administrador da mansão que pode ser considerada um feudo de família: anteriormente de fato tinha exercido a mesma função o sogro de Sciacca Sr., aquele Giuseppe Biondo nosso conhecido como alto personagem da cúpula do final do século XIX. Encarregado de racionalizar a gestão comercial subtraída dos Sciacca, Carella colocou estes sob uma luz desfavorável aos olhos do barão e foi punido. Clássico esquema mafioso pelo

---

159 Carta de 21 de outubro in ACE, AC, Prefeito: Palermo, Gangi.

160 Ver as crônicas do processo in GDS, 12 de março de 1928 seg.

qual a acusação pede e obtém severas condenações. Provoca escândalo que dom Cola chame de "colega" aquele que era um "oficial, um cavalheiro";[161] os palermitanos estão habituados ao sangue dos facínoras, não ao dos outros. Indicativas de um erro de avaliação, também as modalidades de um crime fácil de descobrir, consumado a golpes de foice como um crime grosseiro qualquer, talvez porque as relações para a habitual emboscada no caminho de casa vieram a faltar. Sciacca pai tem um álibi, o melhor: no momento do crime encontra-se na província com seu patrão, o qual, porém, tão logo vem a saber da (inopinada) descoberta do cadáver, volatiliza-se deixando o guarda-costas sozinho na estrada de volta a Palermo.

Para a defesa, Sciacca Sr. encarna a figura do *homo sicilianus* rude mas fiel a quem está acima dele. No seu discurso-parábola, o advogado Ferdinando Li Donni[162] imagina uma discussão entre jurados: o napolitano, o lombardo e o palermitano, o único que pode entender e explicar aos outros que Cola era mafioso "se entendermos por mafioso o homem que compartilha os sentimentos do campo, *omertà*, cuidar da sua vida, arranjar algumas testemunhas. Isso sim é que une. Era homem do pomar". Porém, "o presidente nos encarregou de examinar não se era mafioso mas se era delinquente. Demonstro-lhes, no entanto, que era forçado a lutar contra a delinquência". Em Villa Adriana, durante trinta anos não se verificou nenhum furto. "Os delinquentes do condado sabiam que não deviam fazer mal aos membros dessa [família baronial] senão o homem do pomar mandaria matá-los para protegê-la e defendê-la." Explicado o mistério aos profanos, tudo parece em seu devido lugar e emerge o ponto central, o vínculo salvador do mafioso com o barão, o vínculo dos outros mafiosos e

161 Cf. a dura discussão entre Carella pai e dom Cola in GDS, 15 e 16 de março de 1928.

162 GDS, 31 de março de 1928.

dos outros barões: Cola será salvo se ficar demonstrado que ele é em tudo e por tudo uma criação do seu patrão, capaz de matar por ele mas não por conta própria. "O homem do campo", segundo o advogado Berna, "permanece sempre primitivo." Cola, porém,

> viaja com o barão Gebbiarossa, conhece cidades, permanece nelas por longos períodos, faz operações em bancos, acompanha sempre o patrão, com ele se aloja nos mesmos hotéis, viaja no mesmo compartimento ferroviário, fuma os mesmos charutos, é convidado a almoçar junto com o barão, senta-se à mesma mesa na casa de Gangitano. Por isso, Cola Innusa não é mais, não pode ser mais "u seo Cola", mas, por obra do próprio patrão, por vontade do patrão, tornou-se dom Cola.[163]

A acusação descreve um mundo pré-fascista de violência antiproprietária cujo fim é selado pelo sangue do "heroico" Carella; a defesa nota como já há um ano, com as batidas policiais, aquele mundo desmoronou, que o proprietário confirmou a sua confiança para além de qualquer constrição e que, portanto, o mafioso *não pode* ser delinquente.

Os Sciacca, se não se deixassem tomar pelo pânico, teriam com efeito conservado em Vila Adriana um poder talvez diminuto, a ser exibido certamente com prudência, mas de qualquer modo duradouro. Isso diz muito sobre os espaços que permanecem dentro das relações sociais enquanto a máfia-associação é destruída. Tanto nos pomares como no latifúndio a perpetuação dos sistemas tradicionais durante todo o período fascista, mesmo em situações "ambientais" tranquilas, representa um radical desmentido de qualquer suposto estado de necessidade. Mori exibe satisfeito os agradecimentos dos latifundiários que puderam aumentar as taxas de aluguel,[164] em alguns casos até mesmo de

163 GDS, 26 de março de 1928.

164 Mori, *Con la mafia ai ferri corti*, op. cit., p.351 ss.

10 para 110 mil liras anuais. Uma comissão especial decide quais são os "centros infectos" nos quais ela anula os contratos de aluguel, vislumbrando o alegre retorno dos antigos ausentes aos deveres e prazeres agrestes; para o seu presidente, o sistema de arrendamento "finca suas raízes na violência e no sangue, [e], quando necessário, encontra a perfeição dos seus extremos contratuais na escopeta e no homicídio".[165] Mas as coisas se passam de maneira diferente. Os acordos sindicais que preveem a eliminação do subaluguel são esvaziados por várias escamoteações:[166] os proprietários não sabem ou não pretendem eliminar o intermediário, contentando-se em colocá-lo (por ora) no seu lugar.

A salvação dos latifundiários representa o elemento comum de todos os processos, que quanto ao resto mostram notáveis diferenças entre si. Alguns têm um aparato comprobatório bastante sólido: as cartas de Ortoleva e a de Lo Voi (Mistretta e Bisacquino), os testemunhos das partes lesadas e as apelações de corréu entre os próprios imputados. Para obter esses resultados, a polícia emprega métodos que o embaixador inglês considera *energetic and ruthless,* espancamentos e autênticas torturas que em todo caso, como durante o processo por associação de Sommatino, vêm à luz desqualificando a construção acusatória.[167] Esse,

---

165 Leviana é, porém, a ambição de rever os contratos de compra e venda, "verdadeiras e próprias espolições que somente podem justificar certas riquezas 'repentinas'": a propriedade adquirida é entretanto sagrada. S. Sirena, *L'azione della Comissione per le affittanze agrarie,* in GDS, 18 de fevereiro de 1928.

166 Banco da Sicília, *Notizie sull'economia siciliana, anno 1928,* Palermo, 1929, p.226 ss.; Molè, *Studio-inchiesta,* op. cit., p.24.

167 O responsável é o comissário Belfiore "possuído pelo sonho de criar a maior associação"; discurso do advogado F. Trigona da Foresta in GDS, 25 de dezembro de 1930; cf. também as admissões do MP, 27 de novembro de 1930. A opinião do embaixador está num relatório de 1927 incluído em *Memorandum on Sicily under Italian Rule,* in Public Record Office, Foreign Office, 371/33.251. Entre as referências a torturas remeto à de Abisso (porque favorável a Mori), in GDS, 11 de janeiro de 1929.

porém, é só um dos componentes que destroem a *omertà* com a qual os avós convidavam os netos à vingança, "enquanto não há justiça e os jurados estão prontos a absolver até mesmo quando eles próprios foram testemunhas do crime".[168] Decisiva é a mudança geral de rota. Falam sobretudo os "perdedores": Giuseppe Gassisi, "depois de ter um filho assassinado, antepõe a lei do sentimento à lei da *omertà*";[169] Giovanni Latino, sobrevivente do massacre da família inteira, reconhece os assassinos depois de ter calado durante dez anos. O choque de facções transfere-se para as sessões judiciárias; não sem ulteriores riscos de instrumentalismo quando sob a configuração criminal delineia-se a política. Não é de admirar que por detrás das acusações que envolvem o arcipreste Vincenzo Baiamonte de Burgio no processo de Sciacca esteja o filho de De Michele Ferrantelli, seu adversário político e antigo colaboracionista de Cascio-Ferro.[170] As denúncias do cônego Giuseppe Di Prima de Campofranco contra o antes popular síndico Gaetano Bongiorno e vários religiosos ocorrem num clima acerbo de personalismos e chantagens recíprocas.[171] Spanò mantém de reserva a incriminação do síndico de Casteldilucio, Domenico Di Giorgio, para o caso de que o irmão general e ex-ministro se apresente como "testemunha de defesa dos seus amigos" políticos.[172] O testemunho de um notável pode ser decisivo. No processo por associação de Burgio, uma facção procura bloquear as revelações da mulher de um acusado pertencente ao grupo oposto: "Nós temos um homem de peso, que é o tabelião Musso, e por meio dele faremos todo o mal possível ao seu marido".[173] A qualificação de mafioso, como sabemos,

168 Testemunho de C. Soldano, cujo pai foi morto, in GDS, 7 de agosto de 1930.
169 O MP Grisafi in GDS, 2 de agosto de 1929.
170 Discurso do advogado Ungaro in GDS, 20 de agosto de 1929.
171 Naro, *Chiesa*, op. cit., p.66-7.
172 Cit. relatório em Spanò, *Faccia a faccia*, op. cit., p.63.
173 Testemunho Petrusa in GDS, 23 de agosto de 1930.

baseia-se na opinião pública: dado o sistema da calúnia e da carta anônima destinado a caracterizar o regime também em muitos outros setores, "quem tinha ressentimentos a desabafar, posições a conquistar, com as confidências à polícia, com as denúncias, com os falsos testemunhos, encontrou-se diante de um campo de inesperadas possibilidades".[174]

Essa transferência da luta política para o âmbito judiciário corre o risco de reproduzir um caso Cucco em cada uma das cidades da Sicília centro-ocidental. A magistratura, entretanto, é prudente, absolve ou aplica suaves condenações no caso de supostos tumultos de leilões, supostas falências fraudulentas de cooperativas, supostos desfalques de caixas comunais (S. Giuseppe Jato, Partinico, Sancipirrello). O jogo se torna complexo. À medida que o ataque se dirige para o interior, subordina-se à vivência dos partidos locais alternativamente cooptados, combatidos, trazidos de volta à esfera do regime.[175] A ambição do fascismo, todavia, seria de acompanhar os notáveis até dentro do mecanismo formativo de seu poder, com a dissolução de cooperativas e círculos. Assim em Mistretta com a Cerere, já presidida por Ortoleva; em Sommatino com o Círculo novo ligado a Lo Monte; em Corleone, onde as autoridades rebatizam o círculo agrícola como "cassino da máfia", pretendendo que sempre se tenha chamado dessa maneira. Em Ribera, partidários de Abisso se revoltam contra os Parlapiano, mas o regime acaba por dissolver a sua organização quando Abisso cai em desgraça. Em Piana dei Greci, as três cooperativas são fechadas em 1927 como instrumentos de partido; entre elas está a socialista fundada por Barbato, que tinha apoiado Mori e ao qual tinham sido concedidos em aluguel os feudos tomados ao famigerado síndico Cuccia. Aos funcionários que a liquidam e reconhecem a correção da sua gestão, um

174 Di Giorgio a Mussolini, carta citada, p.47.

175 Aqui remeto mais uma vez ao meu *L'utopia totalitaria*, op. cit.

camponês replica amargamente: "se o prefeito Mori tivesse ouvido também a nossa palavra, que somos os interessados, e não somente os blablablás de vocês, não teríamos chegado a esta desordem".[176] Como o rei e o *duce*, o prefeito não sabe o mal que se comete em seu nome...

Nesse caso, a operação antidemocrática e a filoproprietária coincidem naquela equação geral tão cara aos fascistas, ou seja: *democracia = máfia*. Surge a suspeita de que em *algumas* das batidas policiais seja política a verdadeira ligação entre as centenas de pessoas talvez condenadas depois apenas pelo crime de reunião: não é difícil imaginar que numa cidade pessoas ligadas por afinidade ou parentesco se reúnam com fins não muito identificados, de maneira a dar roupagem jurídica às "noites de S. Bartolomeu, em que para prender cinquenta malfeitores arrastam-se para o abismo outros tantos homens honestos".[177] Podemos pensar que os onze mil detidos (e quantos presos?) sejam todos mafiosos?

> Considerava-se uma seita quando havia muitos indivíduos de acordo entre si, ou pelo menos existia uma relação associativa que não creio que se possa definir, mas que, em conclusão, era algo como uma federação, pelo menos como eu vi.[178]

Essa declaração posterior de um dos magistrados engajados na luta implica certa falta de rigor conceitual. Mori, não habituado a sutilezas jurídicas, finge considerar a acusação de "formação de quadrilha" um mero expediente técnico[179] e, de acordo com

---

176 Recurso de 19 de outubro de 1927 in ACE, SP, G1, b. 141; no mesmo fundo o b.33 (Ribera), 56 (Sommatino), 107 (Mistretta); para Corleone, Duggan, *La mafia*, op. cit., p.96.

177 Carta de G. Guarino-Amella a Mori cit. por Duggan, *La mafia*, op. cit., p.202-3.

178 Intervenção de I. Messina, instrutor dos processos contra as quadrilhas de Bisacquino e Corleone, in *Antimafia. Doc.*, III, t.I, p.367.

179 Mori, *Con la mafia ai ferri corti*, op. cit., p.313-4.

Orlando, insiste em remeter o fato mafioso a uma cultura regional desviada que teria seu aspecto central no individualismo. Já vimos como a cultura advocatícia multiplica velhas/novas figuras antropológicas do tipo "o homem do campo" ou "o homem do pomar". Os defensores admitem a qualificação de mafioso para homens como Cascio-Ferro, mas relacionando-a com comportamentos de "individualismo temerário", não certamente com criminalidade.[180] Se a Máfia é fenômeno tradicional, o siciliano tradicional, sempre individualista, não desejará associar-se com ninguém nem para delinquir nem para nada, rebate com perfeito silogismo o advogado Puglia, lembrando o "verdadeiro e insubstituível conhecedor da alma siciliana", que como sempre é Pietrè.[181] Com um pouco mais de realismo, Giampietro, porém, descreve o crescendo que leva a Máfia a configurar-se como um ordenamento pseudoestatal, como um "seguro" subscrito por "proprietários" e "gente de negócios" para proteger "os bens e as pessoas". A "vendeta" de sangue deriva da concorrência interna, e conforme a natureza coletiva do fenômeno pode ser "transversal", ou seja, exercida "contra membros da família ou da associação"; esta se realiza sempre "à traição, em emboscada" e com espetacular crueldade "acrescentando marcas ao cadáver, derramando gasolina sobre ele ou decapitando-o, ou ainda mutilando-o ou provocando-lhe horrendo estrago como sinal do poder terrificante da Máfia".

> É preciso ler nas páginas dos processos, a respeito das pequenas ou das grandes associações, os assassinatos, as depredações, os incêndios, as violências, os estupros, as vinganças selvagens e atrozes ... consumadas à luz do dia, em pleno meio-dia, nas praças

---

180 Discurso do advogado G. Russo Perez in GDS, 8 de junho de 1930.

181 G. M. Puglia, Il "mafioso" non è un associato per delinquere, in *La scuola positiva*, 1930, I, p.156.

públicas também desta cidade, os mortos pelo chão, os assassinos bem seguros ... para ter uma pálida ideia da delinquência mafiosa.[182]

Para além de montagens e forçamentos, a dimensão coletiva evidenciada, embora grosseiramente nos maxiprocessos do período fascista, permanece a base da fenomenologia mafiosa e, portanto, da luta contra ela. A veracidade da acusação, na nossa visão de estudiosos e não de juízes, reside nas biografias pessoais e familiares dos personagens, na continuidade histórica dos poderes criminais e na lógica do mecanismo ação-reação que evidencia o fato de formação de quadrilha, tão difícil de demonstrar em matéria judicial. Em muitos processos permanece fundamental a remessa às informações (extrajudiciais) da segurança pública à qual Giampietro atribui pleno valor probatório: é o caso dos processos contra a Máfia palermitana nos quais faltam quase completamente os testemunhos honestos, extorquidos, instrumentais ou falsos que o choque político-faccionário suscita nas pequenas cidades. Veja-se o julgamento contra os 213 de Piana dei Colli, que as crônicas mesmo manipuladas nos descrevem como desenvolvendo-se numa atmosfera surrealista, com o presidente que "de vez em quando ... grita um nome", os interrogatórios que duram segundos, as testemunhas que negam tudo, o Ministério Público que, na ausência de fatos, convida os jurados a condenar com base na "livre convicção";[183] o recurso contínuo às atas da Segurança Pública que representam a instrutoria, a prova e a própria sentença. Difícil que esse tipo de debate possa garantir adequada defesa do poder policial reforçado por uma lei de 1926, específica para as "províncias sicilianas", a qual prevê o confinamento para aquele que a "opinião pública" habitual indica como "chefe, participante, cúmplice e favorecedor"

182 Cit. por Mori, *Con la mafia ai ferri corti*, op. cit., p.15 ss.

183 GDS, 6 de maio e 7 de junho de 1929. Igual andamento têm os processos contra as associações de Roccella e de Porta Nuova.

das organizações criminosas. "O confinamento – rebate o procurador-geral – é arma mortífera"[184] a usar contra os absolvidos e os condenados a penas de "modesta" expressão: é o caso dos irmãos Farinella, um dos quais, Mauro, depois de ter sido condenado a oito anos, tem que cumprir um primeiro confinamento de quatro anos, depois outro igual (sem solução de continuidade), acabando por morrer numa ilhota (1940).

Dito isso, não fingiremos acreditar que as providências administrativas foram introduzidas pelo fascismo; era nelas que residia a capacidade de o Estado liberal controlar a Máfia. Os processos sempre se baseavam nas atas da Segurança Pública, e por sinal, lembrando os casos *stoppagghieri* e Amoroso, podemos mesmo considerar protetiva a proibição feita a Spanò "de referir-se à opinião pública e à notoriedade dos fatos", como também a obrigação de indicar a fonte "se precisar referir-se a confidências".[185] Não se pode ter certeza de que alguns vereditos não sejam preestabelecidos (embora as absolvições não sejam tão raras, especialmente nos processos "menores"). Não se pode jurar sobre a veracidade de acusações contidas em cartas póstumas demasiado recorrentes, em testemunhos e confissões depois negadas em juízo. Entretanto, isso vale também para regimes anteriores e posteriores ao fascismo.

Como avaliar, então, a operação no seu conjunto? Não se pode ignorar a sua intenção liberticida, mas tampouco limitar-se a isso. A Máfia não foi inventada pelo fascismo, como parece supor Christopher Duggan, o qual no seu trabalho ainda que notável não efetuou a (difícil) distinção entre ação prefeitoral e ação policial que por muito tempo ainda (como demonstram as memórias de Calderone)[186] os mafiosos lembrarão como um

184 GDS, 13 de janeiro de 1928. A lei é a nº 1.254, de 15 de julho de 1926.
185 GDS, 23 de novembro de 1928.
186 Testemunho Calderone-Arlacchi, p.14-5 e passim.

pesadelo. Todos os observadores tomaram conhecimento da queda vertical dos delitos depois de 1925; porém a estatística só reflete em parte o fenômeno.[187] Temos duas teses contrapostas. Segundo alguns, Mori aniquilou a máfia, depois renascida em 1943 já armada como Pallas da cabeça de Zeus. Outros afirmam que o prefeito foi detido quando estava para chegar "ao alto",[188] ou que a ação foi dirigida somente contra a pequena delinquência segundo lógicas classistas. A discriminante classista existe, mas separa os latifundiários de todos os outros. A representação atinge profissionais, síndicos, e sobretudo grandes arrendatários como os Ortoleva, os Tusa, os Guccione, os Farinella. Alguns reaparecerão no pós-guerra: Vizzini, Genco Russo, Volpe;[189] outros não deixam herdeiros: Cascio-Ferro e Candino, Ferrarello e Andaloro, as duas facções palermitanas dos Gentile e dos Sparacino. Há nomes importantes do passado e do futuro: entre os primeiros, um Giuseppe Fontana de Villabate e um Salvatore Licata, representante de quarta geração da família mafiosa da *Conca d'oro;* entre os segundos, um Giuseppe Di Cristina de Riesi, um Santo Fleres de Partinico, um Giuseppe Panzeca de Caccamo, um Calogero Lo Bue de Prizzi, um Antonino Cottone de Villabate, um Stefano Bontà.[190] Entre os quinhentos (!) mafiosos fugidos

---

187 Logo em seguida à primeira e à segunda guerras, verifica-se um aumento de crimes destinado a exaurir-se com a conjuntura pós-bélica: tendência nacional, não só regional.

188 Não se percebe sobre o que se baseia essa convicção dada a posição filo-proprietária de Mori. É verdade, porém, que o regime não apreciava a consolidação de *personalidades* na periferia; entretanto, o prefeito permaneceu no cargo por cinco anos, espaço de tempo bem superior à média do período.

189 Não levo em consideração a diferente incidência da repressão (prisão e/ou confinamento) em cada caso, que determina o desenvolvimento posterior das carreiras mafiosas.

190 Estes figuram respectivamente entre os imputados nos processos contra a máfia de Mazzarino, Partinico, Termini, Corleone, Bagheria, Monreale.

para os Estados Unidos "para escapar ao mesmo insuportável clima político",[191] encontramos muitos dos futuros chefes da *Cosa nostra*: Joe Bonanno, Joe Masseria, Carlo Gambino, Joe Profaci, Stefano Magaddino; além de um narcotraficante de importância como Frank Coppola.

Entre excessos terroristas, condenações de inocentes, perseguições políticas, o policial Mori e o inquisidor Giampietro descobrem e golpeiam duramente a Máfia.

Um outro pós-guerra

A Máfia dá sinais de vida já antes do desembarque aliado de julho de 1943. Em 1932, no centro de Canicattì, são consumados três homicídios "cuja modalidade de execução e o profundo mistério em que permanecem envoltos até agora" remetem a "delitos típicos de organizações mafiosas; ao redor de Partinico, em meados dos anos 30, verificam-se "incêndios, danificações, homicídios ... de fundo eminentemente grupal"; mas poderíamos citar muitos outros episódios de que a imprensa não fala, aos quais o regime responde com "algumas condenações a fuzilamento" e com uma nova onda de confinamentos.[192]

Mas qualquer continuidade linear se rompe no momento da ocupação estrangeira e da dissolução do Estado, adversário, modelo e cúmplice da Máfia. O formidável choque basta para recolocar tudo em movimento, sem necessidade de inserir o *deus ex machina* da conjuração com os americanos, na base de aviões e

191 Bonanno, *Uomo d'onore*, op. cit., p.70. A avaliação numérica é de fonte oficial americana: President's Commission on Organized Crime, *Report to the President*, op. cit., I, p.52.

192 Referências em R. Candida, *Questa mafia*, Caltanissetta-Roma, 1966; Spanò, *Faccia a faccia*, op. cit., p.72-3. Ampla documentação in ACE, SP, FM; as citações das b.138 e 85.

tanques armados que chegam a Villalba portando lenços bordados com um *L* (como Lucky Luciano), com a consequência inverossímil de uma mobilização mafiosa chefiada por dom Calò para neutralizar os exércitos ítalo-alemães.[193] Parece em todo caso pouco credível que em 1942 exista *a* máfia com a qual o alto comando ou os serviços secretos aliados possam entender-se. Entretanto, está documentado que a US Navy confiou a Luciano a defesa das docas nova-iorquinas de sabotadores alemães, os quais aliás jamais teriam existido tendo sido o próprio *boss* quem simulou os atentados para livrar-se da prisão.[194] Bem ao estilo mafioso: ameaça e proteção ao mesmo tempo! Na vertente siciliana, porém, Luciano nega ter desempenhado qualquer papel: "Lá, em casa, eu não tinha um contato sequer".[195]

Salvatore Lucania, vulgo Lucky Luciano, saiu de Lercara com a idade de nove anos. A última onda de mafiosos transferidos para a América é a dos fugitivos de Mori; depois, com o colapso dos fluxos migratórios os canais se interrompem.[196] Nessa fase, também por obra de Luciano, cria-se uma organização americana que utiliza o modelo siciliano de filiação, mas que extrapola dos limites anteriores graças à grande *chance* oferecida pelo proibicionismo. Entretanto, com o ciclone Mori o componente insular recua, de tal modo que no momento da retomada o desnível aparece evidentíssimo.

A Máfia encontra crédito *após* o fim dos combates na ilha. Os anglo-americanos é que devem administrar. Do arruinado apa-

---

193 O relato de Pantaleone, *Mafia e politica,* op. cit., p.48 ss., é retomado numa imensa quantidade de publicações mafiológicas.

194 Essa é a versão de Luciano relatada por G. Gellért, *Maffia,* Soveria Mannelli, 1987, p.78. E. Kefauver, *Il gangsterismo in America,* Torino, 1953, cita, porém, um mais linear *do ut des.*

195 Ainda em Gellért, *Maffia,* op. cit., p.80.

196 Até um estudioso muito cético como Block, *East Side-West Side,* op. cit., considera que esse possa ser o ponto de virada.

rato estatal eles salvam justamente os carabineiros ou o Serviço Interprovincial de Segurança Pública criado por Mori; para isso, procuram os detentores de um certo poder informal (sacerdotes, aristocratas), tendo em mente o modelo do *boss* ítalo-americano ou o do chefe nativo colaborador do colonialismo britânico. Para o papel de síndico confiam em notáveis pré-fascistas entre os quais não faltam homens "de respeito". O problema imediato é o da ordem e do abastecimento alimentar ameaçado pelo mercado negro. Alguns oficiais desejam um compromisso que talvez comporte "a aceitação até certo ponto por parte dos aliados do princípio da *omertà*, código que a Máfia realmente compreende e respeita".[197] Mas para isso seria preciso uma máfia centralizada, capaz de controlar a multiplicidade de traficantes e de bandidos.

Nesse meio-tempo, do outro lado, estão se organizando. A Sicília está de fato separada da Itália, os partidos antifascistas são fracos e carecem de referência nacional (estamos próximos de 8 de setembro). Alguns notáveis agem por antecipação pedindo a formação de uma república separada e constituindo o Movimento pela Independência Siciliana (MIS). O líder desse grupo é Andrea Finocchiaro Aprile, representante de ponta do nittismo insular em 1919-1924, filho daquele Camilo ministro giolittiano; mas destaca-se também Lucio Tasca Bordonaro, com Vizzini no partido agrário do primeiro pós-guerra, antigo representante dos proprietários no Conselho provincial da economia corporativa, agora síndico de Palermo. Sem filiação permanece, porém, Orlando, ponta emergente de um passado que de repente volta ao auge.

Aqui, como em outras partes deste trabalho, não percorrerei *sub specie mafiosa* a história geral da ilha através do retorno à

---

197 *The problem of Mafia in Sicily*, 29 de outubro de 1943, relatório do capitão americano W. E. Scotten publicado por Mangiameli in *Annali* do Departamento de Ciências Históricas da Faculdade de Ciências Políticas, Catânia, 1980, p.629.

administração italiana, a derrota do separatismo, a criação da região, a luta pela reforma agrária.[198] Quero apenas sublinhar que muitíssimos mafiosos transitam nas fileiras do MIS: Vizzini, Navarra, Genco Russo; Paolino, Bontate e Gaetano Filippone; Pippo Calò e o jovem Tommaso Buscetta. Em Calderone era mafioso também Concetto Gallo, proprietário catanense e comandante do Exército Voluntário pela Independência Siciliana (EVIS).[199] Em setembro de 1945, numa propriedade Tasca, os chefões do movimento decidem utilizar algumas das quadrilhas que percorrem os campos justamente para revigorar o EVIS: "Naquela noite – comenta o nosso velho conhecido Francesco Spanò – organizou-se a antiga *sociedade da máfia* na qual estavam representadas todas as quadrilhas da Sicília".[200] Com efeito, a rede das relações rompidas por Mori encontra a oportunidade de reagrupar-se em torno do MIS. Pela primeira e última vez, a Máfia, além de inserir-se num aparato de poder, parece querer contribuir diretamente para uma hipótese política. Difícil dizer quanto conta o sicilianismo no passado ostensivo dos mafiosos e de seus advogados; certamente, se eles tivessem uma ideologia política seria esta. Mais concretamente, há a atenção para os movimentos da classe política liberal surgida do fascismo mas não necessariamente reciclável numa Itália nova.

Como outros, a Máfia se proclama vítima do fascismo; mas com maior credibilidade em relação aos notáveis, e sobretudo os latifundiários, aos quais o regime tinha devolvido o poder social se não o político.[201] Permanece vivíssima a memória das batidas policiais e dos maxiprocessos, que tinham mostrado o espetáculo de

---

198 Sobre esse ponto, declaro minha dívida a R. Mangiameli, La regione in guerra (1943-50), VV.AA., *La Sicília*, op. cit., p.485-600.

199 Testemunho Calderone-Arlacchi, p.46.

200 Anotação "de próprio punho" do inspetor em Spanò, *Faccia a faccia*, op. cit., p.89.

201 Sobre a deterioração das relações entre propriedade e regime no fim dos anos 30, cf. o meu *L'utopia totalitaria*, op. cit., p.457 ss.

campeiros e arrendatários inocentados, denunciados, processados pelos seus ex-protetores e ex-protegidos. É tão automática assim a reconstituição de uma frente conservadora que veja ao lado dos latifundiários esses elementos intermediários? Ou os arrendatários poderão encontrar um lugar na luta antifeudal (e antifascista) que se prepara nos campos?[202] São esses os problemas que as esquerdas se colocam à procura de uma burguesia progressista, ou pelo menos de uma máfia "baixa" para contrapor à "alta".

Em 16 de setembro de 1944, chega a Villalba um caminhão carregado de militantes que acompanham o líder regional comunista Girolamo Li Causi, antigo representante da emigração política e da Resistência. Vizzini e o sobrinho Benedetto Farina, que se alternam no papel de síndico, controlam uma Democracia Cristã local filiada ao MIS; nem por isso são contrários a hospedar na cidade os forasteiros. Pedem apenas que estes evitem referir-se a questões locais "por respeito à hospitalidade que lhes é oferecida".[203] A sociedade local não está habituada a intervenções externas que lhe recordem o fascismo com suas "prepotências", às quais deve parte de seu prestígio o próprio dom Calò, considerado inocente no tribunal e livrado duas vezes do confinamento graças às recomendações de uma miríade de parentes. No seu interior, a comunidade é marcada pelo conflito entre os católico-separatistas dos Vizzini-Farina e a antiga família dos Pantaleone cujo descendente, Michele, constituiu um grupo socialista. É ao seu lado que Li Causi se apresenta para o comício: sinal de que não quer "permanecer no nível da propaganda ideológica",

202 S. Gentile, *Mafia e gabellotti in Sicilia; il Pci dai decreti Gullo ao lodo De Gasperi*, in ASSO. 1973, p.491-508. É preciso voltar às *Tesi sul lavoro contadino nel Mezzogiorno* de R. Grieco (1926), in Id., *Introduzione alla riforma agraria*, Torino, 1946; e a E. Sereni, *La questione agraria nella rinascita nazionale*, Torino, 1975 (mas escrito em 1943), p.239 ss.

203 É a reconstrução da visão separatista cit. por Mangiameli, *La regione*, op. cit., p.552 ss. Cf. também Pantaleone, *Mafia e politica*, op. cit., p.89 ss.; e Lumia, *Villalba*, op. cit., II, p.448 ss.

mas entrar em questões que não *devem* dizer-lhe respeito, em particular o aluguel do feudo Micciché; do qual os Trabia tinham mantido afastado por décadas os aparatos mediadores e que por fim *(sic transit gloria mundi)* chegou às mãos da cooperativa católica contrária à da esquerda. Note-se como o idioma político-ideológico "alto" sobrepõe-se ao político-faccionário camponês. Quando o líder comunista passa a criticar a gestão clientelista dos subaluguéis iniciada pelos católicos por obra de *um arrendatário*, dom Calò berra: "É falso!" e desencadeia-se uma "*babilônia*" com a explosão de dezenas de tiros de revólver e o lançamento de cinco bombas de mão. São catorze os feridos entre os quais Li Causi que, segundo a lenda, "com o dedo apontado para o agressor", continua a gritar: "Por que você está atirando, em quem você está atirando? Não vê que está atirando em si mesmo?".

Como se percebe, o dirigente comunista, herdeiro de Verro e Panepinto, não renuncia a uma pedagogia da civilização do conflito de classe que reponha a *anomalia* siciliana no esquema *normal*, no qual "os componentes da velha máfia, na luta pela conquista da terra, não terão mais necessidade de colocar-se fora da lei". Para isso, estigmatiza Vizzini como "indigno de pertencer à própria máfia". Não estamos muito distantes do democrata-cristão Bernardo Mattarella que sublinha como "aqueles elementos de Villalba que olhavam com simpatia o movimento democrático cristão, ao qual pensavam talvez voltar, não são nada reacionários. Trata-se em grande parte de camponeses e de pequenos proprietários" só por um acidente unidos aos "feudatários" do MIS. Todavia, a convergência não é acidental. A carnificina de Villalba não se assemelha em nada à clássica emboscada mafiosa, representa um gesto de terrorismo "justificad[o] e exaltad[o] pela imprensa separatista".[204] Quem o executa pretende alinhar-se abertamente.

204 Mangiameli, *La regione*, op. cit., p.554, ao qual remeto também para as citações (p.553 e 555).

A própria perspectiva política entendida como projeto subversivo, não como simples gestão do poder (o que estaria na esteira da tradição), emerge da mais clamorosa das ocorrências do pós-guerra insular: a de Salvatore Giuliano.[205] Entretanto, o futuro príncipe dos bandidos começou como um pobre *contrabandista* surpreendido pelos carabineiros e instintivamente levado a atirar contra eles: variante menor de uma história de bandido que em geral começa pela mais alta tonalidade da vingança contra o prepotente ou o infame, ou pela defesa da honra. Esta Sicília do pós-guerra é uma Sicília pobre e desesperada que esconde o seu trigo dos armazéns oficiais, ou seja, dos outros desesperados das regiões que não produzem trigo suficiente; uma Sicília ainda mais fechada no horizonte camponês que os comunistas tentam romper rebatizando os armazéns como "celeiros do povo" e chamando à mobilização contra os agricultores exploradores da fome. Mas em muitas regiões a resistência é generalizada entre todos os estratos sociais, inclusive muitos camponeses voltados para a esquerda. Segundo uma voz corrente em Villalba, Li Causi foi mandado "pelo governo para obrigar à força os camponeses a levar o trigo para o armazém".[206] Nascido dessa problemática, o caso Giuliano terá conclusões totalmente diferentes. O senhor de Montelepre acabará por bater-se pelo mais geral (e genérico) conceito de "Sicília" e depois tornar-se protagonista da primeira estratégia da tensão na história da República: o massacre dos camponeses reunidos com as bandeiras vermelhas em Portella della Ginestra para festejar o primeiro de maio de 1947.

---

205 Sobre o assunto, *Antimafia. Relazione Bernardinetti.* Da bibliografia específica cito apenas L. Galluzzo, *Meglio morto. Storia di Salvatore Giuliano.* Palermo, 1985; entre as obras gerais, bons tratados são os de Gellèrt, *Mafia,* op. cit., e sobretudo Spanò, *Faccia a faccia,* op. cit.

206 Lumia, *Villalba,* op. cit., II, p.447.

Certamente que semelhante resultado teria sido inconcebível sem o alistamento de Giuliano no EVIS, como coronel. A oferta de violência vinda de baixo encontra a sua demanda: estamos diante do primeiro bandido político da história siciliana, que ataca quartéis das forças da ordem e seções comunistas, sequestra eminentes personagens, mata mafiosos de categoria como Santo Fleres, agride colunas do exército. Ele procura qualificar a sua ação, mas com uma série de ziguezagues que não demonstram grande clareza estratégica: às vezes ataca ostensivamente a polícia porque republicana, poupando os carabineiros reais; ora mantém-se em contato com a direita do MIS, monárquica, dos Tasca e dos Carcaci; ora com a esquerda chefiada pelo seu advogado Antonino Varvaro, que em Montelepre, nas eleições de 1947, obtém um grande sucesso à frente de um movimento separatista republicano. Entre os supostos mandantes da chacina de Portella, são citados, além dos separatistas das várias facções, os maiores líderes democrata-cristãos e expoentes monarquistas palermitanos. É provável que em algum momento Giuliano se encontre em contato com todos eles no curso das suas várias peregrinações dentro e ao redor do MIS, que esteja (ou apenas se sinta?) investido de grandes funções quando em escala regional as esquerdas vencem as eleições de 1947, enquanto em escala nacional a monarquia cai e sopra o vento do Norte. Parece que o ponto decisivo é justamente esse da passagem da monarquia para a república, o momento de uma trama com políticos e generais saboianos que envolve a direita separatista desenvoltamente disposta, além de participar de uma frente reacionária, a defender a sua suposta vocação antiunitária e anti-*risorgimento*.[207] O ponto é que a esse (*possível*) complô se sobrepõe outro para prender

207 Trama muitas vezes imaginada pela esquerda e depois reivindicada por um dirigente de primeiro plano da direita separatista, G. di Carcaci, *Il movimento per l'independenza della Sicilia*, Palermo, 1977.

Giuliano vivo ou morto, em torno do qual intensifica-se a *emulação* entre carabineiros e polícia com resultados desconcertantes, como quando o alto funcionário da Segurança Pública, Ciro Verdiani, habituado a fazer amistosas visitas a Giuliano (como de resto o procurador-geral Emanuele Pili), comunica ao bandido: "Cuidado com o teu primo", aquele Gaspare Pisciotta com quem os carabineiros do Comando Força Repressão Banditismo (CFRB), comandados pelo coronel Ugo Luca, estão fazendo acordos através de Nitto Ninasola e a Máfia de Monreale. É evidente que não é indiferente *quem* vai capturar o bandido ou convencê-lo a render-se com a mala dos seus (eventuais) segredos.

Assim, é lógico que Giuliano seja preso morto, assassinado (parece) por Pisciotta em prévio acordo com o CFRB. Estamos em 4 de julho de 1950 e o pós-guerra está terminando. A encenação armada para simular uma troca de tiros com os carabineiros cai facilmente por terra, acrescentando dúvidas sobre dúvidas; mais que tudo, porém, é a eliminação de Pisciotta com o célebre café com estricnina que lhe é servido no Ucciardone que torna inevitável a tese do complô. Não se espere que a novela termine aqui. Contento-me apenas em sublinhar como a Máfia sai reforçada da história, legitimada na sua função de ordem pelos funcionários da polícia vindos da operação Mori, Messana, Verdiani e Spanò, além do próprio Luca:

> Se Giuliano não cair muito logo nas mãos da justiça – escreve Messana – deverá tornar-se vítima da Máfia. ... Nesses dias, não é estranha coincidência, não poucos malfeitores, alguns deles conhecidos chefes de quadrilha, foram encontrados assassinados.[208]

208 Quando o bandido Labruzzo é misteriosamente assassinado, Luca sublinha que as "laboriosas populações fazem votos para que igual sorte suceda ao bandido Lombardo": relatório de 1° de fevereiro de 1950, in *Antimafia. Doc.* IV, t.I, p.75.

Estamos agora no início de 1946 e Giuliano continuará feroz por mais quatro anos. Os bandidos mortos representam as vítimas, não tanto do decreto de uma superorganização qualquer, quanto da luta pela redefinição das hierarquias criminais no caos do pós-guerra que representa a "humilhação" da ideia de máfia da ordem, "a comprovação cotidiana da inexistência de sua função mediadora e reguladora".[209] São os aparatos do Estado que à força de evocá-la acabam por materializá-la realmente. Um único exemplo. Messana tem um contato na quadrilha: Salvatore Ferreri, vulgo Fra' Diavolo, homem "nas mãos" do bando de Alcamo que promete (mas não cumpre) a entrega de Giuliano. Fra' Diavolo é morto misteriosamente quando se encontra preso num quartel dos carabineiros. Segundo Spanò, o chefe mafioso alcamense Vincenzo Rimi teria sido o "fiador da execução de Ferreri por parte dos carabineiros, porque temia que Ferreri – preso – falasse":[210] opinião de um chefe de polícia, não de um subversivo. Quando se pensa que Rimi se tornará um dos personagens mais importantes e mais "protegidos" da Máfia nos anos 50 e 60, pode-se lançar algumas hipóteses sobre o efeito danoso desses vínculos. Que efeitos tem a trama vitoriosa entre Luca, Minasola e Pisciotta? "Somos um só corpo, bandidos, polícia e máfia, como o pai, o filho e o espírito santo", berrará Pisciotta no processo de Viterbo.[211]

Entretanto, existe uma diferença de ênfase entre os órfãos de Mori, que reativam os canais com os mafiosos das Madonie ou de Alcamo, e Luca, o especialista em antiguerrilha de regresso dos Bálcãs, que aponta *também* para uma distinção de tipo político

---

209 S. Gatto, *La Sicilia tra autonomia e sviluppo* (1948), depois in Id., *Lo Stato brigante*, Palermo, 1978, p.53.

210 Spanò, *Faccia a faccia*, op. cit., p.113. Segundo o magistrado G. Bellanca, Rimi era "um dos principais favorecedores de Giuliano": testemunho in *Antimafia. Doc.*, III, t.I, p.508.

211 Cit. in Galluzzo, Nicastro, Vasile, *Obiettivo Falcone*, op. cit., p.54.

entre a categoria dos governistas e a dos subversivos à qual, segundo ele, estão ligados Giuliano e os comunistas (!?).[212] Há necessidade de uma vítima sacrificial para uma frente da ordem construída sobre a oposição *máfia boa-banditismo mau*, que reproduz para pior o que tinha ocorrido em 1877, que inverte o sinal dos acontecimentos de 1926; daí as ácidas declarações de Giuliano sobre a vocação colaboracionista da máfia[213] e a lenda (aliás, totalmente infundada) do Robin Hood de Montelepre. Mas o caso, embora clamoroso, é parte de uma operação mais complexa para levar os separatistas para a Democracia Cristã: a profecia de Mattarella sobre o retorno dos villalbenses à DC se revelará bem mais realista que a comunista sobre a ruptura interna do agrupamento mafioso. Acompanhemos o relato de outro líder da DC, o nisseno Giuseppe Alessi, sobre o modo como os separatistas do Vallone chefiados por Calogero Volpe e apoiados por Genco Russo, entram em bloco no partido. Alessi se opõe sabendo bem (até como advogado em alguns processos fascistas) que aquele é "o mundo dos três M: ... Moinho, Moeda, Máfia, ou seja, as três forças unidas que predominam no Vallone"; mas os seus amigos objetam: "Necessitamos da proteção de pessoas fortes para deter as violências dos comunistas".[214] Caminho mais longo é o de Vanni Sacco, chefe mafioso de Camporeale que passa para o lado dos liberais e só no fim dos anos 50 adere à Democracia Cristã, encontrando os protestos do síndico Pasquale Almerico, ao qual o lugar-tenente de Fanfani e futuro ministro Giovanni Gioia replica: "O partido precisa de gente com quem coligar-se, necessita de homens novos, não se podem obstaculizar certas tentativas de compromisso". Ficando isolado, Almerico cai vítima de um atentado (março de 1957).

---

212 Ver seus relatórios em *Antimafia. Doc.*, IV, t.1.

213 Cf., neste volume, p.53 e 278.

214 Esse pelo menos é o seu testemunho em VV.AA., *Chiesa e società a Caltanissetta all'indomani della seconda guerra mondiale*, Caltanissetta, 1984, p. 358-60.

Depois do fim da guerra, com a concordância dos latifundiários recompõe-se o pelotão de campeiros mafiosos nos feudos da Sicília ocidental[215] para controlar não só os bandidos mas também o movimento camponês: a lista de sindicalistas assassinados alonga-se terrivelmente nesse pós-guerra com o sangue de Accursio Miraglia, Placido Rizzotto, Salvatore Carnevale e tantos outros. Por outro lado, a defesa do existente transforma-se como de hábito na escalada do novo. A via mafiosa para a mobilidade social e a redistribuição dos recursos representam um canal de concorrência e, portanto, de conflito em relação aos propostos pela esquerda desde a primeira metade do século XX, mas especialmente agora que o latifúndio está para chegar à última das suas tantas crises, a definitiva. Tanto antes como depois da reforma fundiária de 1950, os grandes proprietários começam a vender, também para evitar a desapropriação. No fim, mudarão de mãos quinhentos mil hectares de terra. Trata-se de negócios em geral pouco transparentes nos quais emerge naturalmente a preferência dos tradicionais administradores, que conseguem comprar a preços "sentimentais".[216] Os feudos Polizzello, Micciché, Mandrebianche e Mandrerosse são comprados e vendidos aos cuidados de Genco Russo,[217] Vizzini, Tusa. Giuseppe Bua e Mariano Licari em Marsala, Vincenzo Di Carlo em Raffadali, quase todos os ex-campeiros mais ou menos mafiosos controlam esse gigantesco desbloqueio dos bens de seus ex-patrões dos quais se

---

215 Cf. o episódio narrado pelo magistrado S. Mercadante sobre o campeiro de Enna que no passado tinha prestado serviço à polícia, substituído por um mafioso "tão logo ocorreu a libertação" depois do assassinato exemplar do irmão. *Antimafia. Doc.*, III, t.I, p.130.

216 É a expressão do magistrado A. Di Giovana relativamente ao loteamento dos feudos do barão agrigentino Cannarella, in *Antimafia. Doc.*, IV, t.1, p.524.

217 Sobre o qual, cf. *Antimafia. Singoli mafiosi*, p.39 ss. Sobre o feudo Polizzello, *Antimafia. Doc.*, IV, t.II e III.

originam novas fortunas e novas clientelas. Essencial é a relação com a Democracia Cristã e a Coldiretti, cooperativa de lavradores que dá acesso à Entidade de Reforma Agrária Siciliana (ERAS) e aos financiamentos regionais para a formação da pequena propriedade agrícola.

Partindo do separatismo, através do partido liberal também chega à Democracia Cristã Michele Navarra, chamado *u pai nóssu*, um médico-comerciante que cria uma firma de transporte adquirindo os veículos militares da administração americana e juntamente com Vanni Sacco dedica-se ao controle do Consórcio de Saneamento do Alto e Médio Belice. Navarra leva a Máfia corleonesa à retomada "depois da batida policial do prefeito Mori", durante a qual – escreve o vice-brigadeiro Vignali – "a delinquência organizada local cessou toda a sua atividade, já que ... foram eliminados até mesmo os parentes dos membros da quadrilha": é parente dos Lo Bue de Prizzi, dos Gagliano e dos Gennaro, envolvidos no homicídio de Verro e perseguidos pelo fascismo; Filippo Gennaro, filho de Michelangelo então indicado como chefe mafioso, intervém novamente no segundo pós-guerra no mercado dos aluguéis e das intimidações.[218] Navarra, porém, reage mal ao retorno da América de Vincent Collura, personagem ligado a Frank Coppola e Joe Profaci e por isso demasiado ambicioso, o qual acaba sendo objeto de uma descarga de chumbo (1957). Incômodo é também o sindicalista Placido Rizzotto que um membro da quadrilha, Luciano Leggio, sequestra em plena cidade, convidando-o a um "entendimento": "antes de sair da

218 Sentença de remessa à justiça contra Leggio e outros, 13 de outubro de 1967, in *Antimafia. Doc.* IV, t.XVI, p.87 e passim. O fato de que duas gerações sejam consideradas mafiosas sob três regimes deveria fazer excluir a tese da perseguição, para o processo fascista de Corleone, Duggan, *La mafia*, op. cit., p.95 ss. O relatório Vignali está em *Antimafia. Doc.* IV, t.XVI, p.164. Sobre Navarra, cf. também *Antimafia. Singoli mafiosi*, p.65 ss.

cidade, Placido ia dizendo: para onde está me levando, deixe--me ir! Sim, ir para a morte".[219] Para a morte vai também um adolescente que teve o azar de ver demais: recolhido ao hospital com uma crise de nervos, é tratado pessoalmente por Navarra com uma injeção.

No fim da guerra, Leggio "era um jovem camponês, sem bens nem recursos";[220] um *catapalha* no sentido literal do termo, isto é, um ladrão de fardos de feno surpreendido em 1944 pelo guarda campestre Calogero Comajanni e por este levado através da cidade inteira, "quase a pontapés",[221] até o quartel dos carabineiros. O jovem se vingará dessa humilhação seis meses depois, com a clássica tocaia na porta da casa. Não é propriamente exato que ele não tenha recursos, já que é dotado de uma natural habilidade no manejo das armas evidenciada desde a adolescência, graças à qual torna-se campeiro de um certo doutor Caruso, substituindo o anterior misteriosamente assassinado (1945). Aos vinte anos já é arrendatário, o mais jovem da Sicília, insere--se no circuito do roubo de gado e do abate clandestino mesmo mantendo-se foragido, com alguns intervalos, de 1948 em diante. O doutor Navarra é o canal graças ao qual Leggio evita a condição de "novo Giuliano" à qual em 1958 já o destinam os títulos dos jornais palermitanos. Entretanto, o "bandido" não se contenta em funcionar como simples executor. O seu espírito de independência o coloca sob uma luz desfavorável aos olhos do grande chefe que organiza então um atentado contra ele, frustrado pelo grande temor que Leggio incute nos capangas. A reação é mortífera: *u pai nóssu*, desprezando qualquer precaução, é

219 Anônimo enviado a Li Causi cit. por Chilanti-Farinella, *Rapporto*, op. cit., p.45.

220 Testemunho Streva na Corte de Apelação de Bari, Sentença contra Leggio e outros, 23 de dezembro de 1970, in *Antimafia. Doc.*, IV, t.XVI, p.1135. A sentença sobre o caso Comajanni, id., IV, t. XV.

221 Testemunho de C. Terranova in *Antimafia. Doc.*, III, t.I, p.1188.

crivado de projéteis junto com um infeliz colega médico (1958). A guerra culmina num furioso tiroteio, envolvendo "uns quarenta delinquentes de um lado e de outro", em pleno dia, no centro de Corleone, sem intervenção nenhuma das forças da ordem.[222] Os navarrianos saem completamente derrotados.

Entretanto, todos esperavam a vitória de Navarra; dele era o poder social, dele os contatos políticos. Se a Máfia realmente fosse apenas um clube de notáveis, de negociantes e de capangas obedientes, a história seria incompreensível. Se as hierarquias refletissem simplesmente as *naturais* (quer dizer, *sociais*), Leggio teria permanecido o nada que era. Entretanto, a capacidade de distribuir violência representa um capital essencial. É preciso ver onde se vai gastá-lo. Giuliano joga na mesa da grande política e tomba sobre ela; Leggio investe nos circuitos mafiosos.

Considere-se o choque que opõe os dois ramos da família Greco, sediados respectivamente nos distritos palermitanos de Croceverde Giardini e de Ciaculli. O primeiro é chefiado por Giuseppe Greco, vulgo *Piddu u tinenti*; o segundo deriva de um certo Salvatore Greco, já morto na época dos fatos, que devia ser aquele que já encontramos como chefe da "alta máfia" montada entre os séculos XIX e XX.[223] Tudo começa em 1939 com uma disputa sobre questões "honoríficas": o direito de sentar-se num banco diante da igreja durante a festa do distrito; continua com uma emboscada noturna no caminho de volta e com o primeiro morto, um filho do "tenente". A partir de 1946 começa a guerra

---

222 Testemunho do vice-delegado A. Mangano in *Antimafia. Doc.*, III, t.I, p.1147.

223 Cf. *infra* p.170; o Giuseppe Greco ali citado poderia ser o filho de Salvatore, nascido em 1887, chefe de família em 1945; cf. a genealogia in *Antimafia. Singoli mafiosi*, p.135-6, aqui representada, segundo a qual as famílias seriam homônimas e aparentadas por via feminina tendo este Giuseppe Greco de Ciaculli desposado uma Santa Greco, irmã do "tenente". Não excluirei, porém, um tronco comum dada a recorrência de alguns nomes de batismo de ambos os lados.

feita de incursões, execuções e "crimes sem cadáver", culminando num assalto com a participação das mulheres Greco de Ciaculli, que matam a facadas um ferido do grupo adversário; uma delas (Antonina) é por sua vez golpeada e morta (1947). A história tem modalidades tão envolventes a ponto de justificar a hipótese de uma participação da quadrilha de Giuliano ao lado do "tenente": mas provavelmente se trata de uma tentativa de atribuir a bandidos não bem identificados essa violência fora da lei, tão distante da regulamentação à base de honra e cavalheirismo que a habitual apologética atribui à competição inframafiosa. Tenho também certas dúvidas sobre a história do banco e da festa, vistas as questões em jogo: o aluguel de um dos maiores pomares da Sicília pertencente aos Tagliavia, armadores e exportadores desde meados do século XIX; a administração de sociedades de derivados cítricos e de firmas de transporte; a luta pelo controle de Palermo Leste (roubo de gado, abastecimento de mercados gerais, contrabando) que em 1956 levará à eliminação do chefe mafioso de Villabate, Nino Cottone, parente dos Greco de Croceverde.[224] A essa altura, os dois primos Greco de Ciaculli, Salvatore "chicchiteddu" e Totò "longo" ou "engenheiro", vão se colocando no vértice dos poderes e dos tráficos da Máfia palermitana; sem que se registrem ulteriores conflitos com os parentes.[225] Ao que parece chega-se a um acordo graças à mediação de Joe Profaci, originário de Villabate e temporariamente de volta à Sicília.

Contudo, os mortos tinham sido muitos, entre eles o pai de "chicchiteddu", o pai e a mãe do "engenheiro"! "Os velhos mafiosos dos pomares só podiam adorar dois ídolos: a riqueza e a

---

224 Tendo sua filha Maria desposado Salvatore Greco, "o senador".

225 Dos quais descende o futuro chefe mafioso Michele Greco, filho de *Piddu u tinenti*. Cf. os episódios narrados em *Antimafia. Singoli mafiosi*, p.137 ss.; cf. também a sentença de remessa à justiça contra P. Torretta e outros, 31 de maio de 1965, in *Antimafia. Doc.*, IV, t.XVII, p.720-1.

vendeta":[226] aqui evidentemente sobre a vendeta prevalece a exigência da gestão dos negócios da família, em grande expansão nessa fase. Não estamos diante da vendeta, cega ou culturalmente necessária, mas de uma escolha lúcida que de acordo com as circunstâncias prevê a paz ou a guerra: a guerra dos Greco, a "fúria" de Leggio, os inúmeros e sangrentos conflitos da Máfia ou do banditismo no pós-guerra.

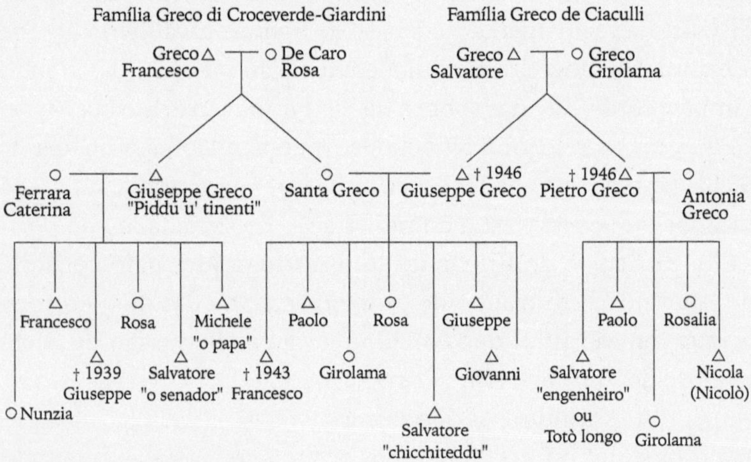

FIGURA 2 – A família Greco.
Fonte: Catanza, *Il delitto come impresa*, op. cit.

226 Chilanti-Farinella, *Rapporto*, op. cit., p.90.

A coisa deles

A antimáfia

> Se passa uma garota bonita, um siciliano dirá que é uma garota mafiosa; se um rapaz é precoce, dirá que é mafioso. Fala-se da máfia temperada com todos os molhos mas, honrados colegas, parece-me que se exagera.[1]

Estamos em 1949. Essa consideração minimalista, que finge basear-se em observações "de campo", deve, porém, muito a uma tradição literária, isto é, ao habitual Pitrè. Quem a propõe é Mario Scelba, Ministro do Interior célebre pela dureza para com as manifestações operárias e camponesas, que será chamado em causa por Pisciotta como mandante da chacina de Portella. A máfia não existe ou então se reduz a uma tênue categoria cultural: tese partilhada nos anos 50 por grande parte da sociedade

---

1 Intervenção no Senado, 25 de junho de 1949, cit. por Barrese, *I complici*, op. cit., p.7.

regional e nacional à medida que os mafiosos vão se integrando no partido de maioria, ainda mais facilmente do que os tradicionais grupos dirigentes, que engolem o bocado amargo da reforma fundiária e administram uma áurea decadência entre financiamentos e empregos regionais. Desaparece a antimáfia de direita e com ela a tensão antimafiosa nos aparelhos estatais. São esses os anos em que Lo Schiavo elogia Vizzini, Genco Russo e a máfia da ordem.[2]

Os mafiosos ganharam certa benemerência nomeando-se eles próprios como adversários do governo e da burguesia. Tem um certo valor simbólico o fato de que em Sciara os assassinos de Salvatore Carnevale se reúnam no mesmo edifício que abriga o quartel dos carabineiros, embora dando acesso por uma escada diferente. Uns e outros durante muito tempo pressionaram o sindicalista para que "deixe em paz os partidos", abandone a política: *"picca nn'hai di 'sta maladrineria"*,[3] prediz-lhe um campeiro. Emblemática é também a figura do suposto mandante do homicídio de Miraglia, Gaetano Parlapiano-Vella, de volta aos luxos do poder depois do confinamento fascista.[4] Os inquéritos relativos a esses delitos permanecem como obras-primas de negligência, encalham no nível policial ou no nível judiciário: algo mais que insipiência, algo menos que cumplicidade. Sob o fogo das polêmicas termina Carlo Alberto Dalla Chiesa, oficial do CFRB, comandante da esquadrilha de Corleone, que tenta agir fora dos esquemas burocráticos.

Resta apenas a esquerda a gritar contra a máfia, a reivindicar os próprios mortos, a denunciar as coalizões: denúncia que tem

---

2 Cf., neste volume, p.54. Mas sobre essa fase, em particular no que se refere à magistratura, ver G. Di Lello, *Giudici*, Palermo, 1994.

3 "Está por pouco essa malandrice": testemunho da mãe de Carnevale no resumo da sentença in *Antimafia. Doc.*, III, t.I, p.276-8.

4 Relatório da polícia de Agrigento, 16 de abril de 1947, in *Antimafia. Doc.*, III, t.VII, 1, p.225-7.

tão poucas possibilidades de ser ouvida quanto mais ela provém de uma parcela política totalmente isolada depois de 1948. Bem diferente parece o comportamento das autoridades nos Estados Unidos, de onde chegam os estímulos para a reabertura do debate também na Itália. Em 1953 é traduzido pela editora Einaudi o *Inquérito Kefauver*,[5] que deve ser considerado o primeiro livro do pós-guerra sobre o nosso assunto. Segue-se, em 1956, *La mafia* de Reid, sobre os vestígios (um tanto confusos) do complô siciliano contra a virtuosa América; texto que goza da imerecida honra de um prefácio do grande jurista Piero Calamandrei, o qual pondera que justamente a Sicília seja considerada "a incubadora central da delinquência americana"[6] e exprimindo o augúrio de que uma pressão, talvez uma investigação internacional, possa levantar a tampa democrata-cristã. O comunista Francesco Renda acha que se trata de "uma obra corajosa ... que nos faz lembrar com amargura o longo silêncio de nossa literatura em todos estes anos".[7] As razões dessas apreciações são evidentes. O reconhecimento da existência da máfia provém do grande protetor ultramarino das forças que na Itália apoiam exatamente o contrário; as comissões parlamentares norte-americanas servem de modelo para a esquerda italiana, excluída do governo e suspeita de hipóteses repressivas atribuídas à polícia de Scelba; projeta-se a mobilização de um tipo de imprensa de "primeira linha" que a Itália centrista olha com suspeição.

> Kefauver ... recorda aliás que a própria ideia de dar vida à comissão se deve a dezesseis "agressivos" cotidianos do país que se bateram por todos os meios ... A partir de agora, porém, é possível ter presentes as condições totalmente diversas em que opera a imprensa

---

5 Kefauver, *Il gangsterismo in America*, op. cit.

6 Calamandrei, prefácio a Reid, *La mafia*, op. cit., p.XI.

7 F. Renda, *Un libro sulla mafia negli USA (1956)*, agora in *La Sicilia degli anni '50*, Napoli, 1987, p.403.

> italiana em relação à americana. ... O jornal ou o jornalista americano dos anos 50 tiveram que prestar contas não só aos gângsteres, ao governador mancomunado, ao policial cúmplice, ao magistrado pávido e corrupto, mas no fundo toda a máquina do Estado federal não estava contra eles.[8]

A consideração é de Vittorio Nisticò, diretor do cotidiano palermitano de esquerda *L'Ora* que por duas vezes, entre o fim dos anos 50 e o início dos anos 60, promove grandes reportagens em fascículos denunciando as relações da DC com a Máfia (sendo objeto de um clamoroso atentado a dinamite): é um jornalismo de manchetes de impacto mas que também procura ir fundo como nos casos de Corleone e da questão imobiliária da capital, dar-lhes profundidade histórica exumando as velhas histórias sobre Cascio-Ferro ou as crônicas dos processos dos anos 20. Mas é todo um mundo de jornalistas e intelectuais engajados, sobre o fim do centrismo, que propõem ou repropõem a questão. Personagem atípico é o sociólogo triestino Danilo Dolci que introduz a greve de fome na tipologia italiana do protesto, constrói centros na região de Partinico, faz pesquisas e elabora dossiês sobre o banditismo, a pobreza, o clientelismo.[9] Outros provêm de uma Sicília profunda e antiga: um geômetra de Villalba, Michele Pantaleone; um médico de Montemaggiore, Simone Gatto;[10] um professor de Racalmuto, Leonardo Sciascia. O primeiro reconduz a máfia ao concreto de uma história camponesa e de uma figura de notável, dom Calò; o segundo a enquadra na temática do

---

8 Nisticò, Prefácio a Chilanti-Farinella, *Rapporto*, op. cit., p.23. Cf. também o testemunho deste in *Antimafia. Doc.*, III, t.I, p.751 ss. e o dossiê aqui citado.

9 As suas obras mais interessantes: *Banditi a Partinico*, Bari, 1955; e *Spreco*, Torino, 1960.

10 Cujos artigos de 1948-1976 estão recolhidos no volume *Lo stato brigante*, op. cit. De Pantaleone, um dos colaboradores de *L'Ora*, sai em 1962 *Mafia e politica*, op. cit.

meridionalismo clássico à maneira de Franchetti; o terceiro, entre narrativa e ensaística, lança a sensação de que a máfia revela uma corrupção geral, não se sabendo jamais se genericamente italiana ou especificamente siciliana.

> Seria preciso surpreender as pessoas no antro da inadimplência fiscal, como na América – pensa o capitão Bellodi diante do mafioso dom Mariano. Mas não apenas as pessoas como Mariano Arena; e não apenas aqui na Sicília ... Seria melhor que começassem a farejar ao redor das cidades os automóveis fora de série, as mulheres, as amantes de certos funcionários: e confrontar esses sinais de riqueza com os salários, e tirar daí o justo sentido. Só assim a terra começaria a faltar sob os pés de homens como dom Mariano.[11]

Para esses intelectuais, máfia é fenomenologia do poder: um poder arcaico que vem da aliança entre Democracia Cristã e direita, entre burguesia e feudalismo; que reproduz, portanto, todos os vícios do transformismo itálico e siciliano. Em 1959, sai o romance *O leopardo*, com a sua ideologia do "tudo muda para que nada mude", com a qual a esquerda tem uma relação de amor-e-ódio: detesta-a como reacionária mas considera-a ao mesmo tempo uma representação realista da condição insular, talvez até uma consolação da própria incapacidade de incidir sobre ela.

Comunistas e socialistas sicilianos conseguem realmente sair do gueto em 1959-1960 com a chamada operação Milazzo que leva o nome do notável calatino, antigo separatista, protagonista do rompimento interno da Democracia Cristã graças ao qual é constituído um governo regional atípico, apoiado pela extrema direita e pela extrema esquerda; no qual a velha classe política de extração agrária faz a sua última tentativa ganhando consensos sobre uma plataforma intensamente sicilianista. A

11 Sciascia, *Il giorno della civetta*, Torino, 1968 (1.ed. 1961), p.99.

sensação é de que alguns grupos mafiosos, em trânsito da direita para a DC, apoiam essa tentativa de conservar alguma coisa das velhas autonomias notabiliárias contra o novo partido-máquina criado por Fanfani: é o caso de Francesco Paolo Bontate, vulgo dom Paolino Bontà, proprietário e arrendatário de vastas áreas para citricultura, chefe mafioso palermitano dos mais importantes, antigo separatista e monarquista. Esse alinhamento político é o mesmo que assiste ao início de dois grupos empresariais que em seguida serão objeto de duas polêmicas pela sua contiguidade com ambientes mafiosos: os financistas Salvo de Salemi e os construtores catanenses Costanzo. Parece até que o grupo Salvo-Bontate está entre os artífices da queda de Milazzo, com uma mudança de relação destinada a garantir aos Salvo uma "espécie de benevolência" por parte de toda a DC, expressa no longo monopólio das exatorias com um ágio (isto é, um prêmio) de 10% contra uma média nacional de 3,3.[12] Segundo o arrependido Calderone, a Máfia tinha apoiado Milazzo "de modo fortíssimo" também em razão das leis em favor do empresariado aprovadas naquele primeiro experimento associativo:[13] a ideia de que o capital "siciliano" deva ser sempre protegido, típica do esquema perverso do humanismo regionalista, faz que o passado se projete da pior maneira sobre o futuro.

Com a queda de Milazzo vai-se para o centro-esquerda, e a Assembleia regional convida o Parlamento a dar vida à Comissão de inquérito sobre a Máfia longamente pedida justamente pela

---

12 *Instrutoria maxiprocesso,* p.344 ss., e aqui as declarações do honrado C. Mannino. Cf. também G. Giarrizzo, *Sicilia oggi,* in VV.AA., *La Sicilia,* op. cit., p.633 ss.

13 Declaração de Calderone citada no documento Mafia e politica da Antimafia, in suplemento a *la Repubblica,* 10 de abril de 1993, p.13; cf. também Testemunho Calderone, p.223-4. Sobre a funcionalidade entre políticas regionais e "reconstituição do húmus mafioso", cf. a bela síntese de Catanzaro, *Il dellito come impresa,* op. cit., p.179 ss.

esquerda, enfim constituída em 1963: parece que com a Itália do centrismo e a Sicília do latifúndio a Máfia caminha para a derrota. A Comissão inicia um trabalho notabilíssimo de documentação, cujos resultados, porém, permanecem ignorados ao máximo; o seu presidente, o democrata-cristão Pafundi, primeiro anuncia que se vai acumulando nos arquivos um "paiol de pólvora", mas depois demora a fazê-lo explodir, até que no fim da legislatura (1968) a montanha dá à luz um ratinho de poucas e anódinas páginas de relatório. Quem previa um processo público à classe dirigente começa a julgar a Antimáfia uma "ocasião frustrada".[14] O partido de maioria não está disposto a deixar-se julgar, mas a admitir que no cesto democrata-cristão possa ter existido alguma maçã podre isolada como o fanfaniano Vito Ciancimino, ao passo que a oposição rebate energicamente mostrando como um personagem semelhante (síndico de Palermo, assessor de urbanismo, secretário urbano da DC) representa a personificação de um sistema de poder mais vasto, feito de clientelas e de negócios, que se tece em torno da administração comunal palermitana; por outro lado, há anos a imprensa ironiza sobre a comissão de negócios chamada VALIGIO (Vassallo-Lima-Gioia, um construtor e dois políticos democrata-cristãos), monopolizadora do setor imobiliário de uma cidade que se expande e se incha freneticamente de habitantes. Já o inquérito ministerial confiado ao prefeito Bevivino (1964) tinha revelado uma prática que a documentação da Comissão confirma plenamente: destruição de antigos edifícios e grandes extensões de parques públicos ou privados, manipulação dos planos reguladores, concorrências fraudadas, licenças facilitadas, sociedades de favor.

---

14 É o título do volume de Pantaleone, *Antimafia occasione mancata*, Torino, 1969. Sobre a antimáfia, cf. também Barrese, *I complici*, op. cit., e agora a antologia dos relatórios com organização e introdução de N. Tranfaglia, *Mafia, politica e affari*, Roma-Bari, 1992.

> Cinco personagens, por exemplo, monopolizaram 80% das licenças ... Quatro dos cinco beneficiários dedicavam-se a outras atividades: um era ex-pedreiro; outro, vendedor de carvão; um terceiro, engenheiro descredenciado em 1957 por ter assinado projetos sem tê-los redigido nem dirigido; um quarto era servente de pedreiro e vigia de construção à espera de tornar-se porteiro de um dos 1.465 edifícios para os quais tinha obtido a licença.[15]

Típico construtor de sucesso, Francesco Vassallo vem do interior, da aldeia de Tommaso Natale, onde faz o seu aprendizado como *catador de feno* nos anos 30, liga-se por via matrimonial a uma família mafiosa local que terá dois membros assassinados (irmãos da mulher) em 1961-1962. No pós-guerra, a sua decolagem no mundo empresarial ocorre acionando o instrumento cooperativo, que neste como em outros casos os mafiosos utilizam, de preferência à sociedade por ações, para "dar vida a microestruturas empresariais nas quais se associam entre si mas também com pessoas 'colaterais' à organização".[16] Em suma, no início, Vassallo possui pouco capital mas não lhe faltam relações: como aquelas com uma importante firma de transporte e com a Fundação Montecatini de Tommaso Natale, que lhe permitem participar das concorrências públicas dando garantia de sua idoneidade. Depois o caminho se torna mais rápido, graças ao crédito fácil, às oportunas variações nos planos imobiliários, às trocas de favores e prestações com os Lima, os Gioia, e outros notáveis como Di Fresco e Matta. Este último estará na berlinda quando a DC tentará inseri-lo entre os comissários da Antimáfia, suscitando a enérgica e vitoriosa reação dos comunistas chefiados por Pio La Torre.

Entre Democracia Cristã e Partido Comunista Italiano ocorre então o choque, até chegar à contraposição entre a relação de

15 Pantaleone, *Antimafia*, op. cit., p.18.
16 Santino-La Fiura, *L'impresa mafiosa*, op. cit., p.133.

maioria (Carraro),[17] de minoria de esquerda (La Torre) e de direita (Pisanò), com a qual se conclui a primeira fase da vida da Comissão (1976). Isso não deve, porém, esconder o acordo criado entre o (segundo) presidente Cattanei e o seu vice Li Causi, que a partir de 1972 leva à publicação de um grande número de materiais; e que, de maneira mais geral, refere-se à avaliação dos *fundamentos* e da *história* do fenômeno mafioso.[18] Olhando para o passado, o problema das responsabilidades políticas torna-se menos dilacerante. Pode ser assim desculpado em parte o centrismo à maneira de Scelba, agora não mais no auge, e sobretudo o Estado liberal ao qual é debitado todo o mal com vantagem comum das duas forças "anti-*risorgimento*", católicos e comunistas. Estes últimos obtêm satisfação de maneira particular sobre o *affaire* Giuliano e, de maneira geral, sobre a avaliação da máfia como instrumento de latifundiários contra camponeses. O esquema opositivo maus-bons torna-se então a chave de uma leitura da história insular, pelo menos desde a abolição do feudalismo (1812), conduzida por relatores com poucos instrumentos mas com muito ideologismo sicilianista em versão de esquerda, com base num suposto e permanente complô tendente a impedir que o "povo" siciliano realize os seus permanentes (supostos) objetivos: a conquista da terra e da autonomia regional. Teremos uma máfia já bem definida no período do *risorgimento*, a qual se alinha por Vittorio Emanuele II e contra Garibaldi desejoso de dar a terra aos camponeses; que em 1867 apoia a burguesia agrária contra (fantásticos) projetos governamentais de reforma

17 Para o qual remeto a Tranfaglia, *La mafia*, op. cit., p.48 ss., que sublinha justamente as contradições em que Carraro se encontra não só com os relatórios da minoria, mas também com o de Zuccalà que mesmo sendo "setorial" parece mais centrado numa análise das linhas fundamentais do problema.

18 Cf. também a avaliação dada pelo próprio La Torre na introdução à edição do relatório da minoria publicado com o título *Mafia e poder político*, Roma, 1976.

social; que obviamente se opõe aos *fasci*.[19] O relatório comunista significativamente destaca a mesma tradição Grieco-Sereni negando qualquer papel autônomo aos grupos intermediários (arrendatários), com o pouco convincente argumento de que a simples existência de um poder de classe (latifundiários) tornaria a máfia necessariamente "fenômeno de classe dirigente":[20] assim a própria máfia, além de configurar-se como regente de toda a história insular, é reproposta como mero reflexo da política e da sociedade, contra a advertência de Rosario Romeo para delimitar conceitualmente o tema, para não "ceder à tentação" de fazer coincidir a sua história "com a história da Sicília";[21] ou então com a representação capaz de confirmar o esquema pressuposto em matéria política. Isso vale para as relações gerais da Antimáfia, não para a enorme quantidade de documentação recolhida, depois (em parte) publicada em dezenas e dezenas de volumes, da qual resultam outros fragmentos de verdade, outras pistas interpretativas.

Entretanto, a máfia dá sinais de indubitável e trágica vitalidade. Em 1960 é morto em Agrigento o comissário de Segurança Pública Cataldo Tandoj: os interessados de sempre tentam despistar montando um nebuloso escândalo sexual de província com participação de notáveis democrata-cristãos, ao passo que se trata da história mais prosaica de um funcionário que tinha relações demasiado estreitas com a quadrilha de Raffadali empenhada na compra e venda de latifúndios da região, e que pagou com a vida as suas ambiguidades. As primeiras páginas são,

---

19 Formulações já presentes in *Rel. Bernardinetti* e repropostas in *Rel. Cattanei* (por exemplo à p.101) e in *Rel. La Torre*. A Comissão não é muito ajudada pelos consultores: veja-se como no exórdio de Brancato, *La mafia*, op. cit., p.163, afirma-se que, sabendo-se da máfia já tudo, trata-se apenas de ver seus reflexos na opinião pública!

20 *Rel. La Torre*, p.569 ss.

21 *Antimafia. Doc.*, I, p.94.

porém, para Palermo. Entre 1955 e 1963 a cidade é abalada pela luta pelo controle dos mercados gerais, que provoca dezenas de mortos. Em 1962 explode a chamada "primeira guerra de máfia" entre os dois grupos opostos dos Greco (de Ciaculli) e dos irmãos La Barbera que serão os derrotados: um deles (Salvatore) acaba vítima da "morte sem cadáver", o outro (Angelo) foge para Milão onde é alcançado por matadores adversários salvando-se milagrosamente; acontecimento clamoroso porque com ele a máfia se apresenta na ribalta da capital da Itália industrial. Ainda mais clamorosamente explode em Ciaculli, em 1930 de junho de 1963, uma bomba de fabricação caseira destinada aos Greco, que mata, porém, sete homens das forças da ordem. Nas ruas roncam os carros em perseguição recíproca, explodem bombas e rajadas de metralhadoras como na Chicago dos anos 30: Milão, as bombas, os explosivos representam símbolos inconfundíveis da modernidade. O latifúndio morre, e com ele a sociedade tradicional, mas contra toda previsão a Máfia palermitana prospera no ramo imobiliário, no contrabando de cigarro e de estupefacientes. Como ligar o passado a esse presente? A Comissão parlamentar pressupõe um "transplante" de máfia e de mafiosos do campo para a cidade, que corresponde mecanicamente ao fenômeno macrossocial da passagem de uma sociedade de base rural para uma sociedade de base urbana: a essa virada de época corresponde à substituição de uma máfia "velha" por uma "nova" máfia, sem consciência do fato de que esse tipo de oposição conceitual já tinha sido usado muitas vezes no passado com relação a outras viradas de época verdadeiras ou supostas. A tese é, porém, universalmente partilhada pelos mais diversos observadores, sendo então aceita como base indiscutível na formulação de questionários e de entrevistas.

Certamente Villalba e Mussomeli, considerados lugares típicos do fenômeno mafioso, permanecem dificilmente correlativos não só a Palermo mas também a Corleone por mil razões, entre as quais, e não por último, a falta de uma significativa taxa de violência nas duas cidades do Nisseno. O modo como Leggio toma o poder realmente não se assemelha ao mecanismo de tranquila sucessão com que, segundo Pantaleone, Genco Russo assumiria o papel de monarca da Máfia siciliana que antes era de Vizzini.[22] Nos livros do próprio Pantaleone, nos relatórios da Antimáfia, em toda a bibliografia, estamos diante de uma evidente supervalorização do papel desempenhado por esses dois personagens no organograma mafioso, drasticamente redimensionado recentemente pelas revelações dos "arrependidos"; e ao mesmo tempo diante de uma indevida generalização do modelo nisseno cuja especificidade já era observada pelo cronista de *L'Ora*, Felice Chilanti:

> Os chefes de quadrilha de Palermo, do Trapanense, do Agrigentino estão ocultos, na sombra. Às vezes estão simplesmente foragidos ... Em Palermo ocorre que, fornecendo os dados biográficos de um chefe mafioso assassinado, a polícia o define como "pastor" ou "operário" mesmo quando se trata de um empresário ... Em Caltanissetta e província, o mafioso que se tornou empresário põe o seu nome na tabuleta.

Essa máfia "prefeitoral" crescida "sob os olhares dos honrados Aldisio e Volpe"[23] não é *a* máfia, é o grupo que tendo mais evidentes características políticas atraiu a atenção da publicidade contemporânea com as polêmicas sobre a luta pela terra, o separatismo, a confluência na Democracia Cristã. Por outro lado, com o passar do tempo, a supervalorização desse caso teve efeitos deformantes sobre a percepção do fenômeno na sua generalidade; basta pensar na dificuldade de conceber uma máfia urbana ou o impossível enquadramento no sistema do personagem Leggio,

22 Pantaleone, *Mafia e politica*, op. cit.

23 Chilanti, La mafia "prefettizia", in *L'Ora*, 19 de abril de 1963.

tão baseado na violência pronta e crua, chamado durante muito tempo de "bandido" (ou "gângster") de preferência a "mafioso". O modelo dom Calò ao contrário insiste mais sobre a mediação do que sobre a violência até o paradoxo do mafioso que jamais ordenou um homicídio, cujo poder representa uma simples tradução do poder social para o idioma local: o arrendatário-notável correspondente *ipso facto* ao chefe mafioso.

Com esse esquema encontram-se nos anos 60 alguns cientistas sociais estrangeiros, vindos à Sicília para suas *pesquisas de campo* sobre a máfia. Já sabemos que o problema de que eles partem é americano, não siciliano.[24] Com os inquéritos norte-americanos do período pós-bélico é reproposta uma visão da máfia como entidade centralizada ligada ao dado étnico e à conspiração estrangeira, com acusação implícita à frente democrática rooseveltiana, tipicamente pluriétnica, que não teria sabido ou querido contrapor-se a ela. Aqui está o primeiro equívoco da recepção italiana dessa problemática: pelo menos até Bob Kennedy, a antimáfia americana é essencialmente de direita, ao passo que a cultura *liberal* procura reduzir tudo a relações de clientelismo, *bossism*, pequena criminalidade, de qualquer modo *disorganized crime* sem conotações étnicas particulares.

Por falta de competência, não entro na questão do caráter centralizado e monopolístico das atividades da máfia americana, de onde emerge a melhor parte do debate.[25] Interessa-me o efeito de ricochete. Boissevain, Hess, Blok, Jane e Peter Schneider vêm à Sicília nos anos 60 procurando uma máfia que represente o decalque da sociedade "tradicional" com as suas hierarquias e a sua cultura. Os americanos se deterão depois na ideia de que, também na pátria de origem, trata-se apenas de "um sistema de

---

24 Como sublinhado também para o período anterior por Mangiameli, *Le allegorie del buongoverno*, op. cit.

25 Cf. mais adiante p.344 ss.

padrinhos e clientes que se trocam favores, serviços e outras vantagens":[26] uma máfia reduzida sob a categoria geral do clientelismo, destinada a exaurir-se com a modernização. "Antes havia a máfia; agora há a política", é o epitáfio pouco realista que Blok coloca sobre o ápice da "grande transformação" pós-bélica, ao término do seu trabalho.[27] A tese por alguns aspectos concorda com as que são predominantes na Itália, desde Pantaleone e até os relatórios gerais da Antimáfia. A partir daqui será retomado o debate científico em nosso país com *La mafia imprenditrice* de Pino Arlacchi (1983), que se abre com uma constatação tão nítida quanto contrastante com os dados empíricos: nos "vinte anos de pós-guerra" a máfia teria vivido uma fase de decadência, uma "crise profunda"[28] em decorrência da desagregação dos fatores macrossociais (o universo "tradicional") dos quais ela teria sido expressão. A *velha* máfia estaria, portanto, em vias de extinção, em favor da *nova*. Desse modo, *La mafia imprenditrice* retoma a impostação da Antimáfia, executa a operação politicamente importante de evidenciar o caráter dinâmico e, portanto, perigoso do fenômeno, mas relega para a *vulgata* o passado rompendo sua relação cientificamente fecunda com o presente. Arlacchi sobretudo não enfrenta nunca, ou enfrenta de maneira totalmente indireta, o tema da máfia como organização.

Não sei quanto o chefe de polícia de Palermo em 1974, Migliorini, lia de ciências sociais, mas parece certamente devida a um antropólogo mediterrâneo a sua definição de uma máfia agora em crise pela queda do "senso de respeito", feita de "associações simples" sem ordenamentos nem hierarquias, que duram até a "obtenção de finalidades" individuais e depois se dissolvem.

26 Albini, L'America deve la mafia alla Sicilia?, in VV.AA., *Mafia e potere*, org. de S. Di Bella, Soveria Mannelli, 1983, I, p.189.

27 Blok, *La mafia*, op. cit., p.207.

28 Arlacchi, *La mafia*, op. cit., p.12.

A consequência operativa é, portanto, triunfalmente niilista: "A repressão do fenômeno geral é impossível! Repressão de quê? De uma ideia, de uma mentalidade?".[29]

O poder territorial

Leonardo Vitale, filho do falecido Francesco Paolo, pertence à antiga família mafiosa, no duplo sentido de quadrilha e de grupo consanguíneo. Com toda probabilidade descende de um dos primos Vitale, Filippo e Francesco Paolo, supostos assassinos de Francesco Miceli (1892), além de clientes de Palizzolo e chefes mafiosos de Altarello de Baida; distrito em que há mais de setenta anos mantém um papel dirigente um tal Giovan Battista Vitale, tio de Leonardo, "construtor imobiliário [que] nesse campo comete abusos e injustiças seja para a aquisição de terrenos edificáveis seja para a venda de apartamentos".[30] Leonardo é então um predestinado, embora bem pouco nele faça pensar na "hipertrofia do ego", no *machismo* e nos outros traços culturais que o imaginário mafiológico repropõe, pela enésima vez, nos anos 70. Trata-se de um rapaz cheio de fragilidade emotiva, órfão desde pequeno, fascinado pela figura do tio ao qual tem que demonstrar que é "homem" até para afastar a suspeita de homossexualidade que oculta em si mesmo. Daí o grande conformismo em relação ao meio e ao grupo mafioso que o circunda, a incapacidade

29 In *Antimafia. Doc.*, I, p.765, 767 e 753.

30 Relatório Malausa, in *Antimafia. Relazione sulle risultanze acquisite al Comune di Palermo*, p.47. A continuidade da família Vitale de Altarello me é sugerida pela recorrência de nomes de batismo por sinal não muito comuns. Em 1930, tinham sido envolvidos no processo pela associação Altarello-Porta Nuova um Vitale Francesco Paolo filho de Giovanni Battista, um Francesco Paolo filho de Filippo, um Leonardo filho de Francesco Paolo, um Giovanni Battista filho de Filippo etc. GDS, 19 de abril de 1930.

de perceber-se como indivíduo, sobre o que mais tarde refletirá: "não me importava nem um pouco comigo, com a minha vida ... ou seja, eu só dava importância aos outros", "admirava todos os outros". Torna-se mafioso porque quer sentir-se gregário. Para demonstrar-se à altura, mata primeiro um cavalo, depois um ser humano, sem conhecer outro *por que* a não ser que é isso que se quer dele. Estamos em 1960, Leonardo tem vinte anos. Pouco tempo antes, o tio pretendeu talvez mantê-lo à beira do abismo: "Está vendo minhas mãos? – disse. – Estão sujas de sangue e as do seu pai estavam mais ainda".[31] Depois é o próprio tio quem lhe encomenda o primeiro assassinato, e como prêmio o leva à caça.

Logo depois, Leonardo Vitale é filiado à máfia segundo o mesmo ritual já descrito pelas fontes oitocentistas e de cuja existência Hess recusa-se a admitir até mesmo a "possibilidade",[32] certamente pela evidente remessa a modelos irredutíveis aos familiares-amigáveis com que se divertem os cientistas sociais. Nesse ínterim, tornaram-se disponíveis outras informações, que se acrescentam às oitocentistas. Valachi tornou conhecidos há anos os sistemas de filiação à *Cosa nostra* americana. Na Sicília, um tal de Giuseppe Luppino revelou em 1958 ter se recusado a executar um homicídio após ter prestado juramento à quadrilha de Campobello de Mazzara; revelação valorizada pelo assassinato subsequente do próprio Luppino.[33] A máfia tem evidentemente transmitido seus próprios rituais mantendo-os imutáveis nos

31 Cf. a advertência semelhante dirigida pelo velho tio mafioso a Calderone antes da afiliação, in *Testemunho Calderone-Arlacchi*, p.41. O texto dos interrogatórios de Vitale é transcrito em vários trechos por Galluzzo, Nicastro, Vasile, *Obiettivo Falcone*, op. cit., p.95 ss. As citações às p.101, 99, 107 e 109.

32 Hess, *Mafia*, op. cit., p.116; outros ignoram a questão.

33 O texto da confissão em *L'Ora*; cf. também o caso da afiliação do médico palermitano revelada em 1937, in Gambetta, *La mafia*, op. cit., p.367.

mais diversos âmbitos, de um continente para outro, sem quase nunca revelá-los aos profanos. Também se explica por que ela continua dando pouca importância ao fato de quem deve tomar conhecimento dessas rachaduras do subsolo: as filiações, a organização por "famílias" e por regiões existirão na América, *porém* só como substitutos artificiais do natural "húmus mafioso" existente na Sicília; "ritualidades e linguagens secretas" podem até "aflorar aqui e ali ... *mas* pertencem a "filosofias e costumes arcaicos, totalmente superados".[34] A mente se retrai por aquilo que o ritual revela: uma organização radicada no território através das gerações, portanto relativamente impessoal e ligada a uma profunda consciência de si mesma; a qual, na máfia dos pomares de Altarello, se exprime com a particularidade da picada no dedo indicador efetuada não com o habitual alfinete mas com um espinho de laranja amarga.

O juiz instrutor Aldo Rizzo, que em 1974 recolhe a confissão de Vitale, procura enquadrar juridicamente o fenômeno como formação de quadrilha, a qual, tendo "programa indefinido", distingue-se das que têm limites predeterminados no tempo e na finalidade.[35] Com efeito, mesmo num clima cultural desfavorável, aqueles operadores do direito que pretendem combater a máfia não renunciam a enquadrá-la na temática associativa. Assim, já em 1965 Cesare Terranova, em cujas sentenças nunca falta o rasgo histórico-teórico, sublinhava,

> pondo de lado as fantasias do passado, que a máfia não é um conceito abstrato, não é um estado de ânimo, mas é criminalidade organizada, eficiente e perigosa, articulada em agregações ou grupos ou

---

34 Respectivamente, intervenção de G. Servadio in VV.AA. *Mafia e potere*, op. cit., I, p.118; Ciuni, *Un secolo di mafia*, op. cit., p.394 (grifo meu).

35 Entrevista in *Antimafia. Doc.*, I, p.730. Aqui também sublinho a oposição conceitual ao tema das agregações instáveis e *ad hoc* sobre o qual insistem nesses mesmos anos os cientistas sociais.

"famílias", ou melhor ainda, "quadrilhas"... Existe uma só máfia, nem velha nem jovem, nem boa nem má, existe a máfia que é associação criminosa.[36]

Detenhamo-nos sobre os alvos dessa polêmica: a opinião conservadora que atribui à velha máfia "uma função realmente de equilíbrio ou, em todo caso, positiva na sociedade, em substituição ou integração aos poderes carentes do Estado"; os notáveis liberais ou democrata-cristãos, cujas "atitudes indulgentes e sentimentais, às vezes respetáveis, plenas de manifesta simpatia pela máfia ou pela velha máfia, optaram por um obstáculo aos esforços realizados para sanear nossa sociedade"; os advogados como Puglia e (mais prudentemente) o indefectível Pitrè. Para refutar a mitologia dos mafiosos honrados e inflexíveis, existe a citação dos processos do período fascista, com as "baixezas" "dos imputados que competiam nas confissões, nas acusações, nas negações e nos pedidos de clemência e perdão".[37] O apelo a "S. Exa. Giampietro" não deve parecer surpreendente num homem de esquerda como Terranova: serve para reiterar o dado afirmado naqueles vinte anos de que a Máfia é por si mesma uma associação criminosa. A coisa é menos óbvia do que possa hoje parecer. Nos dois grandes processos instruídos por Terranova, contra os corleonenses e contra a cúpula da organização palermitana, o instrumento-base permanece aquele utilizado em cem anos de história pelo Estado liberal e pelo Estado fascista: o relatório polícial com suas fontes confidenciais que ainda não querem nem podem "ser nomead[as]" em juízo.[38] Para que a magistratura

---

36 Tribunal de Palermo, Sentença de remessa a julgamento contra L. Leggio + 115, 14 de agosto de 1965, in *Antimafia. Doc.*, IV, t.XVI, p.208-9.

37 Tribunal de Palermo, Sentença de remessa a julgamento contra A. La Barbera + 42, 23 de junho de 1964, *Antimafia. Doc.*, IV, t.XVII, p.506 ss.

38 Tribunal de Palermo, Sentença de remessa a julgamento contra P. Torretta + 120, 8 de maio de 1965 (juiz Terranova), in *Antimafia. Doc.*, IV, t.XVII, p.627.

judicante se convença do fundamento de descrições geralmente desprovidas de confrontos objetivos, é preciso que a *fama* pela qual o mafioso é envolvido nos processos seja de fato tão grande que o mostre capaz de ferozes delitos, coisa difícil quando se parte de conceitos como os que são usados numa sentença de 1964: "Os mafiosos também têm seus sentimentos, também vivem sua vida de relações que pode também ser inspirada em princípios de socialidade e legitimidade senão até de honestidade. Não é o homem que qualifica a ação, mas a ação que qualifica o homem".[39]

Ao contrário, é justamente o fato de ser mafioso que qualifica a ação; contanto que tal qualidade não seja confundida com uma inócua *mafiosidade*, mas represente o contexto explicativo no qual colocar ações e reações, acordos, "desvios" e represálias como aquelas do choque Leggio-Navarra ou da primeira guerra de máfia; contanto que o conjunto das inter-relações entre os mafiosos sirva para explicar os agrupamentos em campo. Existe certamente quem se pergunte: "como se pode falar de associação quando os associados, em vez de ser solidários, se matam mutuamente?", mas trata-se de um "sofisma", como já sublinhava em 1929 Natale Costa, promotor público no processo contra a quadrilha de Piana dei Colli,[40] e antes dele os inquisidores dos processos Amoroso e *stoppagghieri*. Nas guerras há sempre um que se divide em dois. Então o conflito representa a melhor prova, embora dedutiva e indicial, da existência da organização que os arrependidos dos anos 80 indicarão com o nome iniciático já conhecido nos Estados Unidos: *La Cosa nostra*.

Buscetta dá a impressão de que o termo sempre foi usado na Sicília para dizer *máfia* ("Nós o exportamos para a América").[41]

39 Cit. in *Antimafia. Rel. Carraro*, p.169.
40 GDS, 6 de junho de 1929.
41 Testemunho Buscetta, Debate, I, p.104.

Parece plausível, porém, que a tradição oral, na qual o arrependido se inspira, force os elementos de continuidade, e podemos estar diante de um dos efeitos de retorno do modelo americano se é verdade que em 1943 na Sicília não existia organização e que se esperava um novo verbo; trazido talvez pelos *indesejáveis*, Luciano, Coppola, Genovese, nessa época expulsos pelas autoridades dos Estados Unidos para a Itália. Americano poderia ser também o termo "família" para dizer "quadrilha", usado entre outros por Vitale e Buscetta; este último observa, porém, a tradição inteiramente palermitana de uma máfia organizada sobre a unidade territorial do "distrito". É com efeito palermocêntrica a realidade emergente de tais revelações, assim como as resultantes da grande instrutoria de Terranova de 1965 da qual sairá em 1968 o processo de Catanzaro; instrutoria construída sobre relatórios dos carabineiros e da polícia que por ocasião do nascimento da Antimáfia, mas sobretudo depois da chacina de Ciaculli, deixaram de acomodar-se naquele "matam-se entre eles" com o qual, no século XIX e nos anos 50, se tranquilizava a opinião burguesa.

Aqui os fatos falam uma linguagem diferente da linguagem da Antimáfia, não mostrando sinais do suposto transplante do latifúndio para a cidade e ao contrário indicando uma formidável continuidade da presença mafiosa no centro e sobretudo na periferia palermitana, em confirmação ao que já sabemos através da história dos Greco de Ciaculli-Croceverde e dos Vitale de Altarello; continuidade destinada a repropor-se até em tempos mais próximos de nós e a surpreender até mesmo um mafioso de outra extração como o catanense Antonino Calderone:

> Os mafiosos palermitanos ... nascem, vivem e morrem no mesmo lugar. O bairro é a sua vida, a sua família vive ali há gerações e são todos parentes. Os sobrenomes principais são quatro ou cinco, os outros são todos agregados. No máximo se constrói uma casa mais bonita, mais luxuosa. Stefano Bontate pôs abaixo a casa de seu pai, em Santa Maria de Jesus, e construiu em cima um palácio, e a mesma coisa fez seu irmao Giovanni e Salvatore Inzerillo em

Bellolampo. Não se afastaram um metro do seu reino, onde são os patrões absolutos há décadas e décadas.[42]

Esse é o tipo de extração dos 24 chefes da Máfia palermitana citados em 1963 pelo relatório do tenente dos carabineiros Mario Malausa, que teria tombado no massacre de Ciaculli. Todos nascidos na cidade e na sua hinterlândia, imputados (quando a idade permite) nos processos do período fascista contra as mesmas quadrilhas palermitanas em que ainda militam, passando pelas mesmas peripécias políticas que seus colegas do interior até a adesão geral à DC:

> Foi um fervoroso defensor do separatismo – escreve Malausa de Benedetto Targia – quando, porém, esse movimento declinou de força seguiu a esteira de outros mafiosos passando de partido em partido (liberal-monárquico-democrata-cristão). A hostilidade que tem pela legalidade demonstra claramente que não é o sentimento político que o impeliu para a democracia cristã, mas apenas a conveniência pessoal.[43]

Com efeito, essa instrumentalização do dado político, depois da embriaguez separatista, também representa uma constante. Baldassarre Motisi, proprietário de pomares, comerciante atacadista de cítricos, conselheiro comunal democrata-cristão, que segundo Malausa "tem muitas ligações com personalidades de relevo de que tira proveito ... com o escopo de consolidar não só a sua posição de mafioso quanto a de homem político", tem o mesmo sobrenome, responde à mesma identificação de Francesco Motisi, conselheiro comunal em 1899 e representante da máfia de Mezzomorreale. Os 24 do relatório são todos "bandidos de

42 Testemunho Calderone-Arlacchi, p.148.

43 Relatório Malausa, op. cit., p.40.

classe média" de franchettiana memória: arrendatários, proprietários e locatários de pomares, mediadores, traficantes, "industriosos" e "industriais". Isso naturalmente não exclui a mobilidade social. O choque entre os La Barbera e os Greco envolve uma nova e uma velha máfia, ambas geradas dentro da área palermitana, com base numa dialética que remonta diretamente aos tempos de Palizzolo, aquela entre zona ocidental e zona oriental. Como explica Terranova, "pode-se dizer que os Greco têm quatro quartos de nobreza",

> representam a máfia tradicional, a máfia camuflada de respeitabilidade ... e estão ligados por uma espessa rede de amizades, interesses e proteções com os maiores mafiosos do Palermitano. Detêm uma posição de proeminência no campo dos contrabandistas de cigarro e de estupefacientes. Os La Barbera, pelo contrário, provêm da obscuridade e sua força consiste sobretudo na sua intrepidez e no séquito de um resoluto bando de capangas.[44]

Se entre os aliados dos La Barbera está um Tommaso Buscetta, filho de um vidraceiro proveniente também "da obscuridade", também se encontra um Pietro Torretta, ex-ajudante do bando de Giuliano, agora chefe mafioso do Uditore, de maior nobreza mafiosa: administrador dos bens dos marqueses Di Gregorio, homem abastado e "de máximo respeito",[45] deve ser filho daquele Francesco Torretta que se encontra citado no *Relatório Sangiorgi* como membro não muito elevado da quadrilha em 1895. Entre outras acusações contra Torretta filho está o assassinato de um tal Salvatore Gambino, morto a tiros após um feroz espancamento (1963). Poucas horas antes Gambino tinha matado Filippo e Michele Bonura por motivos fúteis, indo depois refugiar-se

44 Respectivamente, Testemunho in *Antimafia. Doc.*, III, t.I, p.1053; Sentença contra La Barbera e outros, op. cit., p.543.

45 Relatório Malausa, op. cit., p.42.

junto a Torretta. Fontes confidenciais atribuem a sua morte ao desejo do chefe mafioso de exercer sua função regulamentadora e punitiva em relação a um "injustificado" homicídio; porém o tribunal considerará insuficiente o motivo, dada a debilidade das relações entre os Bonura e os Torretta, contraposta ao compadrio que liga estes a Gambino. Talvez a questão tivesse se mostrado mais clara se fosse sabido que sessenta anos antes, nesta mesma aldeia que representa o incunábulo da Máfia palermitana, outros membros de uma família Bonura tinham sido os chefes mafiosos do Torretta pai; e que vinte anos depois um outro Bonura teria exercido o mesmo cargo no mesmo lugar.

Em inquéritos judiciários sobre fatos de natureza muito diferentes, abrem-se às vezes frestas sobre essa vertiginosa profundidade histórica. Chegamos por um momento aos anos 70. O engenheiro Giuseppe Di Benedetto, empresário do ramo imobiliário em dificuldade financeira, é pressionado pelo barão Sebastiano Provenzano, o qual, tendo-lhe emprestado trinta milhões, pede a restituição com os respectivos juros. Di Benedetto procura então a mediação do velho chefe mafioso de Passo di Rigano, Rosario Di Maggio, que se oferece imediatamente para "ajeitar" a coisa; ao engenheiro, agradavelmente surpreendido, explica que foi "amigo" de seu pai e grande eleitor de seu avô, que era o honorável Lo Monte, protetor da Máfia do primeiro pós-guerra. Os juros serão cancelados e os pagamentos comodamente prorrogados: quem renova o crédito é Rosario Spatola, sobrinho de Di Maggio, construtor, banqueiro que faz a lavagem de dinheiro para o grupo que segue Salvatore Inzerillo, sucessor do próprio Di Maggio na direção do bando e chefe da maior quadrilha de traficantes de droga na rota Palermo-Nova York.[46] Máfia velha ou máfia nova? Máfia clássica dos subúrbios, expressão da

46 Tribunal de Palermo, *Sentenza istruttoria contro Spatola + 119* (G.I. G. Falcone), p.493 ss.

continuidade do controle sobre um território que representa o cenário das especulações sobre o solo e a exploração imobiliária palermitana. O veto, oposto por Michele Greco sobre a venda de propriedades que fazem parte do patrimônio hereditário dos Tagliavia, explica-se à luz do tradicional papel de arrendatários daqueles terrenos desempenhado pelos Greco e portanto uma espécie de usucapião mafioso apoiado pelo honorável Luigi Gioia, liquidante do patrimônio Tagliavia e parente deles; como tal provavelmente no centro de uma antiga rede de relações incluindo os próprios Greco. "Era impensável – comentam os instrutores do maxiprocesso – que Michele Greco concordasse em adquirir, mesmo em parte, terrenos que agora considerava seus".[47] Como beneficiários do loteamento oficial do patrimônio Scalla não é de espantar que compareçam os filhos do mafioso Gaetano Cinà,[48] antigo feitor daqueles pomares e provavelmente descendente do seu homônimo que no fim do século anterior já era membro da organização.

Acrescente-se outra consideração. Esta é a Palermo da decadência aristocrática, a Palermo que ainda (até a metade dos anos 50) confia num quadro liberal-moderado, e se deixa, portanto, conquistar pela classe política (democrata-cristã) originária da Sicília interior que assume o controle da região;[49] poder-se-ia dizer que o grupo mafioso é o único grupo "político" urbano que consegue defender e incrementar o próprio poder.

O caso dos corleonenses pareceria uma exceção, visto o papel central que eles assumirão na história. Resta ver em todo caso se se trata realmente de máfia interna. Navarra era o chefe mafioso *de Corleone*. Leggio permanece quase sempre como foragido, e

47 Instrutoria maxiprocesso, p.86.

48 Ibidem, p.90.

49 Vêm logo à mente os nomes dos agrigentinos E. e G. La Loggia, do nisseno Alessi, do calatino Milazzo.

passa a maior parte do tempo em Palermo em cujo mercado da carne tem seus interesses de ladrão de gado. Ele mantém um bando estável bem no centro da velha máfia dos pomares, Piana dei Colli, com uma firma de transportes confiada a Giacomo Riina e ao seu jovem sobrinho Salvatore, não por acaso destinado a assumir no futuro a liderança do grupo. O que acontece no Corleonense tem, entretanto, efeitos imediatos em Palermo. Depois da eliminação de Navarra, Leggio é convocado por Salvatore Greco que lhe pede contas da sua iniciativa provocando a irada reação do novo *boss*.[50] Ao que parece, a máfia dos pomares estava de acordo com Navarra em impedir a construção de um dique que, levando a água do Corleonense para a *Conca d'oro*, quebraria o monopólio da distribuição hídrica; ao passo que Leggio pretendia explorar a possibilidade de negócios oferecidos pela construção do dique.[51] Os problemas de Corleone não são, portanto, internos à região, estão mais "naquela corrente que, pela rodovia 118, leva à capital da ilha".[52] Ao longo dessa corrente se reconstitui um espaço subprovincial no qual desempenham um papel notável os mafiosos de Cinisi (Cesare Manzella e Gaetano Badalamenti), de Corleone (Leggio), de Caccamo (Giuseppe Panzeca). O centro em todo caso é Palermo, que com a instituição da Região voltou a ser capital.

Quais atividades a rede das filiações mafiosas protege e promove? Para que serve a máfia?

Voltemos a Leonardo Vitale que, como aquele protagonista de *Quei bravi ragazzi* que se tornou gângster porque quer "estacionar na frente do hidrante", põe fogo no carro do gerente de um cinema, um calabrês culpado por não deixá-lo entrar de graça. Essa é a única ocasião em que Leonardo toma uma iniciativa

50 Testemunho Buscetta, p.37.
51 Chilanti-Farinella, *Rapporto*, op. cit., p.47-9.
52 Relatório Vignali, op. cit., p.163.

pessoal. Quanto ao resto, os seus delitos sempre fazem parte do cotidiano de uma entidade coletiva, a quadrilha ou a família Altarello-Porta Nuova chefiada por Pippo Calò. É preciso conseguir empregos de guarda junto a pomares e estaleiros, cobrar a taxa, dar telefonemas e escrever cartas ameaçadoras, envenenar os cães de guarda e pôr fogo em algum maquinário; se necessário, matar com a velha espingarda por trás do muro de proteção ou, mais modernamente, de pé num Fiat "Topolino" com a capota aberta. Como seus pais e seus avós, Vitale e seus amigos matam geralmente outros bandidos, o ladrão de limão (*sic!*), o concorrente na hierarquia mafiosa. Certa vez morre um empresário durante uma tentativa de sequestro: se não tivesse reagido, comenta desolado um dos filiados, "estaria vivo e teríamos o dinheiro".[53]

Esse mecanismo de controle territorial não faz distinção entre setores: agrícola, imobiliário, comercial. O importante é que o monopólio de certas atividades, a segurança em primeiro lugar, seja reservado à quadrilha, que as outras se desenvolvam com a sua permissão e uma participação sua nos lucros. Isso vale também para as ainda raras indústrias palermitanas. O estaleiro naval, pertencente ao genovês Piaggio, entrega à quadrilha de Acquasanta alguns serviços internos entre os quais a tarefa de manter a ordem entre os trabalhadores, com métodos de suave clientelismo ou de dura contraposição, como ocorre em 1947 quando "seu" Cola D'Alessandro e seus *rapazes* lançam mão de revólveres. Outra firma genovesa, que constitui uma sociedade, "Eletronica Sicula", já no momento da aquisição dos terrenos sobre os quais surgirão as instalações utiliza a mediação do chefe mafioso de Santa Maria de Jesus, dom Paolino Bontate; este faz

53 Para tudo isso, cf. o requisitório do procurador G. Pizzillo contra Vitale e outros, 4 de dezembro de 1974, in *Antimafia. Doc.*, I, p.809-36, mas também Instrutoria Maxiprocesso, p.6 ss.

valer a sua autoridade até para superar as resistências locais contra as escavações dos técnicos para captar os lençóis hídricos, tema sempre muito delicado no Palermitano. Chega-se à inauguração da fábrica, durante a qual se verifica um "espetáculo ... realmente degradante". O neodiretor Profumo mal tinha começado o seu discurso quando de repente fica completamente só, porque o "compacto grupo de representativos funcionários da Região e do Município" que está diante dele levanta-se e como um todo corre em direção a uma porta: é uma disputa para ver quem chega primeiro para prestar homenagem a dom Paolino que acaba de entrar na sala. É preciso pensar que para favorecer o investimento "produtivo" o chefe mafioso teve de usar muitas das suas relações de antigo monarquista agora democrata-cristão, talvez até o parentesco que o liga à deputada (também democrata-cristã) Margherita Bontate; em troca lhe serão reservadas a contratação dos operários e o abastecimento do restaurante, além de uma importante compensação em dinheiro. Em 1959 é ele pessoalmente quem pede e consegue que a Confederação Geral Italiana do Trabalho (CGIL) seja impedida de apresentar listas próprias para a comissão interna: "Para mim – declarará Profuno – Paolo Bontà é útil, porque é ele quem me dá água, é ele quem me dá o terreno para ampliar a fábrica, é dele que eu dependo para encontrar os operários".[54]

A relação entre o engenheiro Profumo e dom Paolino pode esclarecer como existe um *continuum* entre proteção, mediação e coparticipação que deve ser enquadrado no fenômeno por nós conhecido da conversão de guardas em negociantes, em arrendatários e em comerciantes de vários tipos. A mediocridade dos delitos de um Leonardo Vitale representa apenas o nível-base das

54 Sentença contra Torretta e outros, op. cit. p.724 ss.; Relatório Malausa, op. cit., p.43-4; memorial da Federação Palermitana do PCI, anexo ao *Rel. La Torre*, p.850.

atividades da máfia; os mesmos instrumentos, em mãos de personagens mais hábeis, levam a resultados diferentes. Tomemos o caso dos irmãos La Barbera, cujo ponto de partida é aquele muito mais baixo de dois ladrõezinhos de subúrbio, tanto que a Antimáfia os definirá como "delinquentes comuns que se infiltraram nas malhas da rede mafiosa";[55] como no caso de Leggio, continua-se a superestimar o tipo ideal do mafioso-notável, subestimando o papel da violência para definir as hierarquias, para determinar ascensões também muito rápidas. Os dois ex-ladrões logo se transformam em assaltantes-vigias de chácaras, depois de canteiros de obras, desenvolvendo em relação a estes o papel subsidiário a que estava habituado desde jovem Salvatore Barbera, "moço carroceiro" na aldeia de Partanna; até que os dois irmãos formam uma sociedade de materiais de construção, à qual recorrerão os empresários protegidos, e por meio do chefe mafioso Bartolo Porcelli são postos em contato com Eugenio Ricciardi, homem de confiança do construtor imobiliário Salvatore Moncada. A carreira de protetor-negociante naturalmente deve também ser exercida *dentro* de um grupo mafioso, neste caso a família de "Palermo-centro", onde são reguladas as relações com os outros aspirantes a essa função. Aqui com efeito Angelo La Barbera resolve sua concorrência com Ricciardi, atraindo-o para a tocaia de Gaetano Galatolo, vulgo Tanu Alatu (1952); nesse assassinato começa a ascensão que levará os dois irmãos ao centro do poder mafioso, à testa do grupo de famílias do qual faz parte também a de Altarello-Porta Nuova.

Os La Barbera substituem Ricciardi não só no *status* mas também nas atividades. Quando Giuseppe Ricciardi, filho da vítima, encontra o caminhão da pequena firma paterna sem rodas e colocado coreograficamente sobre cavaletes, compreende que precisa vender tudo aos vencedores e acha um emprego de

55 *Antimafia. Singoli mafiosi*, p.163.

contador numa loja de eletrodomésticos. O ambiente, porém, continua o mesmo. Os novos empregadores do jovem, Giulio Pisciotta e Vincenzo Maniscalco, tramam contra a liderança da quadrilha, reúnem-se com outros discutíveis personagens, acabam promovendo uma extorsão justamente contra Moncada (1960). Maniscalco cai numa emboscada. Depois os La Barbera são encontrados, juntamente com Tommaso Buscetta e Salvatore Gnoffo, diante da estação Brancaccio para onde Pisciotta e seu sócio Natale Carollo, acompanhados de Ricciardi, se dirigem para retirar mercadoria; é o próprio Ricciardi quem fornece (involuntariamente?) a informação certa aos assassinos de seu pai. Sob a ameaça de armas, os dois primeiros são convidados para uma "conversa" da qual não voltarão nunca mais; o terceiro é convidado a voltar para casa e esquecer tudo. Essa pelo menos é a primeira versão de Ricciardi, que depois nega afirmando ter sido torturado, e por fim também se desmente sobre isso de maneira desesperadamente contraditória; concluindo "não conhecer ninguém, estar doente, ter perdido um emprego bem remunerado por ser filho de seu pai, ter medo de tudo e de todos", de querer apenas "viver tranquilo".[56] Evidentemente a vida de filho de chefe mafioso não é nada fácil.

Militares e traficantes

As lentes primitivistas e ruralistas usadas pela maior parte dos observadores são as principais responsáveis pelo fato de alguém ainda admirar-se pela presença de mafiosos na rota do contrabando internacional de cigarros ou no comércio de droga

56 Tribunal de Justiça de Catanzaro, Sentença contra A. La Barbera + 114, in *Antimafia. Doc.*, IV, t.XVII, p.992, e também a citada sentença de remessa a julgamento; sobre os La Barbera, cf. também Chilanti-Farinella, *Rapporto*, op. cit., p.125 ss.

com destino aos Estados Unidos desde o pós-guerra. O intercâmbio transcontinental representa uma das características fundamentais da história que estamos narrando aqui, sobretudo com a exportação de cítricos, sem a qual não existiriam a máfia dos pomares e os próprios pomares. Escondidos justamente nas caixas de cítricos, ópio e morfina viajam de Palermo para Nova York nos anos 20, em quantidade tão grande que provocam por represália uma série de restrições comerciais do lado americano.[57] Mas o intercâmbio de mercadorias entrelaça-se com o de pessoas, com a emigração do início do século e as que se sucederam, embora os fluxos fossem se reduzindo. Continuam a atravessar o oceano, entre outros, personagens como Calogero Orlando, nascido em Terrasini em 1906, que partiu para Detroit em 1922 com 400 dólares, e voltou em 1928 com 800 dólares, tendo enriquecido depois no curso de um contínuo vaivém entre América, Sicília e Espanha, com a importação e exportação de azeite e de queijo, com o preparo e o comércio de sardinha e anchova salgada; pelo menos é o que ele diz, porque, segundo, a polícia, a mercadoria com que ele lida é a droga.[58] Recorde-se que já nos anos 30 Lucky Luciano importa estupefacientes da Europa, talvez por meio de personagens como Pietro Davi, vulgo Jimmy americano, que voltou dos Estados Unidos em 1934 e já em 1935 foi preso em Milão por esse tráfico sórdido; que reencontramos em 1950 como importador de morfina da Alemanha. Mas aqui já estamos no pós-guerra, quando é a América que vem à Itália com o plano Marshall e os "indesejáveis".

O principal entre estes é justamente Luciano, libertado e despachado para a pátria de origem após uma obscura negociação

---

57 Per l'esportazione agrumaria, in *Sicilia Nuova*, 19 de março de 1926; cf. também a crônica da apreensão de 100 kg de morfina saindo de Palermo para Nova York in GDS, 24 de julho de 1926.

58 Tribunal de Palermo, sentença contra F. Garofalo e outros, 31 de janeiro de 1966, in *Antimafia. Doc.*, XIV, t.XIV.

com o seu ex-perseguidor, o senador Thomas Dewey. É ele certamente que reabre o jogo, primeiro explorando o "filão aurífero" representado pelas indústrias farmacêuticas do norte da Itália das quais extrai a matéria-prima;[59] depois estreitando relações com os refinadores marselheses. Após tê-lo libertado, os americanos parecem obcecados por aquele que consideram "rei ou pelo menos membro da família real"[60] de um tráfico que desemboca inteiro em seu país; daí os protestos contra as autoridades italianas acusadas de não prestar atenção às suas atividades. Com efeito, os italianos mostram-se resistentes a pôr em ação uma máquina investigativa apta a seguir os complexos caminhos da droga. Luciano é um tranquilo homem de negócios estrangeiro; negócios talvez ilegais, mas em todo caso inócuos para uma Itália onde não se produzem nem (sobretudo) se consomem estupefacientes. O alarme social suscitado pelo contrabando é sempre raro: aqui se chega ao mínimo.

O "lugar-tenente de Lucky Luciano em Palermo" é Antonio Sorci, conhecido como "Ninu u riccu" por ter sabido utilizar proficuamente os lucros do narcotráfico no loteamento imobiliário da antiga Villa d'Orléans.[61] A eles se liga Rosario Mancino, ex-estivador das docas que se tornou titular de uma firma de exportação aparentemente de cítricos mas na realidade de heroína, talvez conseguida através dos canais libaneses do próprio Mancino, que em Beirute é considerado de casa. Para receber uma remessa sua (1951), acha-se na América Gaetano Badalamenti, mafioso de Cinisi que sempre encontra hospitalidade em Detroit junto ao irmão Emanuele e à máfia local. Parece que existe um eixo Luciano-Sorci-Mancino-La Barbera, correspondente talvez à

59 *Antimafia. Rel. Zuccalà*, p.343 e 353.

60 Testemunho do agente americano C. Siragusa, cit. in *Antimafia. Rel. Zuccalà*, p.343.

61 Relatório do Comando Geral da Guarda de Finanças, 1955-63, in *Antimafia. Doc.*, IV, t.XIV, p.185.

organização palermitana para o narcotráfico e o contrabando de cigarro que as fontes da Polícia Fazendária dizem ser chefiada por Pietro Davi, já nosso conhecido. Eu não saberia dizer, porém, se essa estrutura poderia chamar-se "uma estrutura monopolista governada por Luciano".[62] Segundo ainda a mesma fonte, além da de Davi, em Palermo existe outra organização (concorrente?) de traficantes internacionais chefiada por Gaspare Ponente, que cai assassinado em 1958, deixando o posto para Salvatore Greco, "o engenheiro". Independente de Luciano entrou também no comércio outro sículo-americano, Frank Coppola de Partinico, que será preso com a mão na massa, ao que parece por uma dica do próprio Luciano. Em conexão não muito clara com os outros, também estão no circuito personagens como os irmãos Caneba ou o alcamense Serafino Mancuso, que fazem a ponte entre os Estados Unidos e a Itália, negociam com os marselheses sobre a qualidade e o preço do produto, organizam as remessas.

Nesse ponto, é preciso perguntar por que razão passa pelos sicilianos a mercadoria heroína, produzida sob a forma de ópio no Oriente, transformada na França e consumida nos Estados Unidos. O fato de a droga vir escondida nos baús dos emigrados representa um primeiro elemento indicativo do modo como são reutilizadas as redes que conectam a Sicília à América. O nizense Pascal Molinelli, por exemplo, associa-se aos mafiosos (Buscetta) para que estes ajudem "a encontrar os clientes e a tratar com eles".[63] Os narcotraficantes sicilianos dispõem de um recurso estratégico: as relações fiduciais que os ligam aos adquirentes; pelo contrário, eles *são* os fiadores dos adquirentes. Daí o papel de grupos que, também em relação à "grande" organização palermitana, parecem especializados em estar a meio caminho entre

62 *Antimafia. Rel. Zuccalà*, p.367. Sobre Mancino, cf. também *Antimafia. Singoli mafiosi*, p.203 ss.

63 Relatório da Guarda de Finanças, op. cit., ano de 1958, p.232.

os dois lados do oceano. A oeste da capital, sobretudo, zona de antiga ligação com a Tunísia e por conseguinte com a emigração clandestina, existem quadrilhas tipicamente narcotraficantes, tipicamente sículo-americanas, como as de Cinisi, de Alcamo, de Partinico e sobretudo a de Castellammare del Golfo, terra dos Bonanno de Nova York e dos Magaddino de Buffalo, que produz uma notabilíssima porcentagem de mafiosos norte-americanos, embora não apresentem importância comparável na história insular: aqui ainda reinam Gaspare Magaddino e Diego Plaja, parentes e amigos dos *boss* americanos. Como no início do século, o circuito migratório recoloca em ação uma rede de "colônias" comerciais mafiosas, semelhantes em certa medida às compactas colônias judaicas ou gregas que movimentavam os tráficos a longa distância da época moderna; ou aos ingleses e americanos do início do século XIX, que enviavam seus filhos à Sicília para organizar a importação de cítricos, transferir os meios financeiros para favorecer seu cultivo, despachar essas mercadorias perecíveis para além-mar em frágeis veleiros. Em todos esses casos, o vínculo de confiança, familiar ou étnico, serve para diminuir os fortes riscos inerentes à transação: para os estupefacientes, o sequestro da polícia, mas também a "burla", a fraude sempre à espreita.

Tais organizações *não* correspondem às "famílias" da *Cosa nostra* palermitana, uma vez que estas não administram controle territorial, mas tráficos a longa distância. Temos dois modelos distintos de organização, para a leitura dos quais podemos partir da dialética, proposta para o caso nova-iorquino por Alan Block, entre *power syndicate* e *enterprise syndicate*, um tendente essencialmente à "extorsão, não à empresa", o outro "operante na arena das empresas ilícitas como prostituição, jogos de azar, contrabando de droga".[64] Em Palermo podemos chamar *power syndicate* a

64 Block, *East Side-West Side*, op. cit., p.129.

estrutura territorial das famílias, com as rígidas filiações, a formidável estabilidade no tempo, a força militar e a consequente capacidade de desenvolver, partindo do mecanismo da guardiania, uma função auxiliar da segurança pública ao longo do circuito extorsão-proteção; o *enterprise syndicate* representa pelo contrário a rede muito mais móvel de negócios que desde o século XIX se dedicava ao roubo de gado e ao contrabando, e que agora administra o comércio de cigarro e de estupefacientes. O fato de que os próprios militantes das quadrilhas estejam envolvidos em tais redes não invalida a distinção, nem conceitual nem empiricamente: Buscetta explica como as famílias se limitam a dar aos seus adeptos "a permissão" de participar dos vários negócios ilícitos. A rede, aliás, não pode ser inteiramente mafiosa: dela fazem parte tangerinos, americanos, napolitanos, marselheses, chineses, aventureiros, mulheres, honrados e desonrados lavradores e banqueiros. É o que ocorre também com o contrabando de cigarro, nascido pelo *input* de "grupos de aventureiros internacionais na maioria americanos" estabelecidos nos portos francos de Tânger e depois de Gibraltar, e dali se espalhando para Gênova e a Sicília levado respectivamente por marselheses e por mafiosos; apoiando-se "em algumas firmas de importação-exportação suíças e tangerinas e, para o financiamento das operações, em bancos de Tânger controlados por judeus".[65] O tráfico pressupõe

> o emprego de ingentíssimos capitais e consideráveis meios para adquirir ou fretar navios ... adquirir ou deslocar para a França e para a Itália os aparelhos de rádio clandestinos; providenciar o pagamento dos cigarros embarcados em Tânger e Gibraltar (a carga de um único navio vinha a custar aos organizadores 40 mil dólares em média); contratar, pagar e deslocar para a Itália e para outros países comandantes e equipagens dos navios, operadores de rádio; enfrentar

65 Relatório da Guarda de Finanças, op. cit., p.184.

e amortizar as perdas de homens e meios; transferir consideráveis meios financeiros para a Suíça, Itália, França, Malta.[66]

Reencontramos aqui mafiosos como Badalamenti, Buscetta, Angelo La Barbera, Calcedonio di Pisa e Vincenzo Spadaro que esperam as cargas nas praias, passam de um país para outro, negociam com notáveis do banditismo corso-marselhês como Paul Paoli ou milanês como Romano Scarabelli; que entram em contato com napolitanos para criar outro terminal de distribuição quando as costas sicilianas começam a ser muito vigiadas pelas forças da ordem. No circuito da Europa, Salvatore Greco, "o engenheiro", tem importante papel como "financiador e encarregado dos contatos com as organizações estrangeiras"[67] em estreita relação com outro *boss* marselhês, Elio Forni. Mas existem também níveis mais modestos nos quais os mafiosos entram em contato com pessoas que não têm nada a ver com seus mitos e seus ritos, com a sua extração étnica e cultural. A mulher de um contrabandista tangerino preso em 1960 reclama para si e para o filho que vai nascer o dinheiro devido pelos "amigos de Palermo" ao marido preso: "Vocês são tantos e entre todos não lhes será pesado um pouco cada um ... tenho a certeza de que vocês [no meu lugar] já teriam sacado os revólveres"; depois ameaça com vinganças acrescentando "não tenho medo da sua máfia".[68] Aqui deve ser observada não só a imprudência de uma mulher "estrangeira" que usa por escrito a palavra máfia (isso pode representar uma ameaça de revelações às autoridades), quanto a falta de solidariedade interna do grupo de contrabandistas, contraposta ao cuidado em apoiar as famílias dos presos que é de regra dentro do grupo mafioso.

---

66 Relatório cit., ano de 1958, p.248-9.

67 Relatório cit., ano de 1963, p.287-8.

68 A carta de M. Bergez, datada de Tânger, 16 de abril de 1960, no Relatório cit., p.266-7.

Essa heterogeneidade provoca consequências negativas no plano da segurança bem garantida em vez da solidez do *power syndicate*; daí a grande força das famílias (de máfia e sobretudo de sangue) sículo-americanas. Mais expostos a traições e delações, entregues em todo caso a atividades que inevitavelmente deixam vestígios (navios, mercadorias, telefonemas, cartas, movimentos bancários), os traficantes são às vezes presos com a mão na massa: o seu nível é superficial e visível, comprovável como delito, ao passo que o nível da organização territorial permanece misterioso e subterrâneo. Existe ainda uma potencial contradição entre as duas esferas organizativas. Buscetta relata que em 1958 foi temporariamente "deposto" (expulso) da sua família por ter se excedido nos contatos externos: "O contrabando de cigarro abrangia pessoas que não tinham a mentalidade mafiosa";[69] e lembrem-se as conhecidas perplexidades das famílias americanas em relação ao comércio da droga. Na gestão dos grandes tráficos, os mafiosos se encontrarão ainda lado a lado não só com "estranhos" mas também com membros de quadrilhas diferentes da sua, com o risco de que a solidariedade de família acabe por ser superada pela de negócios. A afiliação comum implica um simples e genérico direito de inserir-se nos negócios dos coafiliados, que para ser exercido na prática depende, porém, das capacidades gerenciais e sobretudo financeiras de cada um: "Para o tráfico de estupefacientes todas as pessoas eram autônomas. Quem tinha mais possibilidades econômicas trabalhava mais".[70] Isso explica as grandes diferenças econômicas e sociais entre os personagens que se movem no universo mafioso e no interior das quadrilhas particulares, entre os quais (como em qualquer outro universo) existem os ricos e os pobres.

Mediante polêmicas internas mais ou menos instrumentais, as estruturas territoriais podem frear, moderar, reequilibrar o

69 Testemunho de Buscetta, Debate, I, p.41.

70 Ibidem, p.218.

acesso aos recursos entre filiados, mas jamais bloquear o desenvolvimento de atividades lucrativas: a conversão de guardas em negociantes é fenômeno que se repete continuamente ao longo de toda a história da Máfia, devendo ser considerado como essencial a ela. Assim diluída em várias redes de relações, a filiação mafiosa continua a favorecer a identificação dos grupos sicilianos e sículo-americanos, "mesmos costumes, mesma filosofia criminal e uma herança comum";[71] representa um espaço privilegiado de comunicação comparável ao da filiação maçônica para políticos, funcionários e homens de negócios. Existe, porém, um nível mais específico de recíproca funcionalidade entre *enterprise syndicate* e *power syndicate*. As empresas ilegais têm necessidade de proteção igual ou maior que as legais, não podendo dirigir-se à autoridade pública para serem defendidas.

> As consequências econômicas dessa particularidade são múltiplas: o patrimônio ilícito é vulnerável ao sequestro legal assim como ao furto; os direitos de propriedade não podem basear-se em documentos escritos e são em geral definidos de modo incerto ... O furto, a trapaça, a bancarrota, a insolvência, a desconfiança e as controvérsias ... são muito mais comuns nos mercados ilegais que nos legais; consequentemente, não se tem apenas uma maior demanda de proteção, mas esta é também particularmente difícil de fornecer. Não é necessário dizer que uma atração fatal empurra a máfia para esses mercados.[72]

No contrabando de cigarros, a Polícia Tributária não exclui "que certas quadrilhas mafiosas se limitam a retirar um percentual sobre os lucros das organizações contrabandistas (a assim chamada 'taxa')".[73] A máfia, diria ainda Gambetta, desfruta de

---

71 President's Commission on Organized Crime, *Report*, op. cit., p.51.
72 Gambetta, *La mafia siciliana*, op. cit., p.319.
73 Relatório de 5 de abril de 1971, in *Antimafia. Doc.*, IV, t.XIV, p.993.

uma “marca” comercial particularmente apreciada em consequência da antiguidade da *firma*, que quer dizer continuidade dos negócios e (presumível) correção dos negócios; mas, acrescento, também da sua (presumida) capacidade de ser *Estado*, de impor regras, de vigiar e punir. É a relação entre a criminalidade comum e a mafiosa que aparece também no estudo de Reuter sobre o caso nova-iorquino.[74] “A natureza do meu ofício é acertar os abusos”, escreve com linguagem de inspetor ministerial Calogero Di Carlo, membro da família Gambino, ao transportador da droga de Marsala, Vincenzo Martinez.[75] Em toda uma série de circunstâncias, no curso de frenéticas negociações para apaziguar controvérsias, acertar fraudes, regular pagamentos, atribuir a posse de mercadorias e capitais, o papel da hierarquia tanto americana como siciliana é o de fiador.

Experimentemos reler com esses instrumentos a história dos anos 50. Chegando à Itália, Luciano evita interferir na reestruturação dos poderes territoriais na Sicília: não tem interesse nem força para isso. Estabelece-se então em Nápoles,[76] lugar adequado para manter relações com a América, a França, a Itália setentrional, a Sicília. Aquele homem que é impunemente esbofeteado no hipódromo de Agnano por um pequeno malfeitor local[77] não é *o chefe* da Máfia, mas um mediador de negócios. A célebre reunião palermitana no Hotel Delle Palme (outubro de 1957) representa certamente uma tentativa para dar um rumo diferente ao curso das coisas. Ante a perspectiva de fechamento da base cubana devido à revolução castrista, Joe Bonanno e outros chefes da *Cosa nostra* americana tentam convencer os locais a uma amigável divisão; sem grande sucesso, a crer na frase que

---

74 Reuter, *Disorganized Crime*, op. cit., cf. em particular a casuística à p.160 ss.
75 Carta cit. em Sentença contra F. Garofalo e outros, op. cit., p.644.
76 Também Frank Coppola se estabelece em Pomezia, embora conservando estreitas relações em Partinico.
77 Testemunho Calderone-Arlacchi, p.27.

Genco Russo, dirigindo-se ao seu compatriota da América Santo Sorge, pronuncia nos luxuosos corredores do hotel: "*Quannu ci sunu troppi cani supra un ossu, beato chiddu chi pò stari arrassu*".[78] Além desse decorativo mas deslocado personagem, os demais presentes representam as máfias mais tipicamente sículo-americanas: os Badalamenti de Cinisi-Detroit, talvez alguns alcamenses, seguramente os Magaddino e os Plaja: o castelamarense Frank Garofalo que justamente neste ano de 1957 voltou da América para a Sicília.[79] Vista da perspectiva das famílias Bonanno e Magaddino de Nova York, isto é, do terminal da cadeia migratória, a Sicília pode parecer um pequeno apêndice de Castellammare del Golfo onde tudo é funcional à *connection* americana; mas trata-se justamente de uma distorção ótica.

Segundo Buscetta,[80] são os americanos que propõem criar na Sicília uma Comissão nos moldes nova-iorquinos; é preciso ver, porém, em que medida os resultados correspondem às intenções. Constitui-se um organismo provincial palermitano, do qual estão excluídos então os trapanenses e no qual têm assento inicialmente personagens de segundo plano (simples "soldados") e não os chefes de família, elemento que tende simbolicamente a sublinhar como a liderança territorial das quadrilhas permanece soberana. Mesmo se depois os poderes da Comissão se ampliam

---

78 "Quando há muitos cães em cima de um osso, feliz de quem pode ficar de longe", frase ouvida por um policial disfarçado: Sentença contra Garofalo e outros, op. cit., p.908. Sorge, sempre viajando entre a Itália e a América, parece um típico personagem do *enterprise syndicate;* Valachi e os outros arrependidos americanos não sabem enquadrá-lo numa família mesmo conhecendo-o como pessoa importante; ibidem, p.898-9.

79 Sentença contra Garofalo e outros, op. cit., p.625; o citado *Report* da President's Commission assinala a presença também de Badalamenti e Buscetta.

80 O qual reivindica para si próprio o papel de interlocutor de Bonanno: E. Biagi, *Il boss è solo*, Milano, 1986, p.147 ss.; e o testemunho citado por C. Sterling, *Cosa non solo nostra. La rete mondiale della mafia siciliana*, Milano, 1990, p.82-3.

rapidamente, os grupos que nela são hegemônicos, os Greco, os La Barbera, Torretta e Leggio, são independentes dos americanos; aliás, pelo que se sabe, eles não têm parentes importantes do outro lado do oceano. Em Palermo, os traficantes certamente têm seus referentes. Luciano observa principalmente os La Barbera, ao passo que para os Greco existe a dialética muito mais aproximada entre os dois primos: o grande contrabandista ("o engenheiro") e o chefe de quadrilha descrito por todos como um verdadeiro líder (*chicchiteddu*). O fato de Luciano (isto é, os americanos?) tomar partido pelos La Barbera[81] não salva estes últimos da derrota, como demonstração do fato de que o *enterprise syndicate* não pode decidir sobre a luta no *power syndicate*. Após o período inicial do caccamense Giuseppe Panzeca, é *chicchiteddu* quem assume a direção da Comissão da máfia que, segundo carabineiros e policiais, nasce para contrastar com a Comissão antimáfia: o Estado continua a representar um bom modelo para o outro Estado. O próprio Terranova define como "vagas e não controladas"[82] essas informações policiais que mostram, porém, uma relativa capacidade de penetrar secretamente nas coisas secretas. Não creio que a Comissão se constitua por simples impulso e modelo americano, nem me parece probatório o que escreve Bonanno: "a Comissão não fazia parte da minha tradição; não existia um organismo desse tipo na Sicília".[83] Em Palermo existia um organismo de coordenação no fim do século XIX e, provavelmente, também em outros períodos. Já em 1951 as famílias de Palermo Centro exprimiam uma particular estrutura decisória comum e se sucediam reuniões com outros grupos urbanos.[84]

De fato, o monopólio territorial é um princípio facilmente enunciado mas dificilmente mantido, a não ser pelo recíproco

---

81 L. Galluzzo, *Tommaso Buscetta, l'uomo che tradì se stesso*, Aosta, 1984, p.30.
82 Sentença contra Torretta e outros, op. cit., p.627 e 659.
83 Bonanno, *Uomo d'onore*, op. cit., p.172.
84 Sentença do Tribunal de Catanzaro, op. cit., p.975-6.

reconhecimento entre os grupos, a negociação para obter a permissão de agir no território dos outros ou para determinar a vantagem (uma porcentagem, uma troca de favores) proveniente da ação do outro no próprio território. Uma parte da vida cotidiana de Leonardo Vitale é dedicada a tais mediações, para cuja simplificação é necessário escolher uma sede permanente de negociações. Para resolver uma controvérsia entre a quadrilha de Altarello-Porta Nuova e a de Noce sobre o direito de impor taxas sobre determinada zona, apresenta-se Salvatore Riina, ex-pistoleiro de Leggio elevado ao *status* de personagem respeitável que administra, medeia, coordena; da ilhota em que está confinado, Giovan Battista Vitale aceita o resultado desfavorável do arbítrio declarando, entretanto, que Altarello precisa "beliscar" alguma coisa.[85] Acontece também que a vítima da extorsão possa dirigir-se a mafiosos de outras zonas, como faz o empresário Silvio Faldetta que diante do pedido de cinquenta milhões (de 1983) põe-se à procura do seu "interlocutor habitual" que dessa vez, porém, não é encontrado: a zona de fato é a de Pippo Calò, chefe da quadrilha de Porta Nuova, a quem Faldetta deverá enfim dirigir-se para a negociação.[86] Às vezes, porém, esses cruzamentos provocam atritos. Um sobrinho de Buscetta que possui uma empresa imobiliária em Termini Imerese, por exemplo, é objeto de intimidações e atentados por parte do chefe mafioso local Pino Gaeta. Aqui a competência territorial opõe-se evidentemente à *auctoritas* de um notável da *Cosa nostra* como dom Masino Buscetta a cujas reclamações Gaeta responde com uma acusação infamante: o sobrinho de Buscetta frequenta demais os policiais. No fim chega-se a um consenso graças à mediação de Calò; em outros casos a controvérsia terá resultados trágicos.

85 Sentença contra L. Vitale e outros, op. cit., p.834. Estamos no período em que a comissão foi dissolvida e reina um triunvirato composto pelo próprio Riina, por Badalamenti e por Stefano Bontate.

86 Instrutoria maxiprocesso, p.79-80.

Como se vê, as relações ultrapassam os limites territoriais, as influências se cruzam. Não só as grandes redes dos tráficos internacionais, mas também a rede mais estreita dos negócios urbanos coloca-se ao longo de eixos não limitados ao perímetro da senhoria territorial das famílias individuais. Os limites não são tão claramente definidos, e não só no sentido topográfico do termo. Um mafioso pode controlar relações políticas necessárias para atividades a desenvolver-se em diferentes localidades; uma empresa pode ter necessidade de proteção em todos os âmbitos geográficos em que opera, e solicitá-la a uma única quadrilha; uma firma de materiais de construção como a de La Barbera pode ter clientes em vários pontos da cidade (ou até em outras cidades). Não creio que possa limitar-se aos territórios controlados por uma só família uma firma como a Recredit, "Sociedade de cobrança de créditos por conta de empresas privadas", da qual é sócio Salvatore Inzerillo; assim como devem operar sobre amplos espaços aqueles dois mafiosos que uma firma setentrional que constrói a rodovia Palermo-Mazzara encarregou de ocupar-se "da expedição de autorizações por parte dos proprietários interessados na execução dos trabalhos, a fim de que as obras sejam imediatamente iniciadas".[87]

Um único grupo, o de Acquasanta, controla a segurança do Hotel Delle Palme e da Villa Igea, administrados pela mesma sociedade, mas colocados em dois pontos diferentes da cidade, e impõe à direção canais próprios para o abastecimento de carne: isso indica uma propensão ao monopólio setorial, mais que territorial. Um fato novo como a mudança da sede dos mercados gerais do bairro da Ziza para o da Acquasanta (janeiro de 1955) provoca um choque feroz, no qual se alinham, de um lado, os grupos que administram o sistema de adiantamentos

87 Sentença contra Spatola e outros, op. cit., p.599 e 787; em Catânia também a cobraça de créditos é atividade importante dos grupos mafiosos.

aos produtores e a intermediação comercial, isto é, a mais clássica máfia dos pomares na qual se vai solidificando o poder dos Greco especialmente com a morte de Antonino Cottone; do outro lado, está a quadrilha que julga ter direito ao controle do mercado por competência territorial.[88] Os mortos se contam às dezenas. No grupo de Ciaculli cai um Francesco Greco, "atacadista de fruta e verdura". Muito mais pesado é o tributo de sangue pago pela quadrilha de Acquasanta: são mortos em rápida sucessão dois de seus chefes, os já citados Tanu Alatu e Cola D'Alessandro; um terceiro, Salvatore Licandro, é seguido até Como e assassinado.[89]

A guerra demonstra como a regra da competência territorial não é de aplicação automática quando estão em discussão grandes interesses. Então podemos procurar os motivos da controvérsia no próprio mercado, no sistema de relações entre produtores, intermediários, leiloeiros, atacadistas; acusar as autoridades de não terem sabido (ou querido) encontrar a maneira de favorecer a concorrência em vez de prestar-se ao monopólio pelo qual os grupos depois se chocam. Aqui, porém, devemos permanecer sempre sobre o dado fenomênico, externo, como se a máfia ressurgisse continuamente de condições econômicas ou sociais determinadas, quando na verdade já existe de antemão um poder para o qual o controle de certos setores pode representar um objetivo estratégico, em condições de impor-se com um nível terrorístico tal que torna inútil qualquer mudança interna ao setor. O elemento que desencadeia a guerra é dado pela interferência, pelo curto-circuito entre redes de interesses e poderes territoriais. Foi afirmado que a eliminação da violência mafiosa do setor no período mais recente se deve à estratégia antimonopolista adotada pelas autoridades municipais, que é o

88 *Antimafia. Rel. sui mercati all'ingrosso*, relatório do chefe de polícia, p.48 ss.
89 Ibidem, p.12-3.

mercado, portanto, que derrota a máfia.[90] Creio, pelo contrário, que seja a mudança do equilíbrio entre as quadrilhas, por exemplo o enfraquecimento (e depois a destruição) da de Acquasanta, que torna possível a reabertura de uma dialética de mercado, e entre outras coisas também facilita certas decisões "corajosas" da burocracia comunal: o fator decisivo está na decisão do *power syndicate* de ocupar um setor ou de abandoná-lo. Entre outros elementos, mercados, peixarias, açougues e canteiros são o cenário, não necessariamente a causa dos choques. Os traficantes de droga poderão disparar tiros uns contra os outros, mas a droga não será necessariamente a razão, ou a única razão, desses conflitos.

Tentemos analisar as razões da primeira guerra de máfia (1962). Tudo teria começado por um grande negócio de droga organizado por Cesare Manzella, ítalo-americano de Cinisi, com a participação dos Greco e de um grupo de financiadores dos quais fazem parte também os La Barbera. Administrando materialmente a transação como fiador de Manzella e sócios está Calcedonio Di Pisa, que, entretanto, consigna aos interessados uma quantia inferior ao previsto "de vários milhões de liras", asseverando que algum dos compradores americanos o roubou. Os La Barbera pedem informações na América e concluem que, ao contrário, foi Di Pisa quem embolsou a quantia; mas a Comissão junto à qual se desenvolve a instrutoria conclui de maneira diferente e absolve o acusado. A decisão não agrada aos La Barbera, que decidem agir pessoalmente contra Di Pisa e contra Manzella, os quais não tardam a morrer, provocando a reação mortífera dos Greco com uma série de ações e represálias cujo resultado final é a ruína dos La Barbera e a dissolução da família de Palermo-centro.

---

90 D. Gambetta, La mafia elimina la concorrenza. Ma la concorrenza può eliminare la mafia?, in *Meridiana*, 1989-90, 7-8, p.319-36; tese muito atenuada em *La mafia siciliana*, op. cit., p.291 ss.

Já é evidente nessa reconstrução que a frustrada solução da contenda nascida do tráfico de droga se deve a outras questões. Os Greco e os La Barbera que conjuntamente financiam o negócio estão divididos por rivalidades enquanto representam duas forças que vão crescendo, respectivamente na Palermo Leste e na Palermo Oeste; na avaliação da controvérsia, os grupos se separam seguindo linhas preexistentes e com toda probabilidade não conseguem chegar a uma conciliação por causa de rivalidades preexistentes. Vem depois a atitude autônoma dos La Barbera, pondo em dúvida a capacidade da Comissão para regulamentar, para julgar e punir (ou absolver). Devo, porém, assinalar outra interpretação que vem da própria máfia, ou seja, dos arrependidos Buscetta e Calderone.[91] Segundo estes, o responsável pela morte de Di Pisa seria Michele Cavataio, sucessor de Tanu Alatu à frente da máfia de Acquasanta, o qual teria querido intencionalmente fazer recair a responsabilidade sobre os La Barbera para rachar a Comissão. Os problemas seriam agravados pela recusa de alguns dos mais antigos em seguir a norma segundo a qual cada um deveria optar entre o cargo de chefe de família e o cargo de representante na Comissão; regra propensa evidentemente a subdividir o poder em favor do caráter colegiado da coordenação, e talvez também acelerar a troca de liderança. As duas interpretações não são alternativas, mas a segunda evidencia principalmente os problemas internos do *power syndicate* para criar e aplicar uma lei comum por meio da Comissão, enquanto o poder militar permanece nas mãos das famílias particulares. Mesmo que todos os grupos aceitem uma regra, poderão sempre sabotá-la depois com os instrumentais, os despistamentos, as astúcias dos seus membros. Na luta entre a zona leste, que é dos Greco, e a zona centro-ocidental de Altarello-Porta Nuova Acquasanta-Piana dei Colli, ou seja, La Barbera-Cavataio-Torretta,

91 Testemunho Buscetta, p.102 ss.; Testemunho Calderone, p.81.

os Greco vencem sempre, mas jamais conseguem atingir um ponto firme. A bomba de Ciaculli destrói fragorosamente a tentativa da Comissão para garantir a paz, isto é, o equilíbrio entre os grupos.

Metástases

Depois de Ciaculli, a geração dos Greco, dos La Barbera, dos Buscetta, dos Leggio (todos nascidos entre 1923 e 1928) encontra pela primeira vez um antagonista que no curso dos anos 50 parecia ter estado em eclipse: a repressão estatal movida não por administração ordinária mas por específica intencionalidade política. O impacto inicial é pesado. Uma nova lei sobre o confinamento para os mafiosos e as instrutorias de Terranova subvertem os organogramas, provocam a dissolução da Comissão e a direta paralisia das famílias. "*Cosa nostra* não existiu mais no palermitano depois de 1963. Estava *knock-out*."[92] Alguns líderes passam à condição de foragidos, quer definitivamente como os Greco, quer intermitentemente como Leggio, que é preso e depois libertado, que escapa misteriosamente das medidas restritivas da polícia e desaparece, para ser enfim confiado à justiça em 1974. Aqui, porém, já estamos em plena fase de retomada dos grupos mafiosos, fortalecidos pelo resultado dos processos de Catanzaro (1968) e de Bari (1969), dos quais a maioria dos *boss* sai incólume. São os anos em que as redes mafiosas se expandem na Itália setentrional, também por um efeito perverso das medidas de residência obrigatória baseadas no habitual preconceito que vê a máfia como um simples subproduto de ambiente "primitivo", não aclimatável, portanto, no mundo do "desenvolvimento". Revela-se, porém, um campo de negócios talvez mais lucrativos que os que podiam ser feitos na Sicília: entre eles, mais uma vez, o

92 Testemunho Calderone-Arlacchi, p.72.

comércio da droga e o sequestro de pessoas. Periodicamente ou definitivamente, estabelecem-se no continente (entre outros) Pippo Calò e Luciano Leggio.

Enquanto isso, repropõe-se o problema daquele que agora é identificado como o inimigo comum das quadrilhas palermitanas: Cavataio. Depois de uma série de inconcludentes negociações, Salvatore Greco decide desatar o nó enviando matadores travestidos de policiais a Viale Lazio, até os escritórios da sociedade imobiliária que é o covil de Cavataio, o qual, juntamente com alguns outros, perde a vida num furibundo tiroteio (dezembro de 1969). A composição do *comando* revela o eixo das alianças: dela fazem parte dois corleonenses, entre os quais o sicário-príncipe do grupo, Bernardo Provenzano; dois homens dos Bontate; um tal Damiano Caruso residente em Villabate mas filiado à família de Riesi.[93] Encontramos pela primeira vez o chefe de uma quadrilha nissena, Giuseppe Di Cristina, enredado numa questão interna do *power syndicate* de Palermo, convocado pelos próprios palermitanos, na qualidade de forasteiro justamente, para fazer a mediação com Cavataio e por fim traí-lo, juntamente com Pippo Calderone da família catanense de *Cosa nostra.*

Emergem assim ligações mais estreitas entre Palermo e o resto da ilha. Certamente que os dois casos, nisseno e catanense, são diferentes. No interior da Sicília, ocorrem as mais notáveis continuidades históricas: em Riesi, em Favara, em Raffadali, em Siculiana, a rede das afiliações mafiosas não deve jamais ser interrompida. Di Cristina é filho de chefe mafioso; Leonardo Messina, jovem arrependido de San Cataldo dos anos 80, pode vangloriar-se de um verdadeiro *pedigree*:

> A minha é uma família que pertence por tradição à *Cosa nostra,* e eu sou a sétima geração ... Não fui afiliado por ser um larápio ou

93 Testemunho Calderone, p.52 ss.

por ser capaz de matar, mas porque por tradição familiar eu estava destinado a fazer parte dela.[94]

Nessas regiões, a máfia que corria o risco de desaparecer juntamente com o latifúndio e o enxofre é revitalizada por um novo contato com a *Cosa nostra*; Messina diz "regenerada".[95] A região representa um importante elemento de centralização em torno do núcleo da despesa pública. Emblemático é o caso do dique de Solarino construído pelo grupo catanense Rendo, cujos trabalhos são subempreitados e entregues aos apetites de mafiosos nissenos como Giuseppe Medonia, pelo qual se mata e se morre.[96] Di Cristina emprega-se junto à Entidade Mineradora Siciliana, órgão regional que administra a decadência das minas de enxofre no interior da Sicília;[97] dali vigia Palermo e se insere no mercado da heroína. A Máfia de Siculiana também se vê regenerada, mas pela emigração do Canadá dos membros da família Cuntrera-Caruana, antigos campeiros do barão Agnello, transferidos depois para a Venezuela para tecer a rede de um gigantesco tráfico de droga.

A de Catânia, porém, é máfia nova, embora a quadrilha local tenha sido constituída em 1925, importada por Nino Saitta, tio de Calderone, regressando de um período como foragido nas Madonie

94 Testemunho dado à *Antimáfia*, XI legislatura, 4 de dezembro de 1992, p.513. Nos fatos de Sommatino de 1925 (cf. p.143) um dos personagens mais importantes é um Leonardo Messina de San Cataldo. Sobre o uso do termo *Cosa nostra* com referência a um remoto passado, remeto ao que é dito à p.184; por outro lado, o mesmo arrependido, invocando sempre a sua tradição familiar, afirma com ênfase: "Não é a primeira vez que *Cosa nostra* troca de nome e de pele ... fizeram o mesmo também no passado", id., p.520.

95 Ibidem, p.519.

96 Instrutoria maxiprocesso, p.266 ss.; em geral G. Martorana-S. Negrelli, *Cosi ho tradito Cosa Nostra*, Quart, 1993, p.61 ss. Não se confunda este Madonia com os homônimos palermitanos.

97 Catanzaro, *Il delitto come impresa*, op. cit., p.184 ss.

(junto aos Farinella?).[98] Para os anos 50 há notícia de uma outra quadrilha em Ramacca, criada por mafiosos provenientes do Agrigentino, ao longo de uma linha típica de comunicação entre a parte ocidental e oriental da ilha. Como parecem indicar os laços de amizade e compadrio entre Pippo Calderone e Di Cristina, a outra estrada é a Mazzarino-Riesi, antiga via através da qual o enxofre era transportado para as refinarias e o porto etnense; composta por transportadores de enxofre, ao que parece, era justamente a família dos Santapaola da qual descende outro dos notáveis da quadrilha, Benedetto, vulgo Nitto. Fica finalmente comprovada a participação dos catanenses no contrabando de cigarros ao lado dos Greco e dos Badalamenti.[99] No conjunto, até os anos 70 e mesmo depois, esse grupo condiciona bem pouco a imagem de Catânia, onde todos (não sem satisfação) debitam a máfia à rival Palermo e à parte ocidental da ilha, menos desenvolvida e dinâmica. Catânia gosta de imaginar-se como a Milão do Sul, comercia, constrói, negocia e especula sob a tutela da máquina política construída por Nino Drago, o enésimo fanfaniano.[100] As criminalidades urbanas de vários tipos podem representar pequenas engrenagens dessa máquina, embora não faltem sinais inquietantes percebidos a tempo pela parte mais sensível da opinião pública; por exemplo, no início dos anos 60, para defender um desconhecido membro de uma desconhecida quadrilha (Franco Ferrera), vem de Roma Giovanni Leone, príncipe do fórum, líder democrata-cristão, futuro presidente da República. A cidade prefere espelhar-se nos "cavaleiros do

98 Utilizo aqui o testemunho de Calderone completando-o com outras fontes.

99 Já em 1957, por exemplo, é preso com Badalamenti em Pozzillo G. B. Ercolano, outro membro da quadrilha: Relatório da Guarda de Finanças, op. cit., p.224.

100 M. Caciagli, *Democrazia Cristiana e potere nel Mezzogiorno*, Rimini-Firenze, 1977; Giarrizzo, *Catania*, op. cit.; C. Fava, *La mafia comanda a Catania*, Roma--Bari, 1992.

trabalho", Graci, Costanzo, Finocchiaro, Rendo, grandes construtores com interesses nas edificações públicas e privadas em escala regional; ela ignora ou quer ignorar que, circulando pela Sicília durante seus negócios, eles entram em contato com grupos mafiosos que, segundo o modelo habitual, concedem subempreitadas em troca de proteção. É o mesmo comportamento que é adotado por muitas firmas setentrionais, mas os efeitos podem ser mais graves quando mais íntimas são as conexões. Segundo as confissões de Antonino Calderone (irmão mais novo de Pippo), Carmelo Costanzo, desde seu início como chefe mafioso, liga-se a Luigi Saitta, passando depois sob a proteção de Calderone Sr. no curso da sua escalada aos níveis da grande burguesia no período milazzista. Ainda segundo o arrependido, os mafiosos catanenses e trapanenses (da família Minore) obtêm de Costanzo subconcessões, facilitações, pagamentos em dinheiro. Santapaola exibe-se ao lado do empresário quando este circula entre os seus operários, adquire uma concessionária Renault, frequenta os salões da Catânia-bem, começa em suma a fazer parte do *establishment*. Permanece nos autos uma fotografia tirada no casamento de Giuseppe Costanzo que mostra, um ao lado do outro, o síndico de Catânia, o presidente da província, o secretário provincial da Democracia Cristã, o honorável social-democrático, os sobrinhos de Costanzo e Nitto Santapaola.

A Catânia dos anos 70 do século XX assemelha-se em certo sentido à Palermo dos anos 70 do século XIX, com um grupo mafioso que encontra sua ligação com uma classe dirigente disposta a fechar um ou até os dois olhos. Os cem anos de história que os palermitanos têm às costas fazem, porém, a diferença. Os mafiosos catanenses não têm o senso de radicação no território: logo que podem fogem dos bairros-guetos onde nasceram e se estabelecem nas zonas residenciais. Impossível para eles fazer valer pretensões de controle territorial: a única quadrilha local administra um espaço indefinido (o das empresas Costanzo?) com os seus 35 membros, e só com um certo esforço de fantasia pode ser comparada às 54 famílias palermitanas com cerca de três mil filiados, os quais cobrem todo o território e pouco a pouco escolhem entre os rapazes mais espertos os quadros necessários à sua reprodução.[101] Tradicionalmente em Catânia, a territorialidade coincidia com a possibilidade de identificar um personagem *'ntisu* (conhecido), ao qual cada bairro devia dirigir-se para recuperar o carro roubado ou outros objetos; mecanismo regulativo que, entretanto, desaparece nos anos 70 ao lado de muitos outros, enquanto do centro da cidade vai se espalhando uma criminalidade agressiva que se dedica primeiro aos pequenos furtos de rua, depois aos roubos *in loco* e (com rápido transporte aéreo) na Itália setentrional, que começa a impor a *taxa* sobre os negócios e as empresas. O grupo mafioso, cujas redes de relações apontam para o alto (o *establishment*) e para o exterior (*Cosa nostra*), olha com aristocrático desprezo a delinquência "comum". Calderone Jr. e Santapaola certa vez se dignam participar de uma festa campestre organizada pelo grupo dos *carcagnusi*, mas, habituados à hospitalidade dos Costanzo e dos Salvo, não podem deixar de sentir um certo embaraço entre frangos fumegantes, motos barulhentas e tapinhas nas costas:

> Era uma verdadeira festa de ladrões. Tudo o que nos rodeava, tudo o que estávamos usando, não pertencia aos *carcagnusi*. As motos eram roubadas, os frangos eram roubados, o vinho era roubado, o rádio acabava de ser roubado, os revólveres e os fuzis eram roubados. Até o campo em que nos encontrávamos não era dos *carcagnusi*. Estávamos ali às escondidas, porque o guarda era amigo deles.[102]

Nem sempre as relações são tão amistosas; pelo contrário, Santapaola erige-se em tutor da ordem e começa a matar sem pie-

101 Os dados são pelos cálculos de Falcone entrevistado por G. Fiume, La mafia tra criminalità e cultura, in *Meridiana*, 1989, 5, p.202.

102 Testemunho Calderone-Arlacchi, p.225-6.

dade os extorsionários; para esse fim a família precisa ampliar-se e admitir no seu interior matadores numerosos e eficientes, em condições de manter o nível da luta. A ideia da regulamentação revela-se, porém, bastante ilusória: Catânia permanece como o campo de batalha de grupos contrários enquanto a própria quadrilha, ao ampliar-se, divide-se em grupos. O modelo mafioso generaliza-se mas não atinge um nível de densidade comparável ao das zonas em que está radicado *ab antiquo*.

Solicitado a exprimir-se sobre o peso percentual dos grupos provincianos na *Cosa nostra*, Buscetta responde: "De um a dez: Palermo 10, Agrigento 8, Trapani 8, Caltanissetta 6, Catânia 4".[103] A escala hierárquica, pensada com referência à atualidade, reflete em certa medida também a dimensão histórica. Note-se a ausência de Siracusa, Ragusa e Messina, zonas tradicionalmente imunes:[104] existe, porém, uma família em Mistretta, obviamente agregada a Palermo junto com Gangi e S. Mauro Castelverde, sob a direção de um tal Giuseppe Farinella,[105] sobrenome muito conhecido nosso. Também de dentro da organização as coisas podem ser vistas de diversos pontos de vista, segundo a experiência de cada um. Leonardo Messina defende a importância do Nisseno, patrocinando a si próprio: "Em geral, pensam que se o arrependido não é palermitano não tem nada a dizer".[106] Vincenzo Marsala, que é de Vicari (aldeia do interior palermitano), dá um conselho: "Senhor Juiz ... se não se começar pelas aldeias esta planta daninha jamais será extinta. No interior é que está o viveiro da máfia".[107] Gaspare Mutolo, palermitano genuino, afirma:

---

103 *Antimafia*, XI legislatura, testemunho de T. Buscetta, 16 de novembro de 1992, p.355.

104 Sobre o complexo cruzamento entre sociedade local e *racket* numa dessas zonas, cf. agora S. Costantino, *A viso aperto. La resistenza antimafiosa a Capo d'Orlando*, Palermo, 1993.

105 Testemunho Calderone, p.5.

106 *Antimafia*, testemunho Messina, op. cit., p.531.

107 Instrutoria maxiprocesso, p.69.

"a máfia infelizmente é Palermo", e conta uma piada de Rosario Di Maggio sobre Riina: "O que ele vem fazer aqui em Palermo, se estamos todos de acordo? Vamos dar-lhe uns pontapés no traseiro e mandá-lo a Corleone para plantar trigo".[108] Trata-se com efeito de uma piada, já que a única cultura a que Riina já se dedicou é a da máfia urbana.

Com a clareza de percepção que lhe vem por estar colocado num observatório periférico como o catanense, Calderone Jr. nota que a igualdade entre as famílias e as províncias "vale apenas para a forma", porque na realidade existe um "poder hegemônico dos palermitanos": "em particular, desde sempre, os Greco exercem o poder efetivo sobre toda a Sicília".[109] Seria interessante saber a qual "sempre" se refere o arrependido. Nos anos 70, Salvatore Greco "chicchiteddu" e o seu primo homônimo, "o engenheiro", se transferem para a Venezuela, e depois de retornar algumas vezes à Sicília desaparecem da nossa história: informações não controladas dão o primeiro como morto de morte natural, enquanto do segundo não se sabe mais nada. Buscetta nos descreve um "chicchiteddu" desgostoso, decidido a cair fora; coerentemente com a sua tese de uma máfia antes nobre e agora em vias de degeneração, que teria encontrado justamente nele o último líder prestigioso. Cabe, porém, certa dúvida sobre a vontade de ambos de afastar-se completamente. Justamente nesse período, com os Cuntrera-Caruana, a Venezuela torna-se uma base importante de operações para o tráfico de droga. Seria possível avançar a hipótese de que após a sangrenta guerra de máfia e a desagregação das estruturas de coordenação, os Greco tenham julgado ingovernável a estrutura do *power syndicate* palermitano; que tenham preferido jogar a sua capacidade, as suas relações e seus capitais na vertente do *enterprise syndicate*. Na rede dos

---

108 *Antimafia*, XI legislatura, 9 de fevereiro de 1993, testemunho Mutolo, p.1231.
109 Testemunho Calderone, p.41.

tráficos e dos negócios, o sul-americano começa a representar um núcleo importante.[110]

Em Ciaculli, a herança dos dois primos é recolhida por Michele Greco, filho de dom Piddu, "o tenente", pertencente, portanto, à ala de Croceverde Giardini. "Chicchiteddu", aparentado com as duas vertentes (a mãe era de Croceverde, o pai de Ciaculli), havia representado o ponto de equilíbrio ideal da reconciliação, aquele que segundo Buscetta tinha feito o magnânimo gesto de acolher os primos de Croceverde na família, embora os meios mafiosos tivessem reconhecido que "a razão estava inteiramente do seu lado"[111] (isto é: que Ciaculli tinha saído vitoriosa da luta). Os ressentimentos da antiga guerra Greco contra Greco são percebidos ainda em período recente: "o engenheiro", cujos pais tinham ambos morrido, tenta desqualificar Michele Greco lembrando aos seus pares como certa vez dom Piddu faltou com a regra apresentando-se no tribunal para pedir justiça para o filho: mais uma prova do senso de continuidade histórica da máfia dos pomares, tendo transcorrido mais de 35 anos se a referência for o assassinato de Giuseppe Greco (1939). Michele Greco por seu lado, no momento da prisão, se lamentará publicamente de ser vítima de um equívoco devido à homonímia com os dois chefes mafiosos, com os quais nada teria a ver:[112] evidente tomada de distância. Portanto, os vencedores dos anos 60 deixam não só a organização mas até a família nas mãos de um grupo diferente e em certo sentido contrário.

Um triunvirato composto por Riina, Badalamenti e Stefano Bontate (filho de dom Paolino) vê-se encarregado por volta de

---

110 Sterling, *Cosa non solo nostra*, op. cit., p.127-42.

111 Testemunho Buscetta, p.50.

112 Declaração no ato da prisão (1986) in S. Lodato, *Dieci anni di mafia*, Milano, 1992, p.194; na realidade, Michele, homônimo dos Greco de Ciaculli, é primo de *chicchiteddu*. Sobre as acusações a dom Piddu, Testemunho Calderone, p.8-9.

1970 de reorganizar a Máfia palermitana, de reconstituir as famílias, de garantir sua coordenação. É dissolvida e depois reformada a quadrilha de Palermo-centro (ex-La Barbera), desaparece a da Acquasanta que tantos problemas havia causado, desde Tanu Alatu até Cavataio.[113] Por volta de 1973 é reconstituída a Comissão provincial sob a presidência de Badalamenti; em 1975 forma-se uma Comissão regional dirigida por Pippo Calderone. Mas não é só. São chamados a filiar-se alguns *boss* napolitanos há tempos em negócio com os sicilianos no contrabando de cigarros e que estes esperam poder assim manter sob melhor controle. A solução é sobretudo formal, não evitará divergências e confusões recíprocas. O sistema de regulamentação já funcionando mal na Sicília ocidental dificilmente pode condicionar grupos mais afastados e heterogêneos; e todavia a máfia *stricto sensu* não parece comparável com fenômenos similares que vão pululando no Sul. Na realidade, como várias vezes assinala Calderone Jr., a autoridade da Comissão regional permanecerá sempre num nível muito inferior em relação à da Comissão palermitana. Está em curso uma tentativa de *internalizar* (termo horrível, mas eficaz, usado pelos cientistas sociais), isto é, transferir todas as transações para dentro da estrutura territorial da *Cosa nostra*, para evitar as divergências do passado e estabelecer uma ordem geométrica e hierárquica.

A gestão Badalamenti abre-se com o assassinato daquele pequeno camorrista que vários anos antes tinha ousado esbofetear Lucky Luciano. O novo líder encarrega-se de informar aos americanos "que a ofensa tinha sido lavada com sangue, embora com atraso".[114] Aqui talvez não haja atraso, mas oportunismo: Badalamenti quer agradar aos amigos de além-mar, que aliás sempre foram seus referentes e de toda a máfia de Cinisi, justamente

113 Testemunho Buscetta, p.12.
114 Testemunho Calderone-Arlacchi, p.27.

no momento em que sobe ao poder. A mensagem não agrada a Leggio, que critica "Badalamenti por ter comunicado à *Cosa nostra* americana que por mérito seu a província de Palermo tinha se organizado e que ele tinha se tornado o 'chefe dos chefes'".[115] A liderança desse grande traficante sículo-americano terminará repentinamente em 1977, não com um dramático acerto de contas com os adversários, nem com um acordo de sucessão: mas com uma expulsão da *Cosa nostra,* indolor e total, o que faz pensar como o seu poder derivava mais das relações externas do que de uma força no *power syndicate.* Buscetta, que revela o episódio, se recusa a fornecer uma mínima tentativa de interpretação. Calderone, entretanto, recorda que Badalamenti, originariamente muito próximo dos corleonenses e de Michele Greco, é depois acusado por este de "ter se enriquecido com a droga no momento em que muitas famílias se encontravam em dificuldades financeiras e muitos homens honrados estavam quase na miséria".[116]

O novo chefe, o próprio Greco, não se coloca na mesma linha do seu mais prestigioso primo, Salvatore "chicchiteddu", mas opera uma espécie de inversão das alianças, ligando-se estreitamente aos corleonenses, enquanto do lado oposto emerge a estrela de Stefano Bontate, chefe da família de Santa Maria de Jesus, que se alia com o jovem chefe de quadrilha de Passo di Rigano, Salvatore Inzerillo. Os alinhamentos estão assim delineados para novos negócios, novos e mais sangrentos conflitos.

Poder e dinheiro em guerra

Quando um mafioso protege um empresário, ele não admite interferências, nem mesmo de outros membros da organização.

115 Testemunho Calderone, p.51.
116 Testemunho Calderone-Arlacchi, p.94.

Tomemos o caso de Pasquale Costanzo: a hipótese de sua afiliação parece que é levada em consideração pelos Calderone, sendo depois descartada porque colocaria Costanzo muito por dentro do jogo das pressões "por parte de todos os homens honrados que se sentiriam no direito de dirigir-se *diretamente* a ele".[117] Essa decisão, portanto, pretende proteger não apenas a autonomia de Costanzo mas também a exclusividade da comunicação com a família catanense ou com Calderone. Filiados por sua vez à quadrilha de Salemi, mafiosos de muitas gerações, são os primos Nino e Ignazio Salvo, cujo *status*, sublinha um convincente Buscetta, não deriva, contudo, dos cargos exercidos dentro da *Cosa nostra*, mas das riquezas e das relações políticas adequadamente cultivadas dentro e fora da Democracia Cristã, com contribuições em dinheiro para evitar que alguém ponha em discussão o monopólio das exatorias. Como afirma em 1964 o democrata-cristão Giuseppe Alessi, "a matéria é candente porque é um jogo de bilhões que pode dar vida e prosperidade a partidos, correntes políticas e grupos de pessoas. Eu não queria que fôssemos caçar passarinhos, deixando sossegadas as águias de rapina".[118]

O fato de Badalamenti sentir-se "particularmente orgulhoso" da amizade dos Salvo e igualmente atento em preservá-la das incursões de outros filiados, mostra um cruzamento igual entre a hierarquia do poder mafioso e a do dinheiro; mas ainda mais antiga e consolidada é a relação com os Bontate, pai e filho. Dentro dessa lógica coloca-se também o sequestro e a execução de Luigi Corleo (1975), sogro de Nino Salvo, para o qual se torna assim explícito como esses apoios não são suficientes para preservá-lo. Acusado pela magistratura, Salvo afirmará não ser um mafioso, mas uma vítima como outros empresários sicilianos,

117 Testemunho Calderone, p.248, grifo meu.

118 Cit. em Instrutoria maxiprocesso, p.351. Documentos sobre os fundos destinados pelos Salvo para pagamentos de políticos, id., p.352-4.

que precisou recorrer a Bontate apenas para ter sua proteção; acrescentando uma observação interessante:

> Até o sequestro do meu sogro Luigi Corleo, pensei ter instaurado uma tranquila, ainda que incômoda, convivência com tais organizações, julgando erradamente que fosse suficiente comportar-se bem para não ter problemas com quem quer que seja.[119]

Lê-se aqui o desconcerto de uma máfia que tenta transformar-se em grande burguesia, que julga que é proteção suficiente a rede das relações pregressas na *Cosa nostra*, mas que, pelo contrário, mesmo "comportando-se bem", vê-se absorvida na dimensão criminal pela competição entre os protetores. Resulta, porém, impraticável na Sicília uma indústria de sequestros segundo o modelo sardo ou calabrês, que romperia o pacto entre protetores e protegidos instaurado no longínquo 1877 e cujos efeitos só se atenuam no caos dos dois pós-guerras. Cito um caso de 1976, mas que poderia ter ocorrido um século antes: uma quadrilha de independentes trapaneses sequestra um certo Campisi em meio à desaprovação dos homens "honrados" expressa com a habitual delação aos carabineiros por parte do chefe mafioso de Partanna, Stefano Accardo; a isso os trapanenses respondem com um atentado do qual o mafioso consegue escapar milagrosamente. Segue-se o massacre dos cinco culpados do duplo *erro*.[120] Assim a Máfia continua a querer respeitar as forças de fora, daí a deliberação da Comissão segundo a qual os sequestros devem ser banidos do território insular (fora é diferente, como demonstram as atividades de Leggio). A regra é geralmente respeitada, às vezes violada nos momentos inflamados da competição inframafiosa.

---

119 Instrutoria maxiprocesso, p.340.
120 Ibidem, p.32.

No caso dos Salvo, o contrato de proteção mostra algo mais que a habitual ambiguidade. Referindo-se ao empresário Moncada, íntimo dos La Barbera, Terranova comentava: "não se consegue estabelecer se foi vítima ou colaboracionista dos mafiosos ou até ambas as coisas, segundo os vários momentos e as diversas conveniências".[121] Aquilo que nas discussões oito-novecentistas era chamado *colaboracionismo* hoje se diz *contiguidade*, com a mesma significativa indeterminação do termo. Na instrutoria do maxiprocesso, Falcone e outros notam como alguns dos empresários apontados por Vitale como vítimas de extorsão nos dez a quinze anos transcorridos tornaram-se sócios, cointeressados, cúmplices de seus extorsionários.[122] Com efeito, o preço pedido, inclusive aos negociantes, é muitas vezes esse, de facilitar com uma associação nos negócios a transformação dos protetores em "empresários". O que seria analisado de maneira diferente é o caso de alguém que tira vantagem da rede de relações mafiosas e *depois* se vê prejudicado por isso. Salvo reclama contra o Estado "praticamente ausente do combate à máfia",[123] com antigos tons polêmicos mas nesse caso muito instrumentais: trata-se de gente como o velho Guccione que, graças justamente ao contato com a rede mafiosa, domina sobre um mercado do qual são excluídos os concorrentes que carecem desse requisito. Será que alguém pode alegar um estado de necessidade *pessoal* quando prospera sobre um estado de necessidade *geral*, no qual outros vivem sem colher os mesmos frutos? É esse o caso dos Costanzo que abrem canteiros de obras e realizam negócios, livres de intimidações graças às ações violentas decididas *autonomamente* pelos seus protetores. Cabe citar aqui a sentença (1991) de um juiz catanense com o nome ilustre de Luigi Russo, ante a qual desaparece a defesa dos proprietários nos processos do período fascista. O

121 Sentença contra La Barbera e outros, op. cit., p.523.
122 Instrutoria maxiprocesso, p.8.
123 Ibidem, p.328.

magistrado aceita o fundamento da maior parte das revelações de Calderone Jr. sobre os Costanzo, mas julga o comportamento deles impunível visto que é ditado por estado de necessidade em tudo semelhante ao do bodegueiro vítima de extorsão. Não se discute aqui a questão sob o aspecto jurídico, mas do ponto de vista sociológico sobre o qual aliás o doutor Russo insiste com desconcertante *pathos*: desculpa os empresários bilionários forçados a hospedar em seus escritórios as reuniões de mafiosos; compartilha com os Costanzo a angústia pelo casamento de uma sobrinha com um líder da quadrilha, Salvatore Marchese (primo dos Calderone), adere à tese da utilidade social da coligação.

> A recusa de qualquer diálogo destinado a atingir um certo ponto de equilíbrio [com os mafiosos] levaria o empresário a renunciar ao exercício da empresa; e isso paradoxalmente aconteceria justamente naquelas regiões do território nacional em que a manutenção e o crescimento do emprego deveriam servir para incentivar a libertação das populações da presença mafiosa.[124]

Estamos mais uma vez naquela falsa equação: subdesenvolvimento = máfia, da qual se extrai o corolário ainda mais falso segundo o qual o desenvolvimento se oporia à máfia, com base no qual amplos setores da opinião pública, industriais ou sindicais, exprimem em Catânia e em outros lugares preocupação pela "criminalização" dos empresários. Mais original é a teoria de Russo segundo a qual até mesmo a eventual afiliação do ameaçado à *Cosa nostra* representaria um disfarce *defensivo*, portanto não catalogável e punível sob a espécie jurídica de associação mafiosa.[125] Histórica e conceitualmente, tal *defesa* representa a própria essência do fenômeno mafioso.

---

124 Cito por um resumo da sentença publicado em *Città d'utopia*, 1° de janeiro de 1992, p.29, e para as outras referências p.26 e 27.

125 Sentença contra La Barbera e outros, op. cit., p.25.

A posse de um capital pessoal de relações com o *establishment,* político e econômico, parece configurar *dentro* da *Cosa nostra* um mecanismo de notabilidade: podemos realmente chamar de notável quem faz valer dentro de uma organização uma legitimidade independente da própria organização. Existem outros fatores que operam nesse sentido, sobretudo o prestígio que é parte essencial do papel de mafioso. Por exemplo, segundo Buscetta, Vincenzo Rimi jamais tinha exercido cargos, "era um simples homem honrado da família de Alcamo, cujo chefe ignoro, mas era pessoa dotada de grandíssima ascendência no seio da *Cosa nostra*" pelos seus dotes "de equilíbrio e sabedoria".[126] Parece-me excessivo afirmar, como faz Buscetta com o orgulho do *self-made man,* que de modo *nenhum* o poder mafioso pode ser transmitido por herança, de outra maneira não compreenderíamos a continuidade de senhorias familiares como as dos Greco, nem a rápida ascensão de um jovem como Stefano Bontate à direção da quadrilha de Santa Maria de Jesus na qual o pai tinha exercido o mesmo cargo. Inversamente, se quisermos crer em Calderone e mais uma vez em Buscetta, Michele Greco é um personagem "apagado", que, portanto, só sobe à direção da Comissão por causa do sobrenome que usa. Sendo ricos e poderosos há gerações, os Greco e os Bontate são também "senhores", o que não perde o valor como cartão de visita num ambiente tradicionalista como o de *Cosa nostra,* ao passo que a riqueza por si só não cria "nível", como demonstra a modesta *auctoritas* de Tommaso Spadaro que, entretanto, é um grande *boss* no contrabando de cigarro e no comércio de droga.

Difícil dizer qual é o nível de Tommaso Buscetta, já chamado de "*boss* dos dois mundos" pelo seu constante movimento entre a Europa, a América do Sul e a América do Norte, procurado pela polícia de meio mundo como narcotraficante de alto nível, mas

126 Testemunho Buscetta, p.84; cf. também Testemunho Calderone, p.116.

que, na sua célebre confissão, afirmará que jamais comerciou com droga, que jamais ocupou cargos, que era um simples "soldado" da família de Porta Nuova chefiada por Pippo Calò, e ainda por cima ficando sempre do lado dos perdedores, desde os La Barbera até Stefano Bontate. Provavelmente Buscetta não quer revelar as suas atividades dentro do *enterprise syndicate*: é difícil, todavia, compreender o seu grande prestígio entre os mafiosos presos ou mantidos em celas durante o maxiprocesso, os quais ouvem em respeitoso silêncio as suas acusações, a menos que se aceite a interpretação psicológica do próprio arrependido: "a mãe natureza dotou-me de um carisma, eu tenho algo mais".[127] Na realidade, existe uma discrepância entre o papel objetivamente modesto que Buscetta atribui a si próprio na confissão a Falcone e os tons da autobiografia ditada a Enzo Biagi, além das revelações à DEA, o departamento americano para o combate à droga cujo dirigente, Frank Monastero, afirma: "Buscetta deve ser considerado no mais alto nível, com referência em três continentes ... Valachi não tinha, na organização, a mesma força, o carisma, o grau de Buscetta".[128]

A divergência poderia explicar-se pelos dois diferentes pontos de vista, siciliano e americano, e pelo modo como um narcotraficante sículo-americano pode chegar a líder mesmo sem ocupar cargos elevados na hierarquia da *Cosa nostra*. O fim dos anos 70 representa um momento de *boom* sem precedentes no comércio da droga, que se desenvolve sempre entre os dois mundos, o novo e o velho, do qual Buscetta seria um dos *boss*. Do novo, chegam rios de dinheiro, pelos canais bancários que representam a pista sobre a qual é colocado o novo sabujo da procuradoria de Palermo, o juiz Giovanni Falcone, graças à sua

127 Biagi, *Il boss è solo*, op. cit., p.125.

128 Cit. in S. Turone, *Partiti e mafia, dalla P2 alla droga*, Roma-Bari, 1985, p.78; cf. ainda Sterling, *Cosa non solo nostra*, op. cit., passim.

experiência em delitos financeiros. Do velho, partem rios de heroína, com o qual em 1982 se chega a cobrir 80% do mercado da zona norte-oriental dos Estados Unidos.

Nos dois terminais, estão dois primos, Carlo Gambino e Salvatore Inzerillo, quer dizer, a mais poderosa quadrilha de Nova York na função de comprador e o chefe de uma das mais antigas quadrilhas palermitanas como vendedor. No meio, sicilianos de recente imigração, estabelecidos na costa oriental dos Estados Unidos também para escapar à repressão do início dos anos 60, administram outro elo da corrente, o da importação: os inquisidores chegarão à conclusão de que há uma terceira máfia, depois da ítalo-americana e da siciliana, uma máfia narcotraficante *siciliana* chefiada por Badalamenti.[129] O papel fundamental desse personagem, que acabou de ser expulso da *Cosa nostra* palermitana, deixa entender que esse grupo síciulo-americano não representa uma filial da casa matriz, não é o terminal da organização territorial insular[130] (tampouco da americana), mas que se trata de um *enterprise syndicate* relativamente independente de ambas: isso assinala a virada da tendência dos anos 50, quando os compradores vinham à Europa, ao passo que agora são os vendedores que vão à América. Estamos ainda no fluxo alternado de mercadorias, de capitais e de quadros com a emigração que se mistura ao comércio, agora por meio da droga como em outra época por meio do azeite e dos cítricos, por obra de "parentes e 'amigos' de provada fidelidade" que há um século se movem nos dois sentidos, de um continente para outro. No grupo Inzerillo, "o emaranhado incrível dos parentescos" – observa Falcone – "... é tal que dá trabalho juntar as peças e é interessante notar que, a cada

129 President's Commission, vol. cit., p.51. Sobre a relação entre máfia e narcotráfico cf. A. Becchi-M. Turvani, *Proibito? Il mercato mondiale della droga*, Roma, 1993, p.138 ss.

130 Como afirma ao contrário Sterling, *Cosa non solo nostra*, op. cit.

geração posterior, as ligações se tornam mais estreitas em consequência de casamentos entre primos"; endogamia conscientemente procurada no quadro de uma "aparente recuperação dos valores tradicionais ... instrumentais para tornar ainda mais homogêneo e coeso o grupo".[131] É o velho modelo das máfias narcotraficantes de Cinisi e de Alcamo administrado agora em escala bem maior por Palermo, onde o vínculo parental representa o substitutivo das estruturas da máfia territorial, não aplicáveis ao *network* transcontinental.

Superada a *Frech connection*, no fim dos anos 70 começam a abastecer-se diretamente no Extremo Oriente ex-contrabandistas de cigarro, ricos de capitais e de relações acumuladas nos anos imediatamente anteriores: Tommaso Spadaro, Nunzio La Mattina, Pino Savoca. Agora os sicilianos fazem eles mesmos o refino da droga graças à importação de técnicos marselheses e a despacham para a América; administram, portanto, vários elos da cadeia. Para certos aspectos, tal gestão é unitária, podendo todos os mafiosos usufruir dessa estrutura "industrial" como dos canais comerciais, com o financiamento de uma cota-parte da mercadoria. Fica, porém, evidente de fato a fragmentação e a desconfiança recíproca dos diversos poderosos. Giovanni Bontate, por exemplo, aplica um sistema que lembra aqueles aplicados no protocapitalismo da época moderna, o *putting out* de modelo flamengo: ele não se limita a mandar os refinadores elaborarem a sua morfina mediante uma compensação, mas primeiro a vende a eles, depois a readquire refinada.[132] Existem, por outro lado, dois afunilamentos para o livre acesso aos recursos: o primeiro, do lado da importação da morfina de base, solidamente nas mãos dos três personagens citados, de modo que os outros (por exemplo, os corleoneses) devem "adequar-se à parte que [pode] caber

131 Sentença contra Spatola e outros, op. cit., p.480, 488 e 506.
132 Gambetta, *La mafia*, op. cit., p.339.

a eles";[133] o segundo, do lado do exportador na América, onde Inzerillo exerce um controle, não sabemos até que ponto exclusivo. A instrutoria de Falcone e, antes dela, as investigações de um funcionário que trabalha em ligação com a DEA, Boris Giuliano, nos permitem conhecer a estrutura de tal grupo, em torno do qual floresce todo um mundo de empresários, banqueiros, indivíduos que fazem a lavagem do dinheiro, com uma divisão interna dos encargos entre seção narcotraficante e seção comercial. Nesta última, o homem mais importante é um primo de Inzerillo, Rosario Spatola, conhecido também por ter hospedado o amigo dos Gambino, o grande banqueiro em dificuldade, Michele Sindona, durante a sua misteriosa viagem à Sicília (1979). A diferença entre Spadaro e sócios de um lado, e Inzerillo de outro, está no fato de que os primeiros só pesam na vertente do *enterprise syndicate*, enquanto o segundo acrescenta ao papel de grande traficante o grau de chefe-família da *Cosa nostra*, ligando-se, por um lado, ao tradicional representante síteculo-americano "do tráfico internacional de estupefacientes", Badalamenti, e, por outro, a Di Cristina e finalmente a Bontate,[134] líder do grupo "de minoria" na Comissão. No inquérito, tanto americano como italiano, aparece frequentemente o nome de Buscetta.

Nesse período de ponta, os lucros anuais do comércio sículo-americano são da ordem de centenas de milhões (um bilhão?) *de dólares*. Temos aqui as origens da chamada segunda guerra de máfia já anunciada na periferia com o assassinato de Di Cristina e Pippo Calderone, detonada depois com a morte de Stefano Bontate, de Salvatore Inzerillo e de boa parte dos membros de sua família (de sangue), concluída no giro de dois anos (1981-1982) com a espantosa hecatombe de alguma coisa entre quinhentas e mil pessoas. Tombam muitos empresários do círculo de Inzerillo;

133 *Antimafia*, Testemunho Buscetta.

134 Sentença contra Spatola e outros, op. cit., p.510.

um precursor do tráfico de heroína como Antonino Sorci, ex-sócio de Luciano; Leonardo Caruana, da famosa família agrigentino-venezuelana de negociantes de heroína. Significativo é o fato de Inzerillo, mesmo depois da morte de Bontate, dizer-se seguro de que Riina não tocará nele, devendo ainda embolsar várias centenas de milhões como cota-parte de uma partida de droga; é imediatamente desmentido pela descarga de Kalashnikov que fura a blindagem do seu automóvel. O cadáver de um irmão de Salvatore, Pietro Inzerillo, será encontrado em Nova York "com um maço de dólares enfiado na boca e entre os genitais. Mensagem: 'Você quis papar muito dinheiro'";[135] mesma mensagem daquela carta *de ouros* jogada 120 anos antes sobre o corpo de dom Giuseppe Lumia. O *power syndicate*, e com ele a ala dos "vencedores", tende evidentemente a cortar a componente sículo-americana e apoderar-se não só dos lucros do narcotráfico, do qual como já vimos todos podiam participar (mas em que medida?), como das alavancas de controle sobre ele. Aqui se deve distinguir entre a Comissão, na qual Greco e Riina têm a maioria, e as famílias, e como primeira entre todas a de Santa Maria de Jesus, a mais numerosa e mais poderosa, que vê tombar sem reagir o seu prestigioso chefe. Ao contrário, não há sequer uma tentativa de defesa por parte dos "perdedores"; comportamento desconcertante se lembradas as contínuas e mútuas represálias na primeira guerra Greco-La Barbera.

> Quando se fala de guerra de máfia, não concebo bem essas palavras – declara Mutolo –; guerra de máfia existe quando duas ou mais famílias mafiosas se armam e sabem que um grupo luta contra outro grupo de pessoas. Em Palermo, porém, a meu ver, segundo a minha mentalidade, essa guerra de máfia não houve; houve uma traição.[136]

135 G. Falcone-M. Padovani, *Cose de Cosa nostra*, Milano, 1991, p.28.
136 Testemunho Buscetta, p.1231.

E com efeito a "traição" existe, no sentido de que a ofensiva da Comissão divide transversalmente as famílias, evidenciando a fragilidade de seus vínculos internos. A quadrilha não representa mais a célula-base da organização mafiosa, submetida à pressão oposta e contrária de duas forças: a centralização do poder militar na Comissão e os impulsos centrífugos devidos ao desenvolvimento das redes comerciais. Já Cavataio tinha criado um agrupamento oculto e transversal como será o dos *corleoneses*: "Quando digo corleoneses – explica Buscetta na sessão do maxiprocesso – não pretendo referir-me a corleoneses nascidos em Corleone. Pretendo referir-me ao agrupamento corleonês". "A família?", pergunta o presidente. "Não, agrupamento", repete o arrependido.[137] O próprio Buscetta, agrupado com Bontate e Inzerillo, embora pertencendo à quadrilha de Calò aliada de Riina, é um exemplo desse deslocamento de forças ao longo dos eixos dos grandes tráficos. Os dois irmãos Bontate, Stefano e Giovanni, traficam ambos, um sem o conhecimento do outro, e tal situação tem certamente uma relação com a escolha de Giovanni de agrupar-se com os vencedores aceitando (ou promovendo?) o assassinato do irmão a despeito de qualquer código familiar. A regra, segundo a qual a família, como tal, não administra em primeira pessoa os negócios, pode comportar o enriquecimento de apenas alguns dos filiados, chegando a determinar uma espécie de luta de classes no interior das quadrilhas. O agrupamento corleonês nesse caso poderia compreender a grande parte da estrutura territorial e militar palermitana que se rebela contra alguns de seus chefes; isso explicaria a ausência de luta e a facilidade da troca de liderança.

> O fato de que não só tenham sido mortos impunemente chefes de família, mas sobretudo que membros das mesmas famílias

137 Testemunho Buscetta, Debate, p.28.

tenham tomado o lugar dos chefes significa, sem que possa haver dúvida, que os substitutos estavam previamente de acordo com a eliminação dos chefes.[138]

Aqui pode repetir-se o mesmo discurso feito para o conflito Leggio-Navarra: o dinheiro, as relações externas, econômicas e políticas, Gambino, Sindona, Salvo, Lima, estão todos de um lado, todavia esse lado perde no momento em que o confronto se transfere para o plano militar. A Máfia expressa negocismo e notabilidade, mas não se transforma num clube de notáveis e de negociantes, pelo contrário, diante do desafio reage acentuando o seu caráter militar do qual um homem como Riina é o melhor (pior) representante.

Nesse ponto, é preciso dizer que essa interpretação dos fatos só corresponde em parte àquela que é fornecida por Buscetta. Com efeito, o arrependido afirma que na base de tudo "não há um motivo importante. Há uma tomada de posição dos corleoneses",[139] uma espécie de desejo de poder de Riina e sócios. A sua análise revela três tipos de contradição: uma primeira entre rede comercial e organização militar; uma segunda entre as famílias individuais e a Comissão; uma terceira entre os "agrupamentos", que não coincidem com as famílias nem de máfia nem de sangue: é o caso dos dois irmãos Bontate ou dos dois primos Badalamenti, colocados em vertentes opostas.[140] A guerra vai se transformando numa operação centralizada que acaba por subverter a autonomia das famílias, e (mas aqui Buscetta não estaria de acordo) leva a cabo um processo iniciado, embora com cautelas muito maiores, por Salvatore Greco "chicchiteddu". É evidente, porém, que o narcotráfico é o elemento desencadeador, evidência

138 Testemunho Buscetta, p.268.
139 Testemunho Buscetta, Debate, p.28.
140 Ibidem, p.89, 178-9, 218, 243.

que Buscetta admite só genericamente como rebaixamento do tom "moral" da *Cosa nostra*, "confusão" nos seus organismos diretivos. Não só ele desmente contra toda evidência a sua participação pessoal nesse tráfico, mas tenta também limpar os seus amigos, não Inzerillo (teria sido impossível) mas Stefano Bontate, o qual porém, como já se sabia e como outros arrependidos confirmaram, tinha uma participação ativa. Chega a afirmar que nos anos 60 a *Cosa nostra* siciliana não comerciava absolutamente com droga e, de fato, como já vimos, fornece explicações alternativas (na realidade complementares) para a explosão da primeira guerra; só tem um momento de desconcerto quando Falcone o contesta dizendo que Di Pisa seguramente vendia heroína, que ele ofereceu inclusive a um agente do *Narcotic Bureau*.[141] É de Buscetta a distinção clara entre a *Cosa nostra* siciliana na América, que trafica heroína, e a *Cosa nostra* americana, que rejeita essa atividade. Buscetta é desmentido pelo envolvimento dos Gambino na importação-exportação dos sicilianos, mas é evidente que ele quer cobrir justamente as vertentes norte e sul-americanas,[142] que são suas pelo menos tanto quanto a siciliana, sobre a qual fornece, porém, grande número de informações extremamente lúcidas e em grande parte verdadeiras; é significativo que um dos poucos *furos* na sua reconstrução seja representado pela expulsão de Badalamenti em 1977, momento essencial da *connection* sículo-americana.

Entretanto, é preciso refletir sobre a sequência da história. Badalamenti em fuga apresenta-se a Buscetta no Brasil e lhe pede que venha a Palermo "a fim de dirigir – explica o próprio Buscetta – em virtude da minha ascendência, a desforra contra os corleoneses";[143] aqui temos também o cotejo da intercepção

141 Testemunho Buscetta, p.299.

142 É a opinião também de Sterling, *Cosa non solo nostra*, op. cit.

143 Testemunho Buscetta, p.60.

de alguns telefonemas que demonstram que os Salvo o procuraram com este mesmo objetivo.[144] Buscetta julga "maluca" a ideia, e de fato não está errado: o que essa sua "ascendência" (cuja origem não conseguimos compreender) poderia fazer contra o superpoder militar da Comissão, no momento em que em Palermo os mortos se contam às dezenas, *todo dia*? O estranho é que a ideia "maluca" seja formulada por personagens respeitáveis, e levada tão a sério pelos inimigos de Buscetta (misteriosamente informados do projeto de Badalamenti, mas não da firme recusa que lhe é oposta) a ponto de provocar uma impiedosa reação preventiva com o massacre de dois de seus filhos, do seu irmão e de diversos outros parentes. Isso leva a crer que o "*boss* dos dois mundos" seja chamado para mediar em nome de algum outro, colocado num desses outros mundos, ou que a Comissão queira significar com feroz simbolismo que não aceita interferências externas. Temos o testemunho não muito claro de Mutolo, segundo o qual depois da morte de Bontate e Inzerillo, vem dos Estados Unidos para a Itália John Gambino para reabrir o diálogo, "visto que os caminhos que existiam tinham se interrompido há pouco", sendo Inzerillo um dos elos "que levava mais droga para a América"; por outro lado, ainda em fevereiro de 1984, Badalamenti telefona do Rio de Janeiro para os Estados Unidos reforçando (talvez com a força do desespero): "nós é que temos licença para importá-la [a heroína]; ninguém mais tem". Michele Greco, porém, declara-se pronto a reabrir os intercâmbios em outras bases, mas pede que os americanos "deem alguma 'batida' para pegar Buscetta", que se encarreguem de "matar todos aqueles hóspedes, [isto é] fugidos para a América".[145] No Brasil, Buscetta é preso e, interrogado por Falcone, dispõe-se a falar.

---

144 Instrutoria maxiprocesso, p.324-5.

145 Testemunho Buscetta, p.1272-4. A interceptação do telefonema de Badalamenti in Sterling, *Cosa non solo nostra*, op. cit., p.96.

Terroristas e arrependidos

Em plena guerra de máfia, inicia-se na Sicília uma matança de personagens de primeiríssimo plano. Começa em setembro de 1979 com Terranova que, após ter sido eleito nas listas do Partido Comunista e ter participado da Antimáfia, voltou à magistratura. Seguem-se, entre os magistrados, Gaetano Costa (1980) e Rocco Chinnici (1983), para citar apenas os mortos de Palermo. Não faltavam vítimas entre os políticos, como Piersanti Mattarella, presidente da Região que não tira proveito do capital de boas relações nos meios mafiosos acumulado pelo pai, Bernardo Mattarella; e Pio La Torre, secretário regional comunista morto em 1982. A estes se juntam os homens das forças da ordem: o subchefe de polícia Boris Giuliano, os oficiais dos carabineiros Russo e Basile, e finalmente Carlo Alberto Dalla Chiesa, o general nomeado prefeito de Palermo em 1982. Estamos diante de um notável problema interpretativo. Com exceção de Notarbartolo, a Máfia palermitana jamais tinha produzido cadáveres "ilustres"; pelo menos até 1971, com o assassinato do procurador-geral Pietro Scaglione que os contemporâneos geralmente interpretam como prova do envolvimento deste magistrado, dentro daquela lógica do "matam-se entre eles". Visto na perspectiva pós-Dalla Chiesa, porém, o assassinato de Scaglione parece o primeiro dos muitos episódios de intimidação dirigidos às instituições e ao sistema político.

Em alguns casos, a própria direção dos golpes propõe a interpretação. Russo e Boris Giuliano são investigadores de ponta, particularmente o segundo pelas suas relações com a DEA. A mesma lógica leva a Costa pela sua investigação contra os Inzerillo, e a Rocco Chinnici, morto na infernal explosão de um carro-bomba quando coordena o *pool* de magistrados engajados na Instrutoria contra os "vencedores" da guerra de máfia. Aqui emerge um aspecto que por ter sido objeto de ênfase retórica nem por isso é menos real: o do *isolamento* que provoca morte. Nos meios policiais e judiciários, a maioria permanece na administração comum por incapacidade, ou por preguiça, ou medo, ou cumplicidade. Percorrendo as entrevistas feitas pela Comissão parlamentar na metade dos anos 70 entre os ativistas em ação compreende-se imediatamente quem serão os morituros: aqueles poucos que dão respostas consistentes e inteligentes. Entre eles o general Dalla Chiesa, homem de prestígio, de grande e conhecida experiência no campo, vindo a Palermo para servir de símbolo[146] e logo simbolicamente eliminado. O expediente, usado em outras fases históricas, de ter na reserva um funcionário que *sabe* e que é mandado à Sicília quando a necessidade requer (pensemos em Sangiorgi, em Mori), não funciona mais. Atingir um alvo de tanta evidência é fácil: como tinha sido para Terranova, considerado até nos meios judiciários de Baro como um "perseguidor" do pobre Leggio;[147] e para Costa, que para superar as hesitações dos seus colaboradores tinha assinado sozinho, contra a praxe, a ordem de captura contra os membros do grupo Spatola-Inzerillo.

Os efeitos sobre a parte contrária são pesados. "Para os policiais e os carabineiros ... a emboscada a Costa representou uma mensagem inequívoca: doravante sabiam que quanto mais se indaga seriamente sobre a máfia mais se corre perigo de vida."[148] Para haver uma reação abrangente seria necessário algo diferente *daquele* Estado, profundamente contaminado pelas coligações da sua classe política, imobilizado nos automatismos de uma administração assembleísta e associativa, na prática e na teoria do "governo fraco"; incapaz, como se viu para Dalla Chiesa,

146 Do que o general parece consciente como se vê pelos trechos de seu diário cit. in *Istrutoria maxiprocesso*, p.228-30. Cf. também o livro do filho, N. Dalla Chiesa, *Delitto imperfetto*, Milano, 1984.

147 Cf. o testemunho do próprio Terranova in *Antimafia. Doc., III*, t.I, p.1188.

148 Entrevista-relato de Falcone in *Rapporto sulla mafia degli anni 80*, Palermo, 1986, p.27.

de dar aos seus organismos um sinal unívoco. Entretanto, depois daquela tragédia, desabrocha uma época de extraordinários resultados obtidos pelo *pool* antimáfia composto pelos magistrados Falcone, Borsellino, Di Lello, Guarnotta, chefiados por Antonino Caponnetto: são colhidas as confissões de Buscetta e depois pouco a pouco de outros arrependidos, é levada a termo a instrutoria que conduz à incriminação de cerca de 707 supostos filiados à *Cosa nostra*. Começa a caça ao homem para que as celas não permaneçam vazias nas sessões daquele que será chamado *maxiprocesso*.

Aqui a palavra retorna à polícia que tinha brilhantemente desmantelado a rede de refinarias de heroína e que com o relatório "dos 162" tinha fornecido ao *pool* o mapa dos vencedores. Já no fim de 1983, a patrulha móvel de Palermo tem a sua vítima, o agente Calogero Zucchetto, que entre os pomares e os bares de Ciaculli tinha reconhecido o foragido Salvatore Montalto no território dos Greco e de seus aliados Prestifilippo. Ao que parece, o fato de o policial ter se infiltrado entre estes e de tê-los de certo modo utilizado para montar a sua armadilha foi que decidiu sua sorte. Nos meios mafiosos circula a notícia de que os superiores do agente morto, Beppe Montana e Ninni Cassarà, tinham declarado que Mario Prestifilippo e Pino Greco "scar-pazzeda", o *superkiller* dos vencedores, não seriam presos vivos. A coisa é possível, no momento da raiva e do desalento; todavia, por quais misteriosos canais chega ao inimigo um boato semelhante?[149] Montana dedica-se entrementes à procura de foragidos utilizando até as férias para espiar de sua lancha as luxuosas mansões da costa: acaba morto assim, de calção e tamancos (verão de 1985). Toda a patrulha móvel se lança à procura dos assassinos e prende como suposto matador um certo Salvatore Marino que durante um espancamento na polícia acaba

149 Falcone-Padovani, *Cose di Cosa nostra*, op. cit., p.157.

morrendo. No funeral, tendo-se descoberto que a quadrilha deu cobertura, discursa Marco Pannella. O Ministro do Interior Scalfaro precipita-se a Palermo, e, com rapidez jamais vista em outros casos semelhantes (Pinelli *in primis*), desintegra a melhor estrutura investigativa que já tinha existido em Palermo, transferindo para os quatro cantos da península os seus funcionários. A morte de Marino mostra-se para a Máfia como um negócio excelente. Cassarà fica em casa por prazo indeterminado, circula em carro blindado e escoltado por dois agentes entre os quais Roberto Antiochia, que precipitadamente volta das férias para "cobrir as costas" de seu chefe. Jamais se saberá como um exército composto por pelo menos quinze capangas consegue ter a informação certa para interceptar os três, bem em frente da casa de Cassarà, e liquidá-los com uma saraivada de balas. Estamos *a vinte e quatro horas* das decisões de Scalfaro: nesse momento, os homens da patrulha móvel estão sozinhos como se fossem eles os marginais, os subversivos sobre os quais se abate a enorme potência de um Estado moderno.

Nessa trágica história, reside grande parte dos problemas de uma luta enunciada retoricamente pelo Estado e praticada apenas por alguns de seus funcionários: trata-se de gente que trabalha nas férias, que arrisca a pele para defender os amigos, polemiza com os colegas incompetentes, defronta-se com a traição, mas continua o seu caminho mesmo sabendo que acabam "assassinados todos os investigadores que agem realmente a sério";[150] e que justamente por isso entra num choque *pessoal* com os mafiosos, facilitando assim a mortífera reação. Sendo precária e contraditória qualquer lógica institucional, não haveria luta nenhuma se não interviessem o espírito de corporação, o culto aos mortos, o ponto de honra de quem não cede. Depois

150 Entrevista de Cassarà poucos dias antes da morte: Lodato, *Dieci anni*, op. cit., p.167.

acontece o que aconteceu nos funerais de Cassarà, com policiais e carabineiros que se enfrentam quase de armas na mão, com o caixão do jovem Antiochia "retirado pelos agentes ao oficialismo da polícia" e transportado para a sede da patrulha móvel, envolto na bandeira tricolor.[151] O segundo agente da escolta (Natale Mondio), que sobreviveu milagrosamente, será por sua vez assassinado em 1989. Scalfaro, Pannella e outros tranquilos representantes do ramerrão italiano não conseguem compreender que existe uma Itália "na linha de frente" que combate e morre ignorada por todos, embora os funerais sejam transmitidos diretamente pela televisão. Isso provoca o posterior *isolamento*, além dos conflitos destinados a assumir a aparência de luta de facções: basta pensar nas furibundas divergências provocadas pela atividade do *pool* e nos agora proverbiais "venenos" do Palácio de Justiça palermitano e do Conselho Superior da Magistratura.[152]

As mesmas contradições, mas num nível mais alto, encontramos no debate que opõe dois agrupamentos que identificamos em Giampaolo Pansa e Nando Dalla Chiesa, de um lado, e Leonardo Sciascia, de outro. Estamos no perído do maxiprocesso, aberto em fevereiro de 1986. Pansa nos descreve uma Palermo não suficientemente compreendida na grande ocasião, onde existe até um "pântano" prestes a prender e "engolir o processão".[153] Desta se distingue a outra Palermo, que está assumindo o combate à máfia como alavanca de uma renovação geral, à qual corresponde um movimento dentro da classe política que coloca na ribalta da Democracia Cristã personagens como Elda Pucci e Leoluca Orlando, síndico "antimáfia" apoiado por uma maioria

151 Ibidem, p.172.

152 Para o que remeto a Galluzzo, Nicastro, Vasile, *Obiettivo Falcone*, cit.

153 G. Pansa, *Carte false*, Milano, 1986; Arlacchi-Dalla Chiesa, *La palude e la città*, op. cit., p.78 ss.

atípica que acabará incluindo os comunistas. Oposta é a posição de Sciascia que, como bom libertário, desconfia de uma "cultura das algemas".[154] O que se pode esperar de um movimento político que pretende influir sobre uma ocorrência judicial? O risco é que a frente antimáfia represente a base sobre a qual alguns ambiciosos, como o próprio Orlando, pretendem construir sua carreira; mais arriscado ainda se os ambiciosos fossem Falcone & Cia., os quais, avançando com lógica dedutiva pelos arrependidos e arrependimentos, poderiam esquecer a obrigação de averiguar as responsabilidades individuais.

É importante lembrar que a oportunidade dessa polêmica sobre os "profissionais da antimáfia" é oferecida por uma resenha de Sciascia a respeito do livro de Duggan sobre a operação Mori,[155] texto que delineia tão bem a instrumentalização política que estava na base da antimáfia do período fascista que acaba perdendo pelo caminho qualquer percepção do que fosse ou pudesse ser a máfia; e é desconcertante que justamente o autor de *Il giorno della civetta* mostre não perceber isso. Sciascia pode até negligenciar o fato de que além do caso fascista, desde os tempos da direita histórica até o bloqueio rudiniano-socialista sobre o caso Notarbartolo, a frente antimáfia trata sempre o inimigo de potência para potência ou de facção para facção, para expulsar os adversários e ocupar o lugar deles. (Em todo caso, existem as facções melhores e as piores: os Palizzolo, os Lo Monte, os Ciancimino.) O estranho é que, bruscamente, a resenha termine com um ataque a Paolo Borsellino e ao *pool*, que não têm nada a ver com ambições e facções *políticas*. Influem aqui as polêmicas gerais em que estão empenhados radicais e socialistas contra a

---

154 Artigo publicado em CS, 26 de janeiro de 1987, agora em Sciascia, *A futura memoria*, op. cit., p.139.

155 Duggan, *La mafia*, op. cit.; a resenha in CS, 10 de janeiro de 1987, agora in Sciascia, *A futura memoria*, op. cit., p.123-30.

magistratura.[156] Tenho a impressão, porém, de que Sciascia preveja que o maxiprocesso venha a transformar-se numa operação liberticida por uma razão muito mais especificamente relacionada com o nosso problema: ele não acredita que a *Cosa nostra* seja um ente processável e tampouco identificável, não diferentemente do que pensava em 1973, quando afirmava que o mafioso nem sequer sabe que é mafioso, já que a máfia representa um comportamento e não uma organização.[157]

Com efeito, o maxiprocesso aponta justamente para o *power syndicate*, contrariamente à instrutoria de Falcone contra o grupo Spatola-Inzerillo, que tinha englobado o *enterprise syndicate* usando sobretudo o instrumento da investigação bancária para revelar a gigantesca rede de comércio do narcotráfico. Pela primeira vez a *Cosa nostra* como tal torna-se objeto de processo. Em Catanzaro e em Bari, no fim dos anos 60, já tinha se observado como a opinião pública recolhida nos processos da Segurança Pública não era mais suficiente para condenar as pessoas. Em 1974, o major Russo (outro nome do triste elenco dos morituros) exprimia desta maneira diante da Antimáfia sua frustração pela "posterior afirmação da força e da inteligência mafiosa" comprovada pelo resultado infausto dos processos:

> Quando são notícias confiáveis conseguidas por nós, a notícia confiável não tem peso; as interceptações [telefônicas], por lei, não puderam ser aproveitadas; a revelação não é acreditada. O que se deve fazer? Esperar que o mafioso se declare culpado de determinados crimes? Isso ele jamais fará.[158]

---

156 E do qual existem amplos vestígios nos artigos republicados no cit. *A futura memoria*; lembro que estamos nos anos do caso Tortora e do "teorema Calogero".

157 Introdução a Hess, *Mafia*, op. cit.

158 *Antimafia. Doc.*, I, p.872. Cf. também a análise feita por Di Lello na entrevista concedida a V. Villa, Magistratura e maxiprocesso, in *Area metropolitana*, janeiro 1986, p.15.

A existência de revelações, se Russo se referia a Leonardo Vitale, teria podido demonstrar o contrário. Vitale, porém, não representava realmente o tipo ideal do grande mafioso, como demonstra a definição "Valachi de subúrbio"; como se o subúrbio sobre o qual se ironizava não fosse o palermitano, coração e viveiro do fenômeno mafioso. Por outro lado, paradoxalmente, ele é em grande parte acreditado, sendo verificáveis sobre elementos objetivos os crimes por ele denunciados. O desinteresse, como de hábito, era, porém, pela temática associativa, até pela dificuldade jurídica para enquadrar o problema: é um crime espetar um dedo e queimar um santinho? Qual é a relevância do fato de que certas hierarquias concedam autorizações para genéricas influências territoriais?[159]

Introduzindo o conceito de *associação mafiosa*, a Lei La Torre de 1982 assinala um passo à frente. São os fatos que indicam o caminho: se o choque de fato indica sempre a existência de organizações contrárias, uma série de crimes como a de 1981-1982, não baseada sobre a sequência lógica ação-represália da guerra de quadrilhas, remete a uma superorganização que julga e que pune. Aqui a contribuição dos arrependidos é central, embora os membros do *pool*, para atenuar as polêmicas, afirmem que "eles têm um papel afinal de contas bastante marginal".[160]

A ênfase da mídia e o pequeno conhecimento da história da máfia não ajudam a compreender o fenômeno do arrependimento. Buscetta e sócios não são – como se afirma – os primeiros a falar, a romper a férrea muralha da *omertà*: os mafiosos falam sempre com a polícia, dirigem esta contra seus adversários por meio da carta anônima, da conversa confidencial, o *do ut des*. Nas instrutorias de Terranova, os "verbalizantes" sabiam de quase tudo,

159 No que se refere a Vitale, cf., porém, além das citadas anotações de Rizzo, também as de La Torre e Terranova em *Antimafia. Doc.*, I, p.716 e 873.

160 Di Lello, *Magistratura*, op. cit., p.13.

até mesmo da existência da Comissão; o último caso é o de Di Cristina, que frente a frente com um oficial dos carabineiros conta tudo o que pode servir para prejudicar os corleoneses.[161] De resto, se de fora a organização parece perfeitamente unida pela regra da *omertà*, de dentro tem-se a sensação totalmente oposta de uma traição pairando *normalmente*, razão pela qual os mafiosos alternadamente se atribuem a qualificação de espião, *'nfami*, nefasto: assim Luppino dirigindo-se aos carabineiros sublinha que os verdadeiros espiões são os adversários; Vitale mata outro filiado que vive repetindo que o tio é um informante da polícia. A novidade do maxiprocesso é que os mafiosos falam no tribunal: portanto estamos diante não de um progressivo embrutecimento do direito, como se vem afirmando, mas diante do ingresso no mecanismo da garantia processual de um fenômeno anteriormente deixado à relação pessoal e necessariamente ambígua entre mafioso e policial. A inovação, porém, não é absoluta, e já se verificava nos processos do período fascista, ao contrário do que afirma Sciascia: é o caso entre outros de Giuseppe Gassisi que acusava Cascio-Ferro e sócios.[162]

Num maxiprocesso a apuração das responsabilidades certamente é uma coisa difícil; e seja dito isso não só para as centenas de peões da *Cosa nostra*, mas também para os membros da Comissão. Estes de fato são chamados a responder por uma quantidade de crimes por causa do caráter explicitamente centralizado da organização e em particular com base na regra enunciada por Buscetta: um crime "ilustre" só pode ser cometido com a autorização da Comissão, um crime "normal" requer a autorização da família em cujo território ocorre a operação. É particularmente

161 Instrutoria maxiprocesso, p.17 ss.

162 É significativo que Blok (*La mafia*, op. cit.), embora trabalhando sobre o processo, cala-se sobre esse arrependimento porque não entra evidentemente no seu rígido esquema.

difícil acreditar que exista e seja realmente respeitada a obrigação de dizer a verdade entre os pertencentes à *Cosa nostra*, pela qual seria preciso dar o mesmo valor a fatos apurados *de visu* pelo arrependido e a informações colhidas por ele nas conversas com outros filiados. Em todo caso, o próprio Buscetta mostra como em toda uma série de ocasiões essas leis são violadas, suscitando a óbvia objeção de um defensor: "a regra que não sofre exceções na página 14 do interrogatório nas outras 400 páginas sofre muitíssimas exceções".[163] Sciascia tira a consequência de que os arrependidos oferecem:

> um esboço verossímil nos detalhes, inverossímil no conjunto. Nas revelações existe em suma uma intrínseca e essencial contradição: considerar a máfia como fato unitário, que como uma catedral termina na "cúpula" e, ao mesmo tempo, dar a ela uma representação de desordem, de mortais diferenças internas, de internas prevaricações e violências.[164]

Não me detenho sobre a relevância probatória da questão.[165] Para a interpretação de "conjunto" do fenômeno, a consideração de Sciascia é, porém, inadequada. A Comissão não é a cúpula de uma catedral, nem a cabeça pensante de um polvo, é um organismo de coordenação dotado dos poderes que os seus membros pretendem dar-lhe concretamente. O fato de que a primeira a violar as regras seja justamente a "maioria" Riina-Greco demonstra apenas aquilo que já se sabia: os mafiosos não são melhores

---

163 Testemunho Buscetta, Debate, III, p.62-3; a objeção é do advogado Fragalà.

164 Sciascia, Introduzione, in L. Jannuzzi, *Così parlò Buscetta*, Milano, 1986, p.9.

165 Sobre isso, remeto à opinião do presidente Giordano para o qual a sentença definitiva não é devida a nenhuma lógica dedutiva extraída do chamado "teorema Buscetta" (Lodato, *Diesci anni*, op. cit., p.221); e ao reconhecimento de Sciascia sobre a equidade da sentença in CS, 27 de dezembro de 1987 e agora in *A futura memoria*, op. cit., p.147-9.

que os outros homens que formam instituições para depois procurar dirigi-las em vantagem própria. A descrição de Contorno, o segundo arrependido, o homem de ação de Bontate, é simplista e por isso absolutamente clara: "O juramento seria tipo os dez mandamentos... não olhar para a mulher dos outros, dizer sempre a verdade",[166] todos os preceitos que os bons católicos nunca respeitam. Calderone relata a afiliação de um ladrão que ao saber da proibição do furto se rebela: é preciso explicar-lhe que é dos colegas que não deve roubar.[167] A descrição de Buscetta sofre de formalismo "jurídico" por duas razões: porque explicar um sistema de normas a quem não as conhece significa *ipso facto* torná-las absolutas, como ocorre em qualquer manual de direito; porque quando um sistema de regulamentação não funciona mais e implode tragicamente, a solução óbvia consiste em atribuir a responsabilidade pela degeneração à "ferocidade" dos adversários pintando a máfia "de antigamente" como boa e respeitosa das regras. Quanto ao resto, Buscetta sabe muito bem que é a força que faz o direito, que as instituições representativas na *Cosa nostra* são o reflexo das relações de força; como sublinha Calderone a propósito da fraqueza da Comissão regional diante do superpoder palermitano.

Por que alguém se arrepende? Antes de mais nada porque perdeu, porque pretende com outro método continuar a batalha e perseguir a vingança. Buscetta denuncia os crimes dos inimigos e esconde os dos amigos além dos seus, e, nesse sentido, é verdade que além do "sentir mafioso" ele conserva também o "agir mafioso".[168] Ele projeta um modelo de máfia antiga abandonado pelos corleoneses, esforçando-se para convencer, ou convencer-se, do fato de que o verdadeiro arrependido não é ele, são os seus

166 In Jannuzzi, *Così parlò Buscetta*, op. cit., p.151.
167 Testemunho Calderone-Arlacchi, p.56-61.
168 Sciascia, Introduzione, in Jannuzzi, *Così parlò Buscetta*, op. cit, p.8.

inimigos; a exemplo de Valachi que, segundo o policial do FBI que o interroga, "não se considera absolutamente um traidor da *Cosa nostra*: para ele o verdadeiro traidor é Vito Genovese".[169] Desde o início de sua confissão a Falcone, Buscetta pretende mostrar-se credível, colocando o discurso num plano elevado:

> Pretendo declarar que não sou um espião, no sentido de que aquilo que direi não é ditado pelo fato de que pretendo propiciar-me os favores da Justiça. E não sou tampouco um "arrependido", no sentido de que as minhas revelações não são ditadas por mesquinhos cálculos de interesse.[170]

Nesse contexto, entre os inquiridores e a supertestemunha estabelece-se um diálogo, até mesmo uma relação de estima e confiança. No volume-entrevista publicado poucos meses antes do seu assassinato,[171] Falcone falará do sicilianismo como de um código simbólico e cultural comum que permite ao juiz e ao mafioso compreender-se. Se ele se refere a algo mais que o conhecimento do dialeto e da mímica, seja permitida uma certa dúvida; a competência para criar um contato deriva muito mais da capacidade e da paixão do juiz, de um projeto lucidamente seguido. A manifestação de uma simpatia (no sentido etimológico) pela condição do mafioso quer indicar uma via de saída da *Cosa nostra* aos cada vez mais numerosos filiados que temem ser esmagados. No plano muito mais direto da relação juiz-arrependido, Falcone persegue a retomada e a inversão dos códigos da cultura folclórica tentada por Mori: é necessário demonstrar que os desvalores mafiosos têm por detrás de si valores que podem ser reutilizados para fins de civilização. Da parte de Buscetta esse terreno comum só pode ser reconhecido no antigo conceito de máfia da ordem, a

169 Maas, *La mela marcia*, op. cit., p.39.
170 Testemunho Buscetta, p.2.
171 Falcone-Padovani, *Cose di Cosa nostra*, op. cit

ser contraposto a uma máfia irreconhecível porque terrorista, desfigurada pela ganância e pelo narcotráfico. A droga em particular representa por si mesma um fator subversivo da ordem social; por essa finalidade ideológica, além de por outras mais práticas, a qualificação de narcotraficante é atribuída aos vencedores, poupada aos perdedores; ao passo que, se essas distinções fossem possíveis, as coisas seriam talvez ao contrário.

A ideologia da máfia da ordem representa o terreno de comunicação entre submundo e supermundo, entendendo por este não só as instituições mas o vasto arco de clientes e de simpatizantes da máfia. Calogero Vizzini se apresentava como aquele que "acerta" as questões evitando mais graves conflitos. Para essas finalidades podia-se também usar a palavra máfia, embora com a técnica da inversão polêmica contra a *incompreensão* dos nortistas já usada nas reivindicações de Pitrè, Morana e Orlando e confirmada no já citado epitáfio de Ciccio Di Cristina, pai de Giuseppe, com a referência à "lei da honra, defesa de todo direito". Não se trata de um resíduo de máfia agrícola com suas supostas características patriarcais e protetivas. Leggio cita eruditamente Pitrè dando a entender que a sua, se não é máfia, poderia ser mafiosidade. Spatola, depois de ter sido um dinâmico empresário da reciclagem, encontra na prisão o tempo para fixar em alguns apontamentos seu próprio credo sobre a máfia, ou – como ele diz – sobre a *omertà* que "ajuda e não se aproveita dos fracos", que "faz sempre o bem".[172]

A máfia conserva uma ideologia da ordem porque continua a exercer uma função de ordem. De vez em quando mata algum ladrão, mas Michele Greco, durante as sessões do maxiprocesso, exprime a sua discordância e de seus colegas diante do misterioso assassinato do filho de onze anos do encarregado da limpeza do

172 Sentença Spatola, op. cit., p.485. Mas remeto ao que escrevi nos parágrafos 2 e 3 do Capítulo I.

tribunal; declaração que ao que parece é seguida da exemplar punição do assassino.[173] É lógico então que a ruptura ideológica se realize sobre esses temas. Certamente, Buscetta é justamente o último a encarnar o mafioso do velho tipo. Pluridivorciado, capaz, portanto, de trocar com muita frequência de mulher e de aliança, "jactancioso", segundo a opinião concorde da Antimáfia e de seus ex-colegas no maxiprocesso, homem novo, desprovido de tradição familiar. Por outro lado, se máfia não é comportamento, também não existe – como se continua a pensar – um modelo humano comum com o qual ela se identifique. Há um modelo, o do mafioso, que só fala por sentenças e parábolas à maneira de Michele Greco. Se, porém, das representações ideológicas fornecidas por mafiosos e mafiólogos passarmos à realidade, encontramos de tudo: Buscetta, grande homem e "desonrado"; os vários astutos; os vários sádicos; o que encontra uma desculpa para não participar das ações de sangue, como Antonino Calderone; e o que se sente mal quando não mata. Giuseppe Sirchia descobre a literatura no confinamento de Linosa, e estabelece uma correspondência com Sciascia, declarando querer apenas viver tranquilo, mas no seu retorno encontra a vingança de Bontate, o suposto fidalgo descrito por Buscetta, o homem que ao chegar a um encontro desculpa-se pelo atraso devido à necessidade de trocar um pneu e de "*inchiacca-re*" (estrangular) um ser humano.[174] A única categoria que podemos evidenciar é a dos gregários, os fidelíssimos aos seus chefes, como Caruso, o matador trapalhão de Di Cristina, ou o selvagem e hábil Contorno que fala com o mesmo ritmo que lhe é necessário para escapar das emboscadas; durante as quais pode até lhe acontecer de encontrar-se defronte a um amigo: "era amigo meu de longa data, quando chegou à minha frente tinha uma cara de defunto, saquei logo o assunto: *Finivu* (estou acabado) disse".[175]

173 Lodato, *Dieci anni*, op. cit., p.202-3.
174 Testemunho Calderone-Arlacchi, p.159.
175 Testemunho ao maxiprocesso, in Jannuzzi, *Così parlò Buscetta*, op. cit., p.166.

Outro que age por espírito gregário é Leonardo Vitale. Ele sim poderia explicar o que era a velha máfia, usar de pleno direito a sua ideologia, mas é louco, e na sua loucura talvez enxergue mais claro: cobre-se de excrementos para purgar-se do pecado, queima as roupas adquiridas com o dinheiro do crime, mostra indulgência para com o tio mas não pela sua herança comum que considera a origem de seus males:

> Semienfermidade mental = mal psíquico; máfia = mal social; máfia política = mal social; autoridade corrupta = mal social; prostituição = mal social; sífilis, crista de galo etc. = mal físico que repercute na psique doente desde menino; crises religiosas = mal psíquico derivado desses males. Esses são os males dos quais fui vítima, eu, Leonardo Vitale, renascido na fé do verdadeiro Deus.[176]

Em suma, quando Leonardo sai do manicômio está fora da lógica mafiosa, e é nessa condição apaziguada que os matadores o alcançam e o matam impiedosamente.

Como se vê, se nem todos os mafiosos são iguais, nem todos os arrependimentos são iguais; nem a ruptura para ser completa precisa necessariamente apoiar-se na loucura. As mulheres, por exemplo, chegam primeiro e melhor. Nem todas, naturalmente, e pode acontecer que algumas desempenhem o suposto papel de vestais da vingança; mas, no momento em que é preciso decidir mudar de campo, elas demonstram uma flexibilidade mental diferente da de seus maridos. Os processos de máfia estão repletos de personagens femininos, como a mulher do campeiro Comajanni, morto por Leggio, que encontra a coragem de acusá-lo após uma longa incerteza, e que se defronta com um ministério público segundo o qual não se deve "dar ouvidos a uma mulherzinha que antes dizia uma coisa e depois outra".[177] Serafina

176 Instrutoria maxiprocesso, p.14.
177 Testemunho Terranova in *Antimafia. Doc.*, I, p.1188.

Battaglia perdeu o seu marido, um mafioso, e procura salvar o filho de idêntica sorte dirigindo-se ao *boss* Torretta que promete proteção e contudo deixa que os alcamenses Rimi o matem; então a mulher denuncia os assassinos e na sessão do processo de Catanzaro enfrenta Torretta, lançando-lhe no rosto o seu desprezo: "E vocês gostam de ser chamados de homens honrados ... Você é um homem de meia pataca".[178] Há também a história de Felicia Bartolotto, casada com Luigi Impastato de Cinisi, mafioso de muitas gerações, cujo filho, Peppino, militante da Democracia Proletária, grita nos comícios e nos microfones das rádios locais contra personagens ilustres como dom Gaetano Badalamenti. Aqui a máfia e a antimáfia se chocam dentro da mesma família, num crescendo de ódios, ameaças e ambíguas proteções. Cairá morto o pai, e cairá também o filho; para este a máfia reserva o golpe de um falso atentado a dinamite, a ser atribuído ao subversivo. Pela memória de Peppino, Felicia aprende a lutar como pode, concedendo abertas entrevistas aos jornalistas continentais:

> Porque me agrada falar com vocês, porque o caso do meu filho se amplia, compreendem o que significa a máfia ... Eles imaginam: "Essa é siciliana e mantém a boca fechada". Mas não. Devo defender o meu filho, politicamente, devo defendê-lo. Meu filho não era um subversivo. Lutava por coisas justas e precisas.[179]

A política vista pela máfia...

No curso de um terrível 1992, a Máfia leva a cabo quatro golpes mortais, assassinando os seus maiores inimigos, Giovanni

178 Sentença contra La Barbera e outros, op. cit., p.1090.

179 F. Bartolotto Impastato, *La mafia in casa mia*, entrevista de A. Puglisi e U. Santino, Palermo, 1987, p.60-1.

Falcone e Paolo Borsellino, mas também dois dos seus mais qualificados contatos com o poder oficial, Salvo Lima e Ignazio Salvo. Segue-se uma reação oficial que leva à intervenção do exército na Sicília e à prisão de muitos *boss*, foragidos desde tempos imemoriais, entre os quais o próprio Totò Riina, aluno de Leggio, líder dos corleoneses, sucessor de Michele Greco à frente da Comissão. Sucessivamente, sobrevém a incriminação de Giulio Andreotti, talvez o mais eminente homem político da Itália republicana, chamado a juízo por associação mafiosa, isto é, por uma compacta e contínua troca de favores originada pela conversão ao andreottismo – no fim dos anos 60 – da mais importante corrente da Democracia Cristã italiana, a dos ex-fanfanianos separados do próprio Fanfani e de Gioia, sob a direção justamente de Lima. O ex-presidente do Conselho teria também encomendado à *Cosa nostra* o homicídio do jornalista romano Mino Pecorelli; e sobretudo estaria envolvido no delito Dalla Chiesa, cujas causas deveriam ser procuradas, segundo os inquiridores palermitanos, não tanto na hostilidade da máfia quanto num complô político originado pelo assassínio de Moro. Esse resultado, clamoroso e imprevisível, vem combinar-se com a *débacle* dos partidos de governo sob o ciclone de Tangentopoli, levando muitos italianos a perguntar-se qual teria sido a relação da Máfia com os outros poderes que, no nível oculto ou manifesto, governaram a Itália nos últimos trinta anos. E, pela primeira vez, de dentro da *Cosa nostra,* na metade dos anos 90, vem uma resposta, um punhado de informações sobre a relação entre máfia e política que parecem confirmar tudo que de pior tinha sido imaginado pela opinião pública.

As nossas fontes dessa vez se identificam – contrariamente ao que ocorria nos anos 80 – como um grupo bastante consistente de mafiosos de médio e alto "grau" dispostos a colaborar com a justiça: é um desabamento, uma crise geral que atinge a organização, provocada pelo aumento da repressão e pela própria pressão centralizadora posta em prática pelos corleoneses. Não temos, porém, o testemunho dos líderes que trataram com os grandes políticos, nem o de Riina, nem o de Badalamenti, nem obviamente o de Bontate. Hoje Buscetta finalmente admite suas antigas relações com Lima, sua participação na suposta tentativa de libertação de Moro; para o resto, porém, ele também se baseia em informações provenientes de Badalamenti ou de Bontate.

É, portanto, o clamor da *Cosa nostra*, em todos os níveis, chamando em causa Lima e Andreotti pelos seus vínculos, primeiro com Bontate e depois com Riina. A *communis opinio* dos mafiosos representa por si própria um elemento significativo, visto que no interior daquela organização secreta, porém presente em vários continentes e empenhada em atividades diversas mas conexas, deve existir um certo intrumento de comunicação aceitável e comumente aceito – mesmo quando não se acredita que a *obrigação* de dizer a verdade seja realmente respeitada entre os filiados. O chefe mafioso explicará aos colaboradores e gregários os fatos da política e as suas relações com os políticos, segundo os códigos predominantes entre os próprios mafiosos; sobre o que acontece no supramundo dará uma interpretação adequada a si e aos seus sócios.

Dirá que o juiz Corrado Carnevale quererá e, portanto, poderá sempre "ajeitar" os processos por dinheiro ou por amizade; que Lima quererá e, portanto, saberá intervir nas questões de política judiciária, por fidelidade e gratidão a quem lhe arranja votos; que na sua ausência será o "tio" Giulio (Andreotti) que, pelas mesmas razões, entrará em campo diretamente. Em troca, poder-se-á arranjar para ele um daqueles objetos pelos quais ele é "louco", por exemplo "uma pintura especial".[180] Do lado oposto, Falcone é visto como alguém que "quer comandar", disposto a tudo exceto ver desmoronar o maxiprocesso. Como se vê por este último caso em particular, as representações poderiam não

180 Declaração de F. M. Mannoia, in *Processo Andreotti*, p.110.

ser falsas, mas em todo caso são deformadas em chave simplificadora. Prevê-se, que no mundo de cima, como no da *Cosa nostra*, as regras solenemente enunciadas só serão respeitadas enquanto convêm; há a certeza de que no fim, diante das relações pessoais e da força em última análise, elas valerão zero. Na virada dos anos 70-80, a repressão começa a atingir a *Cosa nostra*, a qual tenta convencer o parceiro democrata-cristão a bloquear a máquina da justiça. O caminho mais óbvio passa pelo controle do voto. No seu suposto encontro com Andreotti, Bontate teria exclamado: "Na Sicília mandamos nós, e se o senhor não quiser acabar completamente com a Democracia Cristã tem que fazer o que dizemos. Senão lhe tiraremos não só os votos da Sicília, mas também os de Reggio Calabria e de toda a Itália meridional. Pode contar apenas com os do Norte, onde todos votam nos comunistas, fique só com isso".[181] A ameaça é posta em execução, sob o comando de Riina, por ocasião das eleições de 1987, quando é divulgada a indicação de votar pela credibilidade de socialistas e radicais, contra a imprevisibilidade dos democrata-cristãos. Na prisão palermitana do Ucciardone, vota-se compactamente nesse sentido, e – ao que parece – fixa-se uma taxa a favor dos radicais. Também em alguns bairros populares o resultado é o desejado, mas no plano urbano, provincial e regional, o sucesso dos socialistas corresponde à marcha nacional do voto, e de fato acompanha o sucesso da Democracia Cristã, neste caso também conforme a tendência geral e apesar do boicote da *Cosa nostra*.

É preciso então perguntar onde foram parar não só o consenso de toda a região meridional, de que se gabava Bontate, mas também os 180 mil votos que em 1988, só em Palermo, segundo o juiz Ayala, teriam sido controlados pela máfia; ou ainda os 50-60 mil que desde 1994 – depois que a repressão enfraqueceu a organização – e ainda hoje, segundo os deputados progressistas,

---

181 *Processo Andreotti*, p.737.

estariam à disposição da *Cosa nostra.*[182] O método indutivo com que foram elaboradas essas estimativas, multiplicando o número presumido das adesões às quadrilhas por um número de 70-80 votos influenciáveis para cada mafioso individual, parece, antes de mais nada, um tanto grosseiro: é fácil admitir que o primeiro dos 2.700 filiados (de 1988) ou dos 780 (de hoje) influencie 80 ou mais votos, e que o segundo e o terceiro façam o mesmo, ao passo que é improvável que o centésimo ou o milésimo ou o duomilésimo setingentésimo filiado consiga, no ambiente em que ele e os outros pescam juntos, na rede clientelar da quadrilha mafiosa, encontrar *ainda* mais 80 votos, que já não tenham sido conquistados por seus companheiros. Para chegar mais longe, há necessidade de propaganda manifesta, de uma hipótese ou então de uma máquina política, de natureza diferente da mafiosa. Por outro lado, notava por sua vez Falcone criticando o seu colega e amigo Ayala, "tudo isso pressuporia uma unidade de direção, vamos dizer política, da *Cosa nostra* que na realidade dos fatos não existe. Não existe uma deliberação do conselho de administração da *Cosa nostra* que diz de tempos em tempos para qual partido ou qual candidato votar".[183] Admitindo que numa circunstância excepcional, como em 1987, isso se verifique, é possível que o instrumento não seja tal que permita trocar de cavalo no meio da corrida, nem que os chefes-comandantes queiram ou possam administrar essa mudança. Enfim, nada garante que novas e improvisadas alianças possam funcionar melhor que as velhas: é o caso de Claudio Martelli, eleito naquele ano em Palermo com uma plataforma garantista, e que como Ministro da Justiça

182 Cf. respectivamemte G. Ayala, La lobby mafiosa, in *Micromegas,* 1988, 4, p.15, e as estimativas para 1994 in *L'Espresso*, 19 de novembro de 1995, p.61.

183 Cf. a entrevista de G. Fiume a Falcone, *La mafia tra criminalità e cultura,* op. cit., p.202.

conferirá um cargo romano bastante importante ao inimigo máximo da *Cosa nostra*, Giovanni Falcone.[184]

Percebo que esse meu raciocínio parece pôr em discussão a ideia de um intercâmbio entre máfia e política todo baseado sobre o momento eleitoral. Para compreender o que a máfia oferece à política seria preciso talvez observar melhor o modo como ambas se relacionam com o empresariado "sujo", garantindo negócios que se realizam dentro do território (obras públicas, por exemplo) e as transações financeiras. Os mafiosos desempenham certamente o papel de propagandistas e cabos-eleitorais, orientam as preferências e integram a parte executiva da máquina política; é duvidoso, porém, que numa grande cidade ou em escala regional – diferente é o caso de povoações ou bairros contaminados – possam representar a parte nobre, o motor, os circuitos criativos e de decisão. Se olharmos também para o passado, a intervenção da máfia sobre os momentos da vida política siciliana mostra um saldo bastante dúbio. No devido tempo, ela apostou no separatismo mas não foi capaz de oferecer-lhe grandes sucessos eleitorais; e deve ser considerado que o MIS, embora não tenha tido o apoio de massa com que sonhava, usufruiu por sua conta, e não por mérito das quadrilhas, de um notável voto de opinião. Depois os mafiosos apoiaram a direita, até o convulsivo epílogo da operação Milazzo, e só quando a Democracia Cristã já triunfava é que acabaram por confluir-se – como diria o capitão Malausa – por "conveniência pessoal", abrindo a longa fase na qual entrelaçaria com ela sua própria sorte.

Cosa nostra não é um partido, não obtém consenso por si mesma. Isso devolve a bola para o campo da política, para as opiniões e os intercâmbios materiais e simbólicos. No sucesso da Força Itália nas eleições políticas de 1994 em Palermo, por

184 Martelli compreende agora que em 1987 foi objeto inconsciente de uma *sondagem* mafiosa: *Processo Andreotti*, p.221 ss.

exemplo, a poucos meses apenas da plebiscitária eleição a síndico de Leoluca Orlando (ao qual podia ser atribuído um sinal político contrário), a mobilização mafiosa *segue*, como nos belos tempos da Democracia Cristã, a constituição de um agrupamento capaz por si mesmo de produzir mitos, ideias, projetos, instrumentos e homens para o governo da coisa pública. O fato de que a Força Itália tenha dirigido uma parte das suas campanhas eleitorais de 1994 e 1996 sobre uma plataforma de especioso garantismo (ataque à legislação sobre os arrependidos, às disposições sobre as condições de detenção e segurança nas prisões, ao próprio conceito de associação mafiosa) demonstra mais uma vez o primado da *proposta* política. E em certo sentido seria possível dizer que muitos dos temas que segundo os inquiridores palermitanos foram objeto de ilícita, subterrânea e ineficaz negociação entre *Cosa nostra* e Andreotti no curso dos anos 80 são agora parte do transparente, oficial e legal programa da Força Itália, dirigido ao povo italiano e, portanto, também aos *lobbies* mafiosos.

Cosa nostra parece, portanto, incapaz de explorar a própria influência eleitoral prescindindo do *input* de um partido político, e com maior razão *para* condicionar a política. Isso explica como para a máfia desses últimos quinze-vinte anos a via terrorista tenha cada vez mais representado uma via obrigatória, de efeito mortífero mas de dúbia eficácia, na tentativa de enfrentar os adversários, mas também de condicionar os aliados, atuais ou potenciais. Piersanti Mattarella, por exemplo, teria sido morto porque, embora oriundo de uma tradição familiar sensível a influências mafiosas, num certo momento teria se colocado decididamente contra elas. Mas é sobretudo a incapacidade do poder político de manter sob controle o judiciário no momento da convalidação definitiva dos resultados do maxiprocesso que faz explodir a represália. Ignazio Salvo e Salvo Lima, os suspeitos, grandes mediadores entre a Máfia e Andreotti, teriam sido punidos pela sua incapacidade de garantir aquelas proteções que Riina e associados esperavam para si próprios. No fim, em 1993, os corleoneses Brusca e Bagarella pretendiam atingir aquele "cornudo" do Andreotti, pessoalmente ou pelo menos nos seus filhos, porque ele tinha "virado as costas" para os amigos.[185] Um ou outro episódio podem ter tido um desenvolvimento diferente do que foi atestado pelos arrependidos ou imaginado pela magistratura inquiridora palermitana, mas a lógica em suma é essa. Não me parece, porém, que os "perdedores" do grupo Bontate-Inzerillo tenham realmente recorrido a uma metodologia contrária – "tradicionalista", diz o auto de acusação contra Andreotti,[186] como já fazia o maxiprocesso – à metodologia dos corleoneses. Com efeito, a lógica que na fase inicial levou a *Cosa nostra* ao terrorismo era comum aos vários grupos internamente, homologados pela concorrência para o controle da política e dos políticos, assim como para o controle dos negócios e dos tráficos, antes mesmo da segunda guerra de máfia, ou do golpe da Comissão. Buscetta, por exemplo, atribui a Inzerillo o assassinato do magistrado Gaetano Costa. Quando percebeu que Rosario Nicoletti (secretário regional da Democracia Cristã, que se suicidou em 1984) negociava com Riina, Stefano Bontate pessoalmente disse a Mannoia: "se aquele traste não puser a cabeça no lugar vamos ter que liquidá-lo".[187]

No curso do encontro subsequente ao assassinato de Mattarella, sempre segundo o arrependido Mannoia, Bontate teria "admoestado o honorável Andreotti a adotar intervenções ou leis especiais, porque do contrário ocorreriam fatos gravíssimos".[188] Não nos interessa aqui estabelecer se o encontro aconteceu ou não. Interessa-nos o fato de que a linha da *Cosa nostra*, tal como é exposta pelos chefes aos associados, prevê que do relaciona-

185 Testemunho de Gioacchino La Barbera, p.215-8.
186 Ibidem, p.757.
187 Ibidem, p.735.
188 Ibidem, p.737.

mento (acordo ou intimidação) com o administrador, na gestão de negócios, contratos e similares, se passe à tentativa de determinar com agrados e ameaças o curso da atividade legislativa e, por assim dizer, da política geral. Só esse passo posterior pode explicar a escalada terrorista. Temos exemplos ainda mais claros. Em colaboração com Martelli, Falcone providencia medidas legislativas contra a máfia, como a monitoração das sentenças da cassação, conseguindo ao que parece salvar o maxiprocesso; é sobre esse plano superior do choque que a parte contrária lança a sua cartada homicida. Sem obter, porém, o resultado esperado. Entretanto, que resultado concreto poderiam acaso conseguir os atentados dos Uffizi e da Via Fauro (1993), semelhantes em tudo aos do terrorismo político?

...e a máfia vista pela política

Prevendo sua partida para Palermo, onde iria ao encontro de seu destino, Carlo Alberti Dalla Chiesa dirigiu-se a Andreotti, em resposta a uma solicitação do próprio senador que lhe parecia natural, "dadas as suas presenças eleitorais na Sicília". "Fui muito claro – anotou o general no seu diário em 6 de abril de 81 – e dei-lhe a certeza de que não terei consideração por aquela parte do eleitorado de onde saem seus grandes eleitores. Estou convicto de que o equivocado conhecimento do fenômeno ... levou-o e ainda o leva a erros de avaliação de homens e de circunstâncias."[189]

Temos aqui em extrema síntese uma interpretação de toda a questão da relação entre o grande líder e a *Cosa nostra*. Dalla Chiesa distinguia três níveis: o do próprio Andreotti, que teria mantido com a máfia uma relação mediata, instrumental, reduzida

189 Instrutoria maxiprocesso, p.229.

a problemas eleitorais; o dos andreottianos, "a família política mais poluída da ilha",[190] com os grandes eleitores (Lima, o presidente da Região D'Acquisto e o síndico de Palermo Martellucci), nos quais o grande líder teria superficialmente depositado a sua confiança; o do eleitorado dos grandes eleitores, ou seja, as famílias de máfia justamente diferentes das famílias políticas. Não estamos muito distantes daquilo que hoje afirma o senador ex-comunista Emanuele Macaluso: "Andreotti não produz política. De Gasperi, Fanfani, Moro arriscavam-se com a complexa história política siciliana. Andreotti não, usava o que encontrava ou o que lhe propunham. Em 1968 chega Lima. E é Lima que faz política".[191] Se Dalla Chiesa e Macaluso identificam uma corrente de muitos anéis ligando Andreotti à máfia, a ser lida à luz da responsabilidade política mais que da penal, é o próprio Andreotti que, nas suas declarações, se mantém numa posição de total fechamento, negando entre outras coisas ter sido ele quem convocou Dalla Chiesa, afirmando até que não se "fez referência nenhuma aos assuntos que resultam anotados na página do diário";[192] e afirma isso embora a conversa permaneça escrita, poder-se-ia dizer gravada, no diário, do morituro. Naquela página do diário, narra-se como Andreotti, solicitado por Dalla Chiesa a pronunciar-se sobre os malfeitos dos seus sequazes, inesperadamente se refere a Sindona e conta o caso de um tal Inzerillo, "morto na América, que chegou à Itália num caixão e com uma nota de 10 dólares na boca". Dalla Chiesa anotou irritado que isso também "depõe no sentido" da superficialidade de Andreotti, que nessas coisas infelizmente "prevalece ainda o folclore".[193] Aqui, porém, Andreotti – que hoje nega essa parte

---

190 É a expressão usada na famosa carta a Spadolini.

191 E. Macaluso, *Giulio Andreotti tra Stato e mafia*, Soveria Mannelli, 1995, p.16.

192 *Processo Andreotti*, p.156.

193 Instrutoria maxiprocesso, p.229.

do colóquio – parece esboçar de maneira finalmente não banalizante uma pista, uma chave interpretativa.

O Inzerillo em questão era o irmão de Salvatore, o grande mediador do narcotráfico cujo assassinato – com o de Bontate – deu início à ofensiva dos corleoneses. A respeito de tudo isso, o grande investigador parecia não saber muita coisa, como quase todos em abril de 1981, ao passo que Andreotti, embora só por um momento, parece estar bem por dentro das coisas secretas. Por outro lado, a questão dos conflitos inframafiosos em torno do grande mercado do narcotráfico leva imediatamente à figura de Michele Sindona, que como se sabe é defendido por Andreotti e pelos andreottianos mesmo depois da incriminação por parte da justiça italiana e até mesmo depois do assassinato do advogado Ambrosoli ordenado por ele. Sindona vinha de antigas relações com os Gambino de Nova York, como vimos antes, ligou-se a Rosario Spatola, inserindo-se então muito bem na conexão sículo-americana em destaque na segunda guerra de máfia. Segundo o arrependido Mannoia, Sindona representava para o grupo Bontate-Inzerillo o mesmo canal financeiro que o chefe da loja maçônica P2 Licio Gelli (e com ele talvez Roberto Calvi, presidente do Banco Ambrosiano) era para os corleoneses. Mutolo, porém, afirma mais genericamente que tanto uns como outros tinham investido nos bancos de Sindona; quando os negócios deste último pioraram, eles pretenderam "a restituição do dinheiro".[194]

O sangrento conflito entre as duas alas da máfia militante em Palermo não implica necessariamente uma contraposição correspondente entre os canais financeiros utilizados por ambas em Milão ou em Nova York nem tampouco, por outro lado, entre os seus referentes políticos. É possível, porém, que com a explosão da violência a uma escala semelhante e com essa evidência –

194 *Processo Andreotti*, p.28 e 48.

considere-se a morte de Ambrosoli, o misterioso assassinato de Calvi, o próprio "suicídio" de Sindona – tenha tornado difícil a relação desses grupos comercial-mafiosos com seus referentes políticos. Partindo desses elementos, podemos tentar construir, por via totalmente hipotética, uma coerente versão andreottiana. Andreotti, mudando bruscamente de assunto com Dalla Chiesa, poderia ter querido significar que existiam duas alas da máfia, a sículo-americana ligada ao comércio da droga e a política; que o grupo perigoso era o primeiro e que a ele cabia defender o segundo através de Lima e dos Salvo. Assim se explicaria o quanto as medidas contra os narcotraficantes, das quais ainda hoje Andreotti se gaba, estavam ligadas e se ligam ainda à defesa de Lima. Assim se explicaria também as críticas referências andreottianas à vingança dos narcotraficantes e/ou dos americanos – que seriam terroristas contra Lima e Salvo e judiciárias contra o próprio Andreotti –, além das polêmicas contra Buscetta, que a respeito da vertente americana sabe muito mais do que jamais quis dizer.

Macaluso, explicando num certo sentido a tese de Andreotti, afirma que a droga criou uma cisão entre classe política e máfia, aterrorizando a primeira e tornando ousada a segunda. Trata-se de uma explicação plausível, mas não convincente, no sentido específico e no sentido geral. No sentido específico, na guerra de máfia e na escalada terrorista, não é provável um conflito entre narcotraficantes e políticos quanto a uma tentativa da Comissão de assumir o controle do tráfico e das relações políticas. No sentido geral, a máfia não se reduz nunca a uma associação de traficantes, de assépticos financistas cujos capitais operam apenas no mundo virtual dos computadores.[195] Nesses anos, é certo que

195 Já há alguns anos, Catanzaro, *Il delitto*, op. cit., p.249, notava que a lavagem do dinheiro do narcotráfico comporta um estreitamento e não um afrouxamento dos vínculos com a política.

ela se enriqueceu graças à droga, mas também utilizou as ocasiões cada vez mais frequentes de lucro oferecidas pela versão italiana do Estado assistencial, fortaleceu-se pela proliferação da ilegalidade em todos os níveis, e do contato com uma máquina política corrupta sobretudo tirou a ideia, não importa até que ponto realista, de poder agir como protagonista no teatro da luta pelo poder.

A tentativa de atribuir toda a culpa à droga é também sinal da necessidade que têm alguns representantes da classe política de salvar a própria alma, de má-fé, como creio que seja o caso de Andreotti; de boa-fé, como é seguramente o caso de Macaluso.[196] A história das relações entre máfia e política não é certamente a *verdadeira* história da Itália, como sugere quem mandou publicar o auto de acusação contra Andreotti, e tampouco a verdadeira história da Sicília. Mas entre outras, belas e menos belas, de civilização ou de barbárie, essa é *uma* das histórias da Itália, e não das menores; uma parte dela vem da droga, outra parte da profundidade do caso siciliano, outra ainda do sistema político. Sobre ela e o papel que desempenha nela, Andreotti nada quer dizer, a tal ponto que a inverossimilhança da sua defesa representa o maior indício de uma certa culpa de sua parte. Ele poderia dizer que apoiou Sindona por uma defesa das relações entre Itália e Vaticano; que conheceu os Salvo por razões eleitorais; que deixou Lima com sua política regional sem entendê-la muito; que falou de certos assuntos com Dalla Chiesa sem dar a eles grande importância. Porém, para ter credibilidade, deveria admitir que não percebeu como os Lima, os Salvo, os Nicoletti eram, no mínimo, condicionados e chantageados; quanto tudo aquilo que crescia no seu *entourage*, que *direta* ou *indiretamente* era também

196 Não se pode deixar de notar o paralelismo entre essa tentativa e a dos próprios mafiosos, ou até dos arrependidos, para atribuir à droga a culpa pela degeneração de seus costumes outrora salutares.

dele, tinha de túrbido e perigoso para eles e sobretudo para a pobre pátria italiana. Andreotti deve certamente conhecer o papel atribuído aos Salvo já desde a instrutoria do maxiprocesso; nem pode escapar-lhe que o assassinato de Ignazio Salvo junto com o de Lima, nas chacinas de Capaci e Via d'Amelio, assinalam a mais clamorosa das ofensivas da *Cosa nostra*. Hoje, depois de tudo isso, Andreotti considera os Salvo personagens de relevo local: essa é a coisa mais inverossímil e espantosa de toda a história, mais ainda que o suposto beijo mafioso de Riina.

O problema de Falcone

O caso Andreotti e, de maneira mais geral, a história da Máfia nos últimos vinte anos servem para repropor algumas das questões interpretativas de que partimos. A Máfia é uma organização que congrega criminosos numa estrutura antiga e consolidada, unida pelo ritual de juramento, capaz de sobreviver, de renovar-se e reforçar-se por mais de um século. Desde as suas origens, ela determina uma série de hierarquias internas próprias, independentes daquelas hierarquias *gerais* da economia e da política, mas durante toda a primeira parte da sua história ela permanece um poder menor em relação ao poder dos grandes proprietários e grandes magnatas, só podendo funcionar se estiver ligado a estes por meio de uma série de ramificações clientelistas. Frank Coppola, assim que chegou à Itália após tantos anos passados na América, tornou a declarar-se "devoto" de Vittorio Emanuele Orlando e a empenhar-se por seus interesses políticos; de sua parte, Orlando podia exaltar a Máfia e defender seus interesses mas ao lado de outros tantos interesses que exaltava e defendia, se e quando lhe convinha. Buscetta hoje torna a propor não sem nostalgia aquela prudente concepção que os mafiosos "tradicionais" tinham da relação com a política, afirmando que deveria ser permitido também ao deputado comprometido votar uma lei contra a Máfia, porque todas as pessoas razoáveis percebem que ele "deve conservar aquela sua imagem pública mesmo em detrimento da *Cosa nostra*":[197] que os políticos respeitem as regras da política como os mafiosos respeitam as regras da Máfia, porque as coisas só podem funcionar quando deixadas na sua ordem natural. Além disso, eu diria que a máfia *tradicional* – na época liberal ou no primeiro período republicano – não pensava absolutamente em determinar o conteúdo das leis, deixando problemas de tal ordem, tanto formal como substancialmente, a juízo do grande notável ou talvez à capacidade de negociação de alguma associação proprietária, de algum *lobby* local. Depois as coisas mudaram, e muito mais rapidamente *por fora* do que *por dentro* da *Cosa nostra,* a qual como vimos mostrou sinais de surpreendente estabilidade através do tempo. A grande propriedade como sujeito político e social desapareceu com tamanha rapidez a ponto de levantar a suspeita de que foi o fascismo que a manteve artificialmente viva durante vinte anos; a notabilidade cedeu o lugar à máquina partidária, por causa da eleição proporcional, da hegemonia democrata-cristã e também da desagregação da sociedade campesina "tradicional". Nem por isso o sistema político se tornou impermeável aos mafiosos, aos quais restou pelo contrário mais amplo espaço de pressão sobre a própria política, para que esta redistribuísse o crescente fluxo de recursos que é chamada a administrar, ou paralisasse o aparato administrativo, policial e judiciário do Estado; não falamos das comunidades e da região, onde seria muito ingênuo imaginar uma distinção entre política e administração.

No momento em que a sociedade *em geral* deixa de ser rigidamente ordenada por censo e por *auctoritas,* a Máfia começa a pensar que nenhuma tampa pode cobrir aquilo que ferve no seu caldeirão; e no fim a organização tenta transportar o *network* para

197 *Antimafia,* testemunho Buscetta, p.428.

o seu interior e subordinar a si própria todo interlocutor externo, seja comercial ou político. Recorde-se a resposta do próprio Buscetta a quem o interrogava sobre o peso dos segredos de Sindona: "Os segredos de Sindona são uma pluma comparados aos de Bontate"; talvez porque estes últimos se tornam mais pesados com o chumbo, comentava Sciascia.[198] Aqui se escreve uma história onde as hierarquias se invertem: Bontate tem segredos mais pesados que os de Sindona, Riina vale mais que Bontate e o ovelheiro Leggio elimina o notável Navarra.

Nesse sentido, foi muito importante a batalha intelectual, e também judiciária, de Giovanni Falcone, sua tentativa de retirar a *Cosa nostra* da rede de relações externas, político-mercantis, para poder examiná-la em si mesma; problema de estratégia judiciária e repressiva que coincide em certa medida com o nosso de estudiosos, na medida em que aquilo que não se distingue não pode sequer ser combatido. Em particular Falcone recusava-se a ler as relações da política com a máfia segundo um esquema hierárquico:

> se é verdade que não poucos homens públicos sicilianos foram, para todos os efeitos, adeptos da *Cosa nostra*, é também verdade que no seio da organização mafiosa eles jamais gozaram de particular prestígio em dependência da sua extração política. Em suma, a *Cosa nostra* possui tal força, unidade e autonomia que pode dialogar e contrair acordos com quem quer que seja, jamais, porém, em posição subalterna.[199]

Analogamente, os mafiosos particularmente ricos de relações externas, tanto políticas como comerciais, nem por isso gozaram de um poder correspondente dentro da organização. Quando hoje os arrependidos descrevem com riqueza de detalhes

198 Sciascia, *A futura memoria*, op. cit., p.109.

199 Conferência de Falcone, verão de 1989, reportada em *l'Unità*, 31 de maio de 1992.

os excelentes contatos de Bontate com o mundo "de cima", nem por isso devemos esquecer a facilidade com que foi eliminado o *boss* de Santa Maria de Jesus; quando analisamos o papel dos Salvo e dos Lima no sistema de poder político-mafioso, tampouco devemos esquecer que Ignazio Salvo e Salvo Lima foram assassinados como um pobre suburbano qualquer.

"Acima dos vértices organizativos – afirmava Falcone – não existem 'terceiros níveis' de nenhum tipo, que influenciem ou determinem as direções da *Cosa nostra*"; e sabendo que o mundo da máfia não prevê títeres nem titereiros, nem superagências que controlem o líder inconsciente da cúpula, ele julgou que a imagem do "grande velho", "que do alto da esfera política puxa os fios da máfia", era apenas um sinal de grande "pobreza intelectual".[200] Essa tese foi depois confirmada, não só pelos tribunais mas pela própria reação mortífera da organização mafiosa. Antes também ela já tinha sido motivo de um crescendo de ataques da frente "antimáfia" – e em particular de Leoluca Orlando – contra Falcone, acusado de ter deixado "na gaveta" os processos mais candentes, os políticos, e de não ter querido atacar o Terceiro Nível, a fantástica Supercúpula. A esse propósito são conhecidas as considerações de Buscetta, que desde o seu primeiro arrependimento deu mostras de ter informações importantíssimas sobre esses assuntos, as quais não queria revelar porque o país não estava pronto para recebê-las, porque o consequente ceticismo teria perturbado todo o processo judiciário em curso; pode-se considerar que o *pool* tenha pensado sobretudo em levar a termo o maxiprocesso, que se concluiria com a essencial constatação da existência da *Cosa nostra* como entidade organizada e centralizada, coisa que bem poucos (inclusive mafiólogos) estavam dispostos

200 Respectivamente, ibidem, e Falcone-Padovani, *Cose di Cosa nostra*, op. cit., p.169. Ver também a antologia dos escritos de Falcone, *Interventi e proposte (1982-1992)*, Firenze, 1994.

a admitir até pouco antes. Sob a direção de Giancarlo Caselli, o magistrado turinense que assumiu a direção das investigações sobre a *Cosa nostra* depois da morte de Falcone, a magistratura inquiridora palermitana foi a fundo na conexão máfia-política, mas inspirando-se sempre na ideia da "soberania" da *Cosa nostra*, que tinha sido do mártir de Capaci.

É certo que os delitos político-mafiosos, que até hoje permanecem como os mais obscuros, são de difícil interpretação nesse contexto. O problema foi bem posto por Nicola Tranfaglia, que se perguntava se a relação entre *Cosa nostra*, grupos terroristas e *lobby* oculto exprimia um "projeto político coerente" ou se resultava em "alianças táticas, embora frequentes".[201] A esta segunda hipótese poderia ser remetido o assassinato de Dalla Chiesa se resultasse provada a sua ligação com o caso Moro. Não faltou quem atribuísse à *Cosa nostra* um papel orgânico numa frente internacional, talvez originariamente inspirada numa lógica anticomunista. Mattarella e La Torre eram, aliás, os representantes da esquerda democrata-cristã e do partido comunista justamente na fase histórica em que esses grupos tentavam um discutido acordo; La Torre tinha sido um protagonista da luta contra a instalação de mísseis Cruise em Comiso; tanto Terranova como Costa estavam entre os poucos magistrados "vermelhos". Em 1982, *Segno*, revista de inspiração católica que representava (e representa) um ponto de referência na luta contra a máfia, comentava desta maneira esses fatos:

> No momento em que as instituições democráticas – o poder legal – sofrem o condicionamento crescente da esquerda e das forças populares, os centros de poder extralegais, não desdenhando o homicídio e a chacina como arma política, entram em campo para falar sobre o resultado e a saída da crise política do nosso país.[202]

---

201 Tranfaglia, *La mafia*, op. cit., p.102.

202 Il modello mafia, in *Segno*, 1982, 33, p.6.

Entre outros, há um projeto de participação no golpe Borghese apresentado a Leggio em 1970 por Salvatore Greco "chicchiteddu" acompanhado de Buscetta, que pode ter sido inspirado pelos meios ítalo-sul-americanos (P2) e que como tal é rejeitado. Depois da infeliz experiência de Mori, os mafiosos não têm simpatia pelo fascismo. Vem depois o caso de Sindona, que em 1979 teria tentado organizar uma revolta separatista da qual, porém, não se teve o mínimo sinal sequer na imprensa e na opinião pública: evidentemente tratava-se de uma agitação tão secreta que nem mesmo os necessários protagonistas, os sicilianos, de nada souberam.

Permanecendo imperscrutável o Grande Complô, deve-se notar como em ambos os casos citados a iniciativa parte do grupo dos perdedores da segunda guerra de máfia; para estes as relações políticas representavam uma fração maior sobre o total do capital possuído: eram, portanto, os mais ricos tanto nesse campo como no dos narcodólares. Isso não quer dizer que eles acreditassem realmente poder realizar aqueles extravagantes projetos, mas é possível imaginar que se acreditassem tenderiam a incrementar o próprio prestígio de mediadores tanto em relação aos seus interlocutores externos, com os quais estabeleceriam contatos mais íntimos e lucrativos, quanto em relação à contraparte interna da *Cosa nostra*. É o caso de Bontate que procura recuperar o seu declinante poder dentro da Comissão, propondo-se à Democracia Cristã como mediador para a solução do caso Moro, ao passo que pela razão oposta (desvalorizar o capital de Bontate) os seus adversários na *Cosa nostra*, Riina e Calò, tendem a bloqueá-lo.[203] Se essa é uma interpretação plausível, deve-se notar como um acontecimento (para nós) absolutamente central

203 Testemunho Mannoia, in Tribunal de Palermo, Ordenação do juiz A. Giardina sobre o delito Lima, 20 de outubro de 1992, publicada in *Segno*, outubro-novembro de 1992, 139, p.56-7.

na recente história da Itália é tratado pelos mafiosos em função de seus conflitos internos, e também como no seu alucinado universo tudo é considerado subordinado às *Coisas da Cosa nostra*. Essa é uma lógica que congrega as organizações sectárias, por exemplo as terroristas com as quais a Máfia no fim dos anos 70 entra numa relação de intercâmbio,[204] eu diria mais cultural que material. Com terroristas os mafiosos se encontram na prisão e com suas façanhas eles se medem. Brigadas Vermelhas, "Primeira Linha" e outras organizações semelhantes fazem concorrência entre si para conquistar o consenso dos adeptos numa disputa de quem atira mais alto, no alvo ilustre: por isso também é morto Aldo Moro. *Cosa nostra* denomina "operação Carlo Alberto" o assassinato de Dalla Chiesa, e nas prisões os cataneses exultam, ganham credibilidade e *respeito* em relação aos que julgam ter sido os matadores de Santapaola a "levar a cabo, com perfeita eficiência operativa, o homicídio".[205] Quando Lima é assassinado, um mafioso na prisão dirá: "*accuminciaru finalmente*",[206] aliviado pelo fato de que os seus amigos sejam também ouvidos fora dos portões da prisão. A máfia não publica jornais nem noticiários, por conseguinte muitos dos fatos de que ela é protagonista parecem concebidos como mensagens destinadas a ser amplificadas pelos boatos da cadeia, pelo falatório dos subúrbios palermitanos, pelas conversas de traficantes nos hotéis do mundo inteiro: é o caso de Badalamenti e Buscetta que, no Rio de Janeiro, assistem ao telejornal e decodificam o grande crime.[207] Do próprio Buscetta vem uma interpretação da morte de Costa, ordenada por

---

204 Ver também as considerações de P. La Torre, Se terrorismo e mafia se scambiano le tecniche, in *Rinascita*, 16 de novembro de 1979, agora in *Le ragioni di una vita*, Bari, 1982, p.125-9.

205 Instrutoria maxiprocesso, p.293. Isso prescinde naturalmente do *fato* de que a responsabilidade de Santapaola seja realmente essa.

206 "Começaram finalmente", in Ordenação [...] sobre o delito Lima, p.19.

207 Testemunho Buscetta, p.72.

Inzerillo, não tanto para barrar o inquérito, mas "só para fazer exibição de sua força",[208] isto é, para contrabalançar o efeito propagandístico dos atentados realizados pelos corleoneses sobre o povo da *Cosa nostra*.

O dado do confronto *interno* entre as facções ainda predomina de maneira absoluta. De minha parte, considero que após a derrota do MIS a Máfia tenha tido, e ainda tenha, escasso interesse pela grande política, na qual se encontra envolvida marginalmente e sem entusiasmos particulares. Os filiados da *Cosa nostra*, porém, estão naturalmente interessados no que acontece na gestão cotidiana da coisa pública, na política-máquina, portanto, bem mais do que na política-projeto. Já vimos como em 1987 Riina não soube punir a Democracia Cristã com uma sangria de votos, talvez também por resistências dentro da organização: é o caso, por exemplo, de Antonio Madonia, que continua a votar para candidatos da Democracia Cristã a fim de proteger antigas relações de "amizade".[209] De maneira geral, os Madonia, mesmo fazendo parte do agrupamento corleonês, mantêm em segredo até para os aliados suas "relações de conhecimento com as 'pessoas que contam' dos meios políticos, administrativos e econômicos",[210] evidentemente porque não querem que outros tentem utilizá-las. Recorde-se como Pippo Calderone procurava preservar dos seus companheiros de máfia a sua relação com Costanzo, assim como Calò tentou forçar aquela relação exclusiva que ligava Riina (quando ainda não era o grande chefe) a Ciancimino. Franco Restivo, grande notável democrata-cristão,

---

208 Testemunho Buscetta, p.269. Mas deve ser lembrado também o paralelo entre o assassinato de Costa e o do juiz Coco pelas Brigadas Vermelhas, traçado por Dalla Chiesa na entrevista a G. Bocca, in *la Repubblica*, 10 de agosto de 1982.

209 *Processo Andreotti*, p.49.

210 Ordenação [...] sobre o delito Lima, testemunho de G. Mutolo e G. Marchese, p.15-23.

era "compadre" de Antonino Mineo, chefe mafioso de Bagheria, e obviamente o privilegiava; para os La Barbera, e depois para Stefano Bontate, era importante a relação com Lima. Consequentemente, o vínculo com grandes empresários e grandes políticos, com o *establishment* em suma, não parece depender do grau ocupado pelo mafioso dentro da organização; ao contrário, quem dispõe dessas relações encontra-se na posição estratégica de mediador para o mundo externo. "Quando um homem honrado – mesmo de alto grau como um chefe-regional – precisava entrar em contato com um expoente político, devia passar através desses canais."[211]

Pode-se dizer, mas apenas para fins desse raciocínio, que o fato de o político ser filiado à *Cosa nostra*, ou só comprometido, não faz muita diferença: o canal permanece sempre privado e a organização não se identifica com os canais utilizados por seus membros. Os inegáveis processos de centralização não mudam assim o caráter dúplice da fenomenologia mafiosa, que já indicamos desde as suas origens: a relação com políticos e com negociantes desenha nas margens e até mesmo dentro da organização um conjunto de redes fluidas pelas quais se reproduz uma série de tradicionais entrelaçamentos entre submundo e supramundo. Tais relações, para o chefe-mafioso individual, representam capitais privados próprios, análogos aos que são empregados no narcotráfico, e pode ocorrer então que ele considere mais conveniente fazer parte de uma máquina política que perseguir um suposto interesse geral da organização. Mas será que a *Cosa nostra* tem condições de chegar (ou só de aspirar) à gestão direta do poder político? A concepção parasitária da relação com a política representa sempre um forte limite nesse sentido, e deve ser também considerado o problema dos instrumentos de interpretação

211 Testemunho Mutolo, p.15. Mandamento é o grupo de três famílias que indica um representante na Comissão.

da realidade de que dispõem os filiados e os próprios chefes. Estes continuam convencidos de que, como diz um velho provérbio muito citado nos estudos oitocentistas, "quem tem dinheiro e amigo jamais recebe castigo"; acrescentam agora a crença nos efeitos da represália violenta contra amigos que não cumprem as promessas. Mas, desse modo, as coisas são vistas como se fosse do buraco da fechadura, ângulo visual pelo qual não se distingue a complexidade dos mecanismos que regulam o funcionamento do poder oficial, as relações entre os vários grupos políticos e entre sistema político, administração e magistratura, além do papel da opinião pública. É muito difícil condicionar esse vastíssimo campo de forças com uns poucos instrumentos um tanto elementares, o chamariz da troca de favores e o bastão da intimidação terrorista. Totò Riina julga poder conservar o apoio de Andreotti ameaçando-o ou chamando-o ao dever com a confiante e melosa demonstração do beijo durante o famoso segundo encontro de cúpula; que se realmente aconteceu representou não tanto o reconhecimento por parte de Andreotti da soberania da contraparte,[212] quanto a enésima manifestação do seu cinismo, da sua capacidade de manipular aqueles que, olhando as coisas a partir do submundo, conservam uma ingênua confiança na correção dos poderosos do mundo de cima.

Existe enfim a questão da eficácia das ações terroristas derivadas dos processos de centralização na *Cosa nostra*. Aqui se pode razoavelmente introduzir o conceito de efeito perverso. Como, desde meados dos anos 80 (em consequência da guerra de máfia), tende a declinar a participação siciliana no comércio mundial da heroína, assim também pode acontecer (esperemos) que em consequência da escolha "militarista" tenda a declinar a

---

212 Segundo a discutível interpretação da acusação, *Processo Andreotti*, p.761-8, sobre o qual cf. também as considerações de U. Santino, Guida al processo Andreotti, in *Città d'utopia*, novembro 1995, p.4.

influência da *Cosa nostra* sobre a política italiana. O desafio e a resposta se reforçaram reciprocamente, e se de quinze anos para cá existe uma antimáfia, se por parte de algumas instituições[213] e da própria opinião pública foi oposta uma resistência cada vez mais forte, uma parte da responsabilidade deve certamente ser debitada ao próprio terrorismo. No fim de 1996, momento em que escrevo, grande parte dos quadros e dos líderes do "tenebroso sodalício" foi condenada e presa: mas com que atraso, a que preço de sangue e civilização, com que (permanentes?) deformações do seu espírito público a Itália chegou a esse resultado!

O peso dos custos pagos demonstra quanto o cinismo e a leviandade do poder político nesses últimos trinta anos são, tanto política quanto eticamente, inaceitáveis. "Li um dia – escreve Andreotti num ponto qualquer do seu livro-apologia – que tinha sido preso um figurão da máfia, um tal Michele Greco, denominado 'o Papa'."[214] Sobre o chefe da Comissão nos anos do seu governo, Andreotti, sob processo por associação mafiosa, lembra então a muito custo ter lido uma vez seu nome no jornal. É este justamente o lugar em que os dois pontos de vista opostos, o do mundo de baixo e o do mundo de cima, se confrontam. Riina julgou poder condicionar a política com favores e ameaças; Andreotti pensa que o grande político e mesmo a grande política atravessam fatos e pessoas tão vulgares sem serem substancialmente contaminados, que a própria máfia não seja coisa muito digna da sua atenção.

Assim pensava também um grande estadista como Vittorio Emanuele Orlando; assim vivia o problema a classe política da época liberal dos primeiros 25 anos republicanos; assim também os funcionários do Estado, os notáveis e os empresários da bela

---

213 Sobre a vertente da magistratura, além das obras de Falcone, ver o belo testemunho de Di Lello, *Giudici*, op. cit.

214 Andreotti, *Cosa loro*, op. cit., p.35.

Sicília. Só que evidentemente esse mecanismo baseado na tolerância em certo momento começou a enguiçar e a máfia passou a intoxicar ainda mais as consciências, as instituições da democracia, a própria possibilidade de que existisse uma democracia. O caso de Calvi e sobretudo o de Sindona – homem vindo do nada, alçado de repente ao vértice do mundo financeiro internacional, italiano e americano, que irá constituir "uma das maiores, talvez a maior das sociedades financeiras europeias", que tenta apoderar-se das alavancas fundamentais do capitalismo italiano[215] apoiando-se no grupo andreottiano, na P2 e na *Cosa nostra* americana e siciliana – já demonstra em que medida aquela rede negocista-mafiosa ameaçou infiltrar-se no centro do poder econômico e político italiano, a partir daquele ponto de virada que já datamos várias vezes do fim dos anos 70. Desse ponto de vista, a responsabilidade que foi atribuída a Andreotti nada tem a ver com a de um Crispi ou de um Giolitti, às quais superficialmente se costuma fazer referência; na mesma e idêntica medida em que não tem precedentes a periculosidade mostrada pela máfia nos últimos trinta anos da história da Itália.

A *Cosa nostra* ligou-se de maneira absolutamente nova à grande política e aos grandes negócios, ou à longa fase (que esperamos ter terminado) do Estado assistencial e do governo "fraco", desintegrado entre instituições *ad hoc*, leis *ad personam*, *lobby*, facções, clientelas e favores, postos de saúde, porcentagens para todos, mercantilismo crescente e poderes ocultos. Para ler tal sistema, que é o contexto em que se desenvolveu a metástase mafiosa, será necessária uma história da Itália, não sendo bastante uma história da Sicília. Por outro lado, diluir totalmente a Máfia nesse seu contexto implicaria o mesmo erro dos antropólogos

---

215 Cf., entre outros, o testemunho de G. Carli, in *Relazione di minoranza della Commissione parlamentare d'inchiesta sul caso Sindona*, VIII legislatura, doc. XXIII, n.2 *sexies*, 222.

que pensavam que ela *fosse* a sociedade meridional. Do mesmo modo, só quem imagina que a história se desenvolve toda entre Palazzo Chigi e Montecitorio pode considerar que a máfia *seja* a política. A organização hoje chamada *Cosa nostra*, com diferentes nomes, em diferentes épocas e sob diferentes regimes, está ativa há muitíssimos anos, é velha mas não teme a modernidade: esperemos que essa formidável continuidade histórica possa ser interrompida o mais depressa possível.

Índice de nomes e lugares

(Organizado por Alerino Palma di Cesnola, este índice compreende nomes de pessoas, cidades – com exceção de Palermo –, países e aldeias palermitanas.)

Abadinsky, H., p.39n.46
Abbate, M., p.120n.133
Abisso, Angelo, p.264, 267, 288n.167, 290
Accardo, A., p.39n.46
Accardo, Stefano, p.370
Acquasanta, p.338, 354-7, 367
Addamo, S., p.89n.67
Adrano, p.262, 266
Agnello, barão, p.360
Agrigento, p.98, 99n.90, 101n.93, 102, 200 e n.126, 236, 244, 259, 322, 364
Ajello, Andrea, p.138, 223
Aiello, V., p.34n.38
Alatri, Paolo, p.15n.6, 60n.2, 74n.32, 75n.33, 96n.80
Albanese, Giuseppe, p.82, 96, 103-6, 110, 116, 143-4, 149, 213
Albergheria, p.177, 182, 222
Albini, Joseph L., p.42n.51, 227n.1, 232n.13, 326n.26, 376
Alcamo, p.276n.134, 305, 345, 373
Aldisio, Salvatore, p.271
Alessi, Giuseppe, p.306, 369
Alfonso, Ferdinando, p.151 e n.206
Alia, p.75n.34, 80, 109, 128, 236
Alimena, p.261
Almerico, Pasquale, p.306
Alongi, Giuseppe, p.46 e n.62, 53n.74, 81n.46, 116 e n.128, 126n.148, 183n.87, 213 e n.155, 220n.174, 222 e n.178, 254 e n.69, 255n.72, 257n.83
Alongi, Nicolò, p.250 e n.59
Altarello di Baida, p.145, 173, 177n.72, 327 e n.30, 332, 338, 340, 353, 357
Altavilla Milicia, p.185
Altobelli, Carlo, p.166
Alvarez de Toledo, Eristano, p.267
Amato-Pojero, Michele, p.162
Ambrosoli, Giorgio, p.408
Amery, J., p.223n.179

Amoroso, família, p.27, 45, 75 e n.33, 134, 137-40, 152, 176, 212, 216, 219, 224
Amoroso, Emanuele, p.215, 217
Amoroso, Gaspare, p.152
Amoroso, Giuseppe, p.217
Amoroso, Michele, p.146
Anastasia, Albert, p.39
Andaloro, Nicolò, p.259, 295
Anderson, Robert T., p.45 e n.60
Andolina, família, p.263n.96
Andreotti, Giulio, p.399-400, 404-11, 420, 421 e n.214, 422
Anfossi, Salvatore, p.198, 202
Antiochia, Roberto, p.386-7
Anzalone, Giuseppe, p.124, 251
Arezzo, Emanuele, p.246
Arlacchi, Pino, p. 22n.14, 26n.18, 29, 30 e n.27, 44 e n.57, 225 e n.188, 229n.6, 326 e n.28, 387n.153
Arnao, E., p.151n.205
Arnone, G., p.44n.58
Arrighi, G., p.22n.14
Asbury, H., p.228n.2
Avellone, Leonardo, p.125
Avellone, Salvatore, p.124, 240, 248
Ayala, Giuseppe, p. 401, 402 e n.182
Aymard, Maurice, p.17n.10

Badalamenti, família, p.134, 148, 200, 216, 361, 375, 380
Badalamenti, Antonio, p.224
Badalamenti, Bartolomeo, p.200, 236, 262, 266
Badalamenti, Emanuele, p.343
Badalamenti, Gaetano, p.177, 201, 337, 343, 351n.79, 353n.85, 361n.99, 366-9, 377, 380, 382, 398, 400, 417
Badia, Giuseppe, p.17, 74, 75n.33
Bagarella, Leoluca, p.405
Bagheria, p.72, 146, 272, 277, 295n.190, 419
Baglio, G., p.89n.67
Baiamonte, Vincenzo, p.289
Ballabio, chefe de polícia, p.158
Ballo, Raffaele, p.256n.77
Balsano, Rocco, p.239-40
Baratta, A., p.50n.64
Barbaccia, família, p.260
Barbaccia, Giuseppe, p.260n.88
Barbagallo, Francesco, p.97n.85, 208n.144, 210n.150
Barbato, Nicola, p.245, 290
Bardesono, Cesare, p.170, 213
Bari, p.195, 358, 389
Barone, Giuseppe, p.97n.83, 155n.1, 160n.20, 168n.47, 195n.115, 196n.117, 200n.127, 205n.137, 206n.140, 215n.160, 236n.22, 240n.32, 247n.53, 250n.58, 279n.144
Barraco, Salvatore, p.105, 106n.102
Barrese, Orazio, p.270n.115, 313n.1, 319n.14
Bartolotto Impastato, Felicia, p.398 e n.179
Basile, Emanuele, p.383
Battaglia, Serafina, p.397
Battioni, Augusto, p.258-60
Bazan, P., p.197n.120
Becchi, Ada, p.375n.129
Beirute, p.343
Bellanca, G., p.305n.210
Belsito, Ugo Parodi, duque de, p.281
Beneduce, Alberto, p.275
Benigno, Francesco, p.64n.11
Benso, Giulio, *ver* Verdura, Giulio Benso, duque de
Bentivegna, barão, p.81
Bergez, M., p.347n.68
Berna, advogado, p.287
Bernabò, delegado, p.143n.184, 144-5, 148, 151, 152n.207
Bertola, E., p.172n.59, 173n.60
Bevilacqua, Piero, p. 22n.14, 25n.17

Bevivino, prefeito, p.319
Biagi, Enzo, p.351n.80, 374n.127
Bianchini, Lodovico, p.65n.12
Bingham, Theodore, p.231
Biondo, família, p.135, 176, 180
Biondo, Giuseppe, p.219, 224, 285
Bisacquino, p.234-7, 245, 265 e n.104, 272, 288, 291n.178
Bissolati, Leonida, p.167
Biundi, Pietro, p.135
Bivona, p.98, 236, 261
Blandini, G., p.200n.127
Block, Alan, p.37 e n.43, 40n.47, 297n.196, 345 e n.64
Blok, Anton, p.26n.18, 29, 83n.52, 244n.46, 265n.104, 284n.155, 325, 236n.27, 391n.162
Bocca, Giorgio, p.418n.208
Boissevain, J., p.325
Bolonha, p.157, 168, 174, 200-5, 208, 212, 214, 274
Bonanno, família, p.39, 345, 350
Bonanno, Joe, p.28 e n.25, 39 e n.45, 41, 57, 235n.19, 296 e n.191, 351n.80, 352
Bonfadini, Romualdo, p.97, 98n.86, 104, 107, 109n.109, 218
Bongiorno, Gaetano, p.289
Bonomo, G., p.215n.160
Bontà, Paolino, *ver* Bontate, Francesco Paolo
Bontà, Stefano, *ver* Bontate, Stefano Sr.
Bontate, família, p.359, 369, 373, 380
Bontate, Filippo, p.299
Bontate, Francesco Paolo *vulgo* Dom Paolino Bontà, p.318, 338-9, 366
Bontate, Giovanni, p.376, 379
Bontate, Stefano Jr., p.50, 353n.85, 366, 368, 373-4, 377, 379, 382, 396, 400-1, 405, 408, 413, 416, 419
Bontate, Stefano Sr., p.295
Bonura, família, p.176, 180
Bonura, Filippo, p.334
Bonura, Michele, p.334
Bordonaro di Geppiarossa, Luigi, p.285
Borgetto, p.145
Burgo Molara, p.243
Borsani, Giuseppe, p.82 e n.50, 96n.80, 97, 107
Borselino, Paolo, p.38, 385, 388, 399
Brancato, F., p.11n.1, 60n.2, 65n.12, 73n.28, 126n.146, 322n.19
Brancato, Giuseppe, p.81
Bronte, p.64, 70
Brown, B. F., p.159n.15
Brusca, Giovanni, p.405
Bua, Giuseppe, p.307
Bufalino, bandido, p.231
Buffalo, p.345
Burgio, p.236, 244, 265, 284
Burin de Rozies, P., p.72n.25
Buscetta, Tommaso *vulgo* Dom Masino, p.28, 31n.30, 36, 37n.42, 46, 51, 57, 179, 299, 331, 334, 341, 334-7, 351, 352n.81, 353, 357-8, 364 e n.103, 365, 368-9, 373-4, 377-82, 385, 390-6, 400, 405, 409, 411-4, 417

Caccamo, p.113n.119, 127, 171, 184, 248, 295, 337
Caciagli, M., p.361n.100
Caico, família, p.77 e n.38
Calà Ulloa, Pietro, p.69, 91n.71
Calamandrei, Piero, p.315 e n.6
Calderone, família, p.244, 360, 368, 372
Calderone, Antonino, p.57, 179, 294, 299, 318 e n.13, 332, 357, 359 e n.93, 362-9, 372-3, 393, 396
Calderone, Pippo, p.359-62, 367, 369, 377, 418
Calò, Pippo, p.33, 299, 338, 353, 359, 374, 416, 418

Calò, Vittorio, p.243
Calpurnio, p.178n.73, 203n.133
Caltabellotta, p.259
Caltagirone, p.236, 263
Caltanissetta, p.16, 76, 93, 98, 259, 276, 364
Caltavuturo, p.125n.145, 238n.28
Calvi, Roberto, p.408, 422
Camilleri, Giuseppe, p.263
Caminneci, Valentino, p.134, 137
Cammarata, p.257
Cammareri Scurti, G., p.68n.15
Campisi, Nicola, p.370
Campo, Paolo, p.44
Campobello di Mazzara, p.328
Campofranco, p.289
Camporeale, p.306
Camporeale, Paolo Beccadelli di, p.165
Cancila, O., p.35n.39, 62n.7, 79n.41, 125n.142, 155n.1, 191n.104, 249n.55
Candela, S., p.196n.116, 205n.137
Candida, R., p.296n.192
Candino, Melchiorre, p.254, 255n.74, 259-60, 295
Caneba, irmãos, p.344
Canicattì, p.99, 263, 271, 296
Cannarella, barão, p.307n.216
Cannizzo, Sebastiano, p.100
Cannizzo, família, p.124
Cantelli, Girolamo, p.93, 99n.89, 106, 142
Capone, Al, p.39n.46
Caponnetto, Antonino, p.385
Capraro, bandido, p.118
Caprì, G., p.277n.135
Carcaci, G. di, p.303 e n.207
Cardenti, Francesco, p.285
Carella, Giuseppe, p.285, 287
Carli, G., p.422n.215
Carlucci, Paola, p.111n.115
Carnazza, Gabriele, p.95
Carnevale, Corrado, p.400
Carnevale, Salvatore, p.307, 314
Carollo, Benedetto, p.138, 141, 150, 157, 163
Carollo, Natale, p.341
Caruana, Leonardo, p.378
Caruso, Giuseppe, p.187, 189
Caruso, Damiano, p.359, 396
Casanova, A., p.98n.88
Cascio, Vincenzo, p.248
Cascio-Ferro, Vito, p.27, 45, 234, 235 e n.19, 236, 245-6, 251, 265n.104, 270-2, 284, 289, 292, 295, 316, 391
Caselli, Giancarlo, p.415
Cassarà, Antonio *vulgo* Ninni, p.385-6, 386n.150
Cassina, família, p.35
Castelbuono, p.79
Casteldilucio, p.289
Castellammare del Golfo, p.39, 70, 345, 351
Casteltermini, p.244, 281
Castro, p.182
Castronovo, p.257
Catânia, p.13, 91, 195, 200, 262, 354n.87, 260-4, 372
Catanzaro, p.148, 332, 358, 389, 398
Catanzaro, Raimondo, p.26n.19, 30n.29, 31n.32, 225n.188, 318n.13, 360n.97, 409n.195
Cattanei, Francesco, p.321
Cavalieri, E., p.115n.125
Cavallaro, Giuseppe, p.134, 243
Cavallaro, Simone, p.134, 148, 234
Cavataio, Michele, p.357, 359, 367, 379
Cavour, Camillo Benzo, conde de, p.72n.26
Cefalù, p.80, 98, 118-22, 182
Centinaro, S., p.251n.63
Ceola, Baldassarre, p.232
Cerda, p.120
Cerrito, família, p.125 e n.145

Cervis, inspetor de SP, p.158, 202
Chiariano, *ver* Sansone, Giuseppe
Chicago, p.39n.46, 237, 323
Chicchiteddu, *ver* Greco, Salvatore
Chiesi, deputado, p.167
Chilanti, Felice, p.28n.24, 309n.219, 32n.226, 316n.8, 324 e n.23, 337n.51, 341n.56
Chinnici, Rocco, p.38, 383
Chiusa Sclafani, p.256
Ciaculli, p.23, 171, 177n.72, 184, 310 e n.223, 311, 323, 332, 355-8, 366 e n.112, 385
Ciancimino, Vito, p.33, 319, 388, 418
Cicala, A., p.267n.108
Cicognani, delegado, p.148
Ciconte, F., p.25n.17, 33n.36
Cinà, Gaetano Jr., p.336
Cinà, Gaetano Sr., p.224
Cinisi, p.337, 343, 351, 356, 367, 376, 398
Ciotti, G., p.52n.71, 73n.28
Ciotti, chefe de polícia, p.103, 106
Cirillo Rampolla, G., p.144n.187, 244n.43
Cirincione, Giuseppe, p.272
Ciuni, R., p.246n.48, 329n.34
Coco, Emanuele, p.256, 270
Coco, F., p.418n.208
Codronchi, Giovanni, p.94, 142, 160 e n.20, 162, 164 e n.33, 166, 169, 177, 248
Coffari di Cammarata, Peppino, p.257
Cola Innusa, *ver* Sciacca, Salvatore Sr.
Colacino, T. V., p.52, 90n.68
Colajanni, Napoleone, p.97, 132 e n.156, 196, 209, 210n.149
Collura, Vincent, p.308
Colonna di Cesarò, Gabriele, p.73, 79, 138
Colosimo, J., p.39n.46
Comajanni, Calogero, p.309, 397
Comiso, p.415
Como, p.355
Contessa Entellina, p.244, 256, 259, 265, 270
Conti, F., p.51n.65
Conti, R., p.116n.127
Conti, Salvatore, p.177
Contorno, Salvatore, p.179, 393, 396
Coppola, Frank, p.296, 308, 332, 344, 350n.76, 411
Cordero di Montezemolo, Massimo, p.72n.26
Cordova, Filippo, p.104
Corleo, Luigi, p.369
Corleo, Simone, p.131, 132n.156
Corleone, p.39, 98, 237, 245, 247, 251, 260, 265, 277, 290, 291n.176 e 178, 295n.190, 308n.218, 310, 314, 323, 337, 365, 379
Corrao, Giovanni, p.16, 61, 74, 76n.35, 110
Cosenza, Vincenzo, p.163 e n.31, 165, 168, 174, 211
Costa, Gaetano, p.383, 405, 415, 417, 418n.208
Costa, Natale, p.331
Costantino, Carlo, p.233-5
Costantino, S., p.26n.18, 35n.41, 364n.104
Costanzo, família, p.35, 318, 362, 371
Costanzo, Carmelo, p.362
Costanzo, Giuseppe, p.362
Costanzo, Pasquale, p.369
Costello, Frank, p.39
Cottone, Antonino *vulgo* Nino, p.295, 311, 355
Craco, duque de, p.198
Crispi, Francesco, p.88, 94, 102, 117, 160, 163, 194-8, 204, 211, 422
Cristina, Silvestre, p.251
Croceverde Giardini, p.310-1, 332, 366
Cuccia, advogado, p.149
Cuccia, Ciccio, p.272, 290
Cucco, Alfredo, p.272, 279-80

Cuntrera-Caruana, família, p.360, 365
Cusumano, Gaetano, p.138, 219
Cusumano, Giovanni, p.138
Cutolo, Raffaele, p.34, 47
Cutrera, Antonino, p.22 e n.15, 46 e n.62, 522, 90n.68, 128 e n.154, 143n.181, 172n.57, 183n.87, 199 e n.124, 213, 222, 254n.69, 257

D'Alba, Antonino, p.187, 225
D'Alba, Francesco, p.187
D'Alessandro, Cola, p.355
D'Alessandro, V., p.62n.6
D'Amico, Salvatore, p.88, 145
D'Angelo, Luciano, p.81, 251
D'Asdia, A., p.224n.186
Dalla Chiesa, Carlo Alberto, p.314, 383, 384, 406-10, 415, 418n.208
Dalla Chiesa, Nando, p.229n.6, 384n.146, 387 e n.153
Davi, Pietro *vulgo* Jimmy americano, p.342, 344
De Ambris, Alceste, p.167
De Cesare, Carlo, p.131
De Felice Giuffrida, Giuseppe, p.135n.165, 159n.18, 162n.26, 166 e n.41, 205n.139, 208 e n.143
De Francesco, A., p.64n.11, 71n.23
De Gasperi, Alcide, p.407
De Luca, Aprile, Girolamo, p.125n.146, 170
De Michele Ferrantelli, Domenico, p.235-6, 247, 289
De Pasquale, bandido, p.82, 170
De Rosa, L., p.195n.114
De Seta, Francesco, p.165, 175, 178
Depretis, Agostino, p.93, 102, 170
Detroit, p 342-3, 351
Dewey, Thomas, p.343
Di Bella, S., p.326n.26
Di Benedetto, Giuseppe, p.335
Di Blasi, F. U., p.255n.74, 283n.153
Di Blasi, inspetor de SP, p.158 e n.11, 170
Di Carlo, Calogero, p.350
Di Carlo, Vincenzo, p.307
Di Cristina, Francesco *vulgo* Ciccio, p.27, 76, 395
Di Cristina, Giuseppe Jr., p.359, 395
Di Cristina, Giuseppe Sr., p.295
Di Fresco, Ernesto, p.320
Di Giorgio, Antonino, p.277n.135, 279
Di Giorgio, Domenico, p.289
Di Giovana, A., p.307n.216
Di Gregorio, marquês, p.334
Di Lello, G., p.50n.64, 314n.2, 385, 39n.158, 421n.213
Di Liberto, Francesco, p.173
Di Liberto, Pietro, p.134, 145, 151
Di Maggio, Rosario, p.142, 335, 365
Di Menza, Giuseppe, p.81n.46, 103n.97, 129, 143n.181, 145n.189
Di Paola, Salvatore, p.146, 200
Di Pasquale, bandido, p.103, 118, 126
Di Pisa, família, p.240
Di Pisa, Calcedonio, p.241, 347, 356, 381
Di Prima, Giuseppe, p.289
Di Sano, Giuseppa, p.180, 219, 224
Di Stefano Napolitano, Giuseppe, p.175
Diletti, Salvatore, p.164
Dino, irmãos, p.259
Dolci, Danilo, p.316
Donegani, Guido, p.269
Drago, Aurelio, p.166 e n.40, 182n.85, 238 e n.29
Drago, Nino, p.361
Duggan, Christopher, p.274n.126, 277n.138, 284n.158, 291n.176, 294, 308n.218, 388 e n.155

Enna, p.263n.96, 307n.215
Ercolano, G. N., p.361n.99

Falcone, Giovanni, p.12, 38, 56 e n.81, 179, 363n.101, 371, 374, 377, 378n.135, 381-2, 384n.148, 389, 394 e n.171, 399-400, 402 e n.183, 406, 413 e n.199, 414
Falde, p.187, 225
Faldetta, Silvio, p.352
Fanfani, Amintore, p.276, 318, 399, 407
Farias, chefe de polícia, p.176
Farina, Benedetto, p.300
Farinella, família, p.262, 272, 294, 361
Farinella, Antonio, p.254
Farinella, Giuseppe, p.364
Farinella, Mariano, p.254
Farinella, M., p.309n.219, 312n.226, 316n.8, 337n.51, 341n.56
Farinella, Vincenzo, p.254
Farini, Domenico, p.80 e n.43, 160n.21, 163n.27
Fava, Claudio, p.361n.100
Favara, p.89, 99-100, 221, 359
Favignana, p.88
Ferone, Giuseppe, p.57 e n.82
Ferrarello, Gaetano, p.259
Ferrarello, Salvatore, p.259-60, 284
Ferrari, Giuseppe, p.97
Ferrera, Franco, p.361
Ferreri, Salvatore *vulgo* Fra Diavolo, p.305
Fiandaca, G., p.21n.18, 35n.41, 55n.79
Ficarazzi, p.231n.10
Figlia, Paolo, p.163, 193
Filippello, Matteo, p.127, 156, 171, 185, 199, 202, 221
Filippone, Gaetano, p.299
Fincati, E., p.101n.94
Finocchiaro-Aprile, Andrea, p.272, 298
Finocchiaro-Aprile, Camillo, p.251, 298
Fiore, C., p.83n.54
Fiorentino, Marianna, p.137
Fiume, Giovanna, p.11n.1, 53n.72, 65n.12, 66 e n.13, 69n.17, 71n.24, 75n.33, 98n.88, 144n.187, 244 e n.43, 363 e n.101
Fleres, Santo, p.295, 303
Florença, p.157, 202, 233
Florio, família, p.196, 201, 204
Florio, Ignazio, p.187-8, 198, 204-5
Florio, Vincenzo, p.189-90
Focher, Gaetano, p.185
Fontana, Giuseppe di Rosario, p.156-7, 163, 168, 171, 175, 185, 199, 202, 218, 230, 233, 236, 295
Fontana, Giuseppe di Vincenzo, p.171
Forni, Elio, p.347
Fortuzzi, Guido, p.16, 93 e n.73, 96, 115
Fragalà, advogado, p.392n.163
Franchetti, Leopoldo, p.16 e n.9, 20, 63 e n.8, 66, 80 e n.42, 85n.59, 97, 107 e n.107, 108 e n.108, 111, 112n.116, 113 e n.118 e 120, 114 e n.122, 116 e n.126, 132 e n.159, 133 e n.161, 146 e n.191, 182, 214
Friscia, Liborio, p.267
Frosini, V., p.170n.52

Gaeta, Pino, p.353
Gagliano, família, p.308
Galati, Gaspare, p.136, 137 e n.170, 138, 141, 150
Galatolo, Gaetano *vulgo* Tanu Alatu, p.340, 355, 357, 367
Gallo, Concetto, p.299
Galluzzo, Lucio, p.14n.4, 55n.78, 302n.205, 305n.211, 328n.31, 352n.81, 387n.152
Gambetta, Diego, p.31 e n.32, 37n.44, 55n.79, 61n.6, 63n.9, 328n.33, 349 e n.72, 356n.90, 376n.132
Gambino, família, p.39, 350, 377, 380, 408

Gambino, Carlo, p.39n.45, 296, 375, 380
Gambino, John, p.382
Gambino, Salvatore, p.334
Gangi, p.118, 124, 128, 255, 260-1, 272, 277, 283-4, 364
Garibaldi, Giuseppe, p.321
Garofalo, Frank, p.342n.58, 351 e n.79
Gassisi, família, p.265, 270
Gassisi, Giuseppe, p.289, 391
Gassisi-Lo Voi, família, p.270
Gatto, Simone, p.305n.209, 316
Gellért, G., p.297n.194, 302n.205
Gelli, Licio, p.408
Genco Russo, Giuseppe, p.22, 55, 268 e n.110, 269, 295, 299, 307, 324, 351
Genco, M., p.257n.81
Gennaro, família, p.308
Gennaro, Filippo, p.308
Gennaro, Giorgio, p.224
Gennaro, Michelangelo, p.248, 308
Gênova, p.196, 206, 346
Genovese, Vito, p.39, 332, 394
Gentile, Marianna, p.172
Gentile, Nick, p.28 e n.24, 32, 41 e n.49, 51 e n.66, 57
Gentile, S., p.300n.202
Germi, Pietro, p.55n.78
Gerra, Luigi, p.117, 192
Gestivo, Francesco, p.78, 82, 110-1, 136n.169, 142, 149, 212
Giammona, família, p.176, 179
Giammona, Antonino, p.75-82, 87, 110, 136, 138, 140, 142, 185, 221, 236
Giammona, Giuseppe, p.142, 146
Giampietro, Luigi, p.55 e n.78, 283, 292-3, 296
Giancana, S., p.39n.46
Gianturco, Emanuele, p.168
Giardina, A., p.416n.203
Giarrizzo, Giuseppe, p.17n.10, 53n.73, 62n.6, 71n.24, 72n.25, 86 e n.60, 90n.69, 96n.80, 318n.12, 361n.100
Gibraltar, p.346
Gioia Tauro, p.22n.14
Gioia, Giovanni, p.306, 319, 399
Gioia, Luigi, p.399
Giolitti, Giovanni, p.161, 196, 198, 206n.140, 211, 422
Giordano, juiz, p.392n.165
Girgenti, ver *Agrigento*
Giuffrida, Romualdo, p.155n.1, 192n.105, 198n.121
Giuliano, Boris, p. 377, 383
Giuliano, Salvatore, p.53, 278, 284, 302-4, 305n.210
Giusso, Girolamo, p. 195
Glorioso, família, p. 254
Gnoffo, Salvatore, p. 341
Godrano, p.260 e n.88
Gotti, John, p.39
Govone, Giuseppe, p.60, 94
Gower Chapman, C., p.278n.141
Graci, Gaetano, p.362
Graham, Ronald, p.284
Greco, família, p.23, 50, 310-1, 323, 332, 336, 352, 356-61, 365, 373, 378, 385
Greco, Antonina, p.310
Greco, Francesco, p.355
Greco, Giuseppe (di Ciaculli), p.310n.223
Greco, Giuseppe *vulgo* Piddu *u tinenti*, p.310, 311n.225, 366 e n.112
Greco, Michele, p.311n.225, 336, 366 e n.112, 368, 373, 378, 382, 395-6, 399, 421
Greco, Pino *vulgo scarpazzedda*, p.385
Greco, Salvatore *vulgo chicchiteddu*, p.177 e n.72, 224, 310-1n.224, 337, 347, 359, 365, 366 e n.112, 368, 380, 416

Greco, Salvatore *vulgo il senatore*, p.311n.224
Greco, Salvatore *vulgo l'ingegnere* ou Totò il Lungo, p.311, 344
Greco, Salvatore Sr., p.310n.223
Greco, Santa, p.310n.223
Grieco, Ruggero, p.322
Grisafi, Paolo, p.356, 259
Grotte, p.99
Gualterio, Filippo, p.15, 72, 84
Guarneri, Andrea, p.80
Guarnotta, Leonardo, p385
Guccione, família, p.75n.34, 80 e n.45, 81, 109, 113, 122, 125, 252, 295, 371
Guccione, Matteo, p.268

Hamilton Caico, Louise, p.77 e n.38
Hamnett, Eduardo, p.187
Hamnett, Samuele, p.187
Hawkins, Gordon, p.43 e n.54
Hennessy, David C., p.227
Hess, Henner, p.17n.10, 26n.18, 29, 43 e n.56, 45-6 e n.62, 52 e n.69, 83n.52, 100n.92, 124n.141, 128n.154, 216 e n.163, 217 e n.166, 325, 328 e n.32, 389n.157
Hobsbawm, Eric J., p.90 e n.69

Iachello, Enrico, p.64n.11, 94n.84, 115n.125, 132n.156, 151n.206
Ianni, Francis J., p.42
Impastato, Luigi, p.398
Impastato, Peppino, p.398
Infranca, A., p.274n.129
Inglese, Antonino, p.236
Inzerillo, família, p.383
Inzerillo, Pietro, p.377
Inzerillo, Salvatore, p.335, 354, 368, 375, 377, 379, 382, 405, 407

Jacono, G., p.30n.28
Jacuzzo, *ver* Lauriano, Giacomo
Jannazzo, Antonio, p.80n.42
Jannuzzi, Lino, p.392n.164, 393n.166, 396n.175
Jenkins, P., p.31n.30
Jung, Guide, p.269

Kefauver, Estes, p.297n.194, 315n.5
Kennedy, Robert, p.325
Koenigsberger, H. G., p.62n.6

La Barbera, família, p.334, 340, 341n.56, 352-7, 371, 374, 378, 419
La Barbera, Angelo, p.323, 340, 343, 347
La Barbera, Salvatore, p.323, 340, 358
La Fiura, Giovanni, p.30n.29, 229n.6, 320n.16
La Loggia, Enrico, p.252, 336n.49
La Loggia, G., p.336n.49
La Mantia, Pietro, p.199
La Mantia, Rosario, p.146, 219, 223
La Mattina, Nunzio, p.376
La Porta, Luigi, p.80
La Torre, Pio, p.320, 321n.18, 383, 390n.159, 415, 417n.204
Labriola, Arturo, p.209 e n.147
Labruzzo, bandido, p.304n.208
Lacava, Pietro, p.195
Lancellotti, delegado de SP, p.167
Landesco, J., p.229n.6
Landolina di Rigilifi, Pietro, p.105
Lanski, Meyer, p.40
Latino, Giovanni, p.289
Lauriano, Giacomo *vulgo* Jacuzzo, p.134
Le Havre, p.235n.19
Leggio, Luciano *vulgo* Liggio Luciano, p.31, 308-12, 324, 331, 336-7, 352, 358, 370, 380, 384, 395, 397, 399, 413, 416
Leone, Antonino, p.81 e n.46, 82, 117, 121-2, 125-9, 170-3, 185, 228n.2, 252

Leone, Giovanni, p.361
Leonforte, p.262
Lercara, p.39, 80, 124, 239, 251, 297
Lestingi, F., p.52, 90n.68
Li Causi, Girolamo, p.43, 300, 302, 321
Li Destri, família, p.285
Li Destri, Antonino, p.118, 124, 128 e n.154, 272
Li Donni, Ferdinando, p.286
Libertini, Gesualdo, p.263
Libertinia, p.263
Licandro, Salvatore, p.355
Licari, Mariano, p.307
Licata, p.99
Licata, família, p.133
Licata, Andrea, p.135, 162
Licata, Salvatore Jr., p.295
Licata, Salvatore Sr., p.75, 110, 162
Liggio, Luciano, *ver* Leggio, Luciano
Lima, Salvo, p.318, 320, 380, 399-400, 404, 407-10, 414, 417
Linosa, p.396
Lipani, D., p.279n.144
Lisuzzo, Onofrio, p.259, 261
Livorno, p.180
Lo Bue, família, p.308
Lo Bue Perez, Francesco, p.244
Lo Bue, Calogero, p.295
Lo Cascio, Antonio, p.138
Lo Jacono, família, p.244, 256 e n.76
Lo Jacono, Nicolò, p.256
Lo Monaco, V., p.59n.1
Lo Monte, Giovanni, p.270, 272, 290, 335, 388
Lo Porto, Vincenzo, p.187-8
Lo Schiavo, Giuseppe Guido, p.15n.5, 55 e n.78, 224n.185, 243n.41, 283n.153, 314
Lo Voi, Gioacchino, p.284, 288
Lodato, Saverio, p.366n.112, 286n.150, 392n.165, 396n.173
Lombroso, Cesare, p.209
Londres, p.30
Lorello, família, p.260
Luca, Ugo, p.304 e n.208
Lucania, Salvatore, *ver* Luciano, Lucky
Lucca Sicula, p.261
Lucchese, família, p.39
Lucchesi, Michele, p.118, 125, 158, 163-4, 166, 170, 213
Luciano, família, p.39
Luciano, Lucky, p.297 e n.194, 332, 342-3, 350-2, 367, 378
Lucifora, advogado, p.140, 149
Lumia, família, p.77
Lumia, Giuseppe, p.76, 378
Lumia, Luigi, p.231n.9, 252n.66, 300n.203, 302n.206
Lupo, Salvatore, p.63n.9, 64n.10
Lupollo, família, p.42
Luppino, Giuseppe, p.328, 391

Maas, Peter, p.394n.169
Macaluso, Emanuele, p.407 e n.191, 409-10
Machetti, G., p.88n.66
Macry, Paolo, p.25n.16
Madonia, família, p.418
Madonia, Antonio, p.418
Madonia, Giuseppe 360 e n.96
Madri, p.34, 245
Magaddino, família, p.345, 351
Magaddino, Gaspare, p.345
Magaddino, Stefano, p.296
Maggio, Dionisio, p.79
Maggiorani, V., p.73n.28, 75n.34
Malaspina, bairro, p.*136, 177*
Malausa, Mario, p.333
Malusardi, Antonio, p.117, 123-4, 126 e n.146, 163, 170, 173, 207, 212
Mancino, Rosario, p.343
Mancuso, Serafino, p.344
Mangano, A., p.310n.222
Mangano, S., p.250n.59

Mangiameli, Rosario, p.11n.1, 53n.75, 81n.47, 97n.83, 98n.87, 101n.95, 103n.97, 113 e n.121, 114n.123, 298n.197, 300n.203, 301n.204, 325n.24
Maniscalco, Salvatore, p.74, 83, 103
Maniscalco, Vincenzo, p.341
Mannino, Calogero, p.318n.12
Mannoia, Francesco Marino, p.400n.180, 405, 408
Manzella, Cesare, p.337, 356
Maranzano, Salvatore, p.39, 235
Maraviglia, Giuseppe, p.146
Marchesano, Giuseppe, p.124n.141, 126n.146, 127n.152, 156n.2, 166, 170n.54, 172n.58, 193n.109, 197n.120, 204, 211, 214, 215n.159, 218n.168, 169
Marchese, Felice, p.151
Marchese, G., p.418n.210
Marchese, Salvatore, p.372
Magiotta, M., p.234n.17
Marineo, p.70, 144n.187, 244
Marino, G. C., p.250n.60, 251n.62, 272n.120, 274n.128
Marino, Salvatore (século XIX), p.103-6, 143, 146, 230
Marino, Salvatore (século XX), p.385
Marinuzzi, Antonio, p.148-9 e n.200, 212, 217
Marmo, Marcella, p.25n.16, 32n.34, 37n.44, 53n.72, 84n.56, 88n.66, 185 e n.91, 208n.144
Marsala, p.307, 350
Marsala, Vincenzo, p.364
Marselha, p.235 e n.19
Martelli, Claudio, p.402, 406
Martelucci, Nello, p.407
Martinez, Vincenzo, p.350
Martorana, G., p.360n.96
Mascilli Migliorini, M., p.92n.72
Masi, Saverio, p.241
Masseria, Joe, p.39n.45, 296
Matranga, família, p.227, 230
Matrona, irmãos, p.101
Matta, Giovanni, p.320
Mattarella, Bernardo, p.301, 383
Mattarella, Piersanti, p.383, 404, 415
Maurici, A., p.73n.28,30, 75n.33
Mazzara del Vallo, p.235, 354
Mazzara, Francesco Paolo, p.138, 141
Mazzarino, p.295n.190, 361
Mazzini, Giuseppe, p.103
Mazzola, Agata, p.189-90
Medici, Giacomo, p.60, 94, 102, 106, 110, 113, 135
Mendola, Carmelo, p.215, 226
Mercadante, S., p. 307n.215
Merlo, Gaetano, p.165
Messana, Ettore, p.304
Messina, p.92, 156n.5, 171, 201, 247, 262, 364
Messina, C., p.246n.49, 249n.57
Messina, I., p.291n.178
Messina, Leonardo, p.359, 360n.94, 364
Mezzojuso, p.270
Mezzomorreale, p.172, 184, 333
Miceli, Francesco, p.161, 172-3, 327
Miceli, Luigi, p.192-3, 195
Miceli, Salvatore *vulgo* Turi, p.74, 75n.33, 173
Migliorini, chefe de polícia, p.326
Milão, p.157, 159, 165-6, 174, 197 e n.120, 202, 204n.135, 212, 323, 342, 408
Milazzo, Silvio, p.318, 336n.49
Milocca, p.278
Minasola, Nitto, p.304-5
Mineo, Antonino, p.419
Minghetti, Marco, p.93-7, 107
Minore, família, p.362
Miraglia, Accursio, p.307
Mirri, Giuseppe, p.158, 167
Mirto Seggio, Pietro, p.134
Mirto, príncipe de, p.236

Misilmeri, p.72, 105, 133, 145 e n.188, 238-43, 277
Mistretta, p.98, 261-2 e n.93, 264, 277, 288, 290, 364
Mocciato, família, p.285
Mogavero, família, p.261
Molè, G., p.266n.105, 288n.166
Molinelli, Pascal, p.344
Monastero, Frank, p.374
Moncada, Salvatore, p.340
Mondio, Natale, p.387
Monreale, p.28, 72, 90, 100, 103, 105, 110, 127, 132-3, 143-6, 224, 237-43, 277, 295n.190
Montalto, Salvatore, p.385
Montana, Beppe, p.385
Montanelli, Indro, p.30n.27, 284 e n.157
Montedoro, p.76, 77n.37
Montelepre, p.302-3, 306
Montemaggiore, p.316
Morana, Francesco Paolo, p.79-80
Morana, Giovanni Battista, p.141, 214, 271, 395
Morana, Nicolò, p.141
Morello, Giuseppe, p.233
Morello, Vincenzo, *ver* Rastignac
Mori, Cesare, p.39, 56n.80, 258, 259 e n.86, 274 e n.126, 275 e n.131, 277 e n.135, 279, 280 e n.146, 284, 287 e n.164, 288n.167, 290, 291 e n.179, 295-9, 304, 308, 384, 394
Morillo di Trabonella, F., p.77n.38
Moro, Aldo, p.400, 407, 416
Mortilaro, Vincenzo, p.20 e n.13
Mosca, Gaetano, p.20, 33 e n.35, 169 e n.51, 170n.52, 172, 182 e n.86, 196, 203 e n.134, 214
Mosca, Gaspare, p.15n.5, 84, 88
Motisi, Baldassarre, p.333
Motisi, Francesco, p.177, 333
Muratori, Luigi, p.193, 201
Mussolini, Benito, p.273, 274n.125, 277n.135
Mussomeli, p.261, 267, 269, 278, 323
Mutolo, Gaspare, p.364, 382, 408, 418n.210

Napoles, p.25, 34, 47, 88n.66, 160, 193, 195, 350
Naro, C., p.30n.28, 278n.142, 289n.171
Nasi, Nunzio, p.204, 274
Natoli, Walter, p.51 e n.68
Navarra, Michele *vulgo Patri nostri*, p.299, 308 e n.218, 310, 331, 380, 413
Neglia, Matteo, p.121
Negrelli, S., p.360n.96
Negri, delegado, p.144
Nelli, H. S., p.17n.11, 227n.1
Nova Orleans, p.146, 220, 227, 230-6
Nova York, p.39n.46, 41, 123, 200, 233-7, 335, 342, 345, 351, 378, 408
Nicastro, F., p.14n.4, 305n.211, 328n.31, 387n.152
Nicoletti, Rosario, p.405
Nicolosi, família, p.80 e n.45, 81, 111, 113, 122, 125, 239
Nicolosi, Francesco, p.129
Nicolosi, Giovanni, p.122, 125
Nicósia, p.98, 263n.96
Nicotera, Francesco, p.117, 122, 124, 212
Nisticò, Vittorio, p.316 e n.8
Nitti, Frank, p.39n.46
Nitti, Francesco Saverio, p.204n.135
Nobile, bandido, p.100
Noce, p.353
Notarbartolo, família, p.156, 165
Notarbartolo, Emanuele, p.155 e n.1, 156, 160, 163, 170, 185, 191, 197-8, 201, 383
Notarbartolo, Leopoldo, p.155n.1, 157n.8, 160, 164n.32, 165 e n.39, 170n.53, 193 e n.110, 195, 202n.131, 205, 211

Noto, família, p. 188, 190
Noto, Pietro, p.188, 190
Nuccio, Domenico, p.123
Nuccio, Giuseppe, p.223n.180
Nuvoletta, família, p.37

Olivieri, delegado de SP, p.162
Olivieri, Eugenio, p.186
Olivuzza, p.187-8
Ondes Trigona, Giovanna d', p.189
Onofri, Massimo, p.32n.33
Onufrio, E., p.53n.74, 225n.187
Oriani, Alfredo, p.209, 214
Orioles, Giuseppe, p.193
Orlando, Calogero, p.342
Orlando, Leoluca, p.387, 404, 414
Orlando, Vittorio Emanuele, p.206n.140, 270, 272, 292, 298, 395, 411, 421
Ortoleva, Antonio, p.261-2, 269, 272, 282, 288, 290, 295
Ortoleva, Gaetano, p.282n.151
Ortoleva, Giuseppe, p.282

Padovani, Marcelle, p.56n.81, 378n.135, 385n.149, 394n.171, 414n.200
Padula, p.232
Pafundi, Donato, p.319
Pagano, Giacomo, p.99n.91, 118 e n.131, 135, 139
Palagonia, p.200, 262, 266
Palazzo Adriano, p.257
Palazzo, Angelo, p.251
Palazzolo, Angelo, p.81
Palazzolo, Pietro, p.273
Palizzolo, Raffaele, p.109, 123-9, 134, 156-75, 177, 184, 191-3, 196, 197n.119, 199-206, 210n.150, 212, 215, 219, 221, 238n.27, 248, 327, 334, 388
Palmieri di Nicasio, Giuseppe, p.143-4, 149
Palmieri di Nicasio, Paolo, p.144
Panepinto, família, p.245
Panepinto, Lorenzo, p.245, 249, 251, 301
Pannella, Marco, p.286-7
Pansa, Giampaolo, p.387 e n.153
Pantaleone, Michele, p.235n.19, 297n.193, 300 e n.203, 316 e n.10, 319n.14, 320n.15, 324n.22, 326
Pantaleoni, Diomede, p.60 e n.3
Panzeca, Giuseppe, p.295, 337, 352
Paoli, Paul, p.347
Paparazzo, A., p.228n.3
Parlapiano, família, p.267, 269, 290
Parlapiano-Vella, Antonino, p.267
Parlapiano-Vella, Gaetano, p.267, 314
Partanna, p.340, 370
Partinico, p.100, 238n.27, 271, 277, 290, 295 e n.190, 296, 316, 344, 350n.76
Passananti, Antonino, p.234-5
Passo di Rigano, p.78, 177, 180, 335, 368
Paternò di Spedalotto, Ignazio, p.281
Paternostro, Roberto, p.280
Pecoraro, Antonio, p.270, 283
Pecorelli, Mino, p.399
Pelloux, Luigi, p.158, 167, 174
Peppino il lombardo, Dom, *ver* Pugliese Angelo
Perez, *ver* Rizzuto, Antonio
Perpignano, p.180
Perroni Paladini, F., p.61n.4
Peruzy, chefe de polícia, p. 156n.5
Pesco, Filippo, p.127
Pesco, Salvatore, p.127
Petacco, Arrigo, p.232n.11, 233n.14, 274n.126
Petix, G., p.77n.37
Petralie, p.261
Petrosino, Joe, p.233-5
Pezzati, juiz, p.168
Pezzino, Paolo, p.11n.1, 16n.9, 53n.72, 61n.4, 63n.8, 64n.11, 72n.25,76n.35, 90n.68, 97n.84, 100n.92, 109, 126n.149, 171n.55, 173n.62

Piana degli Albanesi, p.245, 272
Piana dei Colli, p.293, 331, 337, 357
Piana dei Greci, p.290
Piddu u tinenti, *ver* Greco, Giuseppe
Pignatelli Monteleone, Antonio, p.73
Pili, Emanuele, p.304
Pinelli, Giuseppe, p.386
Pinna, Felice, p.72, 74, 103
Pirandello, Luigi, p.90n.69, 212n.151
Pisciotta, Gaspare, p.304-5, 313
Pisciotta, Giulio, p.341
Piselli, Fortunata, p.22n.14
Pitrè, Giuseppe, p.19, 28, 31, 45, 53, 109 e n.109, 214, 215 e n.160, 217, 219 e n.170, 275, 292, 313, 330, 395
Pizzillo, G., p.338n.53
Placanica, Augusto, p.22n.14
Plaja, família, p.351
Plaja, Diego, p.345
Polizzi, p.261
Pollaci, família, p.263n.96
Pollara, P., p.231n.10
Poma, R., p.157n.6
Ponente, Gaspare, p.344
Pontieri, E., p.69n.18, 91n.71
Porcelli, Bartolo, p.340
Porta Nuova, p.293n.183, 327n.30, 338, 340, 353, 357, 374
Portella della Ginestra, p.14, 302, 313
Porto, S., p.274n.126
Pottino, barão, p.260
Prestianni, N., p.266n.105
Prestifilippo, família, p.385
Prestifilippo, Mario, p.385
Prizzi, p.81, 124, 245-6, 250, 257, 295, 305
Procacci, Giuliano, p.245n.47
Profaci, família, p.39
Profaci, Joe, p.39n.45, 296, 308, 311
Profumo, Aldo, p.339
Provenzano, família, p227, 230.
Provenzano, Bernardo, p.359
Provenzano, Sebastiano, p.335
Pucci, Elda, p.387
Puglia, Giuseppe Mario, p.45n.59, 292 e n.181
Pugliese, Angelo, p.81-3, 98
Puglisi, A., p.398n.179
Puglisi, F., p.151n.206

Racalmuto, p.99, 101, 316
Raffadali, p.307, 322, 359
Raffaele, G., p.11n.1, 262n.93, 264n.102, 266n.107
Ragusa, p.364
Ramacca, p.263 e n.96, 361
Rampolla del Tindaro, Stanislao, p.144
Rapisarda, Salvatore, p.262
Rasponi, Gioacchino, p.15, 83, 93, 106, 113n.120, 119n.132
Rastelli, prefeito, p.80
Rastignac, pseudônimo de V. Morello, p.159n.17
Recupero, Nino, p.11n.1, 17n.10, 87 e n.63
Reggio Calabria, p.25, 47, 247, 401
Reid, Ed, p. 227n.1, 215n.6
Reina, família, p.39
Renda, F., p.51n.68, 92n.72, 204n.136, 215n.160
Renda, Francesco, p.315 e n.7
Restivo, Franco, p.418
Reuter, P., p.43n.55, 350 e n.74
Ribera, p.44, 267, 269, 290
Ricasoli, Bettino, p.60n.3
Ricca, P., p.39n.46
Ricciardi, Eugenio, p.340
Ricciardi, Giuseppe, p.340
Riesi, p.27, 295, 359
Riina, Giacomo, p.337
Riina, Salvatore *vulgo* Totò, p.33, 337, 353 e n.85, 365-6, 378, 399, 404-5, 411, 413, 416-20
Rimi, família, p.305 e n.210, 398

Rimi, Vincenzo, p.305 e n.210, 373
Rini, Pietro, p.127
Rio de Janeiro, p.382, 417
Riso, barão, p.73
Rizzo, Aldo, p.329, 390n.159
Rizzotto, Giuseppe, p.15n.5, 84, 88
Rizzotto, Placido, p.307-8
Roccapalumba, p.125
Roccella, p.293n.183
Rodanò, Carlo, p.34
Roma, p.34, 122, 146, 167, 189, 245, 361
Romanelli, Raffaele, p.115n.124
Romano, Salvatore F., p.11n.1, 223n.180
Romano, Santi, p.54 e n.76, 55
Romeo, Rosario, p.71n.24, 322
Rosano, Pietro, p.210 e n.150
Rose, negociante inglês, p.117
Rossi, A., p.244n.45
Rudinì, Antonio di, p.68, 88, 108, 157, 160, 164 e n.33, 170 e n.52, 198, 204, 211
Rumore, Giuseppe, p.250
Runfola, família, p.113, 125n.145
Russo Perez, G., p.27n.21, 292n.180
Russo, bandido, p.282
Russo, Giuseppe, p.383, 389-90
Russo, Luigi, p.371-2
Russo, N., p.106n.102
Ruzzuto, Antonio *vulgo* Perez, p.199

Sacco, Vanni, p.306, 308
Saitta, Francesco, p.162
Saitta, Luigi, p.263, 362
Saitta, Nino, p.360
Saitta, Salvo, p.177
Salemi, p.318, 369
Sales, I., p.25n.16
Salomone-Marino, Salvatore, p.98n.87
Salvemini, Gaetano, p.113, 209, 240
Salvo, primos, p.35, 318, 363, 369 e n.118, 371, 380, 382, 409-10
Salvo, Ignazio, p.369, 399, 404, 411, 414
Salvo, Nino, p.369
Salvo, R., p.214n.158
Sambuca, p.221, 236, 265n.104
San Cataldo, p.360n.94
San Fratello, p.282
San Giuseppe Jato, p.145, 272, 290
San Lorenzo, p.145
San Mauro Castelverde, p.126-8, 272, 364
Sancipirrello, p.290
Sandri, L., p.107n.106
Sangiorgi, Ermanno, p.35, 46, 141, 174, 176, 178 e n.76, 180-1, 184, 189-90, 211, 219-20, 223, 384
Sansone, Giuseppe *vulgo* Chiariano, p.121
S. Maria Belice, p.244
S. Maria de Jesus, p.338, 368, 373, 378, 414
Sant'Agostino, chefe de polícia, p.138
Sant'Elia, Romualdo, *ver* Trigona di Sant'Elia, Romualdo
Santapaola, família, p.361
Santapaola, Benedetto *vulgo* Nitto, p.31, 57 e n.82, 361-3
Santino, Umberto, p.30n.29, 35n.41, 37n.44, 50n.64, 229n.6, 320n.16, 398n.179, 420n.212
S. Stefano Quisquina, p.245-6, 249
Saragoça, p.146
Sarauw, C., p.30n.28
Sardofontana, Francesco, p.137
Sartorio, família, p.239
Savoca, Pino, p.376
Scaglione, Pietro, p.157, 383
Scalfaro, Oscar Luigi, p.386-7
Scalia, família, p.100
Scalici, E., p.224 e n.186
Scarabelli, Romano, p.347
Scarfoglio, Edoardo, p.210
Scarpinato, R., p.40n.48

Scelba, Mario, p.278n.139, 313, 315, 321
Schiavo, S., p.135n.167, 141
Schneider, Jane e Peter, p.26n.18, 29, 44 e n.57, 221 e n.176, 325
Sciacca, família, p.285, 287
Sciacca, Salvatore Jr., p.285
Sciacca, Salvatore Sr. *vulgo* Cola Innusa, p.285
Sciacca, p.98, 184, 314
Sciascia, Leonardo, p.17n.10, 20, 61n.4, 216 e n.163, 234n.14, 317n.11, 388 e n.154, 392 e n.164, 393n.168, 396, 413 e n.198
Scichilone, G., p.72n.26
Sciortino, família, p.243
Sciortino, Pasquale, p.43n.55
Sclafani, p.261
Sclafani, Michele, p.252
Scotten, W. E., p.298n.197
Scozzari, família, p.240
Sedita, Damiano, p.138, 219
Seminara, família, p.262
Seminara, L., p.263n.95
Sereni, Emilio, p.67 e n.14, 322
Serio, Francesco, p.187
Serpieri, Arrigo, p.275
Serra, Michele, p.135
Servadio, G., p.329n.34
Settecannoli, p.177
Settembrini, Luigi, p.81
Sgadari, barão, p.105, 128, 260, 272, 277, 284
Sicília, p.41, 360
Siegel, Benjamin, p.40
Sighele, procurador geral, p.156
Signorino, Leonardo, p.260
Siino, família, p.176, 179
Siino, Angelo, p.37n.44
Siino, Filippo, p.180, 225
Siino, Francesco, p.177, 180-1, 185, 225n.189
Siino, Giuseppe, p.138, 142
Sindona, Michele, p.377, 380, 407-10, 413, 416, 422
Siracusa, p.364
Siracusa, advogado, p.138n.171
Siragusa, C., p.343n.60
Sirchia, Giuseppe, p.396
Sirena, S., p.288n.165
Solarino, p.360
Sommatino, p.271, 288, 290
Sonnino, Sidney, p.16n.9, 97, 107 e n.107, 115, 131, 159 e n.15, 160
Sorce, família, p.216, 268
Sorce, Giuseppe, p.268
Sorci, Antonino, p.378
Sorci, Antonio, p.343
Sorge, Santo, p.351 e n.78
Sori, E., p.228n.4
Spadaro, Tommaso, p.373, 376-7
Spadaro, Vincenzo, p.347
Spadolini, Giovanni, p.407n.190
Spartachus, p.207n.142
Spanò, A., p.255n.74, 277 e n.137, 279 e n.143, 281 e n.149, 284 e n.156, 289 e n.172, 296n.192, 299 e n.200, 302n.205, 304, 305n.210
Spanò, Francesco, p.255n.74, 299, 305
Sparti, família, p.240
Sparti, Girolamo, p.239
Sparti, Salvatore, p.241
Spata, subprefeito, p.248
Spatola, Rosario, p.27, 31, 335, 377, 395, 408
Spaventa, Silvio, p.81, 84n.56, 88
Spinnato, S., p.143n.182
Sterling, C., p.351n.80, 374n.128, 375n.130, 381n.142, 382n.145
Strano, I., p.262n.94
Sturzo, Luigi, p.252, 263
Sutera, p.76

Tagliavia, família, p.311
Taglieri, Cristofaro, p.147, 149

Tajani, Diego, p.96 e n.80, 102, 106 e n.102, 110, 116, 132, 146, 149
Talese, G., p.42n.53
Tandoj, Cataldo, p.322
Tânger, p.346
Tanu Alatu, *ver* Galatolo, Gaetano
Targia, Benedetto, p.333
Tasca Bordonaro, Lucio, p.298
Tasca di Cutò, Alessandro, p.166
Tasca, A., p.249n.56
Teardo, Alberto, p.13
Tenerelli, Francesco, p.163, 193
Termini Imerese, p.68, 80, 81n.46, 98, 110, 118-9, 121 e n.135, 122, 129, 284, 295n.190
Termini, Santo, p.272
Terranova, Cesare, p.56n.81, 309n.221, 329, 332, 352, 371, 384n.147, 390n.159, 415
Terrasini, p.342
Testi, A., p.229n.5
Thomas de Barberin, Francesco, p.252
Tirrito, L., p.80n.45
Titone, V., p.61n.5
Tomasso Natale, p.174n.63, 320
Torina, família, p.122, 125
Torina, Giuseppe, p.113n.119, 122, 129
Torremuzza, barão, p.74
Torretta, Francesco, p.334
Torretta, Pietro, p.311n.225, 334, 352, 358, 398
Torrio, G., p.39n.46
Torrisi, Claudio, p.64n.11, 97n.83
Trabia, família, p.252, 267, 301
Traina, G., p.20 e n.13
Tranfaglia, Nicola, p.13n.3, 63n.9, 319n.14, 321n.17, 415 e n.201
Trapani, p.25, 53n.74, 83, 102, 274, 364
Trapani, Nicolò, p.173
Trasselli, C., p.61n.4
Trevelyan, Raleigh, p.281n.148
Trigona di Sant'Elia, Romualdo, p.75n.34, 114
Trigona della Foresta, F., p.288n.167
Tunísia, p.187, 202, 235 e n.19, 237
Turati, Filippo, p.167, 209, 238n.28
Turiello, Pasquale, p.113
Turner, V. W., p.52n.70
Turone, Sergio, p.374n.128
Turrisi Colonna, Niccolò, p.74, 79, 80n.42, 82, 84 e n.55, 85, 88, 109, 111 e n.115, 136, 142
Turvani, Margherita, p.375n.129
Tusa, família, p.262, 263n.95 e 96, 295
Tusa, B., p.263n.95 e 96
Tusa, Sebastiano, p.263
Tuttilmondo, padeiro, p.187

Uditore, bairro do, p.81, 89, 136, 141, 143, 334
Umberto I, p.165
Ustica, p.88, 171, 225

Valachi, Joe, p.38, 41-5, 52, 57, 328, 351n.78, 374, 394
Valenza, família, p.124
Valenza, Giuseppe, p.81, 82, 114
Valledolmo, p.109, 125n.145
Valvo, bandido, p.81 e n.46, 118, 170
Varisano, Angelo, p.96
Varsalona, bandido, p.175, 236
Varsalona, Francesco Paolo, p.254, 257
Varsalona, Luigi, p.253, 256n.78
Varvaro, Antonino, p.303
Vasile, V., p.14n.4, 305n.211, 328n.31, 387n.152
Vassallo, Francesco, p.319-20
Vassallo, Santo, p.220, 230
Veneza, p.163
Ventimiglia, p. 81, 123
Ventotene, p.171

Verdiani, Ciro, p.304
Verdura, Giulio Benso, duque de, p.197-8
Verro, Bernardino, p.245-51, 301, 308
Versaci, Filadelfo, p.282
Vicari, p.364
Vignali, vice-brigadeiro, p.308
Villa, V., p.389n.158
Villabate, p.156, 163, 170-1, 177, 184, 185n.90, 202, 295, 311, 359
Villafrati, p.200
Villalba, p.252, 268-9, 297, 301, 316, 323
Villani, Pasquale, p.25n.16
Villari, Pasquale, p.97, 132 e n.156
Villasevaglios, advogado, p.265n.103
Violante, Luciano, p.47n.63
Vitale, família, p. 223, 327n.30, 332
Vitale, Filippo, p.173, 177 e n.72, 327 e n.30
Vitale, Francesco Paolo, p.174, 327n.30
Vitale, Giovan Battista, p.327 e n.30, 353
Vitale, Leonardo, p.33, 38, 327 e n.30, 328-32, 337, 338n.53, 339, 353
e n.85, 371, 390 e n.159, 397
Viterbo, p.305
Vittorio Emanuele II, p.321
Vizzini, Calogero, p.22, 29, 55, 253, 268-70, 283, 298-301, 307, 314, 324, 395
Volpe, Calogero, p.295, 306
Volpes, Nicola, p.232n.12, 235n.18 e 20

Whitaker, Joshua, p. 188
Whitaker Tina, p.281
White, F. W., p.229n.6

Zerbi, Rocco de', p.196
Zisa, p.354
Zuccalà, M., p.321n.17
Zucchetto, Calogero, p.385

SOBRE O LIVRO

Formato: 14 x 21 cm
Mancha: 23,3 x 44,8 paicas
Tipologia: Iowan Old Style 10/14
Papel: Pólen soft 80 g/m² (miolo)
Cartão Supremo 250 g/m² (capa)
1ª edição: 2002
1ª reimpressão: 2012

EQUIPE DE REALIZAÇÃO

Coordenação Geral
Sidnei Simonelli

Produção Gráfica
Anderson Nobara

Edição de Texto
Nelson Luís Barbosa (Assistente Editorial)
Carlos Villarruel (Preparação de Original)
Ada Santos Seles e
Renato Potenza (Revisão)
Gilson Ferraz (Índice Remissivo)
Mary Felice (Atualização Ortográfica)

Editoração Eletrônica
Casa de Ideias (Diagramação)